Herausforderungen an die Sozialdemokratie

D1723624

KLARTEXT

*Für
Corinna
und
Max Niklas*

Uli Schöler

Herausforderungen an die Sozialdemokratie

Bibliografische Information der Deutschen Nationalbibliothek
Die Deutsche Nationalbibliothek verzeichnet diese Publikation
in der Deutschen Nationalbibliografie; detaillierte bibliografische Daten
sind im Internet über http://dnb.dnb.de abrufbar.

Der vorliegende Band versammelt Texte von 1984 bis 2015,
manche Beiträge folgen daher der alten Rechtschreibung.
Die Anmerkungen wurden zur besseren Lesbarkeit formal
angepasst.

KLARTEXT   Friedrichstraße 34-38, 45128 Essen
info@klartext-verlag.de, www.klartext-verlag.de

1. Auflage August 2016

Umschlaggestaltung: Volker Pecher, Essen
Layout und Satz: Tischewski & Tischewski, Marburg
Druck und Bindung: Totem, ul. Jacewska 89, 88–100 Inowrocław, Polen

© Klartext Verlag, Essen 2016
ISBN: 9783-8375-1017-1

Inhalt

VI Herkunft und Zukunft der Sozialdemokratie

VII Anhang

I Einleitung

Herausforderungen an die Sozialdemokratie? Mitte des Jahres 2016 fällt es schwer, unter einem derartigen Buchtitel die eigenen Gedanken zu sortieren und frohgemut auf die damit verbundenen Erwartungen oder gar Lösungsperspektiven zu verweisen. Zu tief erscheint die deutsche Sozialdemokratie in eine Sinn- und Existenzkrise verstrickt, als dass sich leicht darüber hinwegschreiben ließe. Krachend verlorene Landtagswahlen im März, dazu ein weiterer Absturz in den einschlägigen Umfragen für die Bundesebene auf unter 20 Prozent sind die Markierungspunkte auf einem Weg, von dem niemand sagen kann, wohin er führt. Die medialen Kommentierungen fallen entsprechend aus: Der *Stern* schreibt: Es ist „ein verheerendes Bild, das die SPD derzeit abgibt".[1] Der *Spiegel* fragt per Überschrift: „Bist du noch da, SPD?", und fügt zugleich süffisant an: „Die Sozialdemokratie lebt, ihr fehlt nur die Partei".[2] Und in der *Berliner Republik* kommentiert der Publizist Dieter Rulff, der Sozialdemokratie sei die Gewissheit darüber abhandengekommen, was das genuin Sozialdemokratische an ihr ausmache, worin also auf dem Markt der Parteien ihr *unique selling point* bestehe.[3]

Es wäre zu kurz gegriffen, diese unisono vorgetragenen Krisenbefunde alleine mit der besonderen Situation des Jahres 2016 erklären zu wollen, in der eine Vielzahl politischer Themen durch das (be)drängende Thema eines gewaltigen Zustroms von Migranten zur Seite geschoben wurde, was die mitregierende SPD in arge Begründungs- wie Handlungsnöte gebracht hat. Der Krisenbefund hat eher sich wiederholenden Charakter und las sich vor Jahresfrist kaum anders. Mitte 2015 ergoss es sich fast mitleidig aus der eher konservativen *Welt* auf die Partei: „SPD,

---

1 Hoidn-Borchers, Andreas, Das Ende in Sicht, in: Stern vom 25. Mai 2016.
2 Schmitter, Elke, Bist du noch da, SPD?, in: Der Spiegel vom 16. April 2016.
3 Rulff, Dieter, Was ist heute sozialdemokratisch?, in Berliner Republik Nr. 5/2015 (online-Version).

was ist aus Dir geworden? Im öden Jammertal der Merkelschen ‚Alternativlosigkeit': Der Ausfall der Sozialdemokraten als innovative Kraft ist schlecht für unser Land". [4] Und die *Süddeutsche Zeitung* beklagte: „Die großen Brütereien finden anderswo statt: Ein Buch nach dem anderen wird geschrieben über die Ungerechtigkeit der Weltordnung und wie man sie beseitigen könnte. Die SPD, die aufgrund ihrer Geschichte wie keine andere dazu berufen wäre, schreibt daran nicht mit." [5]

Die Pauschalität dieser hier versammelten kritischen Beschreibungen trifft zwar – wie wir noch sehen werden – gewiss nicht das komplette Spektrum all derjenigen, die sich heutzutage aus den Reihen der Sozialdemokraten artikulieren. Darin steckt aber gleichwohl eine insgesamt nicht völlig von der Hand zu weisende Wahrnehmung dessen, was durch die Spitze (die nicht nur den Vorsitzenden meint) der Partei mit und ohne Regierungsverantwortung im politischen Alltagsdiskurs öffentlich verlautbart wird, womit diese Partei also als Ganzes in der Öffentlichkeit wahrgenommen und identifiziert werden kann. Divergierende, selbstkritische Stimmen, die innersozialdemokratisch selbst den Finger in die Wunde legen, sind allenfalls an den Rändern zu vernehmen – in Interviews sog. *elder statesmen* der Partei oder in Beiträgen aus der Grundwertekommission bzw. in der (zu) wenig beachteten Zeitschrift *Neue Gesellschaft/Frankfurter Hefte*. Dass dort zu lesende kritische Interventionen Einfluss auf den Kurs der Gesamtpartei hätten, kann nicht mit guten Gründen behauptet werden.

So schließt denn auch ein Aufsatz in der *Frankfurter Allgemeinen Zeitung* im März dieses Jahres, der sich mit Fragen von Parteientwicklung beschäftigt, mit einem insbesondere für die SPD geradezu niederschmetternden Befund: „Wenn die Partei eine Organisation ist, die weder Schutz für eine gesellschaftliche Position bietet noch als ein Ankerplatz für intellektuelle Anliegen gilt und kein Bild für die Gestaltung der Zukunft besitzt, wenn sie stattdessen eine Maschine für kurzfristige und nur von Fall zu Fall auftauchende politische Alternativen wird, dann setzt sie sich

---

4 Clauss, Ulrich, SPD, was ist aus Dir geworden, in: Die Welt vom 27. Juli 2015.
5 Prantl, Heribert, Die Verzwergung der SPD, in: SZ vom 20. März 2015.

den Risiken aus, denen sich alle Hersteller von Verbrauchsgütern gegenübersehen: die Konkurrenz bringt fast den gleichen Artikel heraus – in noch besserer Verpackung."[6]

Eine Partei in der Krise – warum?

Wenn wir uns hier diesem Befund mit Blick auf den aktuellen Zustand der großen, traditionsreichen deutschen Sozialdemokratie weitgehend anschließen, dann stellt sich unweigerlich die Frage nach den Gründen. Für ein „klassisch" zu nennendes Verständnis sozialdemokratischer Politik, wie es ohne jeden Zweifel noch mit so unterschiedlichen Charakteren wie Willy Brandt und Helmut Schmidt verbunden war, hat immer gegolten, dass sich die eigenen Vorstellungen des politischen Agierens nur im Wege der Vergewisserung der eigenen Herkunft und Geschichte entwickeln ließen. Das „Woher" bestimmte die Vorstellung sowohl des „Heute" wie des „Wohin". Das Bedürfnis nach einem derartigen Erklärungszusammenhang scheint der heutigen Sozialdemokratie jedoch verlorengegangen zu sein. Stolz präsentiert man sich zwar als die älteste Partei Deutschlands. Die Aktivitäten bei entsprechenden Jubiläen erinnern aber eher an museale Reminiszenzen denn an den Versuch, die eigene Geschichte und deren Verständnis als Steinbruch und Lernort für künftige Herausforderungen zu begreifen. Wenn vorliegender Band gerade in dieser Hinsicht eine deutlich andere Position zu besetzen versucht, dann ist dieser Kontrapunkt keineswegs zufällig gewählt.

Gewiss gibt es nachvollziehbare Gründe, die zu dem geführt haben, was hier als eine gewisse „Geschichtsvergessenheit" mit Blick auf die eigene Geschichte bezeichnet wird. Für viele – innerhalb wie außerhalb der Sozialdemokratie – schien der Zusammenbruch der „real- oder staatssozialistischen" Systeme der Sowjetunion und ihrer Satelliten nach 1989 unwiderruflich das Ende des sog. ideologischen Zeitalters zu markieren. Das Ende der „großen Erzählungen" schien gekommen – ohne Aussicht auf Wiederkehr. Statt sich aber mit der Frage auseinanderzusetzen,

---

6 FAZ vom 14. März 2016. Das „Geheimnis" der Autorenschaft dieser Zeilen werde ich erst am Ende dieser Einleitung lüften.

ob diese Zäsur möglicherweise auch Auswirkungen auf das eigene Geschichts- wie Politikverständnis der Sozialdemokratie haben müsse (was der Autor – wie bruchstück- und fehlerhaft auch immer – bereits zeitgenössisch in Beiträgen unternahm, die z. T. in diesem Band wiedergegeben sind), entwickelte sich in der „offiziellen" Sozialdemokratie mehr und mehr ein neues Selbstverständnis, das ganz gut in einer zufällig herausgegriffenen Interviewpassage eines stellvertretenden Parteivorsitzenden zum Ausdruck kommt (und hier eine Verwendung im Sinne eines pars pro toto findet):

„Die SPD sollte sich zum Pragmatismus bekennen, weil sie diese Haltung von anderen Parteien unterscheidet … Wir wollen als eine Partei auftreten, die sich um die Wirtschaft kümmert und gut regiert … Ich werbe dafür, dass sich die SPD auf ihre Fähigkeiten konzentriert und den schon beschriebenen Pragmatismus. Das ist eine alte sozialdemokratische Tradition."[7]

Nun, wer wollte schon etwas gegen gutes Regieren einwenden? Problematisch wird eine derartige Positionsbestimmung dadurch, dass in ihr dem Pragmatismus geradezu theoretische Weihen verliehen werden, dass er zu einer Art sozialdemokratischer „Urtugend" er- oder verklärt wird, was sich mit dem programmatisch-politischen Ringen der Sozialdemokratie in ihrer langen Geschichte nur schwer in Einklang bringen lässt. Ein Kritiker dieses ideologisch überhöhten Pragmatismus hat schlichtweg Recht: „Aber wenn Sozialdemokraten die Ärmel hochkrempeln und Politik machen, wenn ein sozialdemokratischer Wirtschafts- oder Finanzminister seine ökonomische Kompetenz beweisen möchten, dann frönen sie gewöhnlich einem Pragmatismus, der unbesehen als unerlässliche Voraussetzung sozialdemokratischer Politik akzeptiert wird, was doch eigentlich daraufhin zu überprüfen wäre, ob es tatsächlich den im Programm beschworenen Prinzipien genügt und dem Wohl der Menschen dient."[8]

Ohne jeden Zweifel wird man ungeachtet dessen mit Blick auf die aktuelle Situation für eine ganze Reihe von Themen, die im Bundestags-

7   Im Gespräch: Hamburgs Erster Bürgermeister Olaf Scholz (SPD), in: FAZ vom 1. April 2011.
8   Strasser, Johano, Ach, SPD!, in: NG/FH 62 (2015), H. 9, S. 48.

wahlkampf 2013 eine Rolle gespielt haben – Mindestlohn, Rente mit 63, Mieterschutz, Verbesserung für Familien, Energiewende usw. –, zu konstatieren haben, dass sich die SPD in Regierungsverantwortung in diesem Sinne um einen Teil ihrer Wählerklientel, aber auch um die Wirtschaft gekümmert und „gut regiert" hat. Entsprechend heftig (und auf den ersten Blick nachvollziehbar) ist die Klage darüber, dass dieses Regierungshandeln aber offenbar von den Wählerinnen und Wählern nicht honoriert wird. Dabei liegt die Antwort auf eine derartige Diskrepanz gar nicht so fern: Wählergruppen, die in früheren, noch nicht weit zurück liegenden Jahren, unter der Überschrift *Agenda 2010* mit partiell anderen Botschaften wie Maßnahmen konfrontiert bzw. von diesen betroffen waren, brauchen offenbar mehr Zeit, um wieder Zutrauen in eine Partei zu entwickeln, von der sie sich enttäuscht abgewendet hatten. Zudem gilt die Beobachtung eines Parteienforschers: Neues *Vertrauen* und neue *Glaubwürdigkeit* schafft eine Partei „nicht mit Worten und Hinweisen auf die in der Koalition geleistete Arbeit; der Wähler ist nicht dankbar, sondern hat Erwartungen. Die gilt es durch eine auf sozialdemokratischen Werten beruhende Politik zu erfüllen."[9]

Parteien in der Mediengesellschaft

Eine auf sozialdemokratischen Werten beruhende Politik – das klingt eingängig und überzeugend, ist aber leichter gesagt als getan. Denn in der heutigen Gesellschaft wird das, was im Rahmen des politischen Diskurses wirkungsmächtig wird oder werden kann, weitestgehend von der Logik der Medien bestimmt. Dort findet kaum eine Berichterstattung statt, die den politischen Streit in einer Partei, in der verschiedene Strömungen, Richtungen oder Personen um die richtigen Antworten auf komplizierte Fragen ringen, als *produktiver Streit*, als notwendige Suche nach den richtigen Lösungen im Rahmen eines demokratischen Prozessen darstellt und wiedergibt. Bereits 2000 hatte ich dazu warnend geschrieben: „Der geistreiche Gedanke, die gute Idee hat keinen Nachrichtenwert. Megaout

---

9 Neugebauer, Gero, Anmerkungen zum und Argumente für und gegen „Starke Ideen für Deutschland 2015", in: perspektivends 32 (2015), H. 2, S. 143.

ist das Stellen von klugen, das Bekennen von offenen Fragen. Leicht zu platzieren ist hingegen jede Botschaft, die folgenden Kriterien genügt: Skandalträchtigkeit, Vereinfachung, Zuspitzung, Personalisierung, klar erkennbare Gegnerschaft."[10] Streit wird ganz überwiegend negativ konnotiert abgebildet, weshalb die Parteien (die SPD eingeschlossen) in den vergangenen beiden Jahrzehnten mehr und mehr dazu übergangen sind, sich dieser Logik anzupassen, um nicht zu sagen: zu unterwerfen. Parteitage werden inszeniert, Streit wird vermieden, Streitfragen werden in Parteitagsbeschlüssen bis zur Unkenntlichkeit mit Formelkompromissen zugekleistert. Auch Antje Vollmer warnt: „Unter Angela Merkel ist Deutschland faktisch ein Land ohne Opposition geworden ... Das nüchterne Ergebnis ist: Politik wird so immer weniger Gestaltung, Meinungsstreit, Arbeit an Konzepten und Zielvorgaben. Politik wird zum Verwaltungsakt, zum Kommentar dessen, was irgendwie sowieso geschehen muss, wenn die öffentliche Erregung sich erst einmal eines Themas angenommen hat."[11]

Dass diese Entwicklung, die ganz zentral durch die Logik der Medien vorangetrieben worden ist, mittlerweile die Grundlagen demokratischer Verfahren bedroht, wird eineinhalb Jahrzehnte später langsam auch in Teilen der Medien begriffen. Folgende – sicher auch selbstkritisch zu lesende – Sätze sind schon bemerkenswert: „Offenbar mag niemand erkennen, dass die Parteiendemokratie ihren Spannungsbogen verloren hat, dass nur Konfrontation und Zuspitzung Wähler mobilisieren. Die Parlamente sind verdorrt, sie brauchen nichts dringender als den Saft lebendiger Debatten ... Zuckt es gelegentlich noch einmal, wird die unabdingbare Konfrontation der Meinungen, unter maßgeblicher Beteiligung der Medien, als zerstörerischer Streit denunziert."[12]

Ob diese bemerkenswerte Warnung in den Medien vernommen, schon gar im Rahmen einer Richtungsänderung umgesetzt wird, da mag man seine Zweifel haben. Zur Hoffnung Anlass gibt immerhin, dass –

10 Schöler, Uli, Megaout ist das Stellen von klugen Fragen, in: Frankfurter Rundschau (FR) vom 29. August 2000.
11 Vollmer, Antje, Land ohne Opposition, in: FR vom 16. September 2015.
12 Jörges, Ulrich, Zwischenruf aus Berlin: Schluss der Debatte, in: Stern vom 26. Februar 2015.

unter Federführung von Altbundespräsident Roman Herzog – eine illustre Schar ehemaliger Politikerinnen und Politiker parteiübergreifend mit einem bemerkenswerten Aufruf an die Öffentlichkeit getreten ist, der in dieselbe Richtung weist: „Wer Parteien revitalisieren will, braucht den offenen Diskurs. Der braucht eine Debattenkultur, die Meinungspluralität ernst nimmt, Unterschiede nicht zukleistert und vor allem die betriebsblinde Bunkermentalität im eigenen Funktionärskörper diskreditiert. Parteien müssen ihren schablonenhaften Jargon, der oft eher beliebig als identitätsstiftend ist, hinterfragen."[13]

Herausforderungen der „klassischen" Sozialdemokratie

Verglichen mit dem, was uns in den elektronischen Meiden oder der Tagespresse an Themen und Herausforderungen präsentiert wird, lesen sich viele Einzelthemen des vorliegenden Bandes wie „aus der Zeit gefallen". Auf eine gewisse Weise sind sie das natürlich auch. Dieser Band versammelt Aufsätze aus immerhin drei Jahrzehnten, deren zentrale Fragestellungen in unterschiedlicher Weise um die Fragen der Herkunft, der Identität und der großen historisch-theoretischen wie -praktischen Herausforderungen der Sozialdemokratie als Teil der politischen Linken insbesondere des 20. Jahrhunderts kreisen. Wenn er damit seine Leserinnen und Leser vermutlich vorrangig im Bereich der historisch-politisch Interessierten finden wird, so wäre es gleichwohl eine arge Verkennung des Charakters und der Bedeutung der behandelten Themen, würde man ihnen allenfalls noch historisches Interesse zumessen. Auch wenn es vielen der in aktueller politischer Verantwortung stehenden Akteure nicht bewusst ist, reichen diese Herausforderungen – was exemplarisch in dieser Einleitung zu zeigen sein wird – auf je unterschiedliche Weise in die Jetztzeit hinein und verweisen einerseits auf Unabgegoltenes, das nicht aus der Realität ausgeblendet werden kann, ohne dass ein schmerzhaft hoher Preis dafür zu zahlen wäre. Andererseits kehren Problemkonstellationen wieder, die lange für überwunden galten: „Das 20. Jahrhundert sah in seinen ersten drei Vierteln das Aufkommen der (Massen-)Demo-

---

13 Herzog, Roman u.a., Demokratie braucht vitale Parteien, in: FAZ vom 13. April 2016.

kratie, des allgemeinen Wahlrechts, des umverteilenden Steuer- und So-
zialstaats und ist hinsichtlich der ökonomischen Ungleichheit an seinem
Ende – bemerkenswerterweise – doch wieder da angekommen, wo es im
vordemokratischen Jahr 1914 schon einmal war."[14]

Politik, auch sozialdemokratische, wird allerdings im 21. Jahrhundert – von den seltenen (und zudem überwiegend folgenlos bleibenden) Phasen von Grundsatzprogrammdebatten abgesehen – meist unter
Verzicht auf derartige Einordnungen in längere Linien, in sinnstiftende
Zusammenhänge dargeboten, selten im Sinne gesellschaftsverändern-
der Zielperspektiven erläutert. Verglichen mit den Warenhauskatalogen
heutiger Wahlprogramme liest sich selbst das eher „pragmatische" Godesberger Programm von 1959, mit dem für viele das Ende des ideologischen Zeitalters der SPD eingeläutet schien, wie ein Dokument der
Verheißung gesellschaftlicher Utopien. Dem bloß nachzutrauern hieße,
die Veränderungen der (globalen) gesellschaftlichen Wirklichkeiten auszublenden. Die weltweiten Veränderungsprozesse, für die die Chiffre der
Jahreszahl 1989 steht, haben überkommene Gewissheiten und Vorstellungen in einem Maße über Bord geworfen und Folgen gezeigt, die
bis heute nicht ausreichend verarbeitet sind. Das wiederum muss nicht
verwundern, ist vielmehr charakteristisch für Umbruchperioden dieser
Reichweite.

Von fast „geschichtsvergessenen" Anmutungen wird man aber auch
große Teile der Eigeninszenierung der SPD (und der ihr nahe stehenden
Stiftung) trotz eines feierlich begangenen 150-jährigen Parteijubiläums
im Jahr 2013 nicht freisprechen können. Nur selten war der Versuch
spürbar, diese (durchaus widersprüchliche) eigene Geschichte im Sinne
eines inhaltlichen oder gar programmatischen Auftrages zu interpretieren. Sie wurde gewissermaßen als abgeschlossene präsentiert, wobei sich
aus der bloßen und sicher stolzen Fortexistenz über eineinhalb Jahrhunderte bis heute bereits der Anspruch auf aktuelle gesellschaftliche
Mitgestaltung (sprich Mitregierung) zu legitimieren schien. Geschichte
(und Geschichtspolitik) in diesem Sinne ist dann eher musealisierend

---

14 Merkel, Wolfgang, Ungleichheit als Krankheit der Demokratie, in: NG/FH 63 (2016), H. 6, S. 14.

und taugt allenfalls fürs Gedenken, aber nicht zur kritischen Rückversicherung. Die wäre allerdings unausweichlich, sollte die SPD ihre – von vielen angesichts des gleichzeitigen Eintritts in eine Große Koalition als eigentümlich und widersprüchlich empfundenen – Beschlussfassung zu einer Öffnung in Richtung auf mögliche sog. rot-rot-grüne Bündniskonstellationen ernst meinen. Und das aus zwei Gründen. Der erste: Der (mit Blick auf ihre dramatisch gesunkene Mitgliedschaft schwindende) Volksparteicharakter der SPD drückte sich immer auch darin aus, dass sich in ihrer Wählerschaft Interessen bündelten, die im politischen Alltag gelegentlich schlichtweg inkompatibel sind. Sie wurde und wird sowohl von Menschen gewählt, die sich von ihr – wie aktuell – ihre politische Vertretung im Rahmen eines „Mitte-Bündnisses" mit der Union versprechen (und jedes Liebäugeln nach links scharf ablehnen), als auch von solchen, die eher auf ein Linksbündnis setzen würden.

Für dieses Dilemma gibt es *keine* wahltaktisch einsetzbare, das Problem auflösende Antwort. Eine solche ist nur auf der Ebene der Entwicklung gemeinsamer *politischer* Zielperspektiven und Projekte der in Aussicht genommenen Koalitionspartner zu haben, die es den Kritikern und Ablehnern der jeweiligen Konstellation nahelegen würden, ihre Wahlunterstützung aus sachlichen Gründen trotz anderer Bedenken für eine derartige Option zu geben. Das gilt im Übrigen idealerweise nach beiden Seiten – in Richtung der Kooperation mit der christdemokratischen Union wie mit Grünen und Linken. In letzterem Fall ist die Lage aber noch weitaus komplizierter: Angesichts von drei Parteien, die sich über Jahre hinweg ihre jeweilige Kooperations- oder Regierungsunfähigkeit bescheinigt haben, würde es in jedem Fall eine längere Phase der Klärung brauchen, eines anderen gesellschaftlichen Diskurses bedürfen, um überhaupt die Voraussetzungen für eine Kooperation in Regierungsverantwortung zu schaffen. Neue Entwicklungspfade müssten erkennbar, Reformperspektiven plausibel gemacht werden, von denen offenkundig wird, dass sie nur mit einer derartigen neuen politischen Konstellation eingelöst werden könnten. Nur so ließe sich eine (einmal rechnerisch unterstellte) arithmetische Parlamentsmehrheit in ein gesellschaftlich trag- und politikfähiges Regierungsbündnis überführen. Dazu bedürfte es allerdings noch der Auseinandersetzungen auf einem langen Weg, für den aktuell bei allen Beteiligten kaum eine Bereitschaft aufscheint.

Kritische Selbstvergewisserungen brauchen nämlich – dies der zweite Grund – zumindest zwei dieser Parteien einer möglichen rot-rot-grünen Kooperation schon in ihrem direkten Verhältnis zueinander, eben weil dieses „schreckliche" zwanzigste Jahrhundert – wie einige Beiträge des vorliegenden Bandes zeigen – auch eines des erbitterten, gelegentlich mörderisch ausgetragenen Kampfes zwischen Sozialdemokraten und Kommunisten gewesen ist. Die damit verbundenen Konfliktpotentiale sind bis heute wirkungsmächtig und weit mehr als bloße Unterschiede in der Deutung verschiedener, weit zurück liegender historischer Ereignisse. Dies sei nochmals beispielhaft erläutert: Die Partei Die Linke bezieht einen Teil ihrer Selbstlegitimation aus der Erzählung, dass die Sozialdemokratie mit der Zustimmung zu den Kriegskrediten 1914, der Politik des inneren Burgfriedens und dem Verzicht auf eine „konsequente Revolution" 1918 ihre eigenen Traditionen verraten habe. Die Mitverantwortung Gustav Noskes für die Ermordung Rosa Luxemburgs und Karl Liebknechts stellt in dieser Wahrnehmung nur den vorläufigen konsequenten Schlusspunkt dieses Verrats dar, der sich aus ihrer Sicht dann nochmals in der schmachvollen Kapitulation gegenüber dem aufziehenden Nationalsozialismus manifestiert habe. Mit der Agenda 2010 und der Beteiligung an Kriegseinsätzen von NATO und UN setze die heutige SPD diese unselige Tradition fort. Sich selbst sieht Die Linke hingegen bis heute als die konsequente „Friedenspartei" und legitimiert so ihre Ablehnung jedweder Beteiligung auch an UN-mandatierten internationalen Interventionseinsätzen.

Die sozialdemokratische Erzählung könnte kaum kontrastreicher ausfallen: Sie reicht von der Kritik an der innerrussisch bald einsetzenden Unterdrückung aller konkurrierenden Parteien durch die siegreichen Bolschewiki nach der Revolution, an den putschistischen Aktivitäten der jungen KPD in Deutschland und an der bald einsetzenden „Sozialfaschismustheorie" über den Verweis auf das Morden in den stalinistischen Schauprozessen und im Spanischen Bürgerkrieg. Sie kritisiert den Hitler-Stalin-Pakt 1939, die Zwangsvereinigung von SPD und KPD zur SED

1946 und sieht in den Unterdrückungsmaßnahmen regierender kommunistischer Parteien (mit Unterstützung der sowjetischen „Schutzmacht") bei den Ereignissen in Ost-Berlin 1953, in Warschau und Budapest 1956 sowie in Prag 1968 die Offenbarung des wahren, undemokratischen Charakters kommunistischer Politik, von der sich die heutige Partei Die Linke nicht wirklich gelöst habe. Schaut man auf diese Reihung von Ereignissen und Konflikten, kann es kaum verwundern, dass die Ressentiments auf beiden Seiten – aus nachvollziehbaren Gründen – Verständigungen im Wege stehen bzw. verständnisvollere oder differenziertere Betrachtungen bis heute eher be-, wenn nicht verhindern. Insofern liefert vorliegender Band auch Anregungen dafür, woran eine für beide Seiten unausweichliche kritische Rückbetrachtung anknüpfen könnte.

Grundlagen

Dem – hoffentlich – kritischen Leser wird mit der hier präsentierten Auswahl eine Reihe von Texten erneut zugänglich gemacht, die zu ganz unterschiedlichen Zeiten entstanden sind, die aber auf je eigene Weise eben auch immer wieder um die hier eingangs geschilderten thematischen Zusammenhänge kreisen. Nicht nur für Sozialdemokraten oder heutige Mitglieder der Partei Die Linke stellt sich die Frage nach den Grundlagen für die Begründung politischer Konzepte und Entwürfe. Selbst wenn das im Jahr 2013 begangene Jubiläum der SPD vorrangig auf Lassalles Parteigründung, den Allgemeinen Deutschen Arbeiterverein (ADAV) von 1863 verwies, hat sich die „klassische" Sozialdemokratie bis weit in das 20. Jahrhundert hinein doch eher in der geistigen Tradition gesehen, die mit den Namen Karl Marx und Friedrich Engels verbunden ist. Nicht zufällig startet deshalb auch der immer noch als Standardwerk zu bezeichnende Band „Programmatische Dokumente der deutschen Sozialdemokratie" der Friedrich-Ebert-Stiftung nicht erst mit der Programmerklärung Lassalles für den ADAV, sondern mit dem „Kommunistischen Manifest" von Marx und Engels aus dem Jahr 1847/48.[15]

---

15 Vgl. Dowe, Dieter (Hrsg.), Programmatische Dokumente der deutschen Sozialdemokratie, Bonn 2004.

Selbst diejenigen, die sich – wie etwa Eduard Bernstein oder später Kurt Schumacher – aus unterschiedlichen Gründen von Teilen des Marxschen Gedankenguts distanzierten, sahen sich mit ihren jeweiligen politischen Verortungen weiterhin als Teil eines auch durch Marx geprägten politischen Diskurses.

Nach der Bewegung „weg von Marx" durch ihr *Godesberger Programm* von 1959 vollzog die SPD – parallel zu einer breiten „Reideologisierung" von Politik in den siebziger und achtziger Jahren – mit dem Berliner Programm von 1989 programmatisch ein neuerliches „hin zu Marx". Man könnte dies als ein besonders bizarres Beispiel für die Unwägbarkeiten politischer Ungleichzeitigkeiten in Erinnerung behalten. Denn nicht nur für den christlich-konservativen Teil des politischen Spektrums galt schon ein Jahr später, ab 1990, der von Norbert Blüm geprägte neue Leitspruch: „Marx ist tot und Jesus lebt". In Vergessenheit geriet hingegen lange eine Haltung, wie sie noch für den Nestor der katholischen Soziallehre, Oswald von Nell-Breuning, selbstverständlich war, wenn er zum Ausdruck brachte: Wir stehen alle auf den Schultern von Karl Marx. Die Entsorgung vermeintlichen ideologischen Ballastes galt umso mehr für die Sozialdemokratie, die sich in diesem Zeitraum von einer früher gelegentlich zu theorielastig agierenden (bzw. diskutierenden) Partei zu einem Organismus entwickelte, in dem phasenweise allzu häufig mehr Wert auf die Inszenierung als den Inhalt von Politik gelegt und bis in die Parteispitze hinein nun gar der Alltagspragmatismus zu einer Art Leittheorie überhöht wurde.

Im Grundlagenkapitel vorliegenden Bandes wird im Kontrast dazu zunächst in einem 2000 in Aufsatzform erschiener Text der Frage nachgegangen, was nach den Umbrüchen der Jahre ab 1989 von Marx und dem (bewusst in Anführungszeichen gesetzten) „Marxismus" bleibt. Die nicht ganz einfach zu ziehenden Lehren aus den Ende des vergangenen Jahrzehnts einsetzenden Finanz- und Bankenkrisen haben heute – ein weiteres Jahrzehnt später – unter anderem dazu geführt, dass die einseitige Debatte über den „toten Hund Marx" einer kritischen Neusichtung gewichen ist. Ganz sicher nicht in der „offiziellen" Politik der Sozialdemokratie, aber doch an ihren Rändern haben die neuerlichen weltweiten krisenhaften ökonomischen Zuspitzungen zu der Einsicht geführt, dass Lehren daraus wohl doch nicht ohne Marx gezogen werden können. In den Worten Gesine Schwans: „Die Renationalisierung in der Europäischen Union, aber auch die globale Entwicklung, in der Kriegshandlungen nach dem Ende des Ost-West-Konflikts 1989 zunahmen, zeigen die Schwierigkeit, ja Hilflosigkeit solidarischen staatlichen Handelns in der Globalisierung. In Bezug auf das grundlegende Verhältnis von Politik und kapitalistischer Wirtschaft sind wir damit – überspitzt ausgedrückt – zurück auf Start: beim Kommunistischen Manifest."[16] Und auch bei den klügeren Köpfen in der Tradition der Katholischen Soziallehre ist Marx längst in den Status zurückgekehrt, den er schon bei Nell-Breuning hatte, und wird für die Begründung einer Politik der Nachhaltigkeit herangezogen, die sich der neoliberalen Marktvergötterung entgegenstellt: „Karl Marx hat einmal davon gesprochen, dass der Kapitalismus alles Ständische und Stehende verdampft, alles Heilige entweiht. Er meinte damit, dass die Märkte unsere Traditionen, unsere Werte, unseren Glauben auflösen."[17]

Der zweite hier präsentierte Text über Karl Marx und Fernand Braudel ist eine Herausforderung besonderer Art: Ist es zulässig und möglich, zwei derart unterschiedliche Denker, die zu verschiedenen Zeiten gelebt und gearbeitet haben, deren methodisches Vorgehen sich wenig ähnelt, einem systematischen Vergleich zu unterziehen? Der Text sagt ja, stellt den Versuch dar, die „formationstheoretischen" Überlegungen, die sich hinter der so inspirierenden, facettenreichen Geschichtsinterpretation der „Annales"-Schule verbergen, für ein Nachdenken über „Kapitalismus" im Anschluss an Marx und zugleich über Marx hinaus fruchtbar zu machen. Dass wir heute, weitere zehn Jahre später, vor wiederum ganz neuen Herausforderungen mit Blick auf einen „digitalen Kapitalismus" stehen, sei nur der Vollständigkeit halber erwähnt und wird erst im Schlussteil des Bandes thematisiert.

---

16 Schwan, Gesine, Das Profil schärfen. Weder antikapitalistische Ausweglosigkeit noch Abtauchen im neoliberalen Mainstream, in: NG/FH 62 (2015), H. 7/8, S. 58.
17 Zimmer, Matthias, Nachhaltigkeit! Für eine Politik aus christlicher Grundüberzeugung, Freiburg-Basel-Wien 2015, S. 64; vgl. auch S. 115.

Schließlich: Die Schismen und Brüche innerhalb der politischen Linken wie der Arbeiterbewegung des 20. Jahrhunderts können nicht verstanden werden ohne einen Blick auf die historische Figur Lenin und ihr theoretisches wie politisches Wirken zu nehmen. Der dritte Beitrag zeigt en detail, wo und wie Lenin über Marx und Engels hinausgeht, oder kritischer ausgedrückt: gelegentlich aus der Theorie eine Magd macht, und sie damit auch für verabscheuungswürdige politische Zwecke instrumentalisiert. Zu den Lebenslügen der kommunistischen Bewegung gehört deshalb insoweit auch das ideologische Konstrukt eines einheitlichen „Marxismus-Leninismus", das allerdings erst in der Zeit der Stalin-Herrschaft seine volle Ausprägung erfuhr. In diesen Kontext gehört aber auch der bis heute anhaltende Versuch einer Abschottung der Kritik an den despotischen Zügen im Wirken Lenins und die Datierung eines Umkippens der Sowjetunion in eine autoritär-despotische bzw. terroristische Herrschaft erst unter Stalin. Spätestens mit der gerade vor wenigen Jahren (nach seinem Ableben posthum) erschienenen, neue Quellen verarbeitenden eindrucksvollen Lenin-Biographie des DDR-Historikers Wolfgang Ruge dürfte die Notwendigkeit einer radikalen Lenin-Kritik von einem demokratisch-sozialistischen Standpunkt aus kaum noch von der Hand zu weisen sein.[18]

Das Schisma

Mit dem letzten Aufsatz des ersten Kapitels, der sich seinem Thema von der ideologiekritischen Seite nähert, ist zugleich die Brücke zum folgenden Kapitel geschlagen, das sich mit dem genannten großen Schisma des 20. Jahrhunderts und seinen verschiedenen Ausprägungen beschäftigt. Wenn man so will werden hier die *Herausforderungen* behandelt, denen sich die sozialdemokratische und Arbeiterbewegung zu Beginn des 20. Jahrhunderts ausgesetzt sahen und die ihre Folgewirkungen und Ausprägungen bis zum heutigen Tage haben. Die „große Spaltung" in eine sozialdemokratische und eine kommunistische Richtung hat hier ihre Grundlagen und dauert – in Gestalt der Parteien SPD und Die

---

18 Ruge, Wolfgang, Lenin. Vorgänger Stalins, Berlin 2012.

Linke – in veränderter Weise bis heute fort. Der erste in diesem Kapitel präsentierte Text – bereits 1986 in der Form einer Buchbesprechung verfasst – beschäftigt sich mit den heftigen Kontroversen bzgl. der Haltung in der Kriegsfrage. Damit ist auch die Frage berührt, ob es zwischen der sozialdemokratischen Selbstexkulpation, die Kriegsbejahung sei nicht mehr als die alternativlose Reaktion auf „die Verhältnisse" gewesen, und der kommunistischen „Verratsthese" auch differenziertere Interpretationsmöglichkeiten gibt.

Der darauf folgende Text setzt sich mit den frühen Reaktionen in der deutschsprachigen Sozialdemokratie auf die russische Revolution 1917 auseinander. Es mag überraschen, dass in der allerersten Phase auch auf Seiten der gemäßigten Mehrheitssozialdemokraten die positiven Reaktionen überwogen – bis allerdings das Auseinanderjagen der konstituierenden Nationalversammlung durch die Bolschewiki den Hoffnungen auf eine allmähliche Gesellschaftsumgestaltung im Rahmen eines Mehrparteiensystems ein jähes Ende bereitete. Seit dieser Zeit und den Auseinandersetzungen darüber lebt innerhalb der bzw. zwischen den Parteien der politischen Linken immer wieder der Streit darüber auf, ob das Eintreten für die „gute Sache" auch die – und sei es nur vorübergehende – Eliminierung demokratischer Verfahrensregeln rechtfertigt. Hier haben die verschiedenen Varianten linker Erziehungsdiktaturen des 20. Jahrhunderts ihren theoretischen wie praktisch-politischen Ausgangspunkt.

Dass daraus nicht nur abstrakte Probleme erwuchsen, erlebten auf bittere Art die russischen Sozialdemokraten, gemeinhin mit dem Namen Menschewiki bezeichnet, die im Verlaufe der Geschichte weitgehend dem Vergessen anheimgefallen waren. Trotz anderer Zusagen Lenins während der Bürgerkriegsperiode wurden auch sie an dessen Ende – je nach Betrachtung zynischer- oder konsequenterweise – parallel zu einem ökonomischen Liberalisierungsprozess endgültig illegalisiert und zur Emigration gezwungen. Auch dieses „Vorbild" repressiver Politik hat nichts an (trauriger) Aktualität eingebüßt: So wurden auch die verschiedenen Schübe ökonomischer Liberalisierung in der chinesischen Politik der vergangenen Jahrzehnte nicht etwa von politischen Öffnungen, sondern von „Festigungen" der Mechanismen der Einparteienherrschaft begleitet. Die für viele Jahre (bis 1933) im Berliner Exil arbeitende Auslandsleitung der Menschewiki wurde durch ihr erzwungenes Exil ungewollt zu einer Herausforderung, zugleich aber auch zu einer enormen intellektuellen Bereicherung der deutschen Sozialdemokratie. Aus der Sicht des Jahres 2016 betrachtet (und den damit verbundenen neuen Herausforderungen durch Flüchtlinge und Migranten in großer Zahl) bietet die Geschichte der russischen Emigration im Berlin der zwanziger Jahr jedoch auch ein Beispiel für ausgesprochen gelungene Formen der Integration.

Den Abschluss dieses Kapitels bilden zwei sehr unterschiedliche Texte. Fast an der Jahrhundertwende wird im ersten der Versuch unternommen, die schwierige Beziehungsgeschichte von Sozialdemokraten und Kommunisten im 20. Jahrhundert streiflichtartig zu bilanzieren. Zu den Besonderheiten des Themas wie des Textes (der auf einen Tagungsvortrag zurückgeht) gehört, dass seine *vollständige* Veröffentlichung in der späteren Tagungsdokumentation nur per Drohung des Zurückziehens des Beitrags durchzusetzen war. In der redaktionellen Bearbeitung (und zunächst unautorisierten Kürzung) hatte man allzu KP-kritisch empfundene Passagen für „verzichtbar" gehalten, was zeigt, dass die Bereitschaft zur vorurteilsfreien Auseinandersetzung mit anderen als den eigenen Positionen auch nach dem Ende des „Kalten Krieges" (und seiner ideologischen Frontstellungen) noch keineswegs der Vergangenheit angehört. Eher dokumentarischen Charakter hat hingegen ein Gespräch mit dem Nestor der DDR-Wirtschaftswissenschaften Jürgen Kuczynski, das viel über zeitgenössische Illusionen und Irrtümer wie insgesamt über das Denken dieses anregenden Querdenkers verrät.

Verortungen kritischen Denkens / eigen-sinnige Köpfe

Wenn im Folgekapitel von *Verortungen* kritischen Denkens die Rede ist, dann verweisen uns die Beiträge gelegentlich auf Sphären, die sich jenseits offizieller Parteiinstitutionen finden lassen und ließen. Der im einleitenden Beitrag behandelte, durchaus schillernde Begriff des „Linkssozialismus" bildet dabei so etwas wie eine Klammer: Zumeist innerhalb der Sozialdemokratie angesiedelt, nur gelegentlich im kommunistischen Parteikontext geduldet, in Phasen sozialdemokratischer Unduldsamkeit sich auch mehr oder weniger freiwillig in eigenständigen Parteien oder Gruppen organisierend, lassen sich in diesem linkssozialistischen Milieu häufig die anregendsten politisch-theoretischen Positionen und Köpfe antreffen. Ein solcher Ort kritischen Denkens und Schreibens war auch die Leipziger Volkszeitung in langen Phasen ihrer über hundertjährigen Geschichte, in der nahezu jeder einmal geschrieben hat, der im deutsch-sprachigen Sozialismus Rang und Namen hatte. Erst in den Jahrzehnten der DDR-Herrschaft verkam sie mehr und mehr zu einem öden Partei-blatt, dem der kritische Diskurs eher zum Fremdwort wurde.

Der älteste in diesem Band vertretene Text erschien ursprünglich – vor nunmehr dreißig Jahren – im Publikationsorgan des linken Flügels der Jungsozialisten. Der mit dem damals in zwei Teilen publizierten Text verfolgte Zweck wird schnell offenbar. Die Gründung eines *Hannove-raner Kreises* im Jahr 1924 (bestehend aus einem sich marxistisch ver-stehenden Flügel und Anhängern des ethisch-sozialistischen Internati-onalen Jugendbundes), also sechzig Jahre zuvor, sollte propagandistisch genutzt werden, um den „eigenen" zeitgenössischen Hannoveraner Kreis, der sich Anfang der siebziger Jahre gegründet hatte und in dem sich die sog. „Stamokap-Jusos" trafen, in einem helleren Licht erstrahlen und diesem Zirkel die höheren Weihen einer historischen Kontinuitätslinie angedeihen zu lassen. Auch wenn sich manche Passage deshalb heute nur mit einem gewissen Schmunzeln lesen lässt (der mit mehr Distanz betrachtende Sozialwissenschaftler würde sicher gelegentlich anders zu urteilen haben), macht eine Neupublikation gleichwohl Sinn, denn eine eigenständige Darstellung dieses jugendpolitisch-sozialdemokratischen Organisationszusammenhangs ist auch in der einschlägigen Literatur nur schwer aufzustöbern.

Schaut man sich die Reihe eigen-sinniger Köpfe an, mit denen ich mich im Verlaufe von zweieinhalb Jahrzehnten intensiver (theoretisch wie biographisch) beschäftigt habe, dann verwundert es angesichts des bisher Dargestellten vermutlich nicht, wenn viele von ihnen in ihrer jeweiligen politischen Biographie eher auf dem linken Flügel der Sozialdemokratie unterwegs waren, in jedem Falle aber nicht zu den „Konformisten" ge-hörten. Auf diese Weise waren sie nicht nur Herausforderungen, sondern auch im positiven Sinne des Wortes durchaus Querköpfe – eher intellektuell ausgerichtet, deshalb vielfältig anregend, mit wenig Respekt vor höheren Parteiinstanzen und einstimmigen Beschlüssen, oft sicher auch gelegentlich unbequem. Manch kleines Portrait ist dabei eher „bei Gelegenheit" entstanden, mit anderen dieser „Köpfe" habe ich mich über Jahrzehnte hinweg vertieft forschend beschäftigt. Die Mehrzahl kenne ich nur aus ihren Schriften, einige der Jüngeren habe ich noch auf unterschiedliche Weise als inspirierende Partner politischen und wissenschaftlichen Austauschs kennenlernen dürfen.

Kritische Geister dieser Art haben mich immer mehr interessiert als Vertreter des *mainstreams* in den großen Parteien. Ihre intellektuellen wie politischen Anregungen waren allerdings nicht immer willkommen. Einige mussten ihre Nischen in Alternativparteien oder Kleingruppen wie der USPD, der KAG, der KPO, der SAP, dem ISK, bei Neu Beginnen oder dem Sozialistischen Bund suchen, manche von ihnen haben gleich mehrere dieser Stationen (neben einer phasenweisen Zugehörigkeit zur SPD oder KPD) durchlaufen. Dieses Widerständige, dieses Gegen-den Stachel-Löcken, hat Persönlichkeiten geprägt, die auch noch in späteren Generationen als Vorbilder taugen werden. Aber ein weiterer Aspekt ist in diesem Zusammenhang von Bedeutung, der jenseits der jeweiligen historischen Herausforderung bis in die Jetztzeit reicht. An den hier portraitierten Persönlichkeiten lässt sich vielfach studieren, wie die großen Parteien der politischen Linken mit kritischen Minderheiten in ihren Reihen umgegangen sind und welche Konsequenzen dies für künftige Parteibildungsprozesse hatte. Verallgemeinert ausgedrückt: Den österreichischen Sozialdemokraten gelang es, den innerparteilichen Streit unterschiedlicher Strömungen auszuhalten und ihre jeweiligen innerparteilichen Kritiker zu integrieren. So blieben die Kommunisten in Österreich für Jahrzehnte eher eine politische Sekte. Die Konfliktgeschichte in der deutschen Sozialdemokratie ist von „unduldsameren" Austragungsprozessen geprägt. So entstand eine starke USPD, später die KPD als Massenpartei neben der Sozialdemokratie. Genauere Untersuchungen stehen noch aus, die sich der Frage widmen, welche innersozialdemokratischen Diskussions- und Entscheidungsprozesse die Entstehung der Partei Die Grünen und später der WASG (als heutiger Teil der Linken) neben bzw. links von der SPD befördert haben.

Herkunft und Zukunft der Sozialdemokratie

Mehr denn jemals in ihrer Geschichte ringt die Sozialdemokratie in diesem zweiten Jahrzehnt des 21. Jahrhunderts um ihren Charakter als Massen- und Volkspartei. Von einst mehr als einer Million Mitgliedern in den siebziger Jahren ist weniger als die Hälfte verblieben. Einem generellen, alle politischen Kräfte erfassenden Erosionsprozess des Politischen, einer sinkenden Neigung zum parteipolitischen Engagement sind im Falle der SPD die Massenaustritte der „Agenda-Phase" während der rot-grünen Koalition zur Seite getreten. Mittlerweile konkurrieren mit den Grünen, der Linken und den Piraten weitere Parteien mit – mehr oder weniger – linken Politikangeboten um ähnliche Wählersegmente. Direkt-demokratische Politikformen haben im Kontext von Bürgerinitiativen und Volksbegehren enorm an Bedeutung gewonnen. Im Medien- und Internetzeitalter haben sich zudem die Formen, in denen Politik entwickelt, vertreten und vermarktet wird, weiter verändert.

Vielfach ist deshalb in der jüngeren Vergangenheit in den Medien das im Grundgesetz verankerte System des demokratischen Parteienstaats mit seinen komplizierten und vielfach schwerfälligen Entscheidungsmechanismen für obsolet und überständig erklärt worden. Dagegen hat der Ende 2013 stattgefundene, angesichts einer erstaunlich hohen Wahlbeteiligung sicher als Erfolg zu bezeichnende Mitgliederentscheid der SPD einen beeindruckenden Kontrapunkt gesetzt. Werden daraus die richtigen Lehren gezogen, könnte das Totenglöcklein für den demokratischen Parteienstaat verfrüht geläutet worden sein. Was bei Betrachtungen solcher Phänomene aber vielfach ausgeblendet bleibt ist die Tatsache, dass Organisationsfragen in Parteien schon immer nicht nur Machtfragen, sondern eben auch solche von mehr oder weniger Partizipation und Beteiligungsmöglichkeiten waren. Erst in jüngster Zeit bricht sich zudem erneut ein Verständnis Bahn, dass Inhalt und Organisation von Parteien zwei Seiten derselben Medaille sind: „Die programmatische Krise der etablierten Parteien ist die direkte Folge ihrer Organisationskrise."[19] Auf diese Zusammenhänge verweist der erste in diesem Kapitel präsentierte Buchbeitrag aus dem Jahre 1991, der in Begleitung der damaligen Programm- und Organisationsdebatte der SPD (in Vorbereitung des Berliner Programms) entstanden war.

Nicht alles darin Festgehaltene ist noch aktuell, sicher wäre jeder einzelne dort entwickelte Vorschlag auf seine Umsetzungstauglichkeit unter heutigen Bedingungen abzuklopfen. Kaum bestreitbar dürfte jedoch sein, dass die großen Parteien, die Sozialdemokratie zumal, in den vergangenen Jahren einen enormen Veränderungsprozess in ihrer Mitgliedschaft und in ihrem Funktionärskörper hinter sich haben, der sie nicht gerade hat vitaler werden lassen. In den Worten eines ehemaligen Parteivorsitzenden der SPD: „Wir konnten sie schon zu meiner Zeit irgendwann nicht mehr auseinanderhalten: Die neuen Sozialdemokraten, Christdemokraten und Liberalen kamen alle von denselben Universitäten, hatten denselben Herrenausstatter, denselben Coach ... Die heutige Generation hat, mehr als früher, sich selbst und weniger die Sache im Kopf."[20] Bei Erhard Eppler klingt das ähnlich: „Ich habe das dumpfe Gefühl, dass heute Politik von jungen Leuten als Karrieremöglichkeit missverstanden wird. Ein Politiker hat aber kein Recht auf eine Karriere, allenfalls eines auf eine Biografie."[21]

Hier muss vor dem naheliegenden Missverständnis gewarnt werden, als solle an dieser Stelle der „guten alten Zeit", als kantige Politiker noch kantige Politiker waren, das Wort geredet werden. Es geht vielmehr darum, darauf aufmerksam zu machen, dass sich in den Parteien wie in den Parlamenten mehr und mehr der Typus des „Nur-Politikers" durchzusetzen beginnt, dessen Ziel sich — weitgehend — auf die Erringung eines Mandats und eine darauf aufbauende Karriere einengt. Das verändert

---

19 So der Parteienforscher Hanno Burmester, zit. nach Günter Bannas, Der Mitgliederschwund. Die Parteien verlieren ihre kommunale Basis und haben weniger engagierte Ehrenamtliche, in: FAZ vom 11. Mai 2016.

20 Engholm, Björn, „Es kann nicht allein an Sigmar Gabriel liegen" (Interview), in: Die Welt vom 13. Mai 2016.

21 Eppler, Erhard, „Ein Politiker hat kein Recht auf eine Karriere" (Interview), in: NG/FH 63 (2016), H. 3, S. 43.

in erheblicher Weise die Binnenstruktur von Parteien und Parlamenten. Von der Uni ins Parlament ist mittlerweile ein gängiger Berufsweg. Das Zusammenfallen von kommunalen Mandaten, Mitarbeiterfunktionen bei Abgeordneten und Parteiämtern wird ein gängiges Muster politischer Machtsicherung. So droht eine „politische Kaste" zu entstehen, der es immer häufiger an Impulsen aus der „normalen" Berufswelt wie aus außerparlamentarischen politischen Bewegungen gebricht. Dies werden die Parteien nur ändern können, indem sie u.a. auch über Mandatsbegrenzungen neu nachzudenken beginnen, auch wenn diese in ihrer konkreten Praxis durch die Grünen in ihren Anfangsjahren nicht wirklich ermutigende Perspektiven gezeigt haben. Dass sich aktuell eine derartige Debatte an der Funktion der Bundeskanzlerin entzündet zeigt jedoch allenfalls das Problem, sicher nicht die Lösung.

Zur Ironie dieses Themas gehört es, dass auch der Parteivorsitzende der SPD, Sigmar Gabriel, jüngst beklagte, die SPD sei zu sehr „Staat" und zu wenig „soziale Bewegung". So richtig die Beobachtung ist, so sehr fehlt es jedoch gerade an Impulsen, die auf eine politische Kampagnenfähigkeit der Sozialdemokratie zielen, deren Themen an Grundsätzen und Werten ihrer langen Geschichte anzuknüpfen hätten. Aber da muss auch er sich entscheiden (um es an einem Beispiel zu zeigen): Gibt er weiter als Wirtschaftsminister Signale, dass er das transatlantische Abkommen TTIP für ein unverzichtbares Instrument seiner Wirtschaftspolitik hält, oder gesellt er sich zu den Vertretern gesellschaftlicher Bewegungen (in Gewerkschaften und NGOs), die – wie auch die Grundwertekommission seiner Partei – dagegen mobil machen, die einfordern, dass eine globale Handelsarchitektur nicht nur überall den Vorrang des öffentlichen Wohls vor dem Privaten sichern muss, sondern sich auch dem globalen Süden zu öffnen habe, damit die Handelsriesen EU und USA nicht in gegenseitiger Meistbegünstigung die „Schlechtergestellten" weiter und auf Dauer benachteiligen.[22] Die Demonstration gegen TTIP unter Beteiligung vieler Sozialdemokraten war die größte soziale Bewegung Deutschlands in der jüngeren Vergangenheit.

---

22 Vgl. Schwan, Gesine, Wir sind die Völker, in: Die Zeit vom 12. Mai 2016.

Damit sind wir bei den „Großthemen" möglicher politischer Antworten auf die Globalisierung aus sozialdemokratischer Sicht (bzw. dem Wertegesichtspunkt „Solidarität") sowie den „Überresten" sozialistischer Utopievorstellungen nach den Experimenten des 20. Jahrhunderts, mit dem sich die in der Folge anschließenden Texte beschäftigen. Der erste macht überblicksartig sieben „Felder" von Globalisierung aus, deren Ungleichzeitigkeiten bzw. unterschiedliche Durchdringungstiefen unserer gesellschaftlichen Strukturen keine einfachen Antworten zulassen. Sicher wird man aus heutiger Sicht Themen wie die weltweite Flüchtlingskrise sowie die Zunahme kontinentüberschreitender Krankheitserreger (Zika-Virus, resistente Krankenhausbakterien) mit einzubeziehen haben. Beim Verfassen dieses Textes war zudem die spätere Wucht der globalen Banken- und Finanzmarktkrise allenfalls zu erahnen. Die sich bis heute stellende Frage, wer denn die Träger neuer Formen solidarischen Handelns gegen die Übermacht vielfach anonymer Akteure sein könnten, oder wie sich nach dem Scheitern der „klassischen Arbeiterbewegung" Interessen neu aggregieren lassen, vor diesen Fragen steht die politische Linke heute mehr denn je. In den Worten Gesine Schwans: „Die zentrale Frage für die zukünftige Identität der Sozialdemokratie lautet daher: Kann sie gegen den neoliberalen Mainstream eine eigene Politik- und Wirtschaftsstrategie entwickeln, und welche Akteure können die kapitalistische Wirtschaft auch in der Globalisierung zugunsten von Freiheit, Gerechtigkeit und Solidarität politisch gestalten?"[23] Wie gewaltig diese Aufgabe ist (und wie auch deren Voraussetzungen nicht ohne ein Verständnis *längerer Linien* zu verstehen ist), zeigt ein Blick auch auf die sozialstrukturellen Veränderungen in unseren Gesellschaften. Es war u.a. eine – auch von Sozialdemokraten mitverantwortete – neoliberale Steuersenkungspolitik, die mit dazu geführt hat, dass „die modernen Gesellschaften der Gegenwart wieder ein Ausmaß sozialer Ungleichheit aufweisen, das im frühen 19. Jahrhundert bestand".[24]

---

23 Dies., Das Profil schärfen, a.a.O.
24 Neckel, Sighard, Die neuen Oligarchien – Vorboten der Refeudalisierung, in: NG/FH 63 (2016, H. 6, S, 22. Der Autor bezieht sich hinsichtlich der dort im Einzelnen präzisierten Datenbasis für seinen Befund u.a. auf Thomas Picketty, Das Kapital im 21. Jahrhundert, München 2014.

Solange allerdings die Sozialdemokratie (als Teil der politischen Linken) auf diesen nationalen, europäischen wie globalen Befund keine Antworten gibt, solange ihr „die Sprache der Gerechtigkeit abhandengekommen ist" und sie in der Falle nationaler Lösungsansätze verharrt[25], solange wird sie nicht in der Lage sein, dadurch zu Deutschlands führender Kraft aufzusteigen, dass sie „einem marktradikalen Gesellschaftsmodell ein eigenes entgegensetzt"[26]. Dass hier eine offensichtliche Leerstelle besteht, das wird mittlerweile – etwas verschämt und die Schuld partiell woanders abladend – auch seitens des Parteivorsitzenden nicht mehr bestritten: Die SPD habe sich „in der Vergangenheit unter dem Druck von Medien und Wissenschaft anfällig gezeigt für den Trend zu Deregulierung und Privatisierung", meinte er jüngst in einem Interview.[27] Angesichts der Größe unseres Landes, angesichts der Stärke unserer Ökonomie und auch angesichts ihrer Rolle innerhalb des Verbundes der sozialdemokratischen Parteien Europas wäre es aber die Rolle und Aufgabe der SPD, mit aller Energie (und unter Beteiligung ihrer Schwesterparteien) an einem europäischen Politikentwurf zu arbeiten, der der häufig beklagten Austeritätspolitik der Europäischen Instanzen (wie der deutschen Bundesregierung) eine Alternative entgegenstellt.

Auf andere Weise nähert sich der nächste Text ähnlichen Fragestellungen. Ausgehend u.a. von der Kritik an dem Helmut Schmidt zugeschriebenen Diktum, wer Visionen habe, möge einen Arzt aufsuchen, wird darin der Frage nachgegangen, in welchem Verhältnis Gesellschafts- und Wirklichkeitsanalyse auf der einen und die daraus hergeleiteten gesellschaftspolitischen Utopien in der sozialdemokratischen Programm- und Ideengeschichte auf der anderen Seite zueinander stehen und was dies für das Hier und Jetzt bedeutet. Es dürfte nicht verwundern, dass eine der Schlussfolgerungen so lautet: „Wir leben in einer Zeit dramatischer Veränderungen, und keiner hat eine klare Vorstellung davon, wohin die Reise geht … Kein Wunder, dass bei vielen Menschen zurzeit die Ängste die

---

25 Forst, Rainer/Ulrich, Bernd, Kann die Linke noch kämpfen?, in: Die Zeit vom 4. Mai 2016.
26 Eppler, Erhard, „Von meiner Sorte verträgt die Partei bestenfalls zwei" (Interview), in: Der Spiegel vom 27. Februar 2016.
27 Gabriel, Sigmar, „Die SPD muss radikaler werden" (Interview), in: Die Zeit vom 2. Juni 2016.

Hoffnungen überwiegen. Gerade in solchen Zeiten kann aber Politik auf gar keinen Fall *ohne konkrete Utopien* auskommen, allerdings realistischer Weise nicht im Sinne von gesellschaftlichen Gesamtentwürfen, sondern von *Leitbildern* mittlerer Reichweite für eine *soziale Demokratie*, umgesetzt in vermittlungsfähige Metaphern und Bilder, anhand derer auch nachvollzogen werden kann, wohin bestimmte Reformprozesse zielen."

Von nochmals anderer neuer Qualität sind wiederum zwei Herausforderungen, die in den beiden folgenden Texten behandelt werden. Die nun auch schon wieder fast ein Jahrzehnt zurückliegenden weltweiten explosionsartigen Auseinandersetzungen um die Mohammed-Karikaturen warfen nur ein besonders grelles Schlaglicht auf einen Konflikt, der auf absehbare Zeit auf der Agenda jedweder Politik bleiben wird: die Auseinandersetzung um die Chancen und Möglichkeiten des Nebeneinanders unterschiedlicher Kulturen und Religionen im nationalen wie im internationalen Maßstab. Diese Herausforderung wird uns noch lange begleiten und bedarf einer sorgfältigen Positionsbestimmung, die es sich mit der allzu engen Verkürzung auf den Aspekt des religiös motivierten Terrorismus nicht zu einfach machen darf.

Liest man diesen Text erneut, fällt ins Auge, dass er in fast bestürzend-ähnlicher Weise zehn Jahre später angesichts der grässlichen Terroranschläge auf die Satirezeitschrift „Charlie Hebdo" hätte geschrieben worden sein können. Er hat also von seiner warnenden Aktualität nahezu nichts eingebüßt. Für die innenpolitische Situation wird diese Konfliktlage nochmals ergänzt und überlagert durch einen deutsch-türkischen Konflikt, ausgelöst durch den Fernsehsatiriker Jan Böhmermann. „Wagemutig" hatte er in seinem Schmähgedicht auf den türkischen Staatspräsidenten Erdogan austesten wollen, wo denn in Deutschland die Grenzen des rechtlich Zulässigen für Satire zu ziehen seien. Auch hier hatte sich ein dilettierender *Zauberlehrling* versucht und am Pfropfen gespielt. Als strafrechtliche Ermittlungen drohten, versuchte er sich – vergeblich – unter die schützenden Fittiche eines Staatsministers im Bundeskanzleramt zu flüchten. Die Reaktion in der Mehrzahl der Medien und einem Großteil der Politik (die SPD eingeschlossen) hieß: Die Meinungsfreiheit ist bedroht! Mit Tucholsky muss daran festgehalten werden, dass Satire alles darf! Dass – auch bei Tucholsky – Satire etwas mit Verantwortung zu tun hat, hat dort kaum jemand nachgelesen. Deshalb sei er hier knapp zitiert: „Satire ist eine durchaus positive Sache. Nirgends verrät sich der Charakterlose schneller als hier, nirgends zeigt sich fixer, was ein gewissenloser Hanswurst ist, einer, der heute den angreift und morgen den."[28] So prophetisch konnte einer sein, dem es nicht im Traum eingefallen wäre, für seine satirischen „Schandtaten" *nicht* die entsprechenden Konsequenzen zu tragen.

Auf einer anderen Ebene, im „Globalisierungstext" nur sehr kursorisch behandelt, liegen die Herausforderungen des sich rasend schnell ausbreitenden Internets, das unsere Gesellschaften wie unsere individuellen Lebensformen bereits jetzt in extrem kurzen Zeiträumen stärker verändert hat als nahezu alle technologischen Umwälzungen zuvor. Und ein Ende ist nicht in Sicht. Ungeachtet vieler hilf- und segensreicher Neuerungen sprechen kritische Beobachter mit guten Gründen zugleich von einer neuen „Tyrannei der Transparenz", die zu einer signifikanten Verschiebung der westlichen Wertewelt führe, die mit den neuen Austauschbeziehungen des Netzes einhergehe.[29] Kritiker warnen zudem davor, sich allzu viel von den neuen elektronischen Möglichkeiten mit Blick auf *politische Partizipation* zu erwarten: „Wer zudem die politischen Debatten im Netz verfolgt, wird häufiger anonymisierte *shitstorms* antreffen als die deliberative Akzeptanz des zwanglosen Zwangs des besseren Arguments. Vor politischen Abstimmungen via Internet kann in Zeiten der NSA und dem ubiquitären Datenzugriff aller möglichen ‚Dienste' nur gewarnt werden."[30] Was dies alles aber für unsere gesellschaftlichen Interaktionsformen, für unser Beziehungsleben zu- und miteinander bis hin zu Fragen individueller Persönlichkeitsentwicklung (woran Erziehungskonzepte anzuknüpfen haben) bedeutet, dem geht der vorletzte Text in einer (hoffentlich) als offen wahrzunehmenden Weise nach. Um es auf einen Begriff zu bringen: In diesem Zusammenhang geht es um nicht mehr und nicht weniger als um den Fortbestand der *Voraussetzun-*

---

28 Tucholsky, Kurt, Was darf Satire?, in: Berliner Tageblatt Nr. 36 vom 27. Januar 1919.
29 Black, Tim, The tyranny of transparency, in: spiked online vom 26. April 2016.
30 Merkel, Ungleichheit …, a.a.O., S. 18.

gen für Solidarität, für solidarisches Verhalten in unseren Gesellschaften. Was anders, wenn nicht das, wäre ein neues, zentrales Identitätsthema der Sozialdemokratie?! Hier bleiben aber bei weitem noch mehr Fragen als Antworten – es bleibt also bei einer noch lange währenden kolossalen Herausforderung und dem Befund, dass eine anspruchsvolle innersozialdemokratische Debatte darüber noch ein Desiderat bildet!

Sozialdemokratie wohin?

Zuguterletzt, im Abschlusstext, geht es um ein Thema, mit dem wir an den Ausgangspunkt dieser Einleitung zurückkehren. Schon in den neunziger Jahren hatte ich mich immer wieder mit der Frage befasst, in welcher Weise Parteien auf das Phänomen von Umfrageergebnissen reagieren und ob sie nicht – schon gar im Sinne vorausschauende Politik –, wenn sie sich zu sehr daran orientieren, auf diese Weise geradezu in eine unrettbare Verliererposition gegenüber dem vereinten Druck von demoskopischen Instituten (und deren Eigeninteressen) sowie denselben der Medien geraten. Diese Überlegungen finden schließlich vor mehr als zehn Jahren ihren gebündelten Ausdruck in dem Aufsatz „Politik und das Elend der Demoskopie". Die Leserschaft dürfte mir zustimmen, wenn ich sage: Er könnte auch gestern geschrieben worden sein. Wenig hat sich verändert, der Konformitätsdruck auf die Parteien und ihr Auftreten ist eher noch gewachsen. Nur gelegentlich liest man den hier artikulierten ähnliche Warnungen wie die folgende: Angesichts der „Rückkopplungseffekte in der simulierten Demokratie sollte man Umfragen mit Skepsis begegnen. Mindestens." Denn: „Das Umfrageergebnis ist, was fast immer übersehen wird, eine Momentaufnahme aus der Vergangenheit, keine Prophezeihung …"; aber dennoch rücken Umfragen in den „Rang eines politischen Arguments".[31] Und ein altersweiser Exminister sekundiert: „Heute werden vor jeder Diskussion Umfragen durchgeführt. Und statt die Ergebnisse als Ausgangspunkt für eine große öffentliche Diskussion zu nehmen, orientieren sich die meisten Politiker gleich zu Beginn daran,

---

31 Reinecke, Stefan, Misstraut den Umfragen!, in: die tageszeitung vom 11. März 2016.

was die Leute jetzt im Moment gesagt haben."[32] Damit ist ein Dauerproblem auch sozialdemokratischen Politikverständnisses der vergangenen Jahre griffig auf den Punkt gebracht.

Vereint arbeiten Demoskopen und ein Großteil der Medien daran, den Parteien die vermeintlich unumstößliche Wahrheit nahezubringen, dass Wahlen nur in der Mitte gewonnen werden können und die Umfragedaten für die Verortung dieser Mitte die Kennziffern liefern. Aber was ist und wo ist diese Mitte? Und aus sozialdemokratischer Sicht gefragt: Was, wenn dieser Platz bereits durch CDU und CSU, neuerdings gar durch eine von Ministerpräsident Kretschmann in die Mitte beorderte Partei der Grünen besetzt ist? Balgen sich dann alle um denselben Kuchen? Ich hielt damals und halte auch heute noch diese „gesicherte Erkenntnis" für eine empirisch nicht belegbare Binsenweisheit. Für eine Partei mit programmatischem Anspruch wie die Sozialdemokratie kann es nicht darum gehen, eine ominöse Mitte zwischen den Polen *links* und *rechts* zu besetzen. Ihr Anliegen muss es vielmehr sein, die Themen, für die sie einsteht, die Antworten, die sie auf drängende Herausforderungen zu geben für richtig hält, sowohl in ihrer unmittelbaren Anhängerschaft wie darüber hinaus im Zentrum der Gesellschaft populär zu machen, zu verankern. Anders ausgedrückt: Eine Partei hat nicht in eine ominöse Mitte zu rücken, vielmehr muss sie ihre Themen zu denen der gesellschaftlichen Mitte, der die Gesellschaft tragenden Kräfte machen.

Die SPD Willy Brandts ist nicht konturenlos in eine Mitteposition gerückt, sondern hat bei Bevölkerungsgruppen, die nicht zu ihrer Stammklientel gehörten, für ihre Ideen einer neuen Ost-und Entspannungspolitik, für mehr Mitbestimmung, für „mehr Demokratie wagen" geworben und ist dabei Schritt für Schritt hegemonie- bzw. mehrheitsfähig geworden. Das aber setzt eben auch die bereits genannte *Kampagnenfähigkeit* von Politik voraus: „Nur dann, wenn es gelingt, die sozial Benachteiligten für eine andere Politik zu mobilisieren, so schwer dies auch ist, können Mehrheiten, und seien es auch nur numerische Mehrheiten von Wählerinnen und Wählern, für eine linke Politik entstehen. Wer dagegen nur

---

noch um die heute schon aktiven Bürgerinnen und Bürger konkurriert, hat eine linke Option schon aufgegeben. Ein demokratisches Unten-Mitte-Bündnis ist die entscheidende Bedingung für eine linke Politik, die diesen Namen auch verdient."[33]

Wenn die SPD in diesem Zusammenhang auch die Verteilungsfrage gewissermaßen *neu entdeckt*[34], so ist dies sicherlich zu begrüßen, wenn auch darauf insistiert werden muss, dass schlüssige Antworten in dieser Hinsicht vernünftigerweise nur *europäisch* auszufallen hätten (die Verteilungsfrage in Griechenland oder Spanien stellt sich anders und härter). Wer zudem glaubt, dass sich auf diese Weise das Vertrauen der eigenen Wählerklientel kurzfristig zurückgewinnen lasse, dürfte einer Illusion aufsitzen. Zu einer neuen Erzählung, die *Glaubwürdigkeit* vermittelt, würde gehören, plausibel zu erklären, warum die Sozialdemokratie nicht schon in ihren verschiedenen Regierungsphasen energisch auf den 1990 einsetzenden Reallohnverlust reagiert hat. Und es muss der Eindruck vermieden werden, man vollziehe ein Jahr vor der nächsten Bundestagswahl eine neuerliche *taktische* Wende.

An dieser Stelle schließt sich gewissermaßen der Kreis zu dem eingangs noch nicht gelüfteten Geheimnis, zu der Frage, auf wen das dort länger wiedergegebene Zitat zurückgeht. Hier schrieb jemand, der als Wissenschaftler insbesondere *seine* Partei, die Sozialdemokratie, davor warnte, zu einer Allerweltspartei, einer *catch-all party* zu werden: der renommierte Staatsrechtler und Emigrant Otto Kirchheimer.[35] Auch diese Zeilen klingen, als wäre die Warnung gestern ausgesprochen worden. Aber Kirchheimer schrieb sie bereits vor gut fünfzig Jahren, im Jahre 1965. Das mag auch erklären, warum es dem Autor dieser Einleitung

---

33 Brandt, Peter/Brie, André/Wolf, Frieder Otto, Von unten sieht man besser. Für einen linken Neubeginn, in: Blätter für deutsche und internationale Politik 60 (2015), H. 7, S. 87.
34 Vgl. den Schwerpunkt „Rückkehr der Verteilungsfrage" in: NG/FH 63 (2016), H. 6, S. 14 ff., u.a. mit einem Beitrag aus dem unmittelbaren Umfeld des Parteivorsitzenden: vgl. Machnig, Matthias/Schmolke, Oliver, Verteilung der Zukunft, ebd., S. 43 ff.; ebenso jetzt Gabriel, Sigmar, Wir wollen mehr Wohlstand für alle, in: Vorwärts Nr. 06-07/2016, S. 10: „In keinem Land der Euro-Zone ist die Vermögensungleichheit so groß wie in Deutschland. Deshalb wird es im SPD-Wahlkampf auch um die Verteilungsfrage gehen."
35 Kirchheimer, Otto 1965, zit. nach Ulrich von Alemann, Besonders Kirchheimer, in: FAZ vom 14. März 2016.

und der Beiträge dieses Bandes immer wieder daran gelegen war und ist, das *historisch-wissenschaftliche* wie das *historisch-politische* Gedächtnis mit Blick auf die große Tradition der Sozialdemokratie nicht abreißen zu lassen, bei der Suche nach neuen Antworten auf neue Herausforderungen nicht das „Gepäck" zu vergessen oder zu vernachlässigen, das in dieser so spannenden wie konfliktreichen Geschichte verborgen ist. Abgesänge auf die Sozialdemokratie sind in der jüngsten Vergangenheit genügend geschrieben worden. Sie hat es selber in der Hand, der Entwicklung eine andere Richtung zu geben.

II Grundlagen kritischer Spiegelungen

Aktualität und Zukunft des Marxschen Denkens

Etwas über die „Aktualität und Zukunft des Marxschen Denkens"[1] ausführen zu wollen, darf ohne Übertreibung als ein gewisses Wagnis bezeichnet werden. Setzt man sich auf diese Weise doch unweigerlich – wenn schon nicht dem Spott und dem Hohngelächter –, so wenigstens dem bemitleidenden Kopfschütteln aus, wie sich jemand allen Ernstes noch mit derart verstaubtem Gedankengut abgeben könne. Kopfschütteln ruft dies im konkreten Fall auch deshalb hervor, weil der Autor doch eigentlich einem ganz ehrenwerten Beruf nachgeht, der zunächst einmal ein derartiges gedankliches Abenteuertum nicht nahelegt.

Was treibt einen wie mich gleichwohl um, sich ausgerechnet jetzt mit derartigen Fragestellungen zu beschäftigen. Meine Antwort darauf lautet in aller Kürze: Die vergangenen zehn Jahre nach dem Fall der Mauer und der Implosion des „realsozialistischen" Staatensystems haben zwar eine Menge an Glaubensbekenntnissen hervorgebracht, aber bislang noch außerordentlich wenig zu einer differenzierten Neubewertung des Marxschen Erbes beigetragen. Zu diesen Glaubensbekenntnissen zähle ich die vielfachen Abgesänge auf Marx und Engels von links bis rechts, kongenial in Norbert Blüms Diktum zusammengefasst: „Marx ist tot und Jesus lebt." Dazu zähle ich aber auch all die tapferen Bekundungen (so sehr sie im Einzelnen Recht haben mögen), dass der sogenannte reale Sozialismus ja kein wirklicher gewesen sei und deshalb Marxens Werk weiter in unbefleckter Reinheit erstrahle.

---

1   Der Beitrag gründet sich auf einen Vortrag des Autors, der am 12. November 1999 in der Aula der Technischen Universität Braunschweig in einer Veranstaltung des Instituts für Sozialgeschichte e.V., Braunschweig-Bonn, in Verbindung mit der Internationalen Marx-Engels-Stiftung, Amsterdam, der TU Braunschweig und der Stadt Braunschweig gehalten wurde.

Nicht ganz auf derselben Ebene, aber in ihren Konsequenzen auch nicht viel weitsichtiger, liegen all diejenigen, die den „toten Hund" im 150. Jahr des „Kommunistischen Manifests" zu neuem Leben erweckten und – oh Wunder – entdeckten, dass es Marx und Engels waren, die wohl am frühesten in der Zunft der ökonomischen Wissenschaft das als prägende Tendenz der kapitalistischen Produktionsweise ausgemacht hatten, was uns heute mit dem Begriff der „Globalisierung" so locker über die Lippen geht: die Tendenz nämlich, sich als umfassender Weltmarkt durchzusetzen. Aber mehr als diese beileibe nicht neue Erkenntnis war in den Feuilletons des Frühjahrs 1998 zwischen „Zeit" und „FAZ" nicht zu haben, also keine wirklich neue Annäherung an die Fragestellung, ob denn die daran geknüpften Marxschen Transformationsvorstellungen ebenfalls noch taugen.

Seither ist es wieder ruhig geworden um Marx und Engels, ein neues Jubiläum steht aktuell nicht an. So macht allenfalls ein Publizist wie Konrad Löw kurzzeitig Furore, der öffentlich darüber Klage führt, dass von den Wissenschaftlern der „Internationalen Marx-Engels-Stiftung" zu viele öffentliche Gelder unnütz vergeudet werden. Mit anderen Worten: Es besteht auch von dieser Seite her Handlungsbedarf, allerdings endlich jenseits aller Glaubensbekenntnisse und auf der Basis neuen und quellengesättigten wissenschaftlichen Zugangs, so wie es ja auch den neuen Editionsrichtlinien der Herausgeber der fortgeführten Marx-Engels-Gesamtausgabe (kurz: MEGA) entspricht. Mein eigener bescheidener Beitrag in dieser Richtung ging und geht von der Fragestellung aus, welche Rückwirkungen das Scheitern des sowjetischen Systems auf das analytische wie theoretische Gedankengebäude der beiden großen Vordenker der sozialistischen und Arbeiterbewegung hat. Denn, soviel dürfte unstrittig sein, ihr Denken hat sich immer – um den italienischen Kommunisten Antonio Gramsci zu zitieren – als eine „Philosophie der Praxis" verstanden. Oder, in ihren eigenen Worten ausgedrückt: „Die Frage, ob dem menschlichen Denken gegenständliche Wahrheit zukomme, ist keine Frage der Theorie, sondern eine *praktische* Frage. In der Praxis muss der Mensch die Wahrheit, i.e. Wirklichkeit und Macht, Diesseitigkeit seines Denkens beweisen. Der Streit über die Wirklichkeit und Nicht-

Wirklichkeit des Denkens – das von der Praxis isoliert ist – ist eine rein *scholastische* Frage."[2]

Eine durchaus bequeme und vermeintlich durch vielfältige Aussagen von Marx und Engels selbst belegte Auffassung konnte jedoch immer wieder darauf verweisen, dass beide zwar eine ausgearbeitete Analyse kapitalistisch geprägter Gesellschaften geliefert hätten mit der Prognose, dass deren unlösbare Widersprüche auf den Sozialismus bzw. Kommunismus zutreiben würden, aber ein ausgearbeitetes Transformationsprogramm der beiden oder gar Vorstellungen über die Gestalt einer *anderen*, neuen Gesellschaft nicht vorlägen. Wer kennt sie nicht, die Absagen an die „Rezepte aus der Garküche der Zukunft"!

Meine kritische Erwiderung lautet: Dies ist aus zwei Gründen falsch. Erstens ergibt sich eine Reihe von Strukturmerkmalen der neuen – wenn man so will: sozialistischen – Gesellschaft aus den analysierten und beschriebenen, zu überwindenden Funktionsdefiziten der alten, kapitalistisch strukturierten und den Bedingungen ihrer Überwindung. Und zweitens lassen sich – wie ich es in meinem Buch auch getan habe – aus den vielfältigsten Schriften und Texten von Marx und Engels Detailvorstellungen zusammentragen, die gleichwohl ein beschreibbares Gesamtbild der angestrebten neuen Gesellschafts- und Wirtschaftsverfassung ergeben. Schauen wir uns dies also näher an – wobei ich vorweg schicken muss, dass bei der thesenhaften Zusammenfassung manche Überspitzung und Verkürzung hingenommen werden muss.

THESE 1: Also weiterhin weitgehend brauchbar erweist sich ihre konkrete Untersuchung und Analyse der Funktionsbedingungen und Bewegungsgesetze der kapitalistischen Produktionsweise. Dies schließt die Analyse der verschiedenen Formen der Teilung der Arbeit ein (einschließlich eines, allerdings nur partiell zutreffenden und zudem die Probleme reduzierenden, Blicks auf die Geschlechterbeziehungen), den daraus entspringenden Entfremdungszusammenhang sowie die Freilegung der der kapitalistischen Produktionsweise innewohnenden Krisenzyklen. Klarer

---

2 Marx, Karl, (Thesen über Feuerbach), in: Karl Marx/Friedrich Engels: Werke (MEW), Bd. 3, S. 5.

als in anderen ökonomisch-theoretischen Ansätzen wird im Marxschen Denken die Tendenz zu einem globusumspannenden kapitalistischen Weltmarkt entwickelt.

Es liest sich darüber hinaus wie eine Beschreibung der heutigen Problemlagen, wenn Marx die Janusköpfigkeit des Fortschritts seiner Zeit beschreibt. Jedes Ding scheint zur Zeit – so führt er 1856 in einer Rede aus – mit seinem Gegenteil schwanger zu gehen. Die Maschinerie, die mit der wundervollen Kraft begabt sei, die menschliche Arbeit zu verringern und fruchtbarer zu machen, lasse sie zugleich verkümmern und zehre sie bis zur Erschöpfung aus. Die neuen Quellen des Reichtums verwandelten sich so durch einen seltsamen Zauberbann zu Quellen der Not. Die Siege der Wissenschaft erschienen erkauft durch einen Verlust an Charakter. Selbst das reine Licht der Wissenschaft scheine nur auf dem dunklen Hintergrund der Unwissenheit leuchten zu können. Dieser Antagonismus zwischen moderner Industrie und Wissenschaft auf der einen und modernem Elend und Verfall auf der anderen Seite und damit der Antagonismus zwischen Produktivkräften und den gesellschaftlichen Beziehungen der gegenwärtigen Epoche sei eine handgreifliche, überwältigende und unbestreitbare Tatsache.[3]

Aber schon die Bestätigung dieser Aktualität des Marxschen Denkens in der Analyse fällt nicht uneingeschränkt aus. Es lassen sich sowohl Passagen finden, die die später kultivierte Auffassung von der „Naturnotwendigkeit" des kapitalistischen Zusammenbruchs nährten, als auch solche, aus denen durchaus eine immer neue Regenerations- und Wandlungsfähigkeit kapitalistischer Ökonomien abzulesen war. Zu letzteren gehört u.a. die leider strategisch nicht wirklich fortentwickelte Unterscheidung zwischen extensiven und intensiven Wachstumsmöglichkeiten einer derartigen Produktionsweise.

THESE 2: Ähnlich widersprüchlich fällt das Urteil bezüglich der hiermit verknüpften Analyse einer Tendenz zur Konzentration und Zentralisati-

---

3   Marx, Karl, Rede auf der Jahresfeier des „People's Paper" am 14. April 1856 in London, in: MEW, Bd. 12, S. 3 f.

on von Kapital aus. Wer wollte bestreiten, dass sich derartige Vorgänge ökonomischer – und damit vermittelt auch politischer – Machtzusammenballungen immer neu vor unseren Augen vollziehen. Gerade am Ende der neunziger Jahre erleben wir eine neue Fusions- und Übernahmewelle auch als Antwort auf die Globalisierung, sei es bei den Banken, den Versicherungen, den Auto- oder den Pharmakonzernen. Der Chef der US-Kartellbehörde verwies vor zwei Jahren darauf, dass dabei die Größenordnungen beständig wachsen. Sei vor kurzem noch eine Fusion im Umfang von einer Milliarde Dollar als riesig empfunden worden, sei dies jetzt zur Routine geworden, seien Fälle bis zu 20 Milliarden Dollar zu entscheiden.

Auch hinsichtlich dieses Theorems neigten Marx und Engels jedoch dazu, aus der Tendenz eine lineare Entwicklung zu konstruieren, die durch den historischen Prozess eindeutig widerlegt ist. Etwa die siebziger Jahre unseres Jahrhunderts sind durch die deutliche Zurücknahme zuvor bereits erreichter Konzentrationsprozesse, einschließlich der damit verbundenen Fertigungstiefen, geprägt.

THESE 3: Während der von Marx entwickelte Begriff einer kapitalistischen Produktionsweise ein im Wesentlichen funktional-analytischer ist, haben andere Theoretiker und Wirtschaftshistoriker einen anderen Zugang gewählt. Der französische Forscher Fernand Braudel etwa untersucht „Kapitalismus", wie er es nennt, stärker aus einer historischen Entwicklungsperspektive und in seinem Verhältnis zu den weit älteren und entsprechend als überwölbend verstandenen Marktverhältnissen. Beide Sichtweisen schließen sich nicht völlig aus. Allerdings bietet letzterer Ansatz einen doppelten Vorzug: Wir behalten das Nebeneinander unterschiedlicher Produktionsweisen und -formen (national wie international) im Blick. Und uns eröffnet sich die Möglichkeit einer Betrachtung der relativen Autonomie von Marktprozessen und ihrer Besonderheiten, Vorzüge und Schwierigkeiten.

Die Marktprozesse werden jedoch in den Bearbeitungen von Marx und noch mehr von Engels deutlich vernachlässigt. Für Marx sind es dieselben Umstände, die auf der einen Seite die Grundbedingungen der kapitalistischen Produktion hervorrufen und die auf der anderen Seite alle diejenigen Warenproduktionen allmählich zerstören, die auf Selbstarbeit der Produzenten gründen oder bloß auf dem Verkauf des überschüssigen Produkts als Ware.[4] Damit bleibt – perspektivisch – nur der kapitalistisch geprägte Weltmarkt übrig. Ja, hierin liegt sogar ein Wesenszug, der die ganze Periode charakterisiert: „Das Wesentliche für die kapitalistische Produktion ist die Entwicklung des Produkts zur Ware, die wesentlich mit der Ausdehnung des Markts, Schöpfung des Weltmarkts, also foreign trade, verbunden."[5] Abgesehen von der frühen Entwicklung kapitalistischer Produktion sieht er das dynamische Moment in der Sphäre der Produktion, beobachtet damit vorrangig die Funktionsbedingungen von Märkten nur unter den Bedingungen kapitalistischer Produktionsverhältnisse bzw. dieses Wechselverhältnis der beiden Sphären zueinander. Diese Konzentration hat durchaus fatale Folgen für seine Transformationsvorstellungen.

THESE 4: Als besonders fatal erweisen sich vielfach vereinfachende Schlussfolgerungen aus differenzierenden Analysen zunächst schon da, wo Marx und Engels im Prozess der Konzentration und Zentralisation des Kapitals bereits Formen „vergesellschafteten" Produzierens erblickten. Die Bildung von Aktiengesellschaften bedeutet danach die Aufhebung des Kapitals als Privateigentum bereits innerhalb der Grenzen der kapitalistischen Produktionsweise selbst. Entsprechend lesen wir – nicht nur, aber doch auch – immer wieder „staatssozialistische" Passagen, in denen von der fortschreitenden Konzentration allen Kapitals, allen Ackerbaus, aller Industrie, allen Transports und allen Austauschs in den Händen des Staates aus dem Betrieb der großen Industrie und der Eisenbahn durch den Staat nach der Erringung der Demokratie die Rede ist – auch wenn es dann im selben Text an anderer Stelle wieder heißt, dass die neue Gesellschaftsordnung die Industrie und alle Produktionszweige durch die ganze Gesellschaft und für gemeinschaftliche Rechnungen betreiben lassen müsse.[6]

---

4   Marx, Karl, Das Kapital, Bd. 2, in: MEW, Bd. 24, S. 41 f.
5   Marx, Karl, Theorien über den Mehrwert, in: MEW, Bd. 26/2, S. 425.
6   Engels, Friedrich, Grundsätze des Kommunismus, in: MEW, Bd. 4, S. 370; 374; 317.

In dieser Perspektive finden sich, ganz allgemein gesprochen, zunächst kaum Ansatzpunkte etwa für eine gemischtwirtschaftliche Transformationsperiode oder -strategie, geschweige denn genauere Vorstellungen über genossenschaftliche Produktion. Die Perspektive ist eindeutig auf die Abschaffung allen Privateigentums an Produktionsmitteln gerichtet, weil Marx die Befürchtung hegt, dass jedwedes Dulden der Weiterexistenz von Lohnarbeit das Wiederaufkommen von kapitalistischer Produktion auf kleiner Stufenleiter befördere. Diese Auffassung ist nicht nur wenig fantasievoll in Bezug auf die konkrete Ausgestaltung genossenschaftlicher Produktion, sie ist vor allem blind für die Gefahren, die mit einer Monopolstellung öffentlicher Produzenten einhergehen: Autarkiebestrebungen, innere Bürokratisierungs- und Erstarrungsvorgänge, Probleme einer vernünftigen und überschaubaren Steuerung interner wie externer Vorgänge, mangelnde Flexibilität, stagnative Tendenzen aufgrund fehlenden Außendrucks und eigener Monopolstellung, Innovationsträgheit, Verschwendungs- und Ausschussproduktion mangels effektiver Kontrolle usw. Es dürfte aufgefallen sein, dass hier vor allem Stichworte genannt wurden, die für die ökonomische Entwicklung der sowjetisch beeinflussten Staaten kennzeichnend geworden sind. Zumindest in dieser Hinsicht hatten sich Marx und Engels als schlechte Ratgeber erwiesen.

THESE 5: Die entscheidende Schwäche in den Marxschen Transformationsvorstellungen liegt meines Erachtens in der völligen Unterschätzung der positiven Regulationsmechanismen des Marktes und des Wettbewerbs. Mit der Aufhebung der „Basis", sprich der kapitalistischen Weise der Produktion – so lesen wir in der „Deutschen Ideologie" –, löst sich nach Auffassung von Marx die Macht des Verhältnisses von Nachfrage und Zufuhr in Nichts auf.[7] Und noch schärfer formuliert es viele Jahre später Friedrich Engels: „Sobald die Produzenten ihr Produkt nicht mehr direkt selbst verzehrten, sondern es im Austausch aus der Hand gaben, verloren sie die Herrschaft darüber ... die Möglichkeit war gegeben, dass das Produkt dereinst verwandt werde gegen den Produzenten, zu seiner

---

7   Marx, Karl/Engels, Friedrich, Die deutsche Ideologie, in: MEW, Bd. 3, S. 35.

Ausbeutung und Unterdrückung. Darum kann keine Gesellschaft auf die Dauer die Herrschaft über ihre eigene Produktion und die Kontrolle über die gesellschaftlichen Wirkungen ihres Produktionsprozesses behalten, die nicht den Austausch zwischen einzelnen abschafft."[8] Der allgemeine und ausschließliche Regelungsmechanismus der Zirkulationssphäre der neuen Gesellschaft, den sie beschreiben, ist nicht der des Austauschs, der Steuerung durch Angebot und Nachfrage, sondern der der Verteilung: Verteilt werden die Arbeitskräfte auf die verschiedenen Zweige der Produktion, verteilt werden die für diese Produktion notwendigen Produktions- und Arbeitsmittel, und verteilt werden die zur individuellen Konsumtion hergestellten und bereitgehaltenen Produkte. Immer wieder betonen Marx und Engels, dass es auf der einen Seite um „direkt gesellschaftliche Aneignung" im Bereich der Produktion und auf der anderen um „direkt individuelle Aneignung" hinsichtlich der Lebens- und Genussmittel geht.[9] Charakteristisch für die „sozialistische Gesellschaft" ist ein neuer Verteilungsmodus, mit dem man zunächst einmal anfängt, und danach beginnt die Suche nach der „allgemeine(n) Tendenz … worin sich die Weiterentwicklung bewegt."[10]

Zunächst ist hierzu festzustellen, dass alle später unternommenen, bis in die neunziger Jahre unseres Jahrhunderts reichenden Versuche, Marx und Engels mit „marktsozialistischen" Vorstellungen zu versöhnen, in deren Werk keine reale Grundlage finden. Meine hier nur andeutungsweise wiederzugebende These hinsichtlich des Scheiterns der „realsozialistischen" Ökonomien lautet jedoch, dass diese gerade an ihrem Defizit des inneren Antriebs, an einem fehlenden Mechanismus zugrunde gingen, der den Effizienz- und Rationalisierungsdruck kapitalistischer Marktwirtschaften hätte ersetzen können. So wurde die sowjetische Wirtschaft genau in dem Moment gegenüber den Ökonomien des Westens entscheidend zurückgeworfen, als diese im Gefolge der Ölpreiskrise der frühen siebziger Jahre zu einem energie- und ressourcenschonenden, d.h. *intensiven* Akkumu-

---

8 Engels, Friedrich, Der Ursprung der Familie, des Privateigentums und des Staates, in: MEW, Bd. 21, S. 110.
9 Engels, Friedrich, Anti-Dühring, in: MEW, Bd. 20, S. 261.
10 Engels, Friedrich, Brief an Conrad Schmidt, in: MEW, Bd. 37, S. 436.

lationstypus überzugehen gezwungen waren und diesen Übergang auch bewältigten. Marx hatte zwar durchaus die verschiedenen Möglichkeiten extensiven und intensiven Produktionswachstums gesehen, aber er hatte keinen Mechanismus gezeigt, der in der neuen Ökonomie an die Stelle des Wettbewerbs- und Innovationsdrucks hätte treten können. So ist er zwar sicherlich nicht für jedwede strukturelle Ausprägung der sowjetischen Ökonomie verantwortlich zu machen, aber schon dafür, kein dynamisierungstaugliches Zukunftsmodell entworfen zu haben.

THESE 6: Dieser traurige Befund wird noch durch eine Reihe bedeutsamer Begleiterscheinungen unterstützt. Das Marxsche Modell enthielt auch keinerlei positive Vorgaben für die künftige Rolle ökonomischer (und gesellschaftlicher) Vermittlungsinstanzen, ja es legte letztlich eher deren „Absterben" nahe. Teils aufgrund der spontanen Ereignisse, teils aufgrund „sozialistischer" Überzeugungen räumten die russischen Revolutionäre (die Arbeiter in den Fabriken wie die politischen Akteure an den Schreibtischen) nach der Revolution all das beiseite, was als Regelungsinstanzen und Antriebskräfte des alten Wirtschaftsmechanismus funktioniert hatte: den Markt, die Ware-Geld-Beziehung, den Zwischenhandel, die Konkurrenz zwischen den Unternehmen, die Gewinnorientierung der Unternehmen (auch Profit genannt), deren Verpflichtung zu einer betrieblichen Rechnungsführung oder Bilanzierung, die Differenzierung der Einkommen als internes Steuerungs- und Antriebsmoment. Die Formel von der „unmittelbaren" gesellschaftlichen Produktion, Verteilung und Aneignung legte Schlussfolgerungen nahe, dass es des ganzen Instrumentariums unabhängiger Akteure, Verbände, Interessengruppen und Vermittlungsinstanzen (einschließlich der Marktmechanismen) selbst in einer Gesellschaft des Übergangs nicht mehr bedürfe. Denn Ziel war ja schließlich eine Gesellschaft, in der die letzten Verkehrsformen der alten Gesellschaft schon bald sollten wegfallen können.

THESE 7: Haben wir also aus heutiger Sicht und unter Auswertung der Erfahrungen des sowjetischen Weges erhebliche Zweifel daran anzumelden, ob wir wirklich noch von einem kohärenten „sozialistischen Projekt" bei Marx und Engels sprechen können, so gilt dies auch für die Frage des Subjekts künftiger Gesellschaftsveränderungen. Nochmals in notwendiger Verkürzung: Zum einen liefern sie widersprüchliche Hinweise über den Charakter dieses Subjekts. Dieses konstituiert sich nach Marx einerseits aufgrund eines kollektiven Verelendungszusammenhangs. Während nämlich auf der einen Seite durch die Konzentration und Zentralisation des Kapitals die Zahl der Kapitalmagnaten ständig abnehme, wachse die Masse des Elends, des Drucks, der Knechtschaft, der Entartung, der Ausbeutung, aber auch der Empörung der stets anschwellenden Arbeiterklasse. Bei Engels lesen wir noch knapper davon, dass die kapitalistische Produktionsweise eine „unerträgliche Klassenlage" erzeugt habe, nämlich den „sich täglich verschärfenden Gegensatz von immer wenigern, aber immer reicheren Kapitalisten und von immer zahlreicheren und im Ganzen und Großen immer schlechter gestellten besitzlosen Lohnarbeitern."[11]

Andererseits heißt es in ihrer Schrift „Die Deutsche Ideologie", die Individuen müssten sich die vorhandene Totalität der Produktivkräfte aneignen, und zwar nicht nur, um zu ihrer Selbstbetätigung zu kommen, sondern schon um überhaupt ihre Existenz sicherzustellen. Diese Aneignung sei „zuerst bedingt durch den anzueignenden Gegenstand – die zu einer Totalität entwickelten und nur innerhalb eines universellen Verkehrs existierenden Produktivkräfte". Und im Anschluss daran fahren sie fort: „Die Aneignung dieser Kräfte ist selbst weiter nichts als die Entwicklung der den materiellen Produktionsinstrumenten entsprechenden individuellen Fähigkeiten. Die Aneignung einer Totalität von Produktionsinstrumenten ist schon deshalb die Entwicklung einer Totalität von Fähigkeiten in den Individuen selbst."[12]

An dieser Stelle kann nur festgehalten werden, dass Marx und Engels eine wirkliche Auflösung dieses Widerspruchs nicht gelingt. Es wird nicht wirklich kenntlich, ob und wie die Überwindung der alten Gesellschaft durch verelendete Proletarier oder durch entwickelte Individuen gelingen

11 Engels, Friedrich, Anti-Dühring, in: MEW, Bd. 20, S. 139 f.
12 Marx, Karl/Engels, Friedrich, Die deutsche Ideologie, in: MEW, Bd. 3, S. 67 f.

kann. Aber selbst wenn es diesen Widerspruch nicht gäbe, müssten wir zum anderen heute beachten, dass sich die Sozialstrukturen moderner postindustrieller Gesellschaften in einem dramatischen Wandel befinden. Die Wissens-, Informations- und Dienstleistungsökonomien der Zukunft konstituieren keinerlei homogenisierbares revolutionäres Subjekt mit gemeinsamer Interessenlage. Vielmehr droht eine Perspektive, innerhalb derer immer weniger Menschen zur Produktion gesamtgesellschaftlichen Reichtums benötigt werden – mit der offenen Frage, welche Perspektiven für die übrigen, die weltweit bald die Mehrzahl stellen könnten, bleibt.

THESE 8: Im Verlauf der vergangenen Jahrzehnte hat die Geschlechterfrage eine wachsende Bedeutung erlangt. Auch in dieser Hinsicht fällt die Bilanz für Marx und Engels zwiespältig aus. Positiv klingt es zunächst, wenn wir bei Engels lesen: „Die erste Teilung der Arbeit ist die von Mann und Weib zur Kinderzeugung ... Der erste Klassengegensatz, der in der Geschichte auftritt, fällt zusammen mit der Entwicklung des Antagonismus von Mann und Weib in der Einzelehe, und die erste Klassenunterdrückung mit der des weiblichen Geschlechts durch das männliche."[13]

Auch wenn damit eine für diese Zeit gewiss revolutionäre Aussage getroffen wurde, bleiben die perspektivischen Gedanken doch in Bahnen stecken, die die Geschlechterfrage letztlich der Lösung der allgemeinen sozialen Frage unterordnen. Sowohl in der Vorstellung einer „naturwüchsigen" Arbeitsteilung zwischen Mann und Frau als auch in der (entsprechend durchaus „konsequenten") Zuweisung von Pflichten nur an die Frauen „im Privatdienst der Familie" (wie es an anderer Stelle heißt[14]) taucht ein Verständnis auf, aufgrund dessen der breitere Unterdrückungszusammenhang im Verhältnis der Geschlechter nicht gesehen werden kann. Hier muss der knappe Hinweis genügen, dass das Patriarchat mit seinen unterschiedlichen kulturell, religiös, ökonomisch, habituell, mental und sexuell geprägten Formen der Unterdrückungen, Zurückstellungen, Abhängigkeiten und Zwängen für Frauen wohl weit-

---

13 Engels, Friedrich, Der Ursprung der Familie, in: MEW, Bd. 21, S. 68.
14 Ebd., S. 75.

aus älter ist, als von Engels angenommen wurde. Da es diese älteren und zudem ganz unterschiedlichen Ausprägungen von Unterdrückung der Frau gibt, die bis in unsere auch heute noch weitgehend patriarchalische Gesellschaft hineinreichen, ist es weder logisch noch wahrscheinlich, dass mit dem Wegfall der ökonomischen Überlegenheit des Mannes etwa dessen Vorherrschaft in der Ehe „von selbst" wegfalle, wie Engels noch gemeint hat.[15]

THESE 9: Streifen wir schließlich noch kurz den immer bedeutsamer werdenden Zusammenhang der Ökologie. Dabei sollte vorausgeschickt werden, dass es vermessen wäre, wollte man bei Marx und Engels ein ähnliches Bewusstsein ökologischer Zusammenhänge voraussetzen, wie wir es in den letzten Jahrzehnten aufgrund einer ganzen Folge zunehmender ökologischer Krisenmomente entwickelt haben. Aber ohne dass davon gesprochen werden könnte, Marx und Engels hätten eine ihrer Analyse der ökonomischen wie gesellschaftlichen Verhältnisse vergleichbare systematische Durchdringung des Austauschprozesses zwischen Mensch und Natur geliefert, lässt sich zeigen, dass ihre Überlegungen immer auf der Vorstellung der Naturbedingtheit und Naturvermitteltheit der menschlichen Gattung und der von ihr initiierten Vergesellschaftungsprozesse beruhten. Marx schreibt: „Alle Produktion ist Aneignung der Natur von Seiten des Individuums innerhalb und vermittelst einer bestimmten Gesellschaftsform." Und so heißt es auch zu ihrem Geschichtsverständnis: „Wir kennen nur eine einzige Wissenschaft, die Wissenschaft der Geschichte. Die Geschichte kann von zwei Seiten aus betrachtet, in die Geschichte der Natur und in die Geschichte der Menschen abgeteilt werden. Beide Seiten sind indes nicht zu trennen; solange Menschen existieren, bedingen sich Geschichte der Natur und Geschichte der Menschen gegenseitig."[16]

Marx sieht durchaus die Gefahren, die mit der gegenwärtigen Produktionsweise auch für die Natur verknüpft sind. Er schreibt: „Und jeder

---

15 Ebd., S. 83.
16 Marx, Karl/Engels, Friedrich, Die deutsche Ideologie, in: MEW, Bd. 3, S. 18.

Fortschritt der kapitalistischen Agrikultur ist nicht nur ein Fortschritt in der Kunst, den Arbeiter, sondern zugleich in der Kunst, den Boden zu berauben, jeder Fortschritt in Steigerung seiner Fruchtbarkeit für eine gegebene Zeitfrist ist zugleich ein Fortschritt im Ruin der dauernden Quellen dieser Fruchtbarkeit. Je mehr ein Land … von der großen Industrie als dem Hintergrund seiner Entwicklung ausgeht, desto rascher dieser Zerstörungsprozess. Die kapitalistische Produktion entwickelt daher nur die Technik und Kombination des gesellschaftlichen Produktionsprozesses, indem sie zugleich die Springquellen alles Reichtums untergräbt: die Erde und den Arbeiter."[17]

Es ließen sich weitere Belege liefern, die zeigen, dass Marx und Engels beileibe nicht die Propheten eines ungehemmten kapitalistischen Fortschritts auf Kosten der Natur waren, den es in einer sozialistischen Ökonomie nur zu vervollkommnen gelte. Gerade in dieser Beziehung hatten die Sowjetunion und die ihr verbundene Staatengemeinschaft keinerlei Recht, ihre desaströse Bilanz auf das Konto der vermeintlichen Theorieväter zu schreiben. Marx und Engels liefern durchaus Anhaltspunkte für die Notwendigkeit eines Umsteuerns in Richtung auf eine ökologische, nachhaltige Weise der Produktion.

THESE 10 und zugleich zusammenfassende Schlussbilanz: Verkürzt ließe sich sagen, dass Marx und Engels eine in großen Teilen immer noch zutreffende Analyse kapitalistischer Produktionsabläufe liefern, aus denen allerdings – vor dem Hintergrund der Erfahrungen unseres Jahrhunderts – keine tragfähigen Transformationsvorstellungen entwickelt werden.

Wenn man so will, hat damit der sich auf Marx und Engels beziehende Teil der sozialistischen Bewegung zugleich sein *Projekt* und sein *Subjekt* verloren. Die zentrale Erfahrung lautet daher zunächst, die Unabdingbarkeit von Marktprozessen auf der Basis von gemischten Eigentumsformen, d.h. vor allem auch von privatem Eigentum an Produktionsmitteln zu akzeptieren. Diese Erkenntnis ist nur *gegen* die Theorie

---

17 Marx, Karl, Das Kapital, in: MEW, Bd. 23, S. 529 f.

von Marx, nicht *mit* ihr zu haben. Marktsysteme erweisen sich als höchst elastisch gegenüber historischen Herausforderungen, sie sind grundsätzlich reformfähig, ermöglichen Fehlerkorrekturen, das Suchen nach alternativen Entwicklungspfaden, während in einer Planwirtschaft kein Mechanismus der Korrektur existiert, der aus einer einmal beschrittenen Sackgasse wieder herausführt. Damit verliert die von Marx und Engels nicht zuletzt im „Kommunistischen Manifest" In den Mittelpunkt gestellte „Eigentumsfrage" ihre Zentralität. Im sozialistischen Sinne rückt nunmehr die Frage ins Zentrum, ob es *gesellschaftlich* getroffene Entscheidungen sind, aufgrund derer die einzelnen ökonomischen Akteure nach den jeweils praktisch besten Lösungen suchen, oder ob es der *anonyme* Profitmechanismus ist, der als Antriebsmoment über Sinn und Zweck ökonomischer Prozesse allein entscheidet. Über derartige, bescheidenere Ansätze ließe sich auch im Detail eine Menge sagen. Das ist aber nicht Thema dieses Beitrags.

Ein weiterer Hinweis ist notwendig: Vernachlässigt wurde – auch als Folge der Leninschen Tradition – der Teil im Denken von Marx und Engels, in dem stärker der Aspekt des evolutionären „Sich-Herausarbeitens" aus sowohl überholten als auch *reifen* Verhältnissen betont würde. Dieser Aspekt beinhaltet genau genommen das Prinzip einer *evolutionären* Durchsetzung eines völlig neuen, das heißt letztlich *revolutionären* Prinzips. Darin steckt keine Paradoxie oder Tautologie. Auch industrielle Revolutionen vollziehen sich nicht als plötzlicher, revolutionärer Bruch, sondern im Rahmen eines längeren, manchmal jahrhundertelangen Wandels. Bereits der Befund bis hier hin und die Tatsache, dass auch für die kurz gestreiften anderen gesellschaftlichen Herausforderungen allenfalls Ansätze für kritisches Weiterdenken bei Marx und Engels geliefert werden, verbietet es aus meiner Sicht wenigstens für lange Zeit, weiterhin mit einem Begriff des „Marxismus" zu operieren. Dafür spricht auch eine Reihe anderer Gründe, die hier nicht weiter erläutert werden kann.

Was Marx und Engels uns allerdings heute noch liefern, ist eine *Methode kritischer Wirklichkeitsaneignung*, auch „historisch-materialistisch" genannt, die – wie es Lukacs einmal formuliert hat – selbst dann überdauern wird, wenn alle ihre konkreten theoretischen Annahmen widerlegt sein sollten. Und dies ist durchaus nicht gering zu schätzen.

Marx und Engels haben damit ihre Rolle als „Säulenheilige" der sozialistischen Bewegung verloren. Aber ebenso wenig, wie Max Weber einen „Weberismus" braucht, damit seine Denkanstöße fortwirken, wird es künftig eines „Marxismus" bedürfen. Die sozialistische und sozialdemokratische Bewegung kommt also überhaupt nicht daran vorbei, ihre politische Orientierung wieder stärker auf ihre klassischen Grundwerte der Freiheit, der Gerechtigkeit und der Geschwisterlichkeit, der Solidarität und der Gleichheit zurückzubeziehen und diese in möglichst konkrete praktische Schritte zu übersetzen. Und als ob dies nicht schon schwer genug wäre, wird sie dabei auf die globalen Herausforderungen auch globale Antworten finden müssen. Den Leitstern bildet dabei heute weniger denn je eine bereits klar umrissene, sich im Sinne von Marx aus den alten kapitalistisch verfassten ökonomischen Verhältnissen bereits abzeichnende, neue sozialistische Wirtschafts- und Gesellschaftsordnung (wie sie auch die SPD in ihrem Berliner Programm von 1989 weiter anstrebt). Orientierungsfunktion hat vielmehr der „kategorische Imperativ" des jungen Marx, „alle Verhältnisse umzuwerfen, in denen der Mensch ein erniedrigtes, ein geknechtetes, ein verlassenes, ein verächtliches Wesen ist."[18]

---

18 Marx, Karl, Zur Kritik der Hegelschen Rechtsphilosophie, in: MEW, Bd. 1, S. 385.

Karl Marx und Fernand Braudel – ein systematischer Vergleich (und seine Folgen für „sozialistische" Theoriebildungsprozesse)

Ist es zu hart geurteilt, wenn man feststellt, dass der sozialistischen Linken – sei sie politisch oder wissenschaftlich verstanden – ihr Kompass abhanden gekommen ist? Seit einigen Jahren richten sich die Anstrengungen darauf, das neue Phänomen der Globalisierung analytisch in den Griff zu bekommen. Auch diejenigen, denen unter Berufung auf einen alltagstauglich zurechtgeschneiderten „Marxismus" (oder „Marxismus-Leninismus") die Orientierung an der „historischen Mission" der Arbeiterklasse jahrzehntelang als unverrückbare Richtschnur ihres Handelns erschien, setzen nun mit gleicher Vehemenz auf die revolutionäre Romantik einer neuen (sozial wie politisch heterogenen) Antiglobalisierungsbewegung und ihrer verheißungsvollen Programmschrift[1], der von wohlwollenden Kritikern bereits der Charakter eines neuen „Kommunistischen Manifests" beigemessen wird. Sicher: Die Aktualität tagespolitischer Auseinandersetzungen wie weltweiter bedrohlicher Konfliktkonstellationen mit Kriegsgefahr beleben die Nachfrage nach schnellen Antworten, und mit dem Stichwort des „Empire" scheint eine begriffliche Losung gefunden zu sein, die den „Hauptfeind" kenntlich werden lässt und der neuen Bewegung eine Richtung zu weisen scheint.

Es ist erstaunlich, wie die aktuell zu beobachtende immense Beschleunigung unserer Lebensumstände dabei aus dem Blick geraten lässt, dass ein wesentliches Dilemma der Linken immer noch darin besteht, dass sie bis heute nicht zu einer breiter konsensfähigen (geschweige denn konsistenten) Auswertung dessen gelangt ist, was aus dem Scheitern des sowjetischen „Jahrhundertexperiments" des vergangenen Jahrhunderts an Lehren zu ziehen wäre. Dabei würde sich nämlich herausstellen, dass die Linke – wenigstens zur Zeit – allenfalls über einige Einsichten hinsichtlich der Funktionsbedingungen der heutigen Produktionsweise und Gesellschaftsformation verfügt, aber keinesfalls über eine schlüssige Transformationsstrategie in Richtung auf eine – vorsichtig ausgedrückt –

---

1   Hardt, Michael/Negri, Antonio, Empire: die neue Weltordnung, Frankfurt/Main 2002.

alternative (um das anspruchsvollere Wort „sozialistische" zu vermeiden) Gesellschaftsordnung. Das wäre angesichts der – historisch betrachtet – recht kurzen Frist seit dem Zusammenbruch der Sowjetunion und der Dynamik der augenblicklichen Veränderungen sicher auch vermessen. Aber vielleicht lohnt ja doch die eine oder andere Anstrengung zur Verständigung in eine solche Richtung. Ich möchte dies mit einem Beitrag über den systematischen Vergleich der „Kapitalismusanalysen" von Marx und Braudel versuchen, obwohl dies bereits deshalb gewagt erscheint, als beide immerhin im Abstand von mehr als einem Jahrhundert entwickelt wurden.

1. Der „Kern" der Marxschen Geschichtsphilosophie

Will man sich dem Gedankengebäude von Marx (und Engels) nähern, sollte zumindest eingangs eine knappe Verständigung über deren wissenschaftliche Arbeitsweise erfolgen, über den philosophischen Hintergrund, auf dem sie ihre Arbeitsmethode entwickeln. Wir lernen sie auf komprimierteste Weise anhand einer Textstelle kennen, die wegen ihrer Klarheit und Komplexität immer wieder zitiert wird:

„Die Produktionsweise des materiellen Lebens bedingt den sozialen, politischen und geistigen Lebensprozeß überhaupt. Es ist nicht das Bewußtsein der Menschen, das ihr Sein, sondern umgekehrt ihr gesellschaftliches Sein, das ihr Bewußtsein bestimmt. Auf einer gewissen Stufe ihrer Entwicklung geraten die materiellen Produktivkräfte der Gesellschaft in Widerspruch mit den vorhandenen Produktionsverhältnissen oder, was nur ein juristischer Ausdruck dafür ist, mit den Eigentumsverhältnissen, innerhalb derer sie sich bisher bewegt hatten. Aus Entwicklungsformen der Produktivkräfte schlagen diese Verhältnisse in Fesseln derselben um. Es tritt dann eine Epoche sozialer Revolution ein. Mit der Veränderung der ökonomischen Grundlage wälzt sich der ganze ungeheure Überbau langsamer oder rascher um …"[2]

---

[2]   Aus Platzgründen muss hier leider auf genaue Zitatnachweise aus den Werken von Marx und Engels verzichtet werden. Wer es exakt möchte: vgl. Schöler, Uli, Ein Gespenst verschwand in Europa. Über Marx und die sozialistische Idee nach dem Scheitern des sowjetischen Staatssozialismus, Bonn 1999, S. 89 ff.

Es gibt wohl keine Stelle im Marxschen Werk, in der die verschiedenen grundlegenden Gesichtspunkte seines Denkansatzes so komprimiert und konsistent zugleich zusammengefasst sind. Der Textausschnitt lässt schon erkennen, dass – so sehr auch ein ethischer und moralischer Impuls in diesem Denken steckt – Marx darin jedoch nicht die eigentlichen Antriebskräfte des historischen Prozesses sieht. Ihm geht es um das Aufspüren des jeweiligen gesellschaftlichen Widerspruchspotentials in den verschiedenen Epochen, aus dem sich für ihn zugleich das Veränderungspotential entwickelt.

Dass es dabei um kein eindimensionales, mechanistisches Abhängigkeitsverhältnis geht, sondern um eine dialektische Beziehung, hat Friedrich Engels in Beantwortung kritischer Einwände bzw. Anfragen zu erläuternder Aufklärung später noch einmal klarstellend dargelegt: Nach materialistischer Geschichtsauffassung sei das *in letzter Instanz* bestimmende Moment in der Geschichte die Produktion und Reproduktion des wirklichen Lebens. Die Auffassung, das ökonomische Moment sei das *einzig* bestimmende, verwandele diesen Satz in eine nichtssagende, abstrakte, absurde Phrase, vielmehr gebe es eine Wechselwirkung der verschiedenen Momente der Basis wie des Überbaus.

2. Die Widerspruchsdynamik der kapitalistischen Produktionsweise

Marx schildert in seinem ökonomischen Hauptwerk „Das Kapital" ausführlich den historischen Prozess der Herausbildung einer dominierend kapitalistischen Produktionsweise im Gefolge sogenannter ursprünglicher Akkumulation So entwickele sich die kooperative Form des Arbeitsprozesses auf stets wachsender Stufenleiter, die Ökonomisierung aller Produktionsmittel durch ihren Gebrauch als Produktionsmittel kombinierter, gesellschaftlicher Arbeit, die Verschlingung aller Völker in das Gesetz des Weltmarkts und damit der internationale Charakter des kapitalistischen Regimes. Je weiter dieser Prozess voranschreite, um so mehr nähere man sich dem Punkt, wo die Zentralisation der Produktionsmittel und die Vergesellschaftung der Arbeit unverträglich werden mit ihrer kapitalistischen Hülle: Sie wird gesprengt. Die Stunde des kapitalistischen Privateigentums schlägt. Die Expropriateurs werden expropriiert.

Was sich hier zunächst wie eine zwangsläufig verlaufende Entwicklung von Konzentration und Zentralisation des Kapitals liest, die schließlich unweigerlich auf einen Umschlagspunkt zutreibt (und vielfach auch so interpretiert worden ist), ist von Marx selbst in seinen Vorarbeiten zum „Kapital" gedanklich differenzierter, wenn man so will: dialektischer entwickelt worden. Hier schreibt er:

„Eben die Productivität und daher Masse der Production, Masse der Bevölkrung und Masse der Surplusbevölkerung, die diese Productionsweise entwickelt, ruft mit frei gewordnem Capital und freigewordner Arbeit beständig neue Geschäftszweige hervor, in denen das Capital wieder auf kleiner Stufenleiter arbeiten kann und wieder die verschiednen Entwicklungen durchlaufen, bis auch in diesen neuen Geschäftszweigen mit der Entwicklung der capitalistischen Production die Arbeit auf gesellschaftlicher Stufenleiter betrieben … Dieser Prozeß beständig." Und in einem ähnlichen Zusammenhang heißt es dann: „Wäre dies nicht der Fall, so wäre die bürgerliche Production sehr einfach und bald bei ihrer Katastrophe angelangt."

Nimmt man diese Überlegung ernst, dann gibt es keine *absolute* Schranke für die Kapitalverwertung und damit auch keinen zwangsläufigen Umschlagspunkt, denn es handelt sich um einen beständigen Prozess. Diese Passagen finden sich allerdings nur in den Vorstudien zum „Kapital", nicht aber in seiner publizierten Fassung. Dort lesen wir nur eine diesen Zusammenhang allerdings argumentativ stützende Passage, in der die Öffnung neuer Märkte durch neu entwickelte gesellschaftliche Bedürfnisse beschrieben wird. Marx selbst hatte also einen gewichtigen Grund für eine nicht durch abstrakte Schranken begrenzte Entwicklungsfähigkeit der kapitalistischen Produktionsweise durchaus erkannt. Er nennt dies „Reproduktion auf erweiterter Stufenleiter". Der wieder in Geld verwandelte Teil des fixen Kapitalwerts könne nämlich sowohl dazu dienen, das Geschäft zu erweitern, als auch dazu, Verbesserungen an den Maschinen anzubringen, welche deren Wirksamkeit vermehren.

Damit sind zwar nicht alle Möglichkeiten einer *intensiven* Ausdehnung des Produktionsmechanismus – etwa durch eine Intensivierung nicht nur der Maschinerie, sondern auch der Ausnutzung von Energie oder der Arbeitskraft – benannt, aber gleichwohl ist ein entscheidender Unterschied herausgearbeitet, der die einer bloß extensiven Entwicklung gesetzten Schranken wieder aufhebt. W. B. Adams zitierend ist denn auch von „unbegrenzter Ausdehnung" die Rede. Die Unterscheidung in den Worten von Marx: „In kürzren oder längren Abschnitten findet so Reproduktion statt, und zwar – vom Standpunkt der Gesellschaft betrachtet – Reproduktion auf erweiterter Stufenleiter; extensiv, wenn das Produktionsfeld ausgedehnt; intensiv, wenn das Produktionsmittel wirksamer gemacht."

Marx arbeitet wie kein zweiter die Janusköpfigkeit der sich durch die kapitalistische Entwicklung herausbildenden Resultate heraus. Jedes Ding scheine heute – so führt er 1856 in einer Rede aus – mit seinem Gegenteil schwanger zu gehen. Die Maschinerie, die mit der wundervollen Kraft begabt sei, die menschliche Arbeit zu verringern und fruchtbarer zu machen, lasse sie zugleich verkümmern und zehre sie bis zur Erschöpfung aus. Die neuen Quellen des Reichtums verwandelten sich so durch einen seltsamen Zauberbann zu Quellen der Not.

3. Prozesse kapitalistischer Vergesellschaftung

Die in der kapitalistischen Produktionsweise zu beobachtende Tendenz zur Konzentration und Zentralisation betrachten Marx und Engels als wachsende „Vergesellschaftung" der Produktion. Die Produktion ist ein gesellschaftlicher Akt geworden, nur der Austausch und mit ihm die individuelle Aneignung der Waren bleiben individuelle Akte. Das gesellschaftliche Produkt hingegen wird angeeignet vom Einzelkapitalisten. Darin, d.h. dem gesellschaftlichen Charakter der Produktion und der privaten Aneignung der Erzeugnisse, liegt der „*Grundwiderspruch*", aus dem alle anderen Widersprüche entspringen, in denen die heutige Gesellschaft sich bewegt und die die große Industrie offen an den Tag bringt. Die Folge ist ein eigentümlicher, sich stetig neu reproduzierender Krisenzyklus: Überschuss des Angebots über die Nachfrage, Überproduktion, Überfüllung der Märkte, zehnjährige Krisen, fehlerhafter Kreislauf: Überfluss hier, von Produktionsmitteln und Produkten – Überfluss dort, von Arbeitern ohne Beschäftigung und ohne Existenzmittel. Diese Widersprüche werden erst in der proletarischen Revolution aufgehoben.

Zum Phänomen der Ausdehnung der kapitalistischen Produktionsweise gehört auch der Vorgang, dass sie sich – vollzogen durch die große Industrie – als Weltmarkt ausdehnt. Es klingt vielfach wie eine Beschreibung der Zustände am Ausgang des zwanzigsten Jahrhunderts – und wurde anlässlich der hundertfünfzigjährigen Wiederkehr des Erscheinungsjahrs des „Manifests" auch vielfältig so kommentiert und Marx damit als erster „Globalisierungstheoretiker" entdeckt – und weniger wie eine solche der realen Zustände Mitte des vergangenen Jahrhunderts, wenn Marx und Engels die Phänomene dessen beschreiben, was wir heute „globalisierten Weltmarkt" nennen würden. Zur Veranschaulichung ihres prognostischen Weitblicks, der zugleich etwas über ihre analytischen Fähigkeiten aussagt, sei an dieser Stelle nochmals ein Zitat erlaubt:

„Die Bourgeoisie kann nicht existieren, ohne die Produktionsinstrumente, also die Produktionsverhältnisse, also sämtliche gesellschaftlichen Verhältnisse fortwährend zu revolutionieren … Die fortwährende Umwälzung der Produktion, die ununterbrochene Erschütterung aller gesellschaftlichen Zustände, die ewige Unsicherheit und Bewegung zeichnet die Bourgeoisepoche vor allen anderen aus … Das Bedürfnis nach einem stets ausgedehnten Absatz für ihre Produkte jagt die Bourgeoisie über die ganze Erdkugel. Überall muß sie sich einnisten, überall anbauen, überall Verbindungen herstellen. Die Bourgeoisie hat durch ihre Exploitation des Weltmarkts die Produktion und Konsumtion aller Länder kosmopolitisch gestaltet. Mit einem Wort, sie schafft sich eine Welt nach ihrem eigenen Bilde."

Marx und Engels halten nichts davon, sich künstlich gegen die in der kapitalistischen Produktionsweise enthaltene Dynamik zu stemmen, und sei sie auch noch so zerstörerisch. Die freie Konkurrenz sei die letzte, höchste, entwickelteste Existenzform des Privateigentums. Alle Maßregeln also, die von der Basis des Privateigentums ausgehen und doch gegen die freie Konkurrenz gerichtet seien, seien reaktionär, suchten nur niedrigere Stufen des Eigentums wiederherzustellen, die dann schließlich erneut der Konkurrenz unterlägen, also den alten Zustand wiederherstellten. Die alte Produktionsweise bereitet ihre eigene Aufhebung aber zum einen – von oben – durch die Aneignung der großen Produktions- und Verkehrsorganismen zuerst durch Aktiengesellschaften, später durch Trusts und schließlich durch den Staat selber vor. Zum anderen geschieht dies – von unten – durch die neuartige Form der Kooperativfabriken.

4. „Kapitalismus" und Markt

Mit Bedacht hatte ich bislang zumeist von „kapitalistischer Produktionsweise" gesprochen. Daraus lassen sich zwei Fragestellungen entwickeln: Wie verhält es sich mit dem, was formationstheoretisch gemeinhin mit „Kapitalismus" bezeichnet wird, d.h. was verstanden Marx und Engels darunter, und war die Überwindung einer solchen Formation ihr Ziel? Und zweitens: Welche Rolle spielt für sie die Sphäre der Distribution (wobei ich mich hier zunächst auf die Phase vor der prognostizierten „proletarischen Revolution" beschränken will)?

Es dürfte manchen überraschen, dass Marx und Engels – wenn ich es denn richtig überblicke – den in Deutschland in den 1860er Jahren durch Johann Karl Rodbertus eingeführten, u.a. auch von Wilhelm Liebknecht aufgegriffenen und später in den Debatten der Zweiten Internationale unmittelbar nach ihnen absolut gängigen Begriff des „Kapitalismus" nie verwendet haben. Diesem am nächsten kommt der der „kapitalistischen Ära". Ansonsten sprechen sie von einer „Gesellschaftsform, worin die kapitalistische Produktionsweise vorherrscht", bzw. direkt von einer „kapitalistischen Gesellschaft". Man mag sich fragen, ob hier nicht allzu sehr begriffliche Kaffeesatzleserei betrieben wird. Schließlich haben uns Marx und Engels keinerlei Erläuterungen dazu hinterlassen, warum sie diesen „Ismus" nicht verwendet haben. Es gibt allenfalls Hinweise, aus denen aber ablesbar ist, warum ich diesem Gesichtspunkt eine gewisse Bedeutung zumesse. Zunächst einmal ist daran zu erinnern – eigentlich eine Selbstverständlichkeit – dass Marx von dem historischen Prozess dieser sich erst langsam durchsetzenden Produktionsweise ausgeht. Kapitalistische Produktion habe es zwar schon in einigen Mittelmeerstädten im 14. und 15. Jahrhundert gegeben, die „kapitalistische Ära" datiere aber erst ab dem 16. Jahrhundert. Der eigentlich „kapitalistische" Charakter der

Produktion fußt auf dem *industriellen* Kapital, das nicht nur Aneignung von Mehrwert, sondern auch Schöpfung von Mehrprodukt ist. Zwar drängt dieses industrielle Kapital dazu, sich als Prinzip allen Produzierens durchzusetzen, zu einer „Totalität" zu werden, in diesem Sinne also – wenn man so will – zum umfassenden „Kapitalismus".

Mit diesen Ausführungen bin ich bei dem Verhältnis von Produktions- und Distributionssphäre im Verständnis von Marx angelangt. Natürlich weiß er, dass das Phänomen des „Marktes" älter ist als die kapitalistische Produktionsweise, bereits in der Antike existierte. Schon dort sei die Stufenleiter der Arbeitsteilung vom Umfang des Marktes abhängig gewesen. Markt ist für ihn zunächst einmal nur „der allgemeine Ausdruck für die Circulationssphäre überhaupt, im Unterschied zur Productionssphäre". Markt und Produktion seien grundsätzlich betrachtet „zwei gegeneinander gleichgültige [Momente]". Da die verschiedenen Prozesse der Warenproduktion auseinanderfallen könnten, erscheine der Markt auch als eine Vielheit von Märkten. Die Warenvielfalt und -masse auf dem Markt hänge wiederum auch davon ab, in welchem Grade die kapitalistische Produktionsweise, die ihre Produkte nur als Ware produziert, entwickelt sei und von dem Grade, worin sie sich bereits aller Produktionssphären bemächtigt habe. Das Produkt sei nämlich keinesfalls als solches schon Ware und daher eo ipso gegen andere Produkte austauschbar. Die Zirkulationssphäre, d.h. der Markt sei auch räumlich wie zeitlich von der Produktionssphäre unterschieden.

Was wir allerdings bei Marx feststellen können ist, dass ihn ansonsten die verschiedenen Ausprägungen von Märkten nicht besonders interessieren. Es sind für ihn dieselben Umstände, die auf der einen Seite die Grundbedingungen der kapitalistischen Produktion hervorrufen und die auf der anderen Seite alle diejenige Warenproduktion allmählich zerstören, die auf Selbstarbeit der Produzenten gründet oder bloß auf dem Verkauf des überschüssigen Produkts als Ware. Damit bleibt – perspektivisch – nur der kapitalistisch geprägte Weltmarkt übrig. Ja, hierin liegt sogar ein Wesenszug, der die ganze Periode charakterisiert: „Das Wesentliche für die kapitalistische Produktion ist die Entwicklung des Produkts zur Ware, die wesentlich mit der Ausdehnung des Markts, Schöpfung des Weltmarkts, also foreign trade, verbunden." Abgesehen von der frühen Entwicklung kapitalistischer Produktion sieht er das dynamische Moment in der Sphäre der *Produktion*, beobachtet damit vorrangig die Funktionsbedingungen von Märkten unter den Bedingungen kapitalistischer Produktionsverhältnisse bzw. das Wechselverhältnis der beiden Sphären zueinander.

Ursprünglich sei der Handel die Voraussetzung für die Verwandlung der zünftigen, ländlich-häuslichen und feudalen Agrikulturproduktion in kapitalistische gewesen. Er habe das Produkt zur Ware entwickelt, teils indem er ihm einen Markt schaffte, teils durch Schaffung neuer Warenäquivalente. Die Herstellung von Weltmärkten, der Vergleich von Weltmarktpreisen und ihre Realisierung war in der Frühphase kapitalistischer Entwicklung Aufgabe des Handelskapitals, das diesem so die Herrschaft über das produktive sicherte. Die Stunde der Maschinerie, d.h. des industriellen Kapitals schlug in dem Moment, wo die bloß brutale Ausbeutung des Arbeitsmaterials, mehr oder minder schon begleitet von systematisch entwickelter Arbeitsteilung, dem *wachsenden Markt* und der noch rascher wachsenden Konkurrenz der Kapitalisten nicht länger genügte. Jetzt, als große Industrie, schafft sie sich ihrerseits den Markt, erobert ihn, öffnet sich teils gewaltsam Märkte, die sie aber durch ihre Waren selbst erobert. Hatte das Handelskapital den äußeren Markt geschaffen, schafft sich das industrielle Kapital den inneren Markt durch die Expropriation eines Teils des Landvolks selbst, und zwar als Arbeitskräfte- wie als Warenmarkt. Es entsteht aus der bisherigen, auf viele lokale und regionale Märkte zerstreuten Kund- wie Anbieterschaft ein großer, vom industriellen Kapital versorgter Markt. Dadurch wird der Handel zum Diener der industriellen Produktion, für die umgekehrt ein stets erweiterter Markt Lebensbedingung geworden ist. Andererseits ist es aber gerade ein Ausdruck der Krisenanfälligkeit des Gesamtsystems, dass der Markt in der Phase kapitalistischer Überproduktion nicht Schritt halten kann.

Sollten diese Passagen den Eindruck entstehen lassen, es gebe eine völlig einseitige Dominanz der Produktionssphäre gegenüber dem Markt, so wäre dies wohl falsch. Zwar gilt, dass für Marx eine bestimmte Produktion eine bestimmte Konsumtion, Distribution, einen bestimmten

Austausch prägt und deren Verhältnisse zueinander. Aber es hat unmittelbare Rückwirkungen auf die Produktion, wenn der Markt sich ausdehnt. Und es ist umgekehrt der Austausch – und damit der Markt –, der erst im Laufe dieser historischen Entwicklung mehr und mehr über alle Produktionsverhältnisse „übergreift". Dieser Austausch korrespondiert mit dem Zwangsgesetz der Konkurrenz, dem sich jeder Produzent bei Strafe des Untergangs zu unterwerfen hat. Produktion und Markt stehen also in der bürgerlichen Gesellschaft in einem wechselseitigen Bedingungsverhältnis zueinander, allerdings – in der entwickelten kapitalistischen Gesellschaft – mit dem Produktionssektor als bestimmender Größe.

5. „Sozialismus" und Markt

Was bedeutet nun dieser analytische Zugriff für die aus den kapitalistischen Verhältnissen hervorgehende „neue" Formation? Mit der Aufhebung der „Basis", sprich der kapitalistischen Weise der Produktion – so lesen wir in der „Deutschen Ideologie" – löst sich die Macht des Verhältnisses von Nachfrage und Zufuhr in Nichts auf. Unter der Fragestellung, ob eine solche sozialistische oder kommunistische Produktionsweise weiter Marktverhältnisse, d.h. Austausch, beibehält, sind hier noch zwei Interpretationen denkbar. Zum einen könnte man daraus entnehmen, dass nicht dieses Verhältnis selbst als Regelungsmechanismus der Zirkulation aufgelöst wird, sondern nur die darüber erzeugte Macht. Zum anderen lässt sich diese Aussage so interpretieren, dass Marktverhältnisse insgesamt verschwinden. Erstere Interpretation könnte darin eine Stütze finden, dass Marx in den „Grundrissen" schreibt: „Der private Austausch aller Arbeitsprodukte, Vermögen und Tätigkeiten steht im Gegensatz ... zu dem *freien Austausch von Individuen* [Hervorhebung von mir, U.S.], die assoziiert sind auf der Grundlage der gemeinsamen Aneignung und Kontrolle der Produktionsmittel."

Die Deutung im Sinne eines Fortwirkens von – nicht mehr vermachteten – Marktverhältnissen als Regelungsmechanismus der Zirkulationssphäre wäre aber nur dann zulässig, wenn Marx „individuelles Eigentum" als eine Zielvorstellung auch in der neuen Gesellschaft vorgeschwebt hätte. Auf der Basis individuellen Eigentums ließe sich sicherlich auch individueller Austausch organisieren. In der neuen Gesellschaft gibt es aber nach der Vorstellung von Marx nur unmittelbar gesellschaftliches Eigentum. Er spricht in diesem Zusammenhang nämlich nicht von „individuellem Austausch", sondern von freiem Austausch von Individuen. Dies ist insofern mehr als begriffliche Spiegelfechterei, als er an gleicher Stelle in den „Grundrissen" bereits den Tauschwert und das Geld als seine Ausdrucksform definitiv ausschließt.: Schon in einer Frühschrift hatte er sogar dem „individuellen Tausch" eine eindeutige Absage erteilt. An gleicher Stelle wird auch deutlich, warum: In der neuen Gesellschaft werden eben keine Produkte bzw. Waren mehr ausgetauscht, sondern nur noch „Arbeitsstunden". Die die formelle Gleichheit der Arbeitenden herstellende *vorherige* Übereinkunft über die (je gleiche) Stundenzahl, die sich in ihrer Höhe nach den Produktionserfordernissen richtet, schließt aber den individuellen Tausch aus. Marx glossiert deshalb auch die „Pfiffigkeit des kleinbürgerlichen Sozialismus", der einerseits die Warenproduktion verewigen und andererseits den Gegensatz von Ware und Geld, also das Geld selbst abschaffen wolle: „Ebensowohl könnte man den Papst abschaffen und den Katholizismus bestehen lassen."

Die Sache ist eindeutig: Weder in der „sozialistischen Gesellschaft" des Übergangs und schon gar nicht in der kommunistischen Überflussgesellschaft wird es nach den Vorstellungen von Marx und Engels Marktverhältnisse, Konkurrenz um Märkte und Produkte, Austauschformen irgendeiner Art geben. Marx lässt es gerade für die „Übergangsgesellschaft" in seiner Kritik des Gothaer Programmentwurfs am deutlichsten werden, wenn er selbst die Ausgabe der nicht handelbaren „Anteilscheine" über geleistete Arbeitszeit noch als mit den „Muttermalen der alten Gesellschaft" behaftete Verkehrsformen charakterisiert. Auch das Geld müsse verschwinden. Eine Wirtschafts- oder Handelskommune, die das Geld bestehen lasse, werde durch die unweigerlich wiedererstehende „hohe Finanz" erneut deren Beherrschung unterworfen und habe damit keine Überlebenschance.

Es ist schon eine erstaunliche Diskrepanz, die hier festgestellt werden muss. In der Sphäre der Produktion sehen Marx und Engels durchaus die Notwendigkeit verschiedener Maßnahmen des Übergangs, unterschiedlicher Geschwindigkeiten. Der Vergesellschaftungsgrad ist – bezogen auf die verschiedenen Fabriken, Produktionszweige (Industrie, Handwerk, Landwirtschaft) und Volkswirtschaften – unterschiedlich entwickelt, so dass die Umwälzung darauf Rücksicht nehmen muss. Selbst hinsichtlich der Veränderungen der verschiedenen Formen, in denen Arbeit stattfindet und gesellschaftlich honoriert wird, sind ihre Vorstellungen noch durchaus konkret zu nennen. Ja, Engels hatte sogar auf der ganz abstrakten Ebene durchaus eine Vorstellung davon, dass das wohl „irgendwie" auch für die Zirkulationssphäre würde gelten müssen. Denn er schreibt, dass erst dann, wenn alle produktiven Sektoren in den Händen der Nation zusammengedrängt seien, das Privateigentum von selbst weggefallen, und damit das Geld *überflüssig geworden* sei, die Produktion so weit vermehrt und die Menschen so weit verändert, dass auch die *letzten Verkehrsformen* der alten Gesellschaft fallen könnten. Was es aber in der Zirkulationssphäre bedeutet, wenn vergesellschaftete und privatwirtschaftlich organisierte Sektoren, solche mit oder ohne Geld *nebeneinander* existieren, darüber finden sich keinerlei Überlegungen bei Marx und Engels.

6. „Kapitalismus" als Totalität und Markt

Zwar erscheint mir das, was ich den „Kern" der Marxschen Geschichtsphilosophie genannt hatte, zunächst in seiner allgemeinen Form des Herangehens an gesellschaftliche Entwicklungsprozesse weiterhin durchaus wegweisend zu sein. Es stellt eine Art methodische „Grundanleitung" dar, der Entwicklung innergesellschaftlichen Widerspruchspotentials nachzuspüren, und dies geschieht auf Basis der Anerkennung einer grundlegenden Prägung jedweder Gesellschaften durch die Bedingungen ihrer materiellen Produktion und Reproduktion. Jenseits dieser allgemeinen Zustimmung müssen aber präzisierende Einschränkungen gemacht werden. Schon der Satz: – „Es tritt dann eine Epoche sozialer Revolution ein" – lädt zu missverständlichen Interpretationen ein. Er ist sicherlich geeignet, den bisherigen Fortgang der Geschichte in ihren großen Etappen zu erklären, das sich Voranarbeiten der Menschheit durch verschiedene Formationen und Produktionsweisen erklärbar zu machen.

Wird dieser Satz aber – wie immer wieder geschehen – als eine Art Automatismus interpretiert, und zwar für die Jetztzeitperiode in der Weise, dass die kapitalistische Entwicklungsdynamik mit Naturnotwendigkeit auf ihren Endpunkt und damit ihren Umschlagspunkt hinausläuft, dann würde man immer wieder schwerwiegenden Illusionen aufsitzen, geschweige denn begreifen, dass manche dieser bisherigen „sozialen Revolutionen" für Prozesse von Jahrhunderten Dauer stehen. Immerhin gehen alle ernsthaften Wirtschaftshistoriker wie -theoretiker davon aus, dass sich die bürgerlich-kapitalistische Produktionsweise etwa seit dem 14. Jahrhundert in Europa herauszubilden beginnt. Die Umstandslosigkeit, mit der innerhalb „sozialistischer" Theoriebildung vielfach davon ausgegangen wurde, dass eine den „Kapitalismus" ablösende Formation innerhalb einiger Jahrzehnte durchgesetzt werden könne, verkennt den bei Marx und Engels selbst beschriebenen langandauernden Prozess der Herausbildung der „bürgerlichen Produktionsweise" über mehrere Jahrhunderte hinweg.

Marx und Engels hatten den Begriff *Kapitalismus* meines Erachtens mit gutem Grund nicht verwendet, weil insbesondere Marx klar gesehen hatte, dass es sich zwar zu seiner Zeit um die vorherrschende und dynamischste Produktionsweise handelte, diese aber sicher auch in den entwickelten Ländern noch nicht alle Lebensbereiche, geschweige denn schon alle Winkel des Globus erreicht und durchdrungen hatte. Marx hatte ja gerade für die Zirkulationssphäre das Faktum beschrieben, dass sich in ihr der Kreislauf von Waren und Produkten der verschiedensten sozialen Produktionsweisen miteinander kreuzten. Wer wollte ferner bestreiten, dass diese Analyse, die dazu noch richtigerweise den Nachweis führt, dass das Kapital keine staatlichen oder nationalen Grenzen kennt, dazu drängt, auf dem gesamten Globus einen kapitalistisch dominierten Weltmarkt herzustellen, einen hohen Grad von Aktualität und Evidenz für sich beanspruchen kann.

Zu problematisieren ist aber die bei Marx und Engels immer wieder vorfindliche Neigung, die in durchaus als widersprüchlich erkannten Entwicklungsprozessen auch zu Recht als dominierend analysierten Kräfte, Faktoren oder „Gesetzmäßigkeiten" in der Perspektive in eine „Totalität" zu verwandeln. Konkret: Die Tatsache, dass das mehrwertproduzierende industrielle Kapital die Tendenz zur Konzentration und Zentralisation in sich trägt sowie die, sich als Prinzip allen Produzierens durchzusetzen, führt bei ihnen zu der (die Gegentendenzen ausblendenden) unhaltbaren Prognose, dass es an einem vorgestellten zukünftigen Punkt alleinig übrigbleibt, zu einer Totalität wird. Die Konkurrenz ist damit „von selbst" verschwunden, der Markt wird gar nicht erst abgeschafft, er „fällt einfach weg". Dieser Prognose einer aus der Eigendynamik der Entwicklung entspringenden Totalität entspricht es dann logischerweise, die neue Gesellschaft und Produktionsweise nur noch als eine zu denken, in der ebenfalls nichts mehr übrig ist als eine „Totalität" gesellschaftlicher Produktionseinheiten auf einem hohen Konzentrations- und Zentralisationsgrad, die sich allerdings keinerlei Konkurrenz mehr machen (müssen) und deren Leitung die Produzenten selbst übernehmen, und die auf dieser Basis Produktionsmittel (Maschinen, Arbeitskräfte usw.), Investitionsmittel und Konsumtionsgüter verteilen.

7. Über Marx und Braudel

Unter anderem Braudels Forschungen haben jedoch gezeigt, dass dieser Drang zur „Totalität" mit einigen Fragezeichen zu versehen ist, auch wenn dabei die von Marx beschriebene, der ökonomischen Entwicklung innewohnende *Tendenz* zur Ausbreitung des industriellen Kapitals nicht bestritten zu werden braucht.[3] Seine Untersuchungen unterscheiden sich von der Marxschen Herangehensweise insofern, als sie nicht die der kapitalistischen Wirtschaftsweise innewohnenden Gesetzmäßigkeiten zum Ausgangspunkt der Untersuchung nehmen, sondern das Marktgeschehen als älteres Funktionsprinzip gesellschaftlicher Reproduktion. Während also Marx den Mikrokosmos der einzelnen Arbeits- und Tauschvorgänge und die darin zum Ausdruck kommenden Funktionsprinzipien an den Anfang seiner Untersuchung stellt, hat Fernand Braudel gleich den Makrokosmos historischer Marktentwicklung mit im Blick. Erst auf der Basis

---

3   Ich folge hier der Einfachheit halber der Gedankenführung eines kürzeren Schlüsseltextes (Braudel, Fernand, Die Dynamik des Kapitalismus, Stuttgart 1986), der auf die weit ausführlicheren und detaillierteren Darlegungen und Nachweise in den im folgenden angegebenen Arbeiten zurückgreift und diese zusammenfasst: ders., Sozialgeschichte des 15.–18. Jahrhunderts, Bd. 1: Der Alltag, Bd. 2: Der Handel, Bd. 3: Die Weltwirtschaft, München 1985/86; vgl. auch in eine ähnliche Richtung weisend Wallerstein, Immanuel, Der historische Kapitalismus, Berlin 1985.

der Analyse dessen, was Markt historisch war und heute ist, in welchen unterschiedlichen Funktionsformen er auftritt, wird die weitere Frage untersucht, worin dabei das Neue der kapitalistischen Produktionsweise oder des „Kapitalismus" zu sehen ist. Braudel unterscheidet – vereinfacht ausgedrückt – zwei verschiedene Ebenen der Marktwirtschaft, die sich in einem langen historischen Prozess herausgebildet haben: auf einer unteren städtische oder dörfliche Märkte, Läden und Hausierer, auf einer höheren Ebene Messen und Börsen.[4] Die untere Ebene repräsentiert für ihn eher das, was er das einfache, materielle Leben nennt, nur die höhere die eigentliche Marktwirtschaft. Letztere habe allerdings ihre Netze über das alltägliche materielle Leben in seiner Gesamtheit ausgebreitet und dieses Netzwerk aufrechterhalten. Erst über der eigentlichen Marktwirtschaft habe sich dann gewöhnlich der Kapitalismus entfaltet. Man könne auch sagen, dass sich die Ökonomie der gesamten Welt wie eine Abfolge von Höhenunterschieden auf einer Reliefkarte darstellen lasse.[5]

Diesen unterschiedlichen Ebenen entsprechen zugleich Unterschiede in der Art des Austausches. Der eine sei alltäglich und basiere auf Konkurrenz, weil er einigermaßen transparent sei. Braudel nennt als Beispiele das Fortexistieren von Kleingewerbe und Handwerk auch in den industriellen Zentren bis in die heutige Zeit hinein. Der andere, die höhere Form, sei komplex und an Herrschaft orientiert. Beide Typen würden weder durch die gleichen Mechanismen noch durch die gleichen Individuen bestimmt. Nicht in der ersten, sondern in der zweiten liege die Sphäre des Kapitalismus. Dieser entfalte sich nämlich zuerst an der obersten Spitze der Gesellschaft. Dies verweist bereits darauf, dass Braudel „Kapitalismus" anders definiert als Marx die „kapitalistische Produktionsweise". Bevor ich auf diese Unterschiede näher eingehe, sei aber zunächst noch darauf verwiesen, dass er Marx insoweit folgt, als er diesen Kapitalismus zwar einerseits für ein Privileg von wenigen hält, dieser aber andererseits nicht ohne die aktive „Komplizenschaft" der Gesellschaft denkbar sei. Er sei zwangsläufig eine Realität der sozialen

4 Braudel, Die Dynamik …, a.a.O., S. 27 f.
5 Ebd., S. 36 f.

und politischen Ordnung und sogar eine Realität der Zivilisation. In gewisser Weise müsse die gesamte Gesellschaft mehr oder weniger bewusst die kapitalistischen Werte akzeptieren – aber eben nicht immer. Die „Durchdringungstendenz" wird also ähnlich wie bei Marx gesehen. Braudel unterscheidet aber stärker hinsichtlich der relativen Autonomie der jeweiligen Bereiche des Ökonomischen, des Politischen, des Kulturellen und des Hierarchisch-Gesellschaftlichen.[6]

Diese Unterscheidung hat eine aktuelle wie eine historisch-kritische Bedeutung. Die aktuelle verweist mit der Herausarbeitung dieser relativen Autonomien auf die Bedeutung des Erhalts derartiger „nicht-ökonomisierter" Strukturen, die bei Marx und Engels eindeutig unterbelichtet bleiben.[7] Hier ist aber ein anderer Aspekt von ebenso zentraler Bedeutung. Die Forschungsergebnisse Braudels zeigen uns nämlich, dass es Gründe gibt, warum sich der „Kapitalismus" auf einem bestimmten historisch-kulturellen Boden, auf der Grundlage bestimmter Bedingungen in einem Land oder einer Region entfalten konnte und in anderen trotz größter Anstrengungen nicht. Dies gilt z.B. trotz des Vorhandenseins technischer Erfindungen, die eigentlich Produktionsformen auf kapitalistischer Stufenleiter hätten möglich machen können, die aber nicht genutzt werden, u.a. weil die entsprechenden Gesellschaften (beispielsweise Kleinasien oder China) im gleichen Zeitpunkt gewisse Vorbedingungen nicht herausgebildet hatten, etwa einen weitgehenden Frieden in der sozialen Ordnung bzw. eine Schwäche oder Nachsicht des Staates gegenüber der neuen Aneignungsform von Eigentum. Verallgemeinert in den Worten Braudels: „Der Kapitalismus braucht eine Hierarchie." Es sei eben nicht der Kapitalismus, der die Hierarchien erfinde – ebenso wenig wie er den Markt oder den Konsum erfunden habe –, er benutze sie nur. In der langfristigen Perspektive der Geschichte sei er deshalb auch erst ein später Gast.[8]

Dieser Hierarchie im Innern entspricht eine Hierarchie im Äußeren. Braudel veranschaulicht an der Entwicklung seit dem 14. Jahrhundert, dass es seitdem ununterbrochen „Weltwirtschaften" gegeben hat, zeitwei-

---

6   Ebd., S. 58 ff.
7   Vgl. dazu Schöler, Ein Gespenst …, a.a.O., S. 153 ff.
8   Braudel, a.a.O., S. 68.

lig nebeneinander existierend, dass diese aber immer zugleich ein Zentrum ausgebildet hatten, dessen Standort über die Jahrhunderte mehrfach wechselte. Der Kapitalismus lebe gerade von dieser gleichmäßigen Abstufung: Die äußeren Zonen ernähren die mittleren und vor allem das Zentrum. Und was – so fragt er – sei das Zentrum, wenn nicht die Speerspitze, der kapitalistische *Überbau* der gesamten Konstruktion? Ebenso aber wie das Zentrum von den Lieferungen der Peripherie abhänge, hänge diese von den Bedürfnissen des Zentrums ab, welcher den Ton angibt. Es sei immerhin Westeuropa gewesen, das die Sklaverei nach antikem Vorbild weitergetragen und innerhalb der Neuen Welt gleichsam wiedererfunden sowie aufgrund ökonomischer Imperative in Osteuropa die zweite Leibeigenschaft „induziert" habe.

Der Kapitalismus sei deshalb – mit Wallersteins These – die „Erfindung" einer ungleichen Welt. Um sich entwickeln zu können, brauche er die Komplizenschaft der internationalen Wirtschaft. Er sei das Produkt der autoritären Organisation einer Region, die sich offensichtlich zu sehr ausgedehnt habe. „Interne" und „externe" Gründe für die Entstehung des Kapitalismus greifen so ineinander: Nicht jeder kann die Welt ausbeuten. Dazu bedarf es einer Machtstellung, die sich über einen langen Zeitraum entwickelt hat. Aber sie wird verstärkt durch die Ausbeutung anderer Länder. Aus dieser Beschreibung einer bestimmten Hierarchie innerhalb der Weltwirtschaft und der jeweiligen Interdependenz von unterschiedlichen Produktionsweisen folgert eine gewichtige Differenz zu Marx' Blick auf die historische Abfolge von Produktionsweisen: Es gibt also keinen aufsteigenden Ablauf nach dem Modell Sklaverei, Leibeigenschaft, Kapitalismus, sondern – zumindest phasenweise – eine Synchronie, eine Gleichzeitigkeit.

Damit kommen wir zur beschreibenden Definition dessen, was für Braudel diesen Kapitalismus eigentlich ausmacht: Er basiert zunächst auf einer Ausbeutung der internationalen Ressourcen und Möglichkeiten, d.h. er existiert im Weltmaßstab, zumindest ist er auf die gesamte Welt ausgerichtet. Er stützt sich nach wie vor auf faktische oder legale Monopole und umgeht die „Organisation", d.h. den Markt. Bis hierhin gibt es wohl keine tiefgreifenden Differenzen zu Marx. Braudel konnte aber zeigen, dass letzteres keine neue Qualität dieser Produktionsweise ausmacht. Und nun kommen wir zur entscheidenden Differenz: Der Kapitalismus durchdringt auch heute keineswegs die *gesamte* Volkswirtschaft oder die *gesamte* arbeitende Gesellschaft. Er zwinge weder die eine noch die andere in sein eigenes, angeblich perfektes System. Trotz enormer Ausweitung der kapitalistischen Wirtschaft finde man selbst in Europa weiterhin eine Menge an Selbstversorgungsproduktion; viele kleine Handwerksbetriebe und zahlreiche Dienstleistungen würden weiterhin nicht von der volkswirtschaftlichen Gesamtrechnung erfasst. Auf der mittleren Ebene, der der eigentlichen Marktwirtschaft, existierten weiterhin die strengen, ja teilweise brutalen Gesetze des Wettbewerbs. Und erst auf diesen beiden Ebenen „schwimme" der hochkarätige Kapitalismus, er repräsentiert den Bereich des großen Profits, der keinem Wettbewerb mehr unterworfen ist. Gerade durch die Betrachtung dieser unterschiedlichen Ebenen kommt Braudel zu dem für ihn zwingenden Ergebnis, zwischen Kapitalismus und Marktwirtschaft zu unterscheiden.[9]

Es fällt natürlich sofort auf, dass der Marxsche Begriff der kapitalistischen Produktionsweise sehr viel weiter greift als der Begriff des „Kapitalismus" bei Braudel. Und es dürfte schwer zu leugnen sein, dass ersterer mit der Entdeckung und Beschreibung eines *Strukturprinzips*, nämlich der Mehrwertproduktion aufgrund der Herausbildung von „industriellem Kapital" systematische Vorzüge hat. Dieser Vorzug geht aber da wieder verloren, wo Marx – entgegen seiner eigenen Analysen von widersprüchlichen Zusammenhängen (denken wir nur an die *beständig* neue Reproduktion auf kleiner Stufenleiter) – daraus eine Tendenz in Richtung auf *Totalität* beschreibt. Während Braudels Kapitalismusbegriff weniger systematisch ist, es reale Abgrenzungsschwierigkeiten gibt, festzulegen, wo die eine Sphäre aufhört und die andere beginnt (und dabei wird es mit Sicherheit Übergänge und Überlagerungen geben), bietet sie auf der anderen Seite jedoch eine Reihe unschätzbarer Vorzüge. Sie schärft unser Verständnis von den kulturellen, strukturellen und historischen Voraussetzungen der Herausbildung einer kapitalistischen Produktionsweise.

9   Ebd., S. 97 ff.

Warum gelang dies gerade in England, warum nicht unter anderen, scheinbar nicht minder entwickelten Verhältnissen? Wie müssen diese strukturellen Voraussetzungen, wie muss die Hierarchie beschaffen sein, damit sich die kapitalistische Produktionsweise etablieren kann? In welchem Interdependenzverhältnis stehen (kapitalistisches) Zentrum, Zwischenzonen und (noch ganz oder teilweise durch andere Produktionsweisen geprägte) Peripherie zueinander? Wie verhält es sich mit dem Verhältnis von kapitalistischer Produktionsweise und den *verschiedenen* Formen, Ausprägungen des Marktgeschehens, und zwar auch im historischen Prozess? Erst mit Braudels und nicht mit Marxens Herangehensweise bekommen wir in den Blick, dass sich „kapitalistische" Gesellschaften historisch auf ganz unterschiedlichen Traditionen von Arbeitsorganisation und Arbeitsethos herausgebildet haben und herausbilden. Sie unterscheiden sich durch verschiedene kulturelle Normen der Autorität und Kooperation und durch verschiedene historische Modernisierungserfahrungen. Dies zeigen neuere Untersuchungen für den ostasiatischen Raum, dessen Entwicklungsgang gegenüber dem europäischen eine Reihe wichtiger Differenzen und Besonderheiten aufweist, aber gleichwohl im Grundsätzlichen durchaus als „kapitalistisch" zu begreifen und zu beschreiben ist. In chinesischen Unternehmen z.B. lässt sich das reibungslose Nebeneinander von Moderne und Magie beobachten.[10]

Es ist – zumindest auf der begrifflichen Ebene – schon ein kurioses Paradoxon, dass Braudel für seine *offenere* Herangehensweise, die zugleich mehr Fragen zu beantworten vermag, den hermetischeren Begriff „Kapitalismus" verwendet, während sich die hermetischere Sichtweise von Marx der offeneren Formulierung von der „kapitalistischen Produktionsweise" bedient. Eine ganze Reihe der genannten sinnvollen Differenzierungen gerät aus dem Blick, wenn man – Marx folgend – der kapitalistischen Produktionsweise aus strukturell-systematischen Gründen den unaufhaltsamen Drang zur Totalität zuweist, die dann nicht mehr am historisch-empirischen Material zu überprüft werden braucht.

10 Vgl. Heilmann, Sebastian, Virtuosen der Unsicherheit. Der Geist des chinesischen Kapitalismus, in: FAZ vom 13. November 1996 unter Bezugnahme auf S. Gordon Redding, The distinct nature of Chinese capitalism, in: The Pacific Review (Routledge), H. 3/1996.

Man braucht sich überhaupt nicht dazu durchzuringen, den Marxschen Begriff und seine strukturelle Herleitung der kapitalistischen Produktionsweise nun zugunsten des Braudelschen, schwerer zu fassenden Begriffs von „Kapitalismus" aufzugeben (es gibt eine Berechtigung beider Betrachtungs- und Herangehensweisen), um gleichwohl einen doppelten Vorzug des Braudelschen Herangehens erfassen und aufnehmen zu können: Wir behalten das Nebeneinander unterschiedlicher Produktionsweisen und -formen im Blick, und uns eröffnet sich die Möglichkeit einer Betrachtung der relativen Autonomie von Marktprozessen und ihrer Besonderheiten, Vorzüge und Schwierigkeiten.

Denn genauso wenig, wie sich eine lineare Konzentrations- und Zentralisationstendenz historisch-empirisch feststellen lässt, genauso wenig hat bereits eine kapitalistische Durchdringung und Vermachtung aller Marktverhältnisse und -prozesse stattgefunden. Bleiben wir – bevor wir uns näher den Marktverhältnissen zuwenden – noch einen Moment bei der mit ersterer Tendenz verbundenen Eigentumsfrage. Marx wies ihr jenseits der späteren stärker begrifflich-systematischen Antworten, die auf eine Totalabschaffung des „bürgerlichen Eigentums" hinausliefen, in einer frühen Schrift eine recht praktische Aufgabe zu: Die Eigentumsfrage lösen heiße, die Aufhebung derjenigen Kollisionen zu bewirken, die aus der großen Industrie, der Entwicklung eines Weltmarkts und der freien Konkurrenz hervorgegangen sind, z.B. die Kollisionen des Kreditwesens und die Spekulationen in Nordamerika. An dieser Stelle bewegt er sich in seiner Herangehensweise auf derselben Ebene wie Braudel. Es geht also nicht etwa um die Aufhebung der Konkurrenz als solcher oder als Selbstzweck, sondern um das, was sich ein „Stockwerk" höher abspielt, was sich – aus ihr hervorgegangen – im Bereich der großen Industrie und des Kreditwesens abspielt. Daraus ließe sich die für heute offene Frage entwickeln (über den *anderen* Marx hinaus), mit welchen politischen und ökonomischen Maßregeln die verheerenden Auswirkungen eines ungezügelten „Kapitalismus" in seiner globalisierten Form auf dieser Ebene begrenzt, eingedämmt oder gar beseitigt werden könnten.

Zurück zum Markt: Ebenso wenig also, wie die Antwort auf eine nicht durchgehend konzentrierte und zentralisierte Produktionsweise deren vollständige „Sozialisierung" in einer neuen, primär aufgrund bewusst *gesellschaftlicher* Entscheidungsprozesse und nicht mehr vorrangig aufgrund *anonym-profitgesteuerter* Selbstverwertungsprozesse des Kapitals produzierenden Gesellschaft sein kann, kann die Antwort auf nicht vollständig kapitalistisch durchdrungene Marktverhältnisse die komplette Abschaffung bzw. das schlichte Wegfallen von Marktverhältnissen sein. Was aufgrund der Fixierung von Marx und Engels auf das vermachtete Verhältnis von zentralisierter kapitalistischer Produktion und Markt als eigenständige Bereicherung und Leistung des Marktes aus dem Blickfeld geriet, wird so in der Braudelschen Betrachtungsweise erst wieder transparent: In einem mehrere Jahrhunderte dauernden Prozess fungierte die Marktwirtschaft in Europa als Bindeglied zwischen den beiden Welten der Produktion und der Konsumtion. Und sie bildete zugleich eine Triebkraft, einen begrenzten, aber vitalen Bereich, von dem Anstöße, Energien, Innovationen, Initiativen, neue Bewusstseinsformen, Wachstum und sogar Fortschritt ausgingen.[11] Sie aufheben oder abschaffen zu wollen hieße Mechanismen beseitigen, die in hohem Maße zur Rationalität, Effektivität und Bedürfnisbefriedigung im Rahmen ökonomischen Handels beitragen.

8. Vorsichtige Schlussfolgerungen für „sozialistisches Denken"

Zu erinnern ist zunächst an den ebenfalls vielfach zitierten Satz von Marx, wonach eine Gesellschaftsformation nie untergeht, bevor alle Produktivkräfte entwickelt sind, für die sie weit genug ist. Die kapitalistische Gesellschaftsformation hat zumindest in den letzten Jahrzehnten bewiesen, dass die extensiv angelegte fordistische Massenproduktion mit tayloristischer Arbeitsorganisation noch nicht – wie häufig prognostiziert – ihr letztes Entwicklungsstadium darstellte, dass sie zu weiterer innerer Dynamik aus sich selbst heraus in der Lage war und ist. Damit ist auch noch nichts darüber gesagt, auf welche neuen Widersprüche sich dieser Akkumulationstypus hinentwickelt, geschweige denn, dass sich darin nun ein vermeintlich „letztes" Stadium dieser Produktionsweise ausdrücke.

---

11 Braudel, a.a.O., S. 23.

Verabschiedet werden müssen deshalb zunächst einmal alle früheren Interpretations- und Prognoseansätze, die – in den unterschiedlichsten Formen von Monopoltheorien bzw. der Theorie eines „staatsmonopolistischen Kapitalismus" – in Anknüpfung an Marx und Engels in der Konzentrations- und Zentralisationstendenz des Kapitals bereits den entscheidenden Gesichtspunkt eines nicht mehr innerhalb des Systems auflösbaren Widerspruchs sahen. Um es zu wiederholen: Es handelt sich nämlich nicht um einen linearen Prozess der Konzentration und Zentralisation. Genau in eine solche Tendenz weisen aber alle die Teile des Werkes von Marx und Engels selbst, in denen dieser Prozess als sich noch im Kapitalismus vollziehende Form der Herausbildung „vergesellschafteter" Vorstufen (in Aktiengesellschaften, Trusts oder Staatsbetrieben) zu sozialistischen Produktionsformen gedeutet wird. Indem die sozialistische Bewegung sich vielfach gerade auf diesen Teil des kapitalistischen Widerspruchszusammenhangs konzentrierte, bekam sie zwar die Zentren wirtschaftlicher Macht in den Blick (was sich auch in den theoretischen Ansätzen der „Kommandohöhen" ausdrückte), sie übernahm damit aber zugleich – praktisch im Osten Europas, nur theoretisch-programmatisch im Westen – häufig die Illusionen über die Vorzüge einer zentralisierten Form der Wirtschaftsweise unter Ausblendung des Nutzens von Konkurrenzmechanismen gleich mit. Auch aus diesem Zusammenhang resultierte entsprechend ein gewisser praktischer wie theoretischer zentralistischer Regulierungsfanatismus im sowjetischen System wie im Gedankengebäude von Teilen der westlichen Linken.

So sehr, wie die Beschreibung der Konzentrations- und Zentralisationstendenz eine Verengung des Blicks nahe legt, so sehr öffnet Marx mit der bereits frühzeitig erkannten Differenzierung zwischen extensivem und intensivem Reproduktionszusammenhang wieder den Blick für hochaktuelle Tendenzen der kapitalistischen Produktionsweise. Erst mit Blick darauf wird ihre neuerliche dynamische Entwicklung seit den siebziger Jahren des vorigen Jahrhunderts erklärbar. Ohne dass es Marx selbst in einen direkten Zusammenhang seiner Betrachtungen gebracht hätte, liegt darin zudem eine unmittelbare systematische Verbindung zu seinen und Engels' durchaus hellsichtigen und ihrer Zeit weit vorauseilenden

Vorstellungen über dann eben nicht nur die Notwendigkeit, sondern auch die Möglichkeit einer die Natur schonenden und ihre Gesetze beobachtend-erlernenden Produktionsweise. Marx und Engels sind deshalb mitnichten – wie oft behauptet – die Wanderprediger und Begründer eines durch und durch technikoptimistischen, „fortschritts"gläubigen, aber letztlich naturzerstörerischen Industrialismus, sondern – genau betrachtet – liefern sie schlüssige Vorüberlegungen in Richtung auf eine ökologische, ressourcenschonende Produktionsweise. Engels weist vielfach auf die Notwendigkeit hin, die längerfristigen Folgen des Produzierens auf die natürliche Lebensumwelt zu erkennen und zu beachten, begründet also – um einen neueren Begriff zu verwenden – das zwingende Postulat „nachhaltiger Entwicklung".[12]

Die eigentliche Schranke der kapitalistischen Produktion liegt für Marx in dem Widerspruch einer Produktion nur um ihrer selbst willen, statt als bloßes Mittel einer sich stetig weiterentwickelnden Gestaltung ihres Lebensprozesses durch die Gesellschaftsmitglieder selbst. Die Konsequenz daraus ist, dass der sich in den Produktivkräften ausdrückende allgemeine Reichtum bzw. das darin steckende Wissen dem einzelnen arbeitenden Individuum als etwas Fremdes und Ausgangspunkt seiner eigenen Armut und nicht seines – materiellen wie geistigen – Reichtums gegenübertritt. Die Aufhebung dieses Widerspruchs ist also nur denkbar, wenn es zu einer Verkopplung von Individuum und den in den Produktionsprozessen steckenden materiellen wie geistigen Potenzen kommt. Für den heutigen Gebrauch anders ausgedrückt: Für modernes sozialistisches Denken müsste es um eine Art der Produktion gehen, in der das Individuum mit einem entwickelten Wissens-, Kenntnis- und Ausbildungsstand an der gesellschaftlichen Produktion beteiligt ist und diese Gesellschaft den dadurch erzielten Reichtum auch anders, wenn man so will: gerechter verteilt.

9. Die notwendige Neuinterpretation der „Eigentumsfrage"

Bezogen auf die sich in den – globalisierten, weltweit agierenden – kapitalistischen Großunternehmen ausdrückende „gesellschaftliche" Pro-

---

12 Vgl. dazu genauer Schöler, Ein Gespenst …, a.a.O., S. 98 ff.

duktion müssen diese Überlegungen dahingehend neu (und damit auch über die Intentionen von Marx hinausgehend) konkretisiert werden, dass nicht mehr primär die Frage des Eigentums dieser Produktionseinheiten als solches im Zentrum des (Veränderungs-)Interesses zu stehen hätte (wie es für sozialistisches Denken traditionell geradezu selbstverständlich war), sondern die Einräumung der Möglichkeit zur Gestaltung des Arbeitsprozesses durch die sich miteinander verständigenden Produzenten selbst (also ein eher mittelbarer Eingriff in das absolute Verfügungsrecht über dieses Eigentum). Es ist evident, dass hierzu der mit der mikroelektronischen Veränderung der Produktionsstrukturen verbundene Prozess der gleichzeitigen Veränderung der Arbeitsstrukturen Ansatzpunkte noch in der bestehenden kapitalistischen Produktionsweise liefert.[13]

Dies sind allerdings nur die Tendenzen, die sich aus den Notwendigkeiten der neuen Produktionsformen selbst ergeben. Die Durchsetzung „gesellschaftlicher" Formen der Produktion müsste demgegenüber und darüber hinaus bedeuten, dass die demokratisch strukturierte Gesellschaft für das, was produziert werden soll und darf und wie es produziert werden soll und darf – etwa bezogen auf zulässige Emissionen oder Energieverbrauch – Zielrichtungen angibt und Vorgaben macht (Auflagen, Gebote, Verbote, Steueranreize usw.). Für die Arbeitenden in dem Betrieb selbst ginge es um eine Ausweitung ihrer Mitsprache- und Mitentscheidungsbefugnis in Richtung auf die konkrete Ausgestaltung dieser Vorgaben, insbesondere in Richtung auf die Entwicklung von Produktionsverfahren und Arbeitsstrukturen, die auf der breitestmöglichen Aneignung des für den Produktionsprozess erforderlichen Wissens durch die Produzenten selbst und auf kooperativen statt arbeitsteilig-fragmentierten Arbeitsformen basieren.

Perspektivisches Ziel wäre konsequenterweise eine Wirtschaft gemischter Eigentumsformen (wie sie schon lange eher von den an Grundwerten orientierten Strömungen der sozialistischen Idee propagiert wurde und denen sich der „marxistische Sozialismus" lange überlegen glaubte). Innerhalb derer wäre für die unterschiedlichen Sektoren, Bran-

---

13 Vgl. ebd., S. 187 f.

chen, Dienstleistungsbereiche jeweils gesellschaftlich zu entscheiden, in welchem Bereich es zum Beispiel Staatseigentum, ein staatliches oder öffentliches Monopol, geben soll und muss bzw. wo privatwirtschaftliche oder gemischtwirtschaftliche Konkurrenz im Sinne der erzielten Produktionsergebnisse oder der Vielfalt der angebotenen Dienstleistungen eindeutigen Vorteil mit sich bringt.

Derartige Gedanken nach dem Scheitern des „Sowjetsozialismus" und angesichts des vielfach empirie- und theoriefernen Globalisierungsdiskurses erneut zur Debatte zu stellen, mag manchem etwas gewagt erscheinen. Zugegeben: Sie sind fernab aller aktuellen politischen Debatte. Gleichwohl wird jedwede Rekonstruktion „sozialistischen Denkens" ihr Scheitern bereits in sich tragen, wenn sie sich nicht zugleich ohne Tabus der eigenen Erfahrungen und Denktraditionen kritisch versichert.

Demokratie und Diktatur des Proletariats
bei Karl Marx, Friedrich Engels und Wladimir Iljitsch Lenin
Gemeinsamkeiten und Differenzen

Eine kritische Auseinandersetzung mit den durch die russische Revolution aufgeworfenen Fragen von Demokratie und Diktatur dürfte unmöglich sein, ohne daß man sich vergewissert hat, wie sich die Begründer des „wissenschaftlichen Sozialismus", Karl Marx und Friedrich Engels, den Übergang zu einer klassenlosen Gesellschaft vorstellten und in welcher Weise der „Spiritus rector" der Oktoberrevolution Wladimir Iljitsch Lenin sich in Theorie und Praxis zu diesen Vorstellungen verhielt. Der Schlüsselsatz zu ihrem Verständnis findet sich in Marx' „Kritik des Gothaer Programms" von 1875:

„Zwischen der kapitalistischen und der kommunistischen Gesellschaft liegt die Periode der revolutionären Umwandlung der einen in die andre. Der entspricht auch eine politische Übergangsperiode, deren Staat nichts anderes sein kann als die *revolutionäre Diktatur des Proletariats*."[1]

Was verstanden nun Marx und Engels unter diesem Begriff der „Diktatur des Proletariats"?[2] Beginnen wir zunächst mit dem Diktaturbegriff ohne Zusätze. Er steht bei Marx und Engels zumeist für die politische Klassenherrschaft einer bestimmten Institution, Gruppe oder Klasse. Als Träger einer solchen Diktatur erscheint an verschiedenen Stellen ihrer Schriften die Bourgeoisie, die Nationalversammlung, das „le vrai peuple", also das wahre Volk, die Arbeiterklasse sowie das Proletariat.[3] Handelt es sich bei dieser allgemeineren Begriffsbestimmung zunächst

1   Marx, Karl, Kritik des Gothaer Programms [1875]. In: Marx-Engels-Werke, Berlin 1957 ff. (künftig zitiert als MEW), Bd. 19, S. 28.
2   Aus der kaum zu überblickenden Sekundärliteratur vgl. u.a. Leonhard, Wolfgang, Diktatur des Proletariats. In: Claus Dieter Kernig (Hrsg.), Marxismus im Systemvergleich. Grundbegriffe 1. Frankfurt und New York 1973, Sp. 85 ff.; Schleifstein, Josef, Marxismus und Staat. Zur Entwicklung der Staatsauffassung bei den marxistischen Klassikern. Frankfurt a.M. 1982; Skrzypczak, Henryk, Marx. Engels. Revolution. Standortbestimmung des Marxismus der Gegenwart. Berlin 1968, S. 60 f.
3   Vgl. im einzelnen Marx, Karl, Die Klassenkämpfe in Frankreich 1848 bis 1850 [1850], MEW 7, S. 87, 89, 93.

nur darum, daß auf den Träger dieser Klassenherrschaft abgestellt wird, d.h. daß sie noch unabhängig davon gesehen werden kann, in welchen Formen diese Herrschaft letztendlich ausgeübt wird, so finden sich an anderer Stelle auch Hinweise darauf, daß der Begriff der Diktatur auch als Umschreibung für bestimmte Formen der Herrschaftsausübung dient. Dies ist etwa dort der Fall, wo Marx in der Revolution von 1848 dem preußischen Ministerpräsidenten Camphausen vorwirft, „daß er nicht diktatorisch auftrat, daß er die Überbleibsel der alten Institutionen nicht sogleich zerschlug und entfernte"[4].

Einem genaueren Verständnis des Marx/Engelsschen Diktaturbegriffs nähern wir uns, wenn wir uns anschauen, was sie unter der Diktatur der Bourgeoisie verstanden. Diese bestand für sie nicht etwa in einer allgemeinen Entrechtung der anderen Volksschichten oder Klassen, sondern war durchaus vereinbar mit einer demokratischen Republik auf der Grundlage des allgemeinen Wahlrechts.[5] Monarchie und demokratische Republik waren in diesem Verständnis beides Diktaturen der alten besitzenden Klassen, solange der Klasseninhalt der Republik durch die Herrschaft der Bourgeoisie bestimmt blieb. Engels schrieb dazu:

„Und endlich herrscht die besitzende Klasse direkt mittelst des allgemeinen Stimmrechts. Solange die unterdrückte Klasse, also in unserem Fall das Proletariat, noch nicht reif ist zu seiner Selbstbefreiung, solange wird sie, der Mehrzahl nach, die bestehende Gesellschaftsordnung als die einzig mögliche erkennen [...]."[6]

Bleiben in einer demokratischen Republik die kapitalistischen Produktionsverhältnisse fortbestehen, haben wir es also weiter mit einer Diktatur der Bourgeoisie zu tun, d.h. die ökonomische Basis der Gesellschaft bestimmt auch den Charakter ihres Überbaus. Ausgehend von diesem Verständnis der Bourgeoisdiktatur können wir festhalten, daß für Marx und Engels die Diktatur des Proletariats deren dialektisches Gegenstück

---

4 Ders., Die Krisis und die Konterrevolution [1848], MEW 5, S. 402.
5 Ders., Die Klassenkämpfe (wie Anm. 3), S. 93.
6 Engels, Friedrich, Der Ursprung der Familie, des Privateigentums und des Staates [1884], MEW, S. 167.

ist. So schreibt Marx in einem Brief an Weydemeyer im Jahre 1852, es sei nicht sein Verdienst, die Existenz der Klassen und den Klassenkampf entdeckt zu haben, sondern:

> „Was ich neu tat, war 1. nachzuweisen, daß die Existenz der *Klassen* bloß an *bestimmte historische Entwicklungsphasen der Produktion* gebunden ist; 2. daß der Klassenkampf notwendig zur *Diktatur des Proletariats* führt; 3. daß diese Diktatur selbst nur den Übergang zur *Aufhebung aller Klassen* und zu einer *klassenlosen Gesellschaft* bildet."[7]

Schon aus letzterem Zitat wird deutlich, daß die Diktatur des Proletariats kein Selbstzweck ist, sondern daß Marx und Engels mit ihr eine bestimmte Aufgabenzuweisung verbinden. Wir finden sie im „Kommunistischen Manifest" näher beschrieben:

> „Wir sahen schon [...], daß der erste Schritt in der Arbeiterrevolution die Erhebung des Proletariats zur herrschenden Klasse, die Erkämpfung der Demokratie ist. Das Proletariat wird seine politische Herrschaft dazu benutzen, der Bourgeoisie nach und nach alles Kapital zu entreißen, alle Produktionsinstrumente in den Händen des Staats, d.h. des als herrschende Klasse organisierten Proletariats zu zentralisieren und die Masse der Produktionskräfte möglichst rasch zu vermehren. Es kann dies natürlich zunächst nur geschehen vermittelst despotischer Eingriffe in das Eigentumsrecht und in die bürgerlichen Produktionsverhältnisse [...]."[8]

An dieser Stelle sind mehrere wichtige Punkte festzuhalten: Obwohl Marx und Engels im Manifest den Begriff der Diktatur des Proletariats noch nicht verwenden, sind hier bereits ihre wesentlichen Funktionen benannt. Sie wird ihrer Aufgabe nur durch die Abschaffung des kapitalistischen Privateigentums an den Produktionsmitteln gerecht und leitet dadurch den Übergang zur Aufhebung aller Klassen ein. Dies geschieht durch despotische, gewaltsame Eingriffe in das Eigentumsrecht, d.h. sie ist nicht an die Gesetze der alten Ordnung gebunden. Die alten Gesetze können nicht die Grundlage der neuen gesellschaftlichen Entwicklung bilden, genauso

---

7 Karl Marx an Josef Weydemeyer, 5. März 1852, MEW 28, S. 507 f.
8 Marx, Karl/Engels, Friedrich, Manifest der Kommunistischen Partei [1847/48], MEW 4, S. 481.

wenig wie die alten Gesetze die alten gesellschaftlichen Zustände gemacht haben.[9] Diese Bestimmung bedeutet jedoch nicht, daß es sich hierbei um einen Widerspruch zur Demokratie handelt. Im Gegenteil: Marx und Engels sprechen ja bereits im Manifest von 1847/48 davon, daß die Erhebung des Proletariats zur herrschenden Klasse mit der Erkämpfung der Demokratie gleichzusetzen ist. Später heißt es dazu noch weit prägnanter:

„Wenn etwas feststeht, so ist es dies, daß unsere Partei und die Arbeiterklasse nur zur Herrschaft kommen kann unter der Form der demokratischen Republik. Diese ist sogar die spezifische Form für die Diktatur des Proletariats [...]."[10]

Dazu bedarf es noch einiger Erläuterungen. Wir hatten bereits gesehen, daß Marx und Engels den Charakter der demokratischen Republik nach ihrem Klasseninhalt bestimmten. Für sie war sie einerseits sogar die „konsequente Form der Bourgeoisherrschaft"[11], andererseits aber eben die „letzte Staatsform der bürgerlichen Gesellschaft", in der der Klassenkampf definitiv auszufechten sei.[12] Sie sei somit nicht schon ihrer Form nach sozialistisch, solange sie von der Bourgeoisie beherrscht sei. Engels warnte daher ausdrücklich davor, die reine Demokratie zum Zweck zu erheben. Der Begriff der Demokratie wechsele mit dem jeweiligen „demos". Zwar brauche auch das Proletariat zur Besitzergreifung der politischen Gewalt demokratische Formen, sie seien ihm aber wie alle politischen Formen nur Mittel (auf dem Weg zur sozialistischen Gesellschaft)[13]. Nur im Sinne eines solchen Verständnisses von Demokratie als politischer Form, als Herrschaftsmittel, ist es zu begreifen, wenn Engels im gleichen Zeitraum davon spricht, daß – nicht im Sinne des Sozialismus als Übergangsformation, sondern des Kommunismus als herrschaftsfreier Gesellschaft – das politisch letzte Endziel die Überwindung des ganzen Staates, also auch der Demokratie sei.[14]

---

9 Marx, Karl, Verteidigungsrede im Prozeß gegen den Rheinischen Kreisausschuß der Demokraten [Februar 1849], MEW 6, S. 244.
10 Engels, Friedrich, Zur Kritik des sozialdemokratischen Programmentwurfs 1891, MEW 22, S. 235.
11 Friedrich Engels an Eduard Bernstein, 24. März 1884, MEW 36, S. 128.
12 Marx, Karl, Kritik des Gothaer Programms (wie Anm. 1), S. 29.
13 Vgl. den Brief von Friedrich Engels an F. A. Sorge vom 31. Dezember 1892, MEW 38, S. 563; ders. an Eduard Bernstein (wie Anm. 11), S. 128.
14 Engels, Friedrich, Vorwort zu „Internationales aus dem ,Volksstaat' (1871–1875)" [1894], MEW 22, S. 418.

Es kam also nach Marx und Engels zum einen nicht darauf an, die reine Demokratie als Selbstzweck zu erkämpfen, denn diese Demokratie „würde dem Proletariat ganz nutzlos sein, wenn sie nicht sofort als Mittel zur Durchsetzung weiterer, direkt das Privateigentum angreifender und die Existenz des Proletariats sicherstellender Maßregeln benutzt würde"[15]. Zum anderen änderte diese Eingrenzung umgekehrt nichts daran, daß die Diktatur des Proletariats durchaus nicht im Gegensatz zur Demokratie (jetzt verstanden als Mehrheitsherrschaft) aufgefaßt wurde. So heißt es schon im „Kommunistischen Manifest":

„Alle bisherigen Bewegungen waren Bewegungen von Minoritäten oder im Interesse von Minoritäten. Die proletarische Bewegung ist die selbständige Bewegung der ungeheuren Mehrzahl im Interesse der ungeheuren Mehrzahl."[16]

Als dies geschrieben wurde, hielten es Marx und Engels allerdings noch für wahrscheinlich, daß auch die Proletarierrevolution als gewaltsamer Sturz der Bourgeoisie[17] nur von einer bewußten Minorität im Interesse der ungeheuren Mehrzahl durchgeführt werde[18]. Die Analyse der revolutionären Ereignisse der Jahre 1848–1850 in Europa veränderte ihre frühere Auffassung über Mehrheit oder Minderheit in der Folgezeit. Engels hält als ausdrückliches Ergebnis dieser Erfahrungen fest:

„Die Zeit der Überrumpelungen, der von kleinen bewußten Minoritäten an der Spitze bewußtloser Massen durchgeführten Revolutionen ist vorbei. Wo es sich um eine vollständige Umgestaltung der gesellschaftlichen Organisation handelt, da müssen die Massen selbst mit dabei sein, selbst schon begriffen haben, worum es sich handelt, für was sie mit Leib und Leben eintreten."[19]

Dieses Setzen auf eine gesellschaftliche Mehrheit bei Engels betraf allerdings nur die Frage der *Voraussetzungen* für eine erfolgreiche Revolution, nicht die ihrer Legitimität als solcher. Er schrieb an gleicher Stelle:

---

15 Ders., Grundsätze des Kommunismus [1847], MEW 4, S. 372 f.
16 Marx, Karl/Engels, Friedrich, Manifest (wie Anm. 8), S. 473.
17 Ebd.
18 Vgl. Engels, Friedrich, Einleitung zu Marx' „Klassenkämpfe in Frankreich" [1895], MEW, S. 513 f.
19 Ebd., S. 523.

„Selbstverständlich verzichten unsere ausländischen Genossen nicht auf ihr Recht auf Revolution. Das Recht auf Revolution ist ja überhaupt das einzige *wirklich* ‚historische Recht‘, das einzige, worauf alle modernen Staaten ohne Ausnahme beruhen."[20]

Marx und Engels:
Möglichkeiten einer friedlichen und demokratischen Revolution

Aufgrund der veränderten Bedingungen rückte jetzt der Gedanke der Möglichkeit eines demokratischen und friedlichen Weges zum Sozialismus stärker ins Blickfeld. Bereits 1871 begrenzte Marx seine Perspektive der Revolution als notwendig gewaltsamer Machtergreifung des Proletariats auf den europäischen Kontinent.[21] Er dehnte den Kreis der Länder, die wie Amerika und England unter Umständen auf friedlichem Wege zum Sozialismus gelangen könnten, ein Jahr später auf Holland aus. In den meisten Ländern des Kontinents bleibe jedoch der Hebel der Revolution die Gewalt.[22] 1878 erläuterte er, daß in den genannten Ländern die Erreichung dieses Ziels durchaus auf friedlichem bzw. sogar auf parlamentarischem Wege denkbar sei:

„‚Friedlich‘ kann eine historische Entwicklung nur so lange bleiben, als ihr keine gewaltsamen Hindernisse seitens der jedesmaligen gesellschaftlichen Machthaber in den Weg treten. Gewinnt zum Beispiel in England oder den Vereinigten Staaten die Arbeiterklasse die Majorität im Parlament oder Kongreß, so könnte sie auf gesetzlichem Weg die ihrer Entwicklung im Weg stehenden Gesetze und Einrichtungen beseitigen, und zwar auch nur, soweit die gesellschaftliche Entwicklung diese aufwiese. Dennoch könnte die ‚friedliche‘ Bewegung in eine ‚gewaltsame‘ umschlagen durch Auflehnung der am alten Zustand Interessierten; werden sie [...] durch *Gewalt* niedergeschlagen, so als Rebellen gegen die ‚gesetzliche‘ Gewalt."[23]

---

20 Ebd., S. 524.
21 Karl Marx an Ludwig Kugelmann, 12. April 1871, MEW 33, S. 205.
22 Marx, Karl, Rede über den Haager Kongreß [1872], MEW 18, S. 160.
23 Ders., Konspekt der Debatten über das Sozialistengesetz [1878]. In: Karl Marx/Friedrich Engels. Briefe an A. Bebel, W. Liebknecht, K. Kautsky und andere. Teil 1: 1870–1886. Moskau und Leningrad 1933, S. 516.

Friedrich Engels hat später konkretisiert, welche Bedingungen dabei gegeben sein müssen und diese Möglichkeit auch für Frankreich gesehen:

„Man kann sich vorstellen, die alte Gesellschaft könne friedlich in die neue hineinwachsen in Ländern, wo die Volksvertretung alle Macht in sich konzentriert, wo man verfassungsmäßig tun kann, was man will, sobald man die Majorität des Volkes hinter sich hat: in demokratischen Republiken wie Frankreich und Amerika, in Monarchien wie England [...].“[24]

Mit der Formel, man könne es sich vorstellen, war natürlich noch nichts darüber ausgesagt, wie denn nun konkret dieser Übergang vonstatten gehen könnte. Die letzten systematischeren Überlegungen dazu formulierte Friedrich Engels in seinem Todesjahr. Danach waren es zwei Dinge, mit denen die deutsche Arbeiterbewegung ihren Genossen der anderen Länder beispielgebend vorangeschritten war: Erstens mit ihrer bloßen Existenz als stärkster, diszipliniertester und am raschesten anschwellender sozialistischer Partei; zweitens, indem sie ihnen gezeigt hätte, wie man das allgemeine Stimmrecht gebraucht. Was meinte Engels damit? Hören wir ihn selbst:

„Die revolutionären Arbeiter der romanischen Länder hatten sich angewöhnt, das Stimmrecht als einen Fallstrick, als ein Instrument der Regierungsprellerei anzusehn. In Deutschland war das anders. Schon das ‚Kommunistische Manifest‘ hatte die Erkämpfung des allgemeinen Wahlrechts, der Demokratie, als eine der ersten und wichtigsten Aufgaben des streitbaren Proletariats proklamiert [...].“[25]

Engels leistet damit zunächst eine Präzisierung des Verständnisses für die oben ausführlich zitierte Passage[26] aus dem „Kommunistischen Manifest“, wo nur von der Erkämpfung der Demokratie die Rede ist. Damit ist sicherlich *nicht* gemeint, daß das allgemeine Wahlrecht für ihn nun bereits vollendete oder reine Demokratie bedeutete. Die Aussage kann

---

24 Engels, Friedrich, Zur Kritik des sozialdemokratischen Programmentwurfs 1891 (wie Anm. 10), S. 234. Es macht die Schwäche des Buches von Schleifstein 1982 (wie Anm. 3) aus, daß er sich mit diesen Aspekten der Marx/Engelsschen Diktatur- und Staatstheorie nicht auseinandersetzt.

25 Engels, Friedrich, Einleitung zu Marx' „Klassenkämpfe in Frankreich“ (wie Anm. 18), S. 518.

26 Vgl. Marx, Karl/Engels, Friedrich, Manifest (wie Anm. 8), S. 481.

wohl nur so zu verstehen sein, daß für Engels das allgemeine Wahlrecht unabdingbar zur Demokratie dazu gehört, die ihrer Form nach aber erst dann sozialistisch wird, wenn sie vom Proletariat zur Durchsetzung das Privateigentum angreifender Maßregeln benutzt wurde. Engels fügt nun hinzu, die deutschen Arbeiter hätten das Wahlrecht aus einem Mittel der Prellerei, was es bisher gewesen sei, in ein Werkzeug der Befreiung verwandelt.[27] Es habe sich herausgestellt, daß die Staatseinrichtungen, in denen die Herrschaft der Bourgeoisie sich organisiere, noch weitere Handhaben biete, vermittels deren die Arbeiterklasse diese selben Staatseinrichtungen bekämpfen könne. Man habe sich an den Wahlen für Einzellandtage, Gemeinderäte, Gewerbegerichte beteiligt und der Bourgeoisie jeden Posten streitig gemacht, bei dessen Besetzung ein genügender Teil des Proletariats mitgesprochen habe. So sei es gekommen, daß Bourgeoisie und Regierung sich weit mehr vor der gesetzlichen als vor der ungesetzlichen Aktion der Arbeiterpartei, weit mehr vor den Erfolgen der Wahl als vor denen der Rebellion fürchteten.[28] Engels Neubewertung hing nicht unwesentlich mit Veränderungen auf einem anderen Sektor zusammen:

„Machen wir uns keine Illusion darüber: Ein wirklicher Sieg des Aufstandes über das Militär im Straßenkampf, ein Sieg wie zwischen zwei Armeen, gehört zu den größten Seltenheiten."[29]

Die Bedingungen dafür seien – unter anderem aufgrund der Veränderungen der militärischen Technik und Ausrüstung – seit 1848 für die Zivilkämpfer weit ungünstiger geworden. Ein künftiger Straßenkampf könne aber nur siegen, wenn diese Ungunst der Lage durch andere Momente aufgewogen werde. Er werde daher seltener im Anfang einer großen Revolution vorkommen als im weiteren Verlauf einer solchen und werde mit größeren Kräften unternommen werden müssen. Diese größeren Kräfte glaubte Engels durch Gewinnung des größeren Teils der

---

27 Dabei konnte er sich auf etwas berufen, was Marx schon in seiner Schrift von 1850 zum Ausdruck gebracht hatte: „Jede Revolution bedarf einer Bankettfrage. Das allgemeine Stimmrecht, es ist die Bankettfrage der neuen Revolution." vgl. Marx: Die Klassenkämpfe (wie Anm. 3), S. 94.
28 Engels, Friedrich, Einleitung zu Marx' „Klassenkämpfe in Frankreich" (wie Anm. 18), S. 518 f.
29 Ebd., S. 519.

Mittelschichten der Gesellschaft, Kleinbürger wie Kleinbauern, sammeln zu können. Dann wachse man zu der entscheidenden Macht im Lande heran, vor der alle anderen Mächte sich beugen müßten, ob sie wollten oder nicht. Die Hauptaufgabe sei es, diesen sich täglich verstärkenden Gewalthaufen nicht in Vorhutkämpfen aufzureiben, sondern ihn intakt zu halten bis zu dem Tag der Entscheidung.[30] Damit stelle die „Ironie der Weltgeschichte" alles auf den Kopf. Die „Revolutionäre" und „Umstürzler" gediehen weit besser bei gesetzlichen Mitteln als bei Ungesetzlichkeit und Umsturz. Die alten Ordnungsparteien könnten so dem sozialdemokratischen Umsturz, der augenblicklich davon lebe, daß er die Gesetze einhalte, nur durch den ordnungsparteilichen Umsturz beikommen, der wiederum nicht leben könne, ohne daß er die Gesetze breche.[31] Engels rief ihnen zu:

„Brechen Sie also die Reichsverfassung, so ist die Sozialdemokratie frei, kann Ihnen gegenüber tun und lassen, was sie will. Was sie aber dann tun wird – das bindet sie Ihnen heute schwerlich auf die Nase."[32]

Noch deutlicher entwickelte Engels drei Jahre zuvor diesen Gedankengang einer defensiv ausgerichteten Legalstrategie in Deutschland, allerdings unter dem Vorbehalt, daß kein Krieg die Entwicklung unterbreche. Die Gesetzlichkeit, so schrieb er, „arbeitet so vortrefflich für uns, daß wir Narren wären, verletzten wir sie, solange dies so vorangeht. Viel näher liegt die Frage, ob es nicht gerade die Bourgeois und ihre Regierung sind, die Gesetz und Recht verletzen werden, um uns durch die Gewalt zu zermalmen? Wir werden das abwarten. Inzwischen: ‚Schießen Sie gefälligst zuerst, meine Herren Bourgeois!' Kein Zweifel, sie *werden* zuerst schießen. […] Was wird's nützen? Die Gewalt kann eine kleine Sekte auf einem beschränkten Gebiet erdrücken; aber die Macht soll noch entdeckt werden, die eine über ein ganzes großes Reich ausgebreitete Partei von über zwei oder drei Millionen Menschen auszurotten imstande ist."[33]

---

30 Ebd., S. 522 ff.
31 Ebd., S. 525.
32 Ebd., S. 526.
33 Engels, Friedrich, Der Sozialismus in Deutschland [1892], MEW 22, S. 251; der Vorbehalt ebd., S. 252.

Ausgehend von den Erfahrungen der vergangenen Jahrzehnte und den veränderten Ausgangsbedingungen entwarf Engels damit – auch für Deutschland –, eine neue Strategie für den sozialistischen Übergang, die die demokratischen Möglichkeiten zur Erreichung einer gesellschaftlichen Mehrheit für die Arbeiterpartei ausnutzte und die alten Ordnungsparteien zwang, den Weg der Legalität verlassen zu müssen, wollten sie diesen Übergang verhindern. Dadurch erschien es Engels möglich, daß am „Tag der Entscheidung" die weiter für wahrscheinlich gehaltene gewaltsame Auseinandersetzung mit größeren Kräften, d.h. durch die Unterstützung der gesellschaftlichen Mehrheit erfolgreich bestanden werden konnte. Engels Herangehen an die Gewaltfrage war also nunmehr eindeutig defensiv ausgerichtet, sah die Entscheidung in der Gewaltfrage auf Seiten der Bourgeoisie. Die Vorteile eines solchen Vorgehens, den Übergang zum Sozialismus auf friedlichem und demokratischem Wege anzustreben, hatte ja Marx bereits in seinem „Konspekt" angedeutet, wenn auch damals nur auf die angelsächsischen Länder bezogen.

Die Frage, auf welchem Wege der Übergang zum Sozialismus erreichbar ist, läßt sich für Marx und Engels also nicht allgemeingültig beantworten, sondern sie hängt von den nationalen Bedingungen ab. Dabei waren von Bedeutung der Stand der Entwicklung der Produktivkräfte, das Kräfteverhältnis der Klassen zueinander, das Ausmaß des Widerstands der alten herrschenden Klassen, die Stärke des staatlichen Gewalt- und Machtapparats und die der bereits erreichten demokratischen Institutionen.

Das Beispiel der Pariser Kommune

Insbesondere in Bezug auf das Verhältnis zum Staatsapparat wird von Marx und Engels in der Analyse der Erfahrungen der Pariser Kommune von 1871 eine weitere Korrektur vorgenommen. Im Vorwort zur deutschen Neuauflage des Manifestes heißt es dazu:

„Namentlich hat die Kommune den Beweis geliefert, daß ‚die Arbeiterklasse nicht die fertige Staatsmaschine einfach in Besitz nehmen und sie für ihre eigenen Zwecke in Bewegung setzen kann'."[34]

---

34 Marx, Karl/Engels, Friedrich, Vorwort [zum „Manifest der Kommunistischen Partei" (deutsche Aus-

In dem Maße, wie der Fortschritt der modernen Industrie den Klassengegensatz zwischen Kapital und Arbeit entwickelt habe, habe der Staat den Charakter einer Maschine der Klassenherrschaft angenommen. In Anlehnung an einen Gedanken, den Marx erstmals 1852 anreißt[35], sind die beiden Revolutionstheoretiker nun der Auffassung, daß es nicht ausreiche, die bürokratisch-militärische Maschinerie aus einer Hand in die andere zu übertragen, sondern sie müsse *zerbrochen* werden. Dies sei „die Vorbedingung jeder wirklichen Volksrevolution auf dem Kontinent"[36]. Was dies konkret bedeutete, erläuterte Marx anhand des Beispiels der Pariser Kommune:

„Während es galt, die bloß unterdrückenden Organe der alten Regierungsmacht abzuschneiden, sollten ihre berechtigten Funktionen einer Gewalt, die über der Gesellschaft zu stehn beanspruchte, entrissen und den verantwortlichen Dienern der Gesellschaft zurückgegeben werden."[37]

Im einzelnen bedeutete dies: Ersetzen des stehenden Heeres durch das bewaffnete Volk; jederzeitige Absetzbarkeit der nach allgemeinem Wahlrecht gewählten Stadträte; Umwandlung der parlamentarischen Körperschaft in eine arbeitende (der auch exekutive Rechte zustehen sollten; Besorgung öffentlicher Dienste für Arbeiterlohn; Brechung der „Pfaffenmacht"; Wahl, Verantwortlichkeit und Absetzbarkeit der Richter.[38]

Marx ging es also nicht etwa um eine sofortige Abschaffung jeder Staatsfunktion, auch wenn – im Verständnis von Friedrich Engels – der erste Akt, „worin der Staat wirklich als Repräsentant der ganzen Gesellschaft auftritt – die Besitzergreifung der Produktionsmittel im Namen der Gesellschaft – [...] zugleich sein letzter selbständiger Akt als Staat (ist)".[39] Das Eingreifen einer Staatsgewalt in gesellschaftliche Verhältnisse – so Engels weiter – werde auf einem Gebiete nach dem anderen über-

---

gabe 1872)], MEW 18, S. 96; mit Bezug auf Karl Marx, Der Bürgerkrieg in Frankreich, Adresse des Generalrats der Internationalen Arbeiterassoziation [1871], MEW 17, S. 336.

35 Marx, Karl, Der achtzehnte Brumaire des Louis Bonaparte [1852], MEW 8, S. 197. An gleicher Stelle ist von der „Zertrümmerung der Staatsmaschine" die Rede, ebd., S. 204.

36 Karl Marx an Ludwig Kugelmann, 12. April 1871, MEW 33, S. 205.

37 Marx, Karl, Der Bürgerkrieg (wie Anm. 34), S. 340.

38 Ebd., S. 339 f.

39 Engels, Friedrich, Anti-Dühring [1878], MEW 20, S. 262.

flüssig und schlafe dann von selbst ein. Der Staat werde nicht abgeschafft, er sterbe ab.[40] In dieser Bestimmung des Staates als *Klassenstaat* war für ihn die Pariser Kommune „schon kein Staat im eigentlichen Sinne mehr"[41]. Zentraler Gesichtspunkt für Marx und Engels war – trotz unterschiedlicher Nuancierung in der Begrifflichkeit – die Rückübertragung der Staatsfunktionen an die Gesellschaft. In einem Brief an Bernstein vermied Engels die Begriffe des Zerbrechens, Zerschlagens und Zertrümmerns und arbeitete noch stärker den Aspekt der nach vorne gerichteten Aufgabe heraus:

„Es handelt sich einfach um den Nachweis, daß das siegreiche Proletariat die alte bürokratische, administrativ-zentralisierte Staatsmacht erst *umformen* muß, ehe es sie zu seinen Zwecken vernutzen kann [...]."[42]

Und nochmals in einem Brief: „[...] die einzige Organisation, die das Proletariat nach seinem Sieg fertig vorfindet, ist eben der Staat. Er mag der Änderung bedürfen, ehe er seine neuen Funktionen erfüllen kann. Aber ihn in einem solchen Augenblick zerstören, das hieße, den einzigen Organismus zerstören, vermittels dessen das siegreiche Proletariat seine eben eroberte Macht geltend machen, seine kapitalistischen Gegner niederhalten und diejenige ökonomische Revolution der Gesellschaft durchsetzen kann, ohne die der ganze Sieg enden müßte in einer Niederlage [...]."[43]

Die obige Zusammenstellung der von Marx aufgelisteten, von der Kommune durchgeführten und als Vorbild dienenden Maßnahmen zeigt, daß es zwar um eine Gesellschaftsverfassung ging, die sich wesentlich vom herkömmlichen repräsentativen und gewaltenteilenden Parlamentarismus unterschied, daß ihr aber dennoch ein zutiefst demokratischer Gedanke zugrunde lag. Die Kommune war für Marx wesentlich eine Regierung der Arbeiterklasse, „die endlich entdeckte politische Form, unter der die ökonomische Befreiung der Arbeit sich vollziehen konnte"[44]. Daß der Zusam-

---

40 Ebd.
41 Friedrich Engels an August Bebel, 18./28. März 1875, MEW 19, S. 6.
42 Friedrich Engels an Eduard Bernstein, 1. Januar 1884, MEW 36, S. 79 (Hervorhebung im Text).
43 Friedrich Engels an Philip van Patten, Brief-Entwurf vom 18. April 1883, MEW 36, S. 11 f.
44 Marx, Karl, Der Bürgerkrieg (wie Anm. 34), S. 342.

menhang von Demokratie und Diktatur des Proletariats im Marx/Engelsschen Denken sich im wesentlichen in ihrer Auffassung über die Kommune wiederfindet, unterstreicht Engels noch einmal zwanzig Jahre später:

„Der deutsche Philister ist neuerdings wieder in heilsamen Schrecken geraten bei dem Wort: Diktatur des Proletariats. Nun gut, ihr Herren, wollt ihr wissen, wie diese Diktatur aussieht? Seht euch die Pariser Kommune an. Das war die Diktatur des Proletariats."[45]

Diktatur des Proletariats und gewaltsame Revolution als Zentralbegriffe bei W. I. Lenin

Anders als bei Marx und Engels gestaltet sich das Verhältnis von Demokratie und Diktatur des Proletariats im Denken Lenins. Bei ihm spielt letzterer Begriff eindeutig die dominierende Rolle. Seine Überlegungen finden sich in ihrer entwickeltesten Form in der Schrift „Staat und Revolution", die er in den Monaten April bis September 1917 verfaßte.

Auszugehen ist dabei von der Aufgabenbestimmung, die sich Lenin selbst stellte. Es ging ihm um die *„Wiederherstellung* der wahren Marxschen Lehre vom Staat"[46]. Insoweit ihm dies gelingt, und das kann durchaus für weite Teile der Schrift gesagt werden, bedarf es hier keiner neuerlichen Wiedergabe. Es sollen nur diejenigen Punkte herausgearbeitet werden, in denen Lenin die Vorstellungen von Marx und Engels weiterentwickelt bzw. von ihnen abweicht. Die zentrale Rolle, die Lenin der Problematik der Diktatur des Proletariats beimißt, wird deutlich, wenn man in einem 1918 eingefügten neuen Kapitel (nach seiner Polemik mit Karl Kautsky) im Anschluß an oben zitierten Brief von Marx an Weydemeyer aus dem Jahre 1852 die Feststellung findet:

„Ein Marxist ist nur, wer die Anerkennung des Klassenkampfes auf die Anerkennung der *Diktatur des Proletariats* erstreckt."[47]

Über diese apodiktische Feststellung hinaus entwickelt er sein Verständnis von der Diktatur des Proletariats im Zusammenhang mit Marx'

---

45 Engels, Friedrich, Einleitung zu „Der Bürgerkrieg in Frankreich" [1891], MEW 17, S. 625.
46 Lenin, W. I., Staat und Revolution. In: ders. Ausgewählte Werke in drei Bänden. Berlin 1970. 8. Aufl., Bd. 2, S. 321 [künftig zitiert als AW].
47 Ebd., S. 345.

Wort von der „wirklichen Volksrevolution" um einen wesentlichen Aspekt weiter. Er zeigt, daß Marx aufgrund der Tatsache, daß 1871 auf dem europäischen Kontinent das Proletariat in keinem Land die Mehrheit des Volkes gebildet habe, damit nur ein freies Bündnis der armen Bauern mit den Proletariern gemeint haben könne. Beide Klassen hätten erst zusammen „das Volk" gebildet.[48] Daß diese interpretatorische Weiterentwicklung Lenins durchaus den Marxschen Gedankengängen entsprach, beweist eine Passage aus einer Schrift des Jahres 1850. Marx kennzeichnet hier die konstitutionelle Republik als die Diktatur der vereinigten Exploiteurs des Bauern. Demgegenüber sei die sozial-demokratische, die rote Republik die Diktatur seiner Verbündeten.[49] In diesem Zusammenhang ist eine weitere Fortentwicklung Lenins zu sehen, die sicherlich ebenso den Marxschen Intentionen entsprochen haben dürfte. Er meinte, auch wenn der Übergang vom Kapitalismus zum Kommunismus zweifellos eine ungeheure Fülle und Mannigfaltigkeit der politischen Formen hervorbringen werde, bleibe das wesentliche dabei doch das eine: die Diktatur des Proletariats.[50]

Kommen wir nun zur ersten grundlegenden Differenz gegenüber den Auffassungen von Marx und Engels. Lenin hält eine Befreiung der unterdrückten Klasse ohne gewaltsame Revolution für unmöglich[51], und beruft sich dabei sogar auf die angebliche „Lehre von Marx und Engels von der Unvermeidlichkeit der gewaltsamen Revolution"[52]. Wir haben zwar bereits im vorigen Abschnitt festgestellt, daß diese Auffassung in ihrer Ausschließlichkeit nicht haltbar ist, wollen uns aber dennoch der Stelle zuwenden, an der Lenin seine Einschätzung näher begründet. Er zitiert die Passage aus Engels Kritik am Erfurter Programm, hebt dann aber hervor, daß es dort heiße, der Verfasser der Kritik könne sich (wir fügen hinzu: nur) *vorstellen,* daß es eine friedliche Entwicklung zum So-

---

48 Ebd., S. 350.
49 Marx, Karl, Die Klassenkämpfe (wie Anm. 3), S. 84. Auch Engels spricht später von der Notwendigkeit, die Mittelschichten, d.h. auch die Kleinbauern, zu gewinnen; vgl. Engels: Einleitung zu Marx' „Klassenkämpfe in Frankreich" (wie Anm. 18), S. 524.
50 Lenin, Staat und Revolution (wie Anm. 46), S. 346.
51 Ebd., S. 324.
52 Ebd., S. 334.

zialismus gebe.[53] Daß diese Interpretation Lenins die differenziertere Einschätzung von Marx und Engels über die Möglichkeiten einer friedlichen Machtübernahme jenseits des Kontinents bzw. in einer demokratischen Republik wie Frankreich nicht korrekt wiedergibt, zeigen Marx' Rede über den Haager Kongreß und die zitierte Passage aus seinem Konspekt der Debatten über das Sozialistengesetz.

Es ist im übrigen erstaunlich, mit welcher Ausschließlichkeit Lenin hier dem gewaltsamen Übergang Allgemeingültigkeit zuschreibt. Er selbst hatte unmittelbar nach der Februarrevolution 1917 noch die Orientierung auf einen friedlichen Weg empfohlen, eine friedliche Machtergreifung durch die Sowjets als den schmerzlosesten Weg, für den man mit aller Energie kämpfen müsse. Noch im September bzw. Anfang Oktober 1917, also zur gleichen Zeit, in der er an „Staat und Revolution" arbeitete, veröffentlichte er Artikel, in denen er von einer letzten friedlichen Chance der Revolution sprach, wenn sich die Mehrheit der Sowjets über ein konkretes Programm verständige. Die konzentrierte Macht in den Händen der Sowjets – dem würde sich niemand zu widersetzen wagen.[54]

Zum gleichen Problemkomplex gehört Lenins Wiedergabe der Marx/Engelsschen Auffassung über den Nutzen des allgemeinen Stimmrechts für die Arbeiterklasse. Engels habe darin ein Werkzeug der Bourgeoisie gesehen, allenfalls einen Gradmesser der Reife der Arbeiterklasse, und ausdrücklich betont, daß es mehr unter den gegebenen Verhältnissen niemals sein könnte. Auch in diesem Punkte gibt Lenin die Auffassung von Marx und Engels nur unzureichend wieder. Denn diese blieben bei einer solchen eher rückwärts gewandten Funktionsbestimmung des allgemeinen Wahlrechts nicht stehen. Marx schrieb 1880, es komme darauf an, das allgemeine Wahlrecht „aus einem Instrument des Betruges, das es bisher gewesen ist, in ein Instrument der Emanzipation" umzuwandeln.[55]

---

53 Ebd., S. 375.
54 Lenin, W. I., Eine der Kernfragen der Revolution. In: ders. Werke. Berlin 1955 ff., Bd. 25, S. 386 (diese Werkausgabe wird künftig zitiert als LW); ders., Die Aufgaben der Revolution. LW 26, S. 50 f.
55 Marx, Karl, Einleitung zum Programm der französischen Arbeiterpartei [1880], MEW 19, S. 238.

Engels bezog sich 1895 noch einmal direkt auf diese Passage und fügte hinzu, daß die deutsche Partei den Genossen aller Länder eine neue, eine der schärfsten Waffen geliefert hätte, indem sie ihnen zeigte, wie man das allgemeine Stimmrecht gebraucht.[56] Marx selbst verdeutlichte diesen Gedanken als er über die Kommune schrieb:

„Statt einmal in drei oder sechs Jahren zu entscheiden, welches Mitglied der herrschenden Klasse das Volk im Parlament ver- und zertreten soll, sollte das allgemeine Stimmrecht dem in Kommunen konstituierten Volk dienen [...]. [...] Andererseits aber konnte nichts dem Geist der Kommune fremder sein, als das allgemeine Stimmrecht durch hierarchische Investitur zu ersetzen."[57]

Natürlich müssen diese Positionsbestimmungen im Zusammenhang mit den Überlegungen über die – im Ausnahmefall gegebene – Möglichkeit eines demokratischen bzw. nicht gewaltsamen Übergangs zum Sozialismus begriffen werden.

Lenins bedeutendste Leistung bei der Rekonstruktion der Marx/Engelsschen Überlegungen zur Diktatur des Proletariats ist wohl, daß er deren Aussagen über die Notwendigkeit der Zerschlagung (der repressiven Teile) des bürgerlichen Staatsapparates herausfiltert. Dieser Aspekt war aus dem Gedankengut der Sozialdemokratie der II. Internationale nahezu völlig verschwunden. Dennoch gibt es bei Lenin nicht unerhebliche Modifikationen gegenüber Marx und Engels. Zunächst spricht er von der Zerstörung des „gesamten Staatsapparats"[58], nimmt also keine Differenzierungen vor, was der (noch näher zu behandelnden) Konzentration seines Blickfelds auf dessen repressive Funktionen entspricht. Im Sinne seiner Verallgemeinerung des Gedankens der gewaltsamen Revolution wendet er sich konsequenterweise auch gegen den Marxschen Gedanken, daß das Zerbrechen des bürgerlichen Staatsapparats womöglich nur auf dem Kontinent notwendig sei. Dies sei 1871 verständlich gewesen. Mittlerweile – im Zeitalter des Imperialismus – seien aber auch die bürokratisch-militärischen Institutionen in England und Amerika zu fertigen

---

56 Engels, Friedrich, Einleitung zu Marx' „Klassenkämpfe in Frankreich" (wie Anm. 18), S. 518 f.
57 Marx, Karl, Der Bürgerkrieg in Frankreich (wie Anm. 34), S. 340.
58 Lenin, Staat und Revolution (wie Anm. 46), S. 414, 417.

Staatsmaschinen gediehen, so daß diese Einschränkung keine Gültigkeit mehr beanspruchen könne.[59] An dieser Stelle fehlt aber eine Auseinandersetzung Lenins mit der von Engels für möglich gehaltenen friedlichen Revolution in Frankreich, das dieser immerhin lange gemeinsam mit Marx als das klassische Land jener totalen Staatsmaschinerie gehalten hatte, die es zu zerbrechen galt.

Eine weitere wichtige Differenz ergibt sich hinsichtlich der Auffassungen über die Dauer des sozialistischen Übergangs, der Diktatur des Proletariats. Engels hatte darunter eine relativ kurze Periode verstanden. Bei ihm ist von einer „kurzen, etwas knappen, aber jedenfalls moralisch sehr nützlichen Übergangszeit" die Rede.[60] Ähnlich heißt es an anderer Stelle, daß der erste Akt, worin der Staat wirklich als Repräsentant der ganzen Gesellschaft auftrete, die Besitzergreifung der Produktionsmittel im Namen der Gesellschaft, zugleich sein letzter selbständiger Akt als Staat sei. Das Eingreifen der Staatsgewalt in gesellschaftliche Verhältnisse werde auf einem Gebiet nach dem anderen überflüssig und schlafe dann von selbst ein.[61] Lenin geht offensichtlich von einer langen Übergangsperiode aus.[62]

Was bis hierhin lediglich als ein Problem der Dauer der Übergangsperiode erscheint, birgt konzeptionelle Unterschiede von großer Tragweite. Obwohl sich Marx und Engels über den vorgestellten Verlauf der „Expropriation der Expropriateure" kaum äußern, hat es doch den Anschein, als ob sie angesichts der fortschreitenden „Spaltung der Gesellschaft in eine kleine, übermäßig reiche, und eine große, besitzlose Lohnarbeiterklasse"[63] nur von einer relativ kurzen Phase ausgegangen sind, in der der Staatsapparat in den Händen des Proletariats repressiv zur Entmachtung der alten besitzenden Klassen eingesetzt werden müsse. Lenins Ausführungen darüber deuten ein anderes Verständnis an, sind aber zugleich nicht frei von Widersprüchen. Zunächst schreibt er, die Niederhaltung der Min-

---

59 Ebd., S. 349.
60 Engels, Friedrich, Einleitung zu Marx' „Lohnarbeit und Kapital" [1891], MEW 22, S. 209.
61 Ders. Anti-Dühring (wie Anm. 39), S. 262.
62 Lenin, Staat und Revolution (wie Anm. 46), S. 398.
63 Engels, Friedrich, Einleitung zu Marx' „Lohnarbeit und Kapital" (wie Anm. 60), S. 209.

derheit der Ausbeuter durch die Mehrheit der Lohnsklaven von gestern sei eine verhältnismäßig leichte, einfache und natürliche Sache, sei nahezu ohne „Maschine", ohne einen besonderen Apparat möglich.[64] Es ist sicherlich mehr als eine andere Akzentsetzung, wenn es an anderer Stelle in derselben Schrift auch über den proletarischen Staat heißt, er sei eine Organisation zur systematischen Gewaltanwendung der einen Klasse gegen die andere, eines Teils der Bevölkerung gegen den anderen[65], erst in der kommunistischen Gesellschaft würden die Menschen daran gewöhnt sein, die Regeln des gesellschaftlichen Zusammenlebens „ohne Gewalt, ohne Zwang, ohne Unterordnung, *ohne den besonderen Zwangsapparat, der sich Staat nennt*" einzuhalten.[66]

Einer der wesentlichen Gründe für die unterschiedliche Sicht der Diktatur des Proletariats bei Lenin und Engels liegt darin, daß sich ihre Vorstellungen über den Weg dahin nicht nur hinsichtlich der Ausschließlichkeit des gewaltsamen Weges unterscheiden. Wie gesehen, bekannte sich Engels – auch in Marx' Namen – zu der veränderten Erkenntnis, daß die Zeit der von kleinen bewußten Minoritäten durchgeführten Revolutionen vorbei sei. Die Massen müßten selbst mit dabei sein, wenn es um die vollständige Umgestaltung der gesellschaftlichen Organisation gehe. Lenin hingegen vertrat – im Anschluß an seine parteitheoretischen Überlegungen, auf die wir erst später zu sprechen kommen werden – ein anderes Konzept:

„Durch die Erziehung der Arbeiterpartei erzieht der Marxismus die Avantgarde des Proletariats, die fähig ist, die Macht zu ergreifen und *das ganze Volk* zum Sozialismus zu *führen*, die neue Ordnung zu leiten und zu organisieren [...]."[67]

Hier ist also nicht mehr von der Revolution einer gesellschaftlichen Mehrheit die Rede, vielmehr wird das Konzept einer Revolution durch eine avantgardistische Proletarierpartei entwickelt. In einem später verfaßten Text verallgemeinert Lenin nochmals diesen Gedankengang.

---

64 Lenin, Staat und Revolution (wie Anm. 46), S. 393.
65 Ebd., S. 386.
66 Ebd., S. 392.
67 Ebd., S. 338.

Während die Opportunisten einschließlich der Kautskyaner lehrten, das Proletariat müsse mit Hilfe des allgemeinen Wahlrechts die Mehrheit erobern, dann aufgrund eines Mehrheitsbeschlusses in den Besitz der Staatsmacht gelangen und erst dann, auf dieser Grundlage der „konsequenten" oder „reinen" Demokratie den Sozialismus errichten, würden die Bolschewiki mit Berufung auf Marx aufgrund der Erfahrungen der russischen Revolution dem entgegensetzen:

„Das Proletariat muß zuerst die Bourgeoisie stürzen und sich die Staatsmacht erobern. Dann muß es diese Staatsmacht, das heißt die Diktatur des Proletariats, als Werkzeug seiner Klasse gebrauchen, um die Sympathie der Mehrheit der Werktätigen zu gewinnen."[68]

Eine unter diesem Vorzeichen von einer gesellschaftlichen Minderheit durchgeführte Revolution mußte konsequenterweise das Schwergewicht mehr auf die repressive Seite der Staatsfunktionen legen, und zwar notwendig nicht nur als Reflex auf den so geprägten alten bürgerlichen Staatsapparat, sondern auch hinsichtlich der Durchsetzung der „Gewöhnung" breiter Bevölkerungskreise an die Regeln des gesellschaftlichen Zusammenlebens. Wie weit sich Lenin dabei auch hinsichtlich der theoretischen Überlegungen von den Grundgedanken der Bestimmung der gesellschaftlichen Prozesse durch die Massen selbst entfernte, zeigt sich ein knappes Jahr später. Er rechtfertigt das Dekret, das die Betriebsleiter mit diktatorischen Vollmachten ausstattet, nicht nur mit den spezifischen wirtschaftspolitischen Notwendigkeiten des Augenblicks, sondern er erblickt darin nicht einmal eine grundsätzliche Unvereinbarkeit mit dem Grundgedanken der Diktatur des Proletariats. Aufgrund der notwendigen Anerkennung des Zwangs für die Übergangsgesellschaft gebe es „entschieden *keinerlei* prinzipiellen Widerspruch zwischen dem sowjetischen (*d.h.* dem sozialistischen) Demokratismus und der Anwendung der diktatorischen Gewalt einzelner Personen"[69].

Aus diesem Zusammenhang ergibt sich schlüssig ein weiterer Differenzpunkt zu den Auffassungen von Marx und Engels. Engels identi-

---

68 Lenin, W. I., Die Wahlen und die Diktatur des Proletariats [16. Dezember 1919], LW 30, S. 253.
69 Ders., Die nächsten Aufgaben der Sowjetmacht [1918], LW 27, S. 259 [= AW 2, S. 762].

fizierte die Diktatur des Proletariats mit der demokratischen Republik, hielt diese sogar für deren spezifische Form. Dem entsprach es, wenn Marx und Engels die Pariser Kommune, die nach allgemeinem Wahlrecht gewählt worden war, mit der Diktatur des Proletariats gleichsetzten. Lenin zitiert zwar diese Stellen ausführlich und beruft sich auf sie, nimmt aber dennoch gravierende Einschränkungen vor. Engels wiederhole damit nur den Marxschen Grundgedanken, „daß die demokratische Republik der unmittelbare Zugang zur Diktatur des Proletariats ist"[70]. Natürlich macht es einen Unterschied, ob man die demokratische Republik mit der Diktatur des Proletariats gleichsetzt oder sie nur als deren Vorform betrachtet. Lenin begründet die Modifizierung damit, daß es dort, wo es um das gewaltsame Brechen des Widerstands der Kapitalisten gehe, keine allgemeine Demokratie geben könne:

„Demokratie für die riesige Mehrheit des Volkes und gewaltsame Niederhaltung der Ausbeuter, der Unterdrücker des Volkes, d.h. ihr Ausschluß von der Demokratie – diese Modifizierung erfährt die Demokratie beim *Übergang* vom Kapitalismus zum Kommunismus."[71]

Allerdings fehlen in „Staat und Revolution" nähere Aussagen Lenins darüber, welche konkrete Ausgestaltung dieser Ausschluß von der Demokratie für die ehemaligen Ausbeuter annehmen soll. Später betont er ausdrücklich, daß er in dieser Schrift von einer Beschränkung des Wahlrechts kein Wort gesagt habe. Die Entziehung des Wahlrechts für die Ausbeuter sei eine rein russische Frage und nicht eine Frage der Diktatur des Proletariats überhaupt.[72]

Auch in der Frage des Verhältnisses von Rätesystem/Sowjets und Diktatur des Proletariats ist seine Position Wandlungen unterworfen. Ende 1918 bezeichnet er die Sowjets ausdrücklich als die „russische Form der Diktatur des Proletariats"[73]. Später betont er zwar weiterhin, daß jedes Volk den Weg zum Sozialismus „auf eigene Weise" beschreiten

---

70 Ders., Staat und Revolution (wie Anm. 46), S. 376.
71 Ebd., S. 391.
72 Lenin, W. I., Die proletarische Revolution und der Renegat Kautsky [1918], AW 3, S. 97 f.
73 Ebd., S. 99.

werde[74], aber er verallgemeinert jetzt die russische Erfahrung und sieht in den Räten die internationale Form der Organe zum Sturz des Kapitalismus und zur Sicherung der proletarischen Macht.[75] Diese Konzeption schließt zunächst nicht aus, daß sich darin ein Mehrparteiensystem mit politischem Machtwechsel entfaltet:

„In Rußland ist die Sowjetmacht erkämpft worden, und es ist gewährleistet, daß die Regierung aus den Händen der einen Sowjetpartei in die Hände einer anderen ohne jede Revolution, durch einfachen Beschluß der Sowjets, durch einfache Neuwahlen der Sowjetdeputierten übergehen kann."[76]

Es ist also primär die faktische Entwicklung in Sowjetrußland, die den Weg zur Einparteienherrschaft einleitet, und weniger eine vorgefaßte theoretische Konzeption Lenins. Eine Hintertür bleibt dabei gleichwohl offen; insofern nämlich, als bereits zu diesem Zeitpunkt fraglich bleibt, ob er einer Partei wie den sozialdemokratischen Menschewiki um Martow und Abramowitsch, die er als Marionetten in den Händen der Gegenrevolutionäre bezeichnet[77], noch den Charakter einer „Sowjetpartei" zuzubilligen bereit ist.

Lenin konkretisiert in dieser ersten Phase direkt nach der Oktoberrevolution noch einmal seine Definition der Diktatur des Proletariats: „Die revolutionäre Diktatur des Proletariats ist eine Macht, die erobert wurde und aufrechterhalten wird durch die Gewalt des Proletariats gegenüber der Bourgeoisie, eine Macht, die an keine Gesetze gebunden ist."[78] Auch hier fällt eine wichtige Differenz/Divergenz auf. Marx und Engels stellten darauf ab, daß die alte, das bürgerliche Eigentum schützende Rechtsordnung in einer Periode der gesellschaftlichen Umwälzung nicht die Grenzen des Erlaubten abstecken könne. Lenins Definition geht darüber

---

74 Lenin, W. I., Der „linke Radikalismus", die Kinderkrankheit im Kommunismus [1920], LW 31, S. 78.
75 Ebd., S. 79, sowie ders., Rede auf dem Zweiten Gesamtrussischen Gewerkschaftskongreß [20. Januar 1919], LW 28, S. 439.
76 Ders., Vom Zentralkomitee der Sozialdemokratischen Arbeiterpartei Rußlands (Bolschewiki). An alle Parteimitglieder und an alle werktätigen Klassen Rußlands [September 1917], AW 2, S. 557.
77 Ebd., S. 560.
78 Lenin, W. I., Die proletarische Revolution (wie Anm. 72), S. 80.

hinaus, indem sie der – immerhin für eine lange Zeit für notwendig erachteten – Diktatur zugesteht, an keine Gesetze gebunden zu sein, also auch nicht an eine sich neu entwickelnde bzw. von ihr selbst zu schaffende sozialistische Rechtsordnung.

Versucht man, für alle hier geschilderten Unterschiede der Konzeption Lenins zu der von Marx und Engels einen gemeinsamen Hintergrund zu finden, so stößt man unweigerlich auf folgenden Zusammenhang: Marx und Engels gingen bei ihrer Analyse davon aus, daß sich die sozialistische Revolution im Zuge des Anwachsens des Proletariats zur eindeutig stärksten Klasse, zur Volksmehrheit in den fortgeschrittenen westeuropäischen Industriestaaten in mehreren dieser Länder gleichzeitig durchsetzen würde. Lenin versuchte – trotz seiner Neigung zur Verallgemeinerung von Erkenntnissen – deren Gedanken auf die Verhältnisse Rußlands zu übertragen, wo das Proletariat noch eine kleine Minderheit der Bevölkerung darstellte und darum zur Bildung einer gesellschaftlichen Mehrheit auf ein Bündnis mit der großen Masse der kulturell rückständigen armen Bauernschaft angewiesen war.

Auf diese Weise wurden aber zugleich zentrale Vorgaben für die weitere Entwicklung Sowjetrußlands bzw. der Sowjetunion für den Fall gesetzt, daß die russische Revolution international isoliert bleiben sollte. Lenins theoretisches Konzept wies denknotwendig den Weg einer autoritären, einer Erziehungsdiktatur. *Damit* waren zwar nicht alle, aber doch einige wichtige Weichen in den stalinistischen Terror gestellt. Der von Lenin vorgedachte wie real geprägte sowjetrussische Weg entfernte sich damit immer mehr von der von Marx und Engels gezeigten Perspektive eines demokratisch-emanzipatorischen Sozialismusmodells.

III Das Schisma der Arbeiterbewegung: die Folgen der russischen Revolution für die Sozialdemokratie

Die Spaltung der deutschen Arbeiterbewegung

Manfred Scharrers Buch[1] ist von einem merkwürdigen, nicht aufzulösenden Widerspruch begleitet. Zunächst mußte er zwei Jahre lang suchen, bis er einen (kleinen) Verlag fand, der seine Dissertation 1983 in erster Auflage druckte. Danach fand es eine Aufmerksamkeit, wie sie ansonsten nur wenigen Veröffentlichungen zur Geschichte der Arbeiterbewegung in den letzten Jahren zuteil wurde. Zum Teil namhafte Autoren verfaßten überaus positive Rezensionen: Hermann Weber in der „Neuen Gesellschaft", der inzwischen verstorbene Heinz Brandt in der „Frankfurter Rundschau", Peter von Oertzen in der TAZ, Udo Wichert in den „Gewerkschaftlichen Monatsheften" und im „ÖTV-Magazin". Die Verwunderung dürfte noch wachsen, wenn man mit einbezieht, daß hier nicht – wie der Titel vermuten läßt und selbst das Titelblatt noch suggeriert – der Spaltungsprozeß in der gesamten Arbeiterbewegung, also insbesondere bezogen auf die Parteien SPD, USPD und KPD dargestellt wird. Vielmehr handelt es sich um die ideengeschichtliche Untersuchung der Politik des Spartakusbundes bzw. der KPD zwischen 1914 und 1921, vor allem ihrer Führungsfiguren Rosa Luxemburg, Karl Liebknecht und Paul Levi.

Hierzu liegen aber immerhin schon eine ganze Reihe von Untersuchungen vor (u.a. von Waldman, Schorske, Weber, Flechtheim, Wohlgemuth). Scharrers Arbeit ist auch keine Bearbeitung neuer Quellen,

---

1 Scharrer, Manfred, Die Spaltung der deutschen Arbeiterbewegung, edition cordeliers. Stuttgart [2] 1985.

sondern sie ist im wesentlichen eine Neubewertung der historischen Rolle des Spartakusbundes und seiner Führungsspitze. Wichert faßt diese Neueinschätzung so zusammen: „Mit seiner Arbeit zerstört der Autor eine besonders in der deutschen Linken liebgewordene Legende: Eine KPD unter der langjährigen Führung Rosa Luxemburgs wäre eine demokratische Alternative gewesen." (GM 7/19884, S. 452). Und bei Scharrer selbst lautet das Fazit des Buches: Mit der Märzaktion 1921 war „endgültig Rosa Luxemburgs Versuch (gescheitert), mit der Abkehr von den allgemeinen demokratischen Prinzipien der alten Sozialdemokratie und der Gründung einer sozialistischen Partei auf der Grundlage des Bekenntnisses zu einer politischen Klassendiktatur die Mehrheitssozialdemokratie und die unabhängige Sozialdemokratie radikal zu überwinden." (S. 300).

Da die vorhandenen Quellen, dazu Archivmaterial und Sekundärliteratur (zwar nicht vollständig, aber) sorgfältig und detailliert bearbeitet und wiedergegeben wurden, könnte man von einer gelungenen Arbeit sprechen. Dennoch bleibt – abgesehen von mancher Kritik an der Darstellung bzw. Einschätzung in Einzelfragen – ein eigenartiges Gefühl nach der Lektüre dieses Buches. Dem soll im folgenden nachgegangen werden.

Fangen wir bei der Kriegsfrage an. Scharrer zeigt mit Recht, daß ein Erklärungsansatz, der den 4. August 1914 nur als „Verrat" der sozialdemokratischen Führung zu interpretieren weiß, zu kurz greift und sich auch nicht in der Junius-Broschüre von Rosa Luxemburg findet (S. 14). Er zeigt, daß die internationalen Beschlüsse der Vorkriegssozialdemokratie in ihrer Unterscheidung von Angriffs- und Verteidigungskrieg durchaus Interpretationsspielräume offenließen (S. 24). Beschränkt man sich aber darauf und bezieht nicht die folgende Politik und Haltung der SPD-Führung mit ein, dann geht völlig der Zusammenhang verloren, der belegt, daß es sich hier nicht um einen bloßen Interpretationsirrtum handelte, sondern diese Entscheidung durchaus auch von nationalen, chauvinistischen und klassenversöhnlerischen Motivationen getragen war. Nicht umsonst hielt selbst Eduard Bernstein die MSPD noch 1919 für „Sozialimperialisten". Scharrers Arbeit hingegen läßt durchaus den fatalen, die SPD-Führung rechtfertigenden Schluß offen, den Wichert zieht: „In der vorliegenden Arbeit wird deutlich, daß die Politik der Sozialdemokratie(!) am 4. August 1914 weder ein Bruch mit den Massen noch mit der bisherigen Geschichte, sondern allein in der historischen Entwicklung begründet war." So einfach ist das. Warum es damals überhaupt Kritiker innerhalb der Sozialdemokratie gab, dürfte so wohl keinem mehr einleuchten.

Weil Scharrer die politischen Ereignisse dieses Zeitraums nur aus der Perspektive des Spartakusbundes beleuchtet, erscheint nur dieser als Agierender. Schon Weber hat mit Recht darauf aufmerksam gemacht, daß so „an einigen Stellen der Eindruck entstehen (kann), als sei die äußerste Linke Haupt- oder sogar Alleinschuldige an der Spaltung und den Folgen" (NG 10/1984, 109). Ich gehe noch weiter: Dies ist der – falsche – Gesamteindruck, den das Buch vermittelt. Nicht so sehr die kriegsbejahende, sozialpatriotische Haltung der MSPD werden als Hauptfaktor der Spaltungsprozesse in der Arbeiterbewegung untersucht, die lassen sich ja durch die „historische Entwicklung" begründen, sondern die eigenen Aktionen/Reaktionen der Spartakusgruppe werden zum treibenden, auslösenden Element dieses Spaltungsprozesses. – Damit dieser Eindruck entstehen kann, geht Scharrer auch schon einmal über das zulässige Interpretationsmaß hinaus. Er schreibt: „Es ging ihr [Rosa Luxemburg; d. Verf.] tatsächlich darum, eine neue Internationale aufzubauen ..." (S. 47) Dies behauptet er schon für eine Rede im März 1916, obwohl er weiß, daß sie der Gründung einer neuen Internationale selbst 1919 noch skeptisch gegenüberstand (S. 180). In ihrer Rede 1916 hatte Rosa Luxemburg ausgeführt: „Wir wollen jetzt anders gestalten das Leben in der Partei und in der Internationale; im bewußten Gegensatz zum Bisherigen ... Wir müssen jetzt umgestalten die Internationale von Grund auf." (GW, Bd. 4, S. 166; Hervorh. d.d.Verf.) Nur durch Weglassen des ersten und des letzten Satzes beim Zitieren kann Scharrer daraus konstruieren, hier sei schon die Gründung der Dritten Internationale ins Auge gefaßt worden.

Wie ein roter Faden zieht sich durch Scharrers Buch die Einschätzung, das Abgehen von der Forderung nach der konstituierenden Nationalversammlung hin zur Forderung nach Errichtung einer Klassen-

diktatur auf der Basis von Räten im November 1918 sei die eigentliche
politische Wende des Spartakusbundes. Hierin sieht er auch den wesentlichen Grund für das Fortdauern der Spaltung, für die Unmöglichkeit einer Wiedervereinigung der Arbeiterbewegung angesichts des Gegensatzes
von Demokratie und Diktatur: „Die Forderung nach einer politischen
Klassendiktatur stellte die Spaltung der Arbeiterbewegung auf eine neue
Grundlage ... Die Spaltung der Arbeiterbewegung beginnt erst mit dem
von Spartakus vollzogenen Bruch unversöhnlich zu werden." (S. 140)
Hier wird erneut deutlich, wo Scharrer letztendlich die „Schuld" in der
Frage der Spaltung ansiedelt. Die Kriegspolitik der MSPD, ihre Kooperation mit der Obersten Heeresleitung zur Verhinderung eines „Weitertrei-
bens" der Novemberrevolution hin zu einer wirklich sozialen Revolution, die Noske-Politik usw. werden so zu vernachlässigenden Faktoren. So
kommt es ihm auch gar nicht in den Sinn zu untersuchen, warum selbst
Karl Kautsky, zu diesem Zeitpunkt schon am äußersten rechten Flügel
der USPD angesiedelt, noch 1919 eine organisatorische Vereinigung mit
dem Noske-Flügel der MSPD für ausgeschlossen hält.

Mit dem Raster „für Nationalversammlung = gute demokratische
Sozialisten, für Klassendiktatur = schlechte diktatorische Kommunisten"
entgeht ihm völlig der Gesamtzusammenhang der damaligen theoretischen und strategischen Diskussion innerhalb der Arbeiterbewegung.
Dies ist wohl auch mit der schwerste Einwand, der gegen diese – dem
eigenen Anspruch nach ideengeschichtliche – Arbeit erhoben werden
muß. In einer – äußerst skizzenhaften – Einführung in die Fragestellung
der Diktatur des Proletariats bei Marx, Engels und Lenin zitiert er zwar
Engels' Auffassung, daß die demokratische Republik nichts anderes sei als
die spezifische Form für die Diktatur des Proletariats (S. 112). An anderer Stelle bezeichnet er aber gerade diese sich auch bei Rosa Luxemburg
findende Auffassung als „phantastische Wortspielerei" (IWK 4/1982,
S. 548). Ohne diesen Zusammenhang hier selbst ausbreiten zu können,
sei so viel gesagt, daß die Vorstellung von der Notwendigkeit einer vor-
übergehenden Klassendiktatur zum Allgemeingut innerhalb der USPD
und ihrer verschiedenen Flügel nach der Novemberrevolution gehörte.
Dabei hielten selbst eher im Zentrum dieser Partei stehende Vertreter, die

den Anschluß an die Kommunistische Internationale im Jahre 1920 wegen der berühmt-berüchtigten 21 Anschlußbedingungen nicht mitmachten (vorher hatten auch sie ihn befürwortet), eine Nationalversammlung nicht für den ausschlaggebenden bzw. einen unabdingbaren Faktor. Stellvertretend seien hier Breitscheid, Dißmann und Hilferding genannt.

Breitscheid gab auf dem USPD-Parteitag 1919 in Berlin der Überzeugung Ausdruck, daß die politische Macht nicht mit dem Stimmzettel zu erobern sei. Für Dißmann, Vorsitzender des Metallarbeiterverbandes, bedeutete dort der Ruf nach und die Verwirklichung der Nationalversammlung nichts anderes als „schnöden Betrug" und Verrat am Sozialismus. Noch 1920, nach dem Übergang der USPD-Mehrheit zur KPD, war für Hilferding, wie für Breitscheid später im Parteivorstand der wiedervereinigten SPD, klar, daß die Entscheidung über die politische Macht nicht parlamentarisch zu fällen sei, sondern erzwungen werde durch die Massenaktionen des Proletariats selbst. Ohne eine bereits existierende demokratische Tradition Deutschlands und ohne vorherige politische und ökonomische Entmachtung der bisher herrschenden Klassen sah man also auch im Zentrum der USPD – im Nachhinein betrachtet wohl nicht zu Unrecht – in der MSPD-Forderung nach einer Nationalversammlung, die alles weitere regeln solle, eher eine Verhinderung der sozialistischen Revolution, denn ihre Voraussetzung. In seinen Erinnerungen aus dem Jahre 1928 bestätigte auch Gustav Noske noch einmal, die (mehrheits-) sozialdemokratische Partei habe die deutsche Revolution nicht gewollt. Diesen Gesamtzusammenhang sieht Schar- rer überhaupt nicht. Für ihn bedeutet die demokratische Republik die Trennungslinie zwischen USPD und Spartakusgruppe bzw. KPD (S. 165 f.). – Nicht einmal für die russische Arbeiterbewegung, in der die Spaltung in bolschewistische und menschewistische Partei nach der Oktoberrevolution sehr viel schärfere Konsequenzen hatte, gilt Scharrers Unterscheidungsmerkmal. In den von Martow geschriebenen Thesen der Menschewiki vom April 1920 heißt es – und dies kann stellvertretend für die damalige Haltung des marxistischen Zentrums gelten, zu dem sich auch die nicht zur KPD wechselnde USPDMinderheit rechnete: „Jede Demokratie ist historisch durch den Rahmen bestimmter sozialer Gruppen beschränkt, in deren Kreis sie die demokratischen Prinzipien realisiert ... Deshalb widerspricht es dem demokratischen Wesen der Klassendiktatur keineswegs, wenn man den sozialen Gruppen, die außerhalb des Rahmens dieser Demokratie, das heißt außerhalb der produktiven gesellschaftlichen Arbeit stehen, die bürgerlichen Rechte entzieht oder beschränkt." (Wiederabgedruckt in: Der Kampf 1927, S. 240) Heftig umstritten hierbei war – auch aufgrund der Erfahrungen der russischen Revolution –, ob dies auch die Legitimität einer Minderheitsdiktatur einschließe, welches Verhältnis zwischen der sozialistischen Partei und den Arbeitermassen gelten solle, wie weit innerparteiliche Demokratie oder Zentralismus vorzuherrschen habe und in welchem Ausmaß die revolutionäre Entwicklung durch Gewalt geprägt werde oder aber friedlich verlaufen könne.

Von wesentlicher Bedeutung für die Parteidifferenzen war ferner, ob es einen Unterschied zwischen revolutionärer Gewalt und Terror gibt. Hier schieden sich die Geister allerdings scharf. Während dies im Spartakusprogramm noch durchaus so gesehen und der Terror abgelehnt wird, glaubt Scharrer, einerseits dem Programm Widersprüchlichkeit in dieser Frage (S. 155), andererseits Karl Liebknecht in seiner Rede auf dem Gründungsparteitag bereits ein Bekenntnis zum Terror unterschieben zu müssen, obwohl dieser sich nur zur revolutionären Gewalt bekennt (S. 178). Der Grund: Scharrer macht einen Standpunkt „absoluter Gewaltlosigkeit" zum Maßstab (S. 155). Natürlich war dies für die Situation 1918 eine Illusion. Er bekennt dies selbst, wenn er an anderer Stelle die richtige Alternative erörtert, daß die bestehende souveräne Diktatur der Regierung der Volksbeauftragten (MSPD, USPD) und der Arbeiter- und Soldatenräte dazu hätte genutzt werden sollen, „um zumindest die alten Strukturen des preußischen Obrigkeitsstaates in Militär, Verwaltung und Justiz zu zerschlagen ..." (S. 138)

Kommen wir zur Eingangsbewertung zurück. Trotz aller Schwankungen und Widersprüche insbesondere auch in Theorie und Praxis von Rosa Luxemburg, die Scharrer detailliert und richtig beschreibt, bleibt es bei der Tatsache, daß das Spartakusprogramm den Weg zum Sozialismus als den Weg der Mehrheit beschreibt. Insoweit ist es durchaus – entgegen späteren Positionen der KPD, aber auch entgegen den eingangs zitierten Resümees – ein sozialistisches und demokratisches Programm. Paul Levi hat diese Position in den späteren Auseinandersetzungen innerhalb der KPD etwa gegen die Offensivtheorie zu behaupten versucht und ist nicht erst durch den Eintritt in die SPD 1922 zu den alten demokratischen Vorstellungen der SPD zurückgekehrt, wie Scharrer meint (S. 299). Ohne die Ermordung von Rosa Luxemburg und Karl Liebknecht hätte die Entwicklung der KPD durchaus einen anderen Verlauf nehmen können. Im Widerspruch zu seiner Schlußbeurteilung (S. 300) schreibt Scharrer selbst: „Rosa Luxemburg und Karl Liebknecht hätten … niemals eine bürokratische Unterordnung der KPD unter die Komintern und damit unter die Partei Lenins, Trotzkis oder Stalins hingenommen." (S. 220) Widersprüchlich wie diese Einschätzungen bleibt das ganze Buch. Es ist gut lesbar geschrieben, informativ, aber dennoch nur mit Vorsicht zu genießen.

Sozialdemokratie und russische Revolution

1. Einleitung

Die mit der Oktoberrevolution eingeleitete, das 20. Jahrhundert im wesentlichen bestimmende Periode hat mit der Auflösung der Sowjetunion unweigerlich ihr Ende gefunden. Es begann mit dem Versuch, in einem unterentwickelten, halb-europäischen, halb-asiatischen Land die Initialzündung für die als Weltrevolution verstandene europäische Revolution zu geben. Als die russische Revolution isoliert blieb, ging er in den Versuch über, unter rückständigen Bedingungen gleichwohl die Grundlagen einer sozialistischen Gesellschaft aufbauen zu wollen. Die Ergebnisse des Zweiten Weltkriegs brachten den ersehnten Ausbruch aus der Isolation, die Übertragung des Experiments auf eine Reihe von Staaten Ost- und Mitteleuropas, einen Teil Deutschlands eingeschlossen. Es endete dort mit dem 9. November 1989 als vorläufigem (aber nicht letztem) Schlusspunkt. Die Menschen auf den Straßen Leipzigs und Berlins beschleunigten die Implosion eines auch ökonomisch maroden „realsozialistischen" Systems.

Für die Sozialdemokratie ist diese Zäsur nicht ohne Bedeutung. Steht doch für viele – selbst in den eigenen Reihen[1] – mittlerweile fest, dass damit der Sozialismus insgesamt als gescheitert anzusehen ist. Wenngleich nicht bestritten werden soll und kann, dass das Scheitern des Weges der Oktoberrevolution auch für andere Sozialismuskonzeptionen als die Lenins und seiner Nachfolger Fragen neu aufwirft, dass also die Aufarbeitung der Verwirklichungsgeschichte des Sozialismus für alle sozialistischen Strömungen als Aufgabe ansteht, so muss doch darauf verwiesen werden, dass sich die zeitgenössische Sozialdemokratie – in ihren unterschiedlichen Strömungen – bereits in einem sehr frühen Stadium außerordentlich kritisch mit der politischen Praxis der Bolschewiki an der Macht auseinandergesetzt hat. In Auseinandersetzung mit dem „sowjetischen Modell" werden schließlich die eigenen Positionen eines

---

1 Etwa Maldaner, Karlheinz, Lehren aus dem 9. November 1989, Vorwärts/Sozialdemokratisches Magazin 8/1990, S. 11; dazu kritisch Uli Schöler, Kapitalismus ohne Alternative, ebd. 5/1991, S. 15.

demokratischen Weges zum Sozialismus präzisiert. Hier finden sich die Konfliktlinien, anhand derer sich in einem Prozess von einigen Jahren die beiden großen Lager von Sozialdemokraten und Kommunisten herausbilden. Der folgende Beitrag zeichnet diese Auseinandersetzung für die Schlüsselsituationen bzw. -probleme der Jahre 1917 bis 1920 bezogen auf die deutsche und die deutschösterreichische Sozialdemokratie nach.[2]

2. Die ersten Reaktionen auf die Oktoberrevolution und Überlegungen zu ihrer Klassifizierung

Die ersten Reaktionen im „Vorwärts" und anderen Parteiorganen der mehrheitssozialdemokratischen Partei auf die Oktoberrevolution waren außerordentlich positiv. Der Leitartikel im „Vorwärts" vom 10. November 1917 verkündete, der 8. November habe Russland die erste proletarische Regierung gebracht.[3] Noch einen Tag zuvor hatte man allerdings in einer redaktionellen Anmerkung darauf aufmerksam gemacht, dass die deutsche Sozialdemokratie keine bolschewistischen Methoden für Deutschland wünsche, man sie also nicht in Deutschland bekämpfen und für Russland empfehlen könne. Übereinstimmung bestehe aber mit den Bolschewiki bezüglich des sozialistischen Endziels und der Ablehnung jeder Annexionspolitik.[4] Einen Tag später waren die Töne weitaus moderater. Da war nur noch die Rede davon, dass man die eigenen Methoden, die sich der MSPD mehr aufgedrängt hätten, denn dass sie selbst überlegend gewählt worden seien, nicht aller Welt als die einzig richtigen empfehlen wolle. Im Übrigen seien alle (!) Verhältnisse in Russland, wirtschaftliche, politische, volkspsychologische, von den deutschen so grundverschieden, dass sich aus ihnen eine andere Taktik schon von selbst ergebe. Daher wolle man sich auch nicht als Richter zwischen Bolschewiki und Menschewiki aufspielen, obwohl man fürchte, dass diese

2   Er basiert auf einer ausführlichen zweibändigen Monographie des Verfassers: Uli Schöler, „Despotischer Sozialismus" oder „Staatssklaverei"? Die theoretische Verarbeitung der sowjetrussischen Entwicklung in der Sozialdemokratie Deutschlands und Österreichs (1917 bis 1929), Münster/Hamburg 1991.
3   Das neue Russland und der Frieden, Vorwärts v. 10. November 1917.
4   Vorwärts v. 9. November 1917.

Spaltung ein großes Unglück für die russische Revolution sei.[5] Dennoch war die Stimmungslage deutlich positiv. Aus einer Mitgliederversammlung der Sozialdemokratischen Vereine Groß-Berlins berichtete der „Vorwärts" am 19. Dezember 1917. In der einstimmigen Resolution wurden „freudig die Errungenschaften der Arbeiter in der russischen Revolution" begrüßt, wurde den russischen Klassengenossen die Solidarität versichert und ihnen weiterer Erfolg bei ihrer schwierigen Aufgabe gewünscht.[6]

Innerhalb der MSPD tat man sich allerdings außerordentlich schwer mit dem Problem einer Klassifizierung dieser Revolution. Nur am Rande der Partei war die Rede davon, dass die revolutionäre Bewegung einen wachsenden sozialistischen Charakter annehme. Russland werde künftig auf agrarsozialistischer Grundlage aufgebaut werden.[7] Sehr viel vorsichtiger blieb hingegen der Chefredakteur des „Vorwärts", Friedrich Stampfer. Für ihn stand nur fest, dass die Träger der Revolution selbst, die bolschewistische Regierung, den energischen Willen hätte, eine sozialistische Gesellschaftsordnung zu begründen. Er bezweifelte aber schon, dass dieser Wille auch in der Mehrheit des russischen Volkes vorhanden sei.[8] Ein halbes Jahr später ist im „Vorwärts" sogar vom „sozialistische(n) Russland"[9] die Rede bzw. von den Bolschewiki als denjenigen, die als erste den praktischen Versuch unternommen hätten, den Sozialismus für ein ganzes Volk in die Wirklichkeit zu übertragen.[10]

Bei Wilhelm Bios, dem künftigen württembergischen Ministerpräsidenten, deutete sich bereits an, dass Teile der MSPD die Oktoberrevolution zwar als einen sozialistischen Versuch, aber eben einen bloßen Versuch, ohne große Erfolgsaussichten werteten. „Es ist hier der kühne Versuch gemacht, mit einem einzigen Sprung mitten in eine sozialistische Gesellschaft hineinzukommen."[11] Dies sei aber wohl doch nicht so

---

5 Das neue Russland und der Frieden, a.a.O.; ähnlich auch Philipp Scheidemann, Rede im Zirkus Sarrasani am 18. November in Dresden, Vorwärts v. 19. November 1917.
6 Vorwärts v. 19. Dezember 1917.
7 Quessel, Ludwig, Der Aufbau des neuen Russland, Sozialistische Monatshefte (SM), 8. Januar 1918, S. 7, 9 ff.
8 Stampfer, Friedrich, Demokratie und Revolution, Vorwärts v. 20. Januar 1918 (Beilage).
9 Russlands neuer Krieg, Vorwärts v. 20. August 1918.
10 Eine Aktion der Internationale gegen die Bolschewiki?, Vorwärts v. 28. August 1918.
11 Bios, Wilhelm, Revolutions-Experimente, Die Neue Zeit Nr. 24, 15. März 1918, S. 556.

einfach. Dennoch stand für ihn – trotz aller Kritik an den Bolschewiki – fest, dass es sich im Oktober um die Machtübernahme des Proletariats gehandelt, auch wenn sich diese Diktatur des Proletariats noch nicht im Marxschen Sinne als Diktatur der Mehrheit herausgestellt habe.[12]

Wir werden sehen, dass diese eher positiven Einschätzungen schon nach wenigen Monaten der Vergangenheit angehören sollten.

In den Reihen der USPD stieß die Oktoberrevolution zunächst auf (fast) ungeteilte Zustimmung.[13] Im Aufruf der Parteileitung zur bolschewistischen Revolution wird deutlich, dass man darin die Machtergreifung des Proletariats in Russland sah.[14] Zwei Tage später hieß es in der „Leipziger Volkszeitung": „Mit unserem ganzen Herzen sind wir deutschen Proletarier in diesen Stunden mit unseren kämpfenden russischen Genossen. Sie kämpfen auch für unsere Sache. Sie sind die Vorkämpfer der Menschheit, die Vorkämpfer des Friedens."[15] Der Artikel drückt die Hoffnung aus, dass es noch zu einer Verständigung mit den nicht-bolschewistischen Sozialisten kommen werde. Ein zweites Parteiorgan, das Berliner „Mitteilungs-Blatt" hatte sich bereits Ende September 1917 zu den Grundsätzen der Bolschewiki bekannt (trotz geäußerten Verständnisses auch für die Position der Menschewisten) und die Übernahme der Führung der Revolution als die anstehende Tagesaufgabe bezeichnet. Es müsse jetzt alles auf eine Karte gesetzt werden.[16] Die Machtergreifung wurde entsprechend begrüßt – nun steuere die Revolution auf die soziale Republik zu.[17] Das sozialistische Proletariat habe die politische Macht erobert, halte die Regierungsgewalt in den Händen und gehe zur Verwirklichung aller großen sozialistischen und demokratischen Ziele über.[18]

---

12 Ebd., S. 551; ders., Der neue russische Staat, Die Neue Zeit Nr. 17, 15. Januar 1918, S. 395.
13 Zur Reaktion in regionalen Parteigliederungen vgl. Autorenkollektiv unter Leitung von Heinz Niemann, Geschichte der deutschen Sozialdemokratie, Frankfurt 1982, S. 6 ff.
14 Leipziger Volkszeitung (LVZ) v. 12. November 1917; so auch Karl Kautsky, Die Erhebung der Bolschewiki, LVZ v. 15. November 1917.
15 Sieg der Bolschewiki?, LVZ v. 14. November 1917.
16 Zeichen der Zeit, Die russische Sphinx, Mitteilungs-Blatt (MBl) Nr. 27, 30. September 1917.
17 Die Friedensoffensive der sozialen Republik. Eine entscheidende Wendung der russischen Revolution, MBl Nr. 34, 18. November 1917.
18 Unter der Diktatur des Proletariats, MBl Nr. 38, 16. Dezember 1917.

Weit weniger einig war man sich innerhalb der USPD hinsichtlich der Beurteilung des Charakters der russischen Revolution. Eine Beschlussvorlage für den Parteivorstand Mitte 1918 enthielt den Schlusssatz, die USPD unterstütze „das russische Proletariat bei dem gewaltigen Werk der Neuordnung der Gesellschaft auf sozialistischer Grundlage."[19] Die „Leipziger Volkszeitung" brachte einen Grundsatzartikel, in dem die Auffassung vertreten wurde, es handele sich im Wesentlichen um eine soziale Revolution: „Die Revolution, die nicht einmal Zeit hatte, sich in ihrem bourgeoisen Gepräge zu entfalten, nahm sofort ihren proletarischen Charakter an."[20] Etwas vorsichtiger formuliert war die Einschätzung zwei Monate später im gleichen Blatt: Die praktische Probe, ob Russland für die Sozialisierung und die sozialistische Ordnung reif sei, stehe noch in den Anfängen. Gelinge es, bedeute dies einen gewaltigen Fortschritt des sozialistischen Gedankens.[21] Der Gedankengang ist nicht sehr originell und schließt jede Fehleinschätzung wohlweislich von vornherein aus. Klappt es mit der Sozialisierung, dann war der Reifegrad auch da, klappt es nicht, so ist das Gegenteil bewiesen.

Wie schwer man sich in der USPD tat, die russischen Ereignisse auch theoretisch zu erfassen, zeigt eine Passage in der Rede Rudolf Hilferdings noch auf dem Leipziger Parteitag 1919. Sie deutet alles an und lässt doch alles offen: Er führt aus, die ökonomischen Bedingungen Russlands bedeuteten für eine sozialistische Diktatur mindestens ein großes Hindernis.[22] Es erschien ihm wohl nicht möglich, angesichts der durchgängig vorherrschenden Begeisterung für die Oktoberrevolution in den eigenen Reihen sich zu seinen Zweifeln zu bekennen, diese auch theoretisch herauszuarbeiten.

Dieser Aufgabe nahm sich Karl Kautsky an, dem Hilferding in einem privaten Brief seine Zustimmung signalisierte und seine Zweifel unterstrich. Zwar sei sein Herz auf der Seite der Bolschewiki, aber der

---

19 Zit. nach Lösche, Peter, Der Bolschewismus im Urteil der deutschen Sozialdemokratie 1903 – 1920, Berlin 1967, S. 151; so z.B. auch Rud(olf) Breitscheid, Gefühl oder Erkenntnis, Sozialistische Auslandspolitik Nr. 30, 25. Juli 1918, S. 1.
20 Die Sowjet-Republik, LVZ Nr. 122, v. 29. Mai 1918.
21 Das werdende sozialistische Russland, LVZ Nr. 167 v. 20. Juli 1918.
22 Hilferding, Rudolf, Protokoll USPD-PT Leipzig 1919, Berlin o.J., S. 315.

Verstand wolle nicht mehr mit.[23] Anfang April 1917 hatte Kautsky in der „Neuen Zeit", deren Redaktion ihm zu diesem Zeitpunkt seitens der MSPD noch nicht entzogen war, die Aussichten der russischen Revolution untersucht. Seine damalige Einschätzung lautete:

„Es unterliegt keinem Zweifel, dass der russische Kapitalismus noch wenig Ansatzpunkte bietet, die im sozialistischen Sinne zu entwickeln wären. Indes könnten auch dort schon erhebliche Schritte in diesem Sinne getan werden durch Verstaatlichung großer Betriebe, der Eisenbahnen, der Bergwerke ... sowie einzelner Riesenbetriebe der Schwerindustrie. Ferner durch Konfiszierung der Güter der entthronten Dynastie und der Klöster. Erwerbung des großen Grundbesitzes durch den Staat; endlich durch Übergabe von Grund und Boden an die Städte sowohl zur Herstellung billiger und gesunder Wohnungen, wie auch zur Produktion von Lebensmitteln für ihre Bewohner."[24]

Kautsky ging also in seiner Untersuchung von der Tatsache des zurückgebliebenen Charakters der russischen Ökonomie aus. Dennoch zeigt die Auflistung der Maßnahmen, die er vorschlug in Angriff zu nehmen, dass er Möglichkeiten sah, weiter voranzuschreiten als innerhalb einer rein bürgerlichen Revolution, die nur die Überreste des Feudalismus hinwegfegt. Bedenkt man, dass eigentlicher Träger einer bürgerlichen Revolution die besitzenden Klassen sind, so gehen Kautskys Vorschläge weit über das hinaus, was in deren Interesse im Rahmen einer bürgerlichen Revolution liegen kann. Nicht vergessen werden darf allerdings, dass Kautsky bereits in diesem Artikel der Erringung der Demokratie den Vorrang etwa vor der ökonomischen Hebung des Proletariats einräumte, wenngleich er sah, dass natürlich Demokratie ohne Sozialismus die ökonomische Abhängigkeit des Proletariats bestehen lasse.[25]

Von dieser Auffassung, der russischen Revolution weitgehende Handlungsmöglichkeiten einzuräumen, rückte Kautsky schnell wieder ab. Ende August 1917 formulierte er kategorisch, eine soziale Revolu-

---

23 Ders., Brief an Karl Kautsky v. 3. Dezember 1917, zit. nach Peter Lösche, Der Bolschewismus, S. 125.
24 Kautsky, Karl, Die Aussichten der russischen Revolution, Die Neue Zeit, 6. April 1917, S. 12.
25 Kautsky, Karl, Die Aussichten, S. 11, 13.

tion in Russland sei noch nicht möglich. Ihre Bedeutung liege vielmehr vorrangig im politischen Bereich, in der Erringung der Demokratie.[26] So beurteilt er auch die Lage unmittelbar nach der Oktoberrevolution: Nur eine bürgerliche Revolution ist möglich. Andererseits, so Kautsky jetzt, besitze aber Russland ein weit fortgeschrittenes Proletariat, so dass der Gedanke der Bolschewiki, die Alleinherrschaft anzustreben und die Diktatur des Proletariats zu errichten, nicht nur der einfachste, sondern auch der der Klassenlage des Proletariats am meisten entsprechende gewesen sei. In dieser, seiner ersten Stellungnahme spricht er von der Oktoberrevolution als der Machtergreifung des Proletariats.[27] Zumindest für die erste Phase sieht er darin auch die Diktatur der Mehrheit des Proletariats über die Minderheit.[28]

Von den führenden Persönlichkeiten des Spartakusbundes, der bis Ende 1918 noch als Gruppierung innerhalb der USPD arbeitete, wurde die Oktoberrevolution ebenfalls einhellig positiv bis euphorisch aufgenommen. Clara Zetkin drückte es in ihrer ersten Stellungnahme so aus: „Die Revolution in Petrograd und ihr Sieg ist der Triumph der konsequent festgehaltenen und durchgeführten grundsätzlichen und taktischen Auffassungen der Bolschewiki."[29] Für Karl Liebknecht war sie „ein großartiges Werk voll gigantischer Energie und edelsten Idealen."[30] Und auch für Rosa Luxemburg, die in einzelnen Fragen zur schärfsten Kritikerin der Bolschewiki wurde, stand fest, dass diese sich das unvergängliche Verdienst erworben hatten, zum ersten Mal das Endziel des Sozialismus als unmittelbares Programm der praktischen Politik zu proklamieren. Der Oktoberaufstand sei nicht nur eine tatsächliche Rettung für die russische Revolution, sondern auch eine Ehrenrettung des internationalen

---

26 Ders., Stockholm, Die Neue Zeit Nr. 22, 31. August 1917, S. 507; vgl. ähnlich ders., Verschiedene Kritiker der Bolschewiki, MBl, Beilage Nr. 52, 24. März 1918.

27 Ders., Die Erhebung der Bolschewiki, LVZ Nr. 267 v. 15. November 1917.

28 Ders., Die Diktatur des Proletariats, Wien 1918, S. 38, 1921 bezeichnete es Kautsky jedoch bereits als Lüge", die im November 1917 aufgerichtete Parteidiktatur eine Diktatur des Proletariats zu nennen; ders., Klassendiktatur und Parteidiktatur, Der Kampf, Nr. 8, August 1921, S. 280.

29 Zetkin, Clara, Für den Frieden. Frauen-Beilage der LVZ Nr. 11 v. 16. November 1917, in: dies., Für die Sowjetmacht, Artikel, Reden und Briefe 1917 – 1933, Frankfurt 1977, S. 34.

30 Liebknecht, Karl, Grußschreiben an den VI. Allrussischen Sowjetkongress, 6. November 1918, in: ders., Gesammelte Reden und Schriften, Bd. IX, Berlin 1982, S. 589.

Sozialismus.[31] Er sei eine weltgeschichtliche Tat, dessen Spur in Äonen nicht untergehen werde.[32] Für Franz Mehring war der Sieg der Bolschewiki „auch unser Sieg".[33]

Liebknecht und Luxemburg hatten schon in den Monaten zuvor die Machtergreifung durch die Arbeiter- und Soldatenräte, den Übergang zur Diktatur des Proletariats, als notwendigen nächsten Schritt der russischen Revolution proklamiert.[34] In der modifizierten Form der Diktatur des Proletariats und der Bauernschaft (Liebknecht) bzw. der Diktatur des werktätigen Volkes (Zetkin) hatte die Oktoberrevolution in der Sicht der Spartakisten ihre Prognosen Wirklichkeit werden lassen.[35] Ungeachtet ihrer Kritik an späteren Maßnahmen der bolschewistischen Regierung sah auch Rosa Luxemburg in der bolschewistischen Taktik in der Revolution diejenige, die alleine die Demokratie habe retten und die Revolution vorwärts treiben können. Die Bolschewiki hätten als einzige wirklich sozialistische Politik betrieben, die berühmte Frage nach der Mehrheit des Volkes gelöst.[36]

Der proletarische, sozialistische Charakter dieses revolutionären Prozesses stand für die geistigen Köpfe des Spartakusbundes schon vor dem Oktober fest. In polemischer Abgrenzung von der Formel von der bürgerlichen Revolution bei manchen Unabhängigen schrieb Luxemburg bereits im Mai 1917, diese hätten keine Ahnung davon, dass es sich zugleich um eine erste proletarische Übergangsrevolution von welthistorischer Tragweite handele, die auf sämtliche kapitalistischen Länder zurückwirken müsse.[37] Hieran ist zweierlei herauszustreichen: Für sie stellt sich die Frage bürgerliche/proletarische Revolution nicht in einem

---

31 Luxemburg, Rosa, Die russische Revolution (Herbst 1918), Frankfurt 1963, S. 55.
32 Dies., Brief an Luise Kautsky v. 24. November 1917, in: dies., Gesammelte Briefe. Bd. 5, Berlin 1984, S. 329.
33 Mehring, Franz, Offenes Schreiben, Bd. 15, Berlin 1966, S. 773.
34 Liebknecht, Karl, Fluch der Halbheit (September 1917), in: ders. Gesammelte Schriften, S. 357; Luxemburg, Rosa, Brennende Zeitfragen, Spartakusbrief Nr. 6, August 1917, in: Spartakusbriefe, Berlin 1958, S. 356.
35 Liebknecht, Karl, Diktatur des Proletariats und Demokratie (Ende 1917/Anfang 1918), in: ders., Gesammelte Schriften, S. 385; Zetkin, Klara, Der Kampf um Macht und Frieden in Russland, Frauen-Beilage der LVZ Nr. 12 v. 30. November 1917, in: dies., Für die Sowjetmacht …, S. 43.
36 Luxemburg, Die russische Revolution, S. 51 f, 54.
37 Dies., Zwei Osterbotschaften, Spartakusbrief Nr. 5 v. Mai 1917, in: Spartakusbriefe, S. 351.

Entweder-Oder-Verhältnis. Sie sieht durchaus, dass sich hier zunächst eine bürgerliche Revolution vollzieht, die aber in sich bereits den Keim der über sie hinaustreibenden proletarischen Revolution enthält. Dieser proletarische Charakter entfaltet seine Wirksamkeit insbesondere in seinem internationalen Kontext: Die russische Revolution kann nur der Auftakt der proletarischen Weltrevolution sein. Ähnliche Gedankengänge finden sich in einem Brief Karl Liebknechts an seine Frau Sophie aus dem Luckauer Gefängnis. Die Oktoberrevolution deutet für ihn an, dass die soziale Revolution schon stärker ist als die bürgerliche, wenigstens zeitweise, wenigstens in den konzentrierten Zentrum Russlands.[38] Eine Lebensperspektive für ein sozialistisches Russland sah er nur bei nachfolgender Revolutionierung der wichtigsten anderen Länder.[39]

Auch innerhalb der österreichischen SDAP fand die Oktoberrevolution eine ausgesprochen positive Aufnahme. In der einstimmig angenommenen Resolution der Versammlung des sozialdemokratischen Wahlvereins für den III. Bezirk vom 11. November 1917 heißt es: „Wir begrüßen den Sieg der Petersburger Arbeiter als den Beginn einer neuen Epoche im Befreiungskampfe des internationalen Proletariats."[40] In seiner Rede würdigte der Parteivorsitzende Viktor Adler die russische Revolution, und Karl Renner, Vertreter des rechten Flügels, forderte die Anerkennung der neuen Regierung, die von der Mehrheit des russischen Volkes eingesetzt sei.[41] Viktor Adler drückte in einer weiteren Versammlungsrede die Überzeugung aus, dass die Leitung der russischen Revolution nunmehr in die Hände von Sozialdemokraten gekommen sei.[42] Das Parteiorgan, die „Arbeiter-Zeitung" schrieb unmittelbar im Anschluss an die Revolution:

„Unsere leidenschaftlichen Wünsche sind heute bei unseren russischen Brüdern: Siegen sie in dem Kampf, den sie so kühn begonnen

---

38 Liebknecht, Karl, Brief an Sophie Liebknecht, Luckau, 11. November 1917, in: ders., Gesammelte Schriften, S. 371.
39 Ders., Aufgabe (Ende 1917/Anfang 1918), ebd., S. 386.
40 Zit. nach: Arbeiterschaft und Staat im Ersten Weltkrieg 1914/1918. Hrsg. von Rudolf Neck, Bd. 12, Wien 1968, S. 120.
41 Zit. nach ebd., S. 118.
42 Adler, Viktor, Die russische Revolution und der Friede. Versammlung in Favoriten am 6. Dezember 1917, in: Viktor Adler der Parteimann. Neuntes Heft der Aufsätze, Reden und Briefe von Viktor Adler. Um Krieg und Frieden, Wien 1929, S. 233.

haben, so beginnt eine neue Epoche im Befreiungskampf des internationalen Proletariats!"[43]

Die Diktatur des Proletariats sei in Petersburg Wirklichkeit geworden.[44] Nicht so sehr die enthusiastische Zustimmung zu den russischen Ereignissen als letztere Klassifizierung als „Diktatur des Proletariats" ist auf den ersten Blick für die österreichische Sozialdemokratie verwunderlich. Verwunderlich deshalb, weil noch kurz vor den Oktoberereignissen der theoretische Kopf der Partei, Otto Bauer, der die bei weitem überwiegende Mehrzahl der Leitartikel über Russland in der „Arbeiter-Zeitung" schrieb,[45] festgestellt hatte, das Ergebnis der russischen Revolution könne nichts anderes sein als eine bürgerlich-demokratische Republik. Bauer schrieb:

„Russland ist ein Agrarland, in dem die Arbeiter eine Minderheit der Bevölkerung sind. Die russische Revolution kann nicht mit der Diktatur des Proletariats enden, sie kann nicht eine sozialistische Gesellschaftsordnung aufrichten."[46]

Bauer sieht stattdessen zwei wesentliche Aufgaben, die die Revolution zu bewerkstelligen habe. Dies ist zunächst die Schaffung einer konstituierenden Nationalversammlung und als zweite Aufgabe, von dieser zu beschließen, die „große Agrarumwälzung", d.h. die Enteignung des Großgrundbesitzes, die Befriedigung des Landhungers der Bauern. Zu beiden Zwecken hält er ein Bündnis von Arbeitern und Bauern für möglich.[47]

In der Oktoberrevolution selbst vollzieht sich für Bauer der notwendige Sturz der Koalitionsregierung. Für ihn ist klar, dass Lenin und Trotzki gar nicht anders konnten, als sie gehandelt haben. Auch er sieht nun in der neuen Revolutionsregierung die – wenn auch wahrscheinlich nur vorübergehende – Diktatur des Proletariats verwirklicht, hinter

---

43 Der Bürgerkrieg in Russland, Arbeiter-Zeitung (AZ) v. 15. November 1917.
44 Eine Revolution für den Frieden, AZ v. 9. November 1917.
45 Vgl. Leichter, Otto, Otto Bauer. Tragödie oder Triumph, Wien 1970, S. 311; Löw, Raimund, Otto Bauer und die russische Revolution, Wien 1980, S. 5.
46 Bauer, Otto, Die russische Revolution und das europäische Proletariat, Wien 1917, in: ders., Werke Bd. 2, Wien 1976, S. 71.
47 Ebd., S. 49 f.

der die Mehrheit des Proletariats stehe und die der Solidarität des europäischen Proletariats bedürfe.[48] Unter diesen Voraussetzungen hält er es Anfang 1918 für unvermeidlich, dass das Proletariat unter Führung der Bolschewiki den Versuch unternehme, die Kapitalherrschaft zu brechen. Ebenso unvermeidlich aber müsse dieser Versuch misslingen. Er ist der Auffassung, dass die soziale Revolution erst auf einer bestimmten Stufe kapitalistischer Entwicklung möglich sei. In einem Land wie Russland, in dem die kapitalistische Industrie noch ein partielles Faktum sei, könne die Aufhebung der Kapitalherrschaft nicht zum Inhalt der nationalen Revolution werden.[49]

In seiner 1920 verfassten ersten ausführlichen Auseinandersetzung mit den russischen Problemen nach der Oktoberrevolution bleibt er zwar dabei, dass es sich hier zum einen um eine Agrarrevolution handele, zugleich erblickt er in ihr aber nun auch ausdrücklich eine „proletarische Revolution". Zum ersten Mal habe das Proletariat die Herrschaft über einen großen Staat an sich gerissen.[50] Die Begrifflichkeit der „proletarischen Revolution" ist an dieser Stelle mehr als ein terminologisches Zugeständnis an die Tatsache der proletarischen Machtergreifung. Er sieht nun die Möglichkeit, dass die bestehende Diktatur des Proletariats, die er weiterhin als eine Übergangsphase begreift, auch in ihren ökonomischen Maßnahmen weiter voranschreitet und so Tatsachen schafft, die von einer ihr folgenden Bauernregierung nicht einfach revidiert werden könnten. Es erscheint ihm möglich, dass Russland zu einer gesellschaftlichen Mischform gelangt, mit einem Staatssozialismus in der Industrie, im Verkehrs- und Bankwesen, genossenschaftlicher Organisation des Warenbetriebes und bäuerlicher Privatunternehmung. Wie weit diese Gesellschaftsverfassung sozialistische bzw. kapitalistische Züge tragen werde, werde davon abhängen, inwieweit in der übrigen Welt der Kapitalismus überwunden sei.[51]

48 Ders., Brief an Karl Kautsky v. 4. Januar 1918, in: ders., Werke Bd. 9, Wien 1980, S. 1041 ff.; ders. Die Bolschewiki und wir (Der Kampf 1918), in: ders., Werke Bd. 8, Wien 1980, S. 930 f.
49 Ebd., S. 928 f.
50 Ders., Bolschewismus oder Sozialdemokratie, Wien 1920, in: ders., Werke Bd. 2, S. 225, 254.
51 Ebd., S. 300.

3. Die Auflösung der Konstituante ab erster Wendepunkt

Die Auflösung der konstituierenden Nationalversammlung durch die Bolschewiki im Januar 1918, nachdem die Wahlen für sie keine Mehrheit gebracht hatten, stieß innerhalb der MSPD überwiegend auf heftige Kritik, ja man kann wohl davon sprechen, dass eine Menge Vorbehalte, die schon vorher gegenüber der Bolschewikiherrschaft existierten, nun ihren offenen Ausdruck finden konnten. Für die MSPD hatte sich damit der undemokratische Charakter der Bolschewiki offenbart: Sie hätten genauso gehandelt wie der Zar gegenüber der Duma, dem alten Parlament, schrieb der „Vorwärts" in seinem ersten Kommentar. Damit sei deutlich geworden, dass die bolschewistische Macht nicht auf der Volksmehrheit beruhe.[52] Ähnlich wie im „Vorwärts" vollzog sich auch in den mehrheitssozialdemokratischen Regionalblättern nach der Auflösung der Konstituante eine strikte Abwendung von den Bolschewiki und den „russischen Experimenten".[53] Mit der Auflösung der Konstituante hatten die Bolschewiki in den Augen der MSPD ihren Sündenfall hinter sich. Seit diesem Zeitpunkt finden sich in ihren Publikationen nur noch vereinzelt positive Einschätzungen der Bolschewiki und der russischen Entwicklung. Russland dient fortan als abschreckendes Beispiel. Friedrich Ebert begründet in einer Rede in der Volksversammlung am 1. Dezember 1918 die notwendige Ablehnung und Bekämpfung jeder politischen und wirtschaftlichen Putschtaktik: „Die Arbeiter mögen nach Russland schauen und sich warnen lassen!"[54] Hermann Müller warnte in gleicher Weise die sozialdemokratischen Arbeiterräte: „Wir müssen uns hüten, zu Verhältnissen wie in Russland zu kommen."[55] Und ebenfalls in Richtung auf den politischen Gegner war Russland nun als — wenn auch sicher vorgeschobenes — Argument instrumentalisierbar: „Die besitzenden Klas-

52 Vorwärts Nr. 21 v. 21. Januar 1918.

53 Vgl. Lösche, Der Bolschewismus. S. 133; ebenso Tormin, Walter, Die deutschen Parteien und die Bolschewiki im Weltkrieg, in: Helmut Neubauer (Hrsg.), Deutschland und die russische Revolution, Stuttgart/Berlin/Köln/Mainz 1968, S. 63, der von einem „Wendepunkt" spricht.

54 Ebert, Friedrich, Gegen jede Gewaltpolitik. Rede in der Volksversammlung am 1.12.1918; in: ders., Schriften, Aufzeichnungen, Reden. Mit unveröffentlichten Erinnerungen aus dem Nachlass, 2 Bde., Dresden 1926, S. 123.

55 Müller, Hermann, Rede vor einer Versammlung sozialdemokratischer Arbeiterräte, Vorwärts v. 19. November 1918.

sen können froh sein, wenn der deutsche Volksstaat sich im Wege der politischen Entwicklung durchsetzt. Blicken Sie nach Russland, und Sie sind gewarnt!"[56]

Die Einschätzung bezüglich des Sündenfalls mit der Konstituante schlug sich unmittelbar in den Beurteilungen nieder, für wie demokratisch oder diktatorisch man das neue russische Regime nun hielt. Für Scheidemann war es die unkontrollierte, nackte Despotie einiger Parteiführer,[57] für Cohen eine Cliquenherrschaft,[58] für Cunow die Diktatur einer einzelnen sozialistischen Parteigruppe,[59] die Willkürherrschaft einer proletarischen Parteiminderheit bzw. bestimmter Führergruppen.[60] Für alle genannten Autoren steht dabei eines unumstößlich fest: Mit einer Diktatur des Proletariats bzw. einer Entwicklung hin zum Sozialismus hat dies in Russland nichts zu tun. Für einen in der MSPD-Presse publizierenden Exilrussen ist das Regime vielmehr in eine Herrschaft des Pöbels ausgeartet.[61]

Otto Braun, der spätere preußische Ministerpräsident, drückte die in der Partei einhellig vertretene Auffassung aus, der Sozialismus könne grundsätzlich nicht auf Bajonetten und Maschinengewehren aufgerichtet werden. „Soll er Dauer und Bestand haben, muss er auf demokratischem Wege verwirklicht werden."[62] Später heißt es in gleicher Weise bei Stampfer, dass für die Sozialdemokratie der Sozialismus stets der Demokratie folge, nicht umgekehrt. Man könne die sogenannte Diktatur des Proletariats nur als einen durch die geschichtliche Entwicklung geschaffenen tatsächlichen Zustand,[63] nie aber als ein erstrebenswertes, festzuhaltendes

---

56 Ebert, Friedrich, Reichstagsrede v. 23. Oktober 1918, in: ders., Schriften, S. 76. Ebert dürfte wohl kaum ernsthaft daran gedacht haben, gegen eventuellen Widerstand der besitzenden Klassen „russische Methoden" anzuwenden.

57 Scheidemann, Philipp, Der Feind steht rechts! Arbeiter seid einig! (Zwei Reden), Berlin 1919, S. 8.

58 Cohen, Max, in: Der Sozialistentag. Protokoll der Konferenz für die Einigung der Sozialdemokratie im ehemaligen Herrenhaus zu Berlin vom 21. bis 23. Juni 1919, Berlin (1919), S. 7.

59 Cunow, Heinrich, Die Diktatur des Proletariats. Die Neue Zeit Nr. 8, 22. November 1918, S. 171.

60 Ders., Die Marxsche Geschichts-, Gesellschafts- und Staatstheorie. Grundzüge der Marxschen Ideologie, 1. Band, Berlin 1920, S. 331.

61 Smilg-Benario, Michael, Die Quintessenz des Bolschewismus, Wien 1919, S. 19.

62 Braun, Otto, Die Bolschewiki und wir, Vorwärts Nr. 46 v. 15. Februar 1918.

63 Dies ist − wie wir noch sehen werden − eine theoretische Anleihe bei Karl Kautsky, wobei dieser dem genannten Zustand Allgemeingültigkeit zuschreibt.

Ziel akzeptieren. In diesem Sinne sei die Herrschaft der Arbeiter- und Soldatenräte nach der deutschen Novemberrevolution eine Diktatur des Proletariats gewesen, sie sei aber auf kürzester Strecke in die Demokratie gemündet. Stampfer bekannte sich grundsätzlich zur Demokratie als bester Staatsform, allerdings mit der Einschränkung, dies geschehe weniger aus einer naturrechtlichen Überzeugung von der Gleichberechtigung des Menschen als wegen der Zweckmäßigkeiten des Klassenkampfes. Aufgrund ihres Verhältnisses zur demokratischen Republik sei die Sozialdemokratie in ihr die eigentliche Staatspartei.[64]

Der Gang der Oktoberrevolution, die Sprengung der Konstituante, hatte in den Augen der MSPD eine klare Alternative aufgeworfen: Demokratie oder Diktatur.[65] Die Partei entschied sich ohne Wenn und Aber für die Demokratie und gegen die Diktatur. Dem Gedanken der Diktatur des Proletariats selbst im Marxschen Sinne wurde jetzt eine grundsätzliche Absage erteilt. In Verallgemeinerung der russischen Erfahrung hieß es nun:

„Stets ist bisher die Diktatur des Proletariats in eine Diktatur über das Proletariat übergegangen. Das ist die tiefste Ursache, weshalb die proletarische Diktatur zum Scheitern verurteilt ist."[66]

Diese Grundüberlegung findet sich in der Folgezeit in zahlreichen Variationen wieder. Man meinte, die Diktatur des Proletariats sei mit dem Terror als notwendiger Folge verknüpft.[67] Sie führe nicht zum Sozialismus, sondern – und auch dafür wurde das russische Beispiel bemüht – an ihrem Ende stehe das Chaos.[68]

Außerhalb der MSPD trifft es für kaum einen anderen in dem Maße zu wie für Karl Kautsky, dass das Auseinanderjagen der russischen Konstituante den ersten und wesentlichsten (allerdings noch nicht den endgültigen, den markierte die bolschewistische Okkupation Georgiens) Bruchpunkt mit den Bolschewiki darstellte, als ihr eigentlicher Sünden-

---

64 Das Görlitzer Programm. Erläutert von Friedrich Stampfer, Berlin 1922, S. 20 ff.
65 So formuliert es zutreffend Smilg-Benario, Die Quintessenz, S. 39.
66 Das Problem der Weltrevolution, Vorwärts Nr. 392 v. 3. August 1919.
67 Smilg-Benario, Die Quintessenz, S. 34.
68 Cohen, Max, in: Der Sozialistentag, a.a.O., S. 27.

fall angesehen wurde. Schon 1921 schrieb er, dass seit 1918, und dieses Datum heißt für ihn: seit dem Ende der Nationalversammlung, aus Russland nichts mehr zu lernen sei.[69] Aber hören wir zunächst noch einmal seine in engerem zeitlichen Zusammenhang geäußerte, grundsätzliche Einschätzung:

„Die Erbsünde des Bolschewismus ist die Verdrängung der Demokratie durch die Regierungsform der Diktatur, die nur einen Sinn hat als unumschränkte Gewaltherrschaft einer kleinen, fest zusammengeschlossenen Organisation. Mit der Diktatur ist es wie mit dem Kriege – Man wird vor die Alternative gestellt, zu siegen oder in einer Katastrophe zu enden.[70]

Hier haben wir bereits ein für Kautsky wesentliches Erklärungsmuster für sein weiteres Herangehen an die Probleme Sowjetrusslands vor uns. Aufgrund der mangelnden ökonomischen Reife war ein Sieg des utopischen sozialistischen Experiments der bolschewistischen Diktatur eigentlich unmöglich. Als Alternative blieb nur die Katastrophe.

Vergleicht man Kautskys theoretischen Ansatz mit den in der MSPD vertretenen Positionen, so ergeben sich – trotz einiger Unterschiede – Übereinstimmungen in den wesentlichsten Fragen.

Dies konnte nicht ohne Einfluss auf seine Stellung innerhalb der USPD bleiben. Sicher stand er von Anfang an eher auf dem rechten Flügel der Unabhängigen Partei, genoss aber als Sachwalter des alten marxistischen Erbes zunächst hohes Ansehen auf allen Flügeln der Partei und das persönliche Vertrauen so entscheidender Parteiführer wie Hugo Haase und Rudolf Hilferding.[71] In gleichem Maße jedoch wie Kautsky sich immer deutlicher von den Bolschewiki absetzte und distanzierte, erfolgte eine zunehmende Linkswendung der Partei. Ideologische Mitstreiter Kautskys wie Eduard Bernstein (ihre Differenzen aus dem Re-

---

69 Kautsky, Karl, Radek über Rosa Luxemburg, Liebknecht und Jogiches, Der Kampf Nr. 9, September 1921, S. 306.
70 Ders., Terrorismus und Kommunismus. Ein Beitrag zur Naturgeschichte der Revolution, Berlin 1919 (Offenbach 1947), S. 144.
71 Dennoch wäre es verfehlt, ihm noch Ende 1918 eine Rolle als führender Theoretiker der Partei zusprechen zu wollen; so aber Eberhard Kolb, Die Arbeiterräte in der deutschen Innenpolitik 1918–1919, Frankfurt/Berlin/Wien 1978, S. 164.

visionismusstreit sahen beide als überholt an) und später auch Heinrich Ströbel wechselten zur MSPD. In große Schwierigkeiten brachte Kautsky mit seinen Schriften diejenigen, die im rechten oder mittleren Spektrum der Partei anzusiedeln waren. Die meisten waren inhaltlich damit nicht einverstanden, viele hielten Ausmaß und Zeitpunkt der Kritik an den Bolschewiki für falsch. Gleichwohl galt für sie immer noch in großem Maße die Verehrung des alten Lehrmeisters.[72] Auch der Parteivorsitzende Hugo Haase ging auf vorsichtige Distanz zu Kautsky. Er monierte, dass Kautsky mit seiner Kritik an den Bolschewiki über das Ziel hinausgehe und zu wenig die tatsächlichen Verhältnisse in Russland berücksichtige.[73]

Anders als für Kautsky war für Haase, Hilferding und andere die Kritik an der Auflösung der Nationalversammlung und ihre Folgen noch kein Anlass, den Bolschewiki die Solidarität aufzukündigen. Ihnen ging es darum, der Tendenz in der eigenen Partei zu begegnen, die der Auffassung war, man müsse nun den gleichen Weg wie in Russland gehen und dürfe keine Nationalversammlung mehr zulassen. In diesem Punkte trafen sie sich mit Kautsky, wobei jedoch gravierende Unterschiede blieben. Hilferding und Haase betonten immer wieder, dass die Diktatur des Proletariats nicht im Widerspruch zur Demokratie stehe. Sie waren der festen Überzeugung, dass im entwickelten Industriestaat Deutschland die Machtergreifung des Proletariats den Willen der Mehrheit der Bevölkerung repräsentiere, also von vorneherein demokratisch, oder wie es Hilferding im Anschluss an das Kommunistische Manifest formulierte, die Revolution der ungeheuren Mehrheit im Interesse der ungeheuren Mehrheit sei.[74] Die Diktatur sei ein Übergangsstadium zur sozialistischen Demokratie.[75] Er macht dabei auch deutlich, wo er den kritischen Punkt

---

72 Vgl. etwa Marchionini, Karl, Warum Diktatur des Proletariats?, Leipzig 1919, S. 37.
73 Haase, Hugo, zit. nach Elke Keller, „Es geht nicht um ihre guten Vorsätze" (Lenin). Vom revolutionären Sozialdemokraten zum Zentristen. Hugo Haase, in: Beiträge zur Geschichte der Arbeiterbewegung 23 (1981), H. 4, S. 593.
74 Hilferding, Rudolf, Klarheit!, Freiheit Nr. 15 v. 23. November 1918, in: Zwischen den Stühlen oder über die Unvereinbarkeit von Theorie und Praxis. Schriften Rudolf Hilferdings 1904–1940. Hrsg. von Cora Stephan, Berlin/Bonn 1982, S. 92; ebenso Hugo Hanse, USPD-PT Berlin 1919, S. 95.
75 Ders., Revolutionäre Politik oder Machtillusion?, USPD-PT, Halle 1920, in: Zwischen den Stühlen, S. 150 f.

in der russischen Entwicklung sieht. Man könne dort beobachten, dass es nicht ausreiche, die Bourgeoisie ihres Besitzes zu berauben. Die dortige Diktatur des Proletariats dauere so lange, der Übergang zur sozialistischen Demokratie könne nicht vollzogen werden, weil es nicht gelungen sei, wirklich die Volksmassen zu gewinnen. Hieraus leitete er seine Detailkritik ab, die sich insbesondere gegen das Unterbinden jeglicher anderer Meinungsäußerungen in der Arbeiterklasse, gegen die Manipulierungen und Einschränkungen bei den Sowjetwahlen, vor allem gegenüber der menschewistischen Partei richtete.[76]

Wie beurteilte nun der Spartakusbund die Auflösung der russischen Konstituante? Typisch für die dazu vertretene Ansicht dürfte ein Artikel Clara Zetkins vom Dezember 1918 sein. Sie gestand zu, dass verschiedene Maßnahmen der Bolschewiki, und dazu zählte sie neben der Auflösung der Konstituante bestimmte Entrechtungen in der Sowjetverfassung und die Erklärung des Massenterrors, Verletzungen demokratischer Grundrechte darstellten. Aber sie fügte die Frage an: „… könnte ohne solche Durchbrechung die Revolution erhalten, könnte sie weitergeführt werden, den Blick unverrückt auf das Ziel des Sozialismus gerichtet, der allein Demokratie für alle verbürgt?"[77] Dass sie diese Frage verneinte, liegt auf der Hand. Sie griff die Begründungen der Bolschewiki auf, indem sie darauf verwies, dass die Konstituante zwar aufgrund demokratischen Wahlrechts gewählt worden sei, jedoch zum Zeitpunkt anderer Massenstimmungen. Deshalb sei sie nicht mehr unverfälschte Vertreterin des Willens des arbeitenden Volkes gewesen, habe ihre Auflösung die Demokratie sogar besser wirksam werden lassen. Zur gleichen Konsequenz wie Karl Kautsky oder Rosa Luxemburg, aus diesen Gründen eine Neuwahl zu fordern, konnte sie sich nicht entschließen. Der Parlamentarismus gehöre zur alten gesellschaftlichen Ordnung, der neue revolutionäre Wein lasse sich nicht in alte Schläuche füllen. Der wahre Grund lag für sie wohl dennoch woanders. Sie hielt es für ein Verbrechen, gepaart mit Narrheit, hätten die Bolschewiki das

76 Ebd., S. 151 f.
77 Zetkin, Clara, An die Konferenz über die Stellungnahme unserer Presse zu den Bolschewiki, in: dies., Für die Sowjetmacht, S. 97 f.

Schicksal der Revolution in andere, d.h. bürgerliche, menschewistische oder sozialrevolutionäre Hände gelegt.[78]

Bekannter als die Auffassung Zetkins sind sicherlich die kritischen Überlegungen Rosa Luxemburgs zum Vorgehen der Bolschewiki. Ihre Grundkritik lässt sich auf einen kurzen Begriff bringen: „eine sehr kühle Geringschätzung" gegenüber „der konstituierenden Versammlung, dem allgemeinen Wahlrecht, der Presse- und Versammlungsfreiheit, kurz dem ganzen Apparat der demokratischen Grundfreiheiten der Volksmassen".[79] Die Auflösung der Konstituante interpretiert sie – ähnlich Kautsky – als Wendepunkt der bolschewistischen Taktik. Rosa Luxemburg teilt durchaus die Einschätzung der Bolschewiki, dass die nach alten Wahllisten gewählte Nationalversammlung nicht mehr den wahren Volkswillen widerspiegelt. Die Auflösung war somit konsequent, hätte aber ihrer Ansicht nach selbst als Folge der Argumentation der Bolschewiki die Ausschreibung von Neuwahlen nach sich ziehen müssen. Sie bestreitet – auch unter Heranziehung historischer Parallelen – Trotzkis Argument, dass aus allgemeinen Volkswahlen hervorgegangene Volksvertretungen in Revolutionen untauglich, nur hemmendes Moment seien. Hier liegt wohl die wesentlichste Differenz Rosa Luxemburgs zu den Bolschewiki: In ihrem ungebrochenen Vertrauen in die Aktivität der Volksmassen, deren Einfluss sich auch eine allgemeine Volksvertretung nicht entziehen könne.[80] Ihre Parole lautet deshalb: „Sowohl Sowjets als Rückgrat wie Konstituante und allgemeines Wahlrecht".[81]

In ungezählten Schriften sind Überlegungen und Spekulationen darüber angestellt worden, ob und in welchem Ausmaß Rosa Luxemburg später von ihrer Kritik an den Bolschewiki und damit auch von den hier dargelegten theoretischen Positionen wieder abgerückt ist. Ihr polnischer Freund Adolf Warski berichtet von einer auf einen Zettel geschriebenen, an ihn gerichteten Mitteilung von Ende November bis Anfang Dezember 1918, in der sie sinngemäß zum Ausdruck bringen, dass sie ihre Be-

---

78 Ebd., S. 98 f.
79 Luxemburg, Die russische Revolution, S. 60.
80 Ebd., S. 66 ff.
81 Ebd., S. 72.

denken und Vorbehalte in den wichtigsten Fragen fallengelassen habe.[82] Dieses Indiz wird in einer Hinsicht gestützt durch die Tatsache, dass sie in einem ausführlichen Artikel im November 1918 eine geänderte Einstellung zur Nationalversammlung zum Ausdruck brachte. Umgekehrt berichtete eine ihrer engsten Vertrauten, Mathilde Jacob, dass sie ihre kritische Einstellung zur Taktik der Bolschewiki trotz der Bemühungen verschiedener Genossen, sie umzustimmen, nicht aufgegeben habe.[83] Wir können an dieser Stelle diesem Streit nicht näher nachgehen.[84] Nur so viel sei hier festgehalten: Auch wenn sie angesichts der Auseinandersetzung in Deutschland um Räte und/oder Nationalversammlung von der Forderung nach einer Nationalversammlung abrückt, bleibt die Grundsubstanz ihrer demokratietheoretischen Kritik an der Politik der Bolschewiki unangetastet.

Der österreichische Russlandfachmann Otto Bauer steht zunächst den unmittelbar nach der Oktoberrevolution von einigen Menschewiki in Deutschland verbreiteten Meldungen über die diktatorischen Maßregeln der Bolschewiki sehr skeptisch gegenüber. In einem Brief an Kautsky bezeichnet er deren Anklagen, es handele sich um eine persönliche Diktatur Lenins, um eine despotische Regierung bzw. ein Soldatenkomplott, als einfach kindisch. Wenn Trotzki die Blätter der Sozialrevolutionäre und Menschewiki einstelle, tue er nur dasselbe, was einige Monate zuvor Kerenski unter Beteiligung von Sozialrevolutionären und menschewistischen Ministern gegen die Bolschewiki unternommen habe. Für ihn handelt es sich bei der Sowjetregierung in dieser ersten Phase durchaus um eine Diktatur des Proletariats.[85] Einen Monat später macht er deutlich, was er darunter versteht: eine Minderheitsherrschaft. In für sein Herangehen typischer Weise erklärt er dem Leser des „Kampf" die Lage der Bolschewiki, ohne sie zu rechtfertigen und ohne sie zu verdammen: Sie

---

82 Warski, A(dolf), Rosa Luxemburgs Stellung zu den taktischen Problemen der Revolution, Hamburg 1922, S. 6 f. Die Authentizität dieser Mitteilung, die er in wörtlicher Rede wiedergibt, wird aber dadurch stark in Frage gestellt, dass er bemerkt, sie habe ihm „etwa folgendes" geschrieben.

83 Jacob, Mathilde, Von Rosa Luxemburg und ihren Freunden in Krieg und Revolution 1914–1919. Hrsg. und eingeleitet von Sibylle Quack und Rüdiger Zimmermann, in: IWK 24 (1988), H. 4, S. 490.

84 Vgl. dazu näher Schöler, „Despotischer Sozialismus", S. 370 ff.

85 Bauer, Otto, Brief an Karl Kautsky v. 4. Januar 1918, Werke Bd., S. 1042.

vertreten nur eine Minderheit des russischen Volkes, können sich aber – gestützt auf die Waffengewalt der Roten Garde und einen großen Teil der Armee – an der Macht halten. Um sich zu behaupten, müssen sie die feindliche Mehrheit niederhalten. Daraus erklärt sich für Bauer, warum sie Zeitungen unterdrücken, die Führer der gegnerischen Parteien einkerkern und die Konstituante auseinanderjagen mussten.[86]

In ähnlicher Weise hatte schon einen Monat zuvor die „Arbeiter-Zeitung" versucht, ihren Lesern die Auflösung der Konstituante zu erklären. Sie versuchte den Arbeitern begreiflich zu machen, dass die Bolschewiki bzw. das russische Proletariat ein schweres Opfer zu bringen gehabt hätten und große Hoffnungen hätten begraben werden müssen, falls man die Macht an die Konstituante abgegeben hätte. Gleichwohl wurde angesichts dieser Preisgabe des Majoritätsprinzips und der Auflösung des demokratischen Parlaments durch Waffengewalt Kritik geäußert, gab es keine ungeteilte Zustimmung zum bolschewistischen Weg zum Sozialismus mehr.[87]

Selbst der alte Parteivorsitzende Viktor Adler, in den Kriegsjahren sicherlich nicht zur Linken zählend, bewegte sich auf dieser von Bauer vorgegebenen Linie. Ohne die Auflösung direkt anzusprechen, sie aber – neben anderen Problemen der Revolution – sicher meinend, hielt er den politischen Gegnern im Parlament entgegen:

„Wenn in Russland Ordnung zu machen ist, so muss man es schon der russischen Revolution überlassen … dass sie die Ordnung herstellt, unter Kämpfen, unter Schwierigkeiten, ja sogar unter Blutvergießen, jene Ordnung, die dem Willen der Völker, die dort wohnen, entspricht."[88]

Eine solche erklärende, weder rechtfertigende noch verdammende Haltung ist also typisch für das Verhältnis der gesamten Führungsgruppe der SDAP gegenüber Sowjetrussland. Friedrich Adler etwa wehrte sich

86 Ders., Die Bolschewiki und wir (24. Februar 1918), a.a.O., S. 926.
87 Zur Auflösung der Konstituante, AZ v. 24. Januar 1918: wiedergegeben nach Kurt Broer, Die Stellungnahme der „Arbeiter-Zeitung" und der „Reichspost" zur bolschewistischen Revolution und zum russischen Bürgerkrieg vom November 1917 bis zum Ende des Ersten Weltkrieges, Phil. Diss., Wien 1960, S. 106 ff.
88 Adler, Viktor, Die Friedensziele des Proletariats. Budgetdebatte am 20. Februar 1918, in: Viktor Adler der Parteimann, S. 245.

heftig gegen jegliche Art der Verurteilung der Bolschewiki auf der internationalen Konferenz im Februar 1919 in Bern.[89] Wenn er später dennoch seine Befürchtung zum Ausdruck brachte, dass der mit der Sprengung der Konstituante verbundene neue Weg der Bolschewiki wahrscheinlich ein großes Unglück für die revolutionäre Entwicklung der Arbeiterklasse der Welt sein werde, so verband er es zugleich mit dem Ausdruck der Bewunderung dafür, dass sich die Herrschaft des Proletariats trotz aller äußerer Anfeindungen und größter Not so lange gehalten habe.[90] Offene Kritik an der Vertreibung der Konstituante äußerte Otto Bauer erst, als mit der Veröffentlichung von Rosa Luxemburgs Broschüre eine Autorität von links auf die Bühne trat, deren Auffassungen man sich nun gefahrlos anschließen konnte, ohne gleich innerparteiliche Zerreißproben befürchten zu müssen. Erst jetzt sprach auch Bauer vom Sündenfall der Bolschewiki, vom Wendepunkt ihrer Taktik, mit dem sie nicht nur von der Nationalversammlung, sondern von der Demokratie überhaupt Abschied genommen hätten. Ohne auf Luxemburgs Abgrenzungen gerade zu Kautsky einzugehen, sah er nun beide gleichermaßen an seiner Seite in der Kritik am Abschied der Bolschewiki von der Demokratie.[91]

4. Die 21 Aufnahmebedingungen der Kommunistischen Internationale

Aufgrund der Auseinandersetzungen um die Frage der Auflösung der Konstituante und die damit verknüpfte Debatte um Demokratie und Diktatur war es für die MSPD selbstverständlich, dass es auch international keine weitere Zusammenarbeit mit dem bolschewistischen Teil der Arbeiterbewegung geben konnte. Sie beteiligte sich daher aktiv am Wiederaufbau der alten 2. Internationale, insbesondere mit all den Parteien, die während des Krieges auf der Seite ihrer nationalen Regierungen gestanden hatten.

---

89 Adler, Friedrich, Arbeiter- und Sozialistenkonferenz in Bern, 3. bis 10. Februar 1919, in: Die II. Internationale 1918/19, Protokolle, Memoranden, Berichte und Korrespondenzen. Hrsg. von Gerhard A. Ritter, Berlin/Bonn 1980, S. 283.
90 Ders., Protokoll SDAP-Parteitag Wien 1920, Wien 1920, S. 180.
91 Bauer, Otto, Eine Justizifizierung des Bolschewismus. Zur Broschüre von Rosa Luxemburg (AZ vom 25. Dezember 1921), in: ders., Werke Bd. 7, Wien 1979, S. 313 f.

Innerhalb der USPD stellte sich hingegen die Frage einer neuen Internationale. Man nahm Verhandlungen mit Moskau über einen möglichen Zusammenschluss innerhalb der 3. Internationale auf. Der Verlauf der Verhandlungen ließ keinerlei Unklarheit darüber weiterbestehen, dass die Komintern nicht an einem Anschluss der gesamten USPD interessiert war. Auf der Grundlage einer Vorlage Lenins verabschiedete deren Kongress im Juli/August 1920 einundzwanzig Aufnahmebedingungen. In ihnen waren unter anderem folgende Richtlinien festgelegt, die die weitere Debatte in der deutschen unabhängigen Sozialdemokratie prägen sollten: völlige Unterstellung der Presse und der Verlage unter den Parteivorstand (§ 1); regelrechte und planmäßige Entfernung von Reformisten und Zentrumsleuten aus allen mehr oder weniger verantwortlichen Posten der Arbeiterbewegung (§ 2); Schaffung eines parallelen illegalen Organisationsapparates (§ 3); Entlarvung von Sozialpatriotismus und -pazifismus (§ 6); Anerkennung und Propagierung des vollen Bruchs mit dem Reformismus und mit der Politik des „Zentrums" (bei Namensnennung von unter anderem Kautsky und Hilferding als „notorische Opportunisten", die nicht das Recht haben sollten als Angehörige der KI zu gelten) (§ 7); Organisierung von der Partei vollständig untergeordneten kommunistischen Zellen in Gewerkschaften, Betriebsräten und Genossenschaften (§ 9); Beseitigung aller unzuverlässigen Elemente aus den Parlamentsfraktionen, Unterordnung der Fraktionen unter die Parteivorstände (§ 11); Säuberungen der Partei von Zeit zu Zeit zu ihrer systematischen Reinigung (§ 13); Pflicht zur Besetzung der Leistungsorgane zu zwei Dritteln mit Genossen, die sich bereits vor dem Kongress unzweideutig und öffentlich für den Beitritt ausgesprochen hatten; Aufnahmemöglichkeiten auch für Vertreter der Zentrumsrichtung mit Zustimmung des Exekutivkomitees (§ 20).[92]

Der Moskauer Kongress mit seinen 21 Bedingungen markiert eine Änderung auf Seiten der MSPD nur insofern, als man in ihren Reihen die Abgrenzung gegenüber Moskau und seiner Internationale nun ex-

---

92 Vgl. Die Kommunistische Internationale. Eine Dokumentation. Herausgegeben v. Hermann Weber, Hannover 1966, S. 55 ff.

pressis verbis und noch pointierter vornimmt. Moskau bedeute Bedrohung der Einheit, ja „Verunreinigung" der internationalen Arbeiterbewegung.[93] Ein Jesuitengeneral könne sich nicht für unfehlbarer erklären als die Diktatoren in Moskau.[94]

Die 21 Bedingungen konnten auch an Karl Kautskys ablehnender Einschätzung gegenüber Moskau und der 3. Internationale nichts zusätzlich bewirken. Er benutzte sie noch nicht einmal zu einer Bekräftigung seiner Argumente. Der Bolschewismus, so meinte er summarisch, sei in der Internationale eine Verschwörung gegen das Proletariat.[95] Durch die starke Stellung der Moskauer Exekutive werde die 3. Internationale unabhängig von ihren jeweiligen Absichten zu einer Organisation, die die angeschlossenen sozialistischen Parteien anderer Länder zu Werkzeugen Moskaus mache.[96]

Ganz anders als bei Kautsky standen in den Zentrumsströmungen der USPD die Bedingungen im Mittelpunkt der Auseinandersetzung um die Internationale. Wie sie dort im Einzelnen beurteilt wurden, darüber lässt sich ein grober erster Eindruck gewinnen, wenn man sich anschaut, wie in der von Hilferding redigierten „Freiheit" die einzelnen Paragraphen mit eigenen Überschriften versehen wurden: § 1: Diktatur der „Bonzen"; § 2: Planmäßiger Hinauswurf; § 3: Zwang zur Geheimbündelei; § 9: Die Sprengzellen; S 11: Die Blutprobe der Abgeordneten; § 13: Planmäßiges Spitzeltum; § 20: Faustpfänder zu blindem Gehorsam; § 21: Wer sich nicht fügt, der fliegt.[97] Nun gibt diese sehr pauschale krasse Absage an alle wichtigen Passagen der Bedingungen sicherlich nicht die einheitliche Auffassung aller Vertreter des Zentrums zu den Bedingungen im Einzelnen wieder, dennoch vermittelt sich hier ein Eindruck davon, welche nahezu unüberwindbaren Gräben durch die Bedingungen aufgerissen wurden.

Innerhalb des USPD-Zentrums wurden die Bedingungen als das verstanden, was sie wohl auch bezwecken sollten, als eine brüske Kampf-

---

93 Braun, Adolf, Der internationale Kongress zu Genf, Berlin 1920, S. 4.
94 Ebd., S. 36.
95 Kautsky, Karl, Von der Demokratie zur Staats-Sklaverei. Eine Auseinandersetzung mit Trotzki, Berlin 1921, S. 70.
96 Ders., Die Internationale, Wien 1920, S. 64.
97 Zit. nach Franz Klühs, Die Spaltung in der U.S.P.D., Berlin (1920), S. 5 ff.

ansage an den eigenen Flügel der Partei.[98] Deshalb bedeute die Annahme nichts anderes, als sich dem bedingungslosen Diktat Moskaus zu unterwerfen. Man empfand sie als tief erniedrigend und entwürdigend, ja geradezu als Sklavenjoch.[99] Dahinter stecke im Kern der Fehler Moskaus, statt alle sozialrevolutionären Parteien zusammenzufassen, die Parteien der einzelnen Länder zu zersetzen.[100]

Anhand der Beurteilung der 21 Bedingungen wurde die Spaltung innerhalb der USPD vollzogen. Obwohl auch auf Seiten der Linken eine Reihe von Bedenken gegen das von Moskau vorgegebene Paket bestanden, kämpfte man dennoch für ihre Durchsetzung, um den Anschluss an die 3. Internationale zu erreichen. Die Frage wurde den Parteitagsdelegierten von Halle so gestellt:

„Wollen wir eine klare, reine, revolutionäre Massenpartei werden und durch Ausscheidung aller uns hemmenden und lähmenden Elemente die wirklich führende, vorwärtsdrängende Proletarierpartei werden – oder nicht? Wollen wir rückhaltlos die Diktatur des Proletariats mit allen Mitteln als Kampfobjekt erstreben – oder nicht? Wollen wir eine starke, straffe Internationale der wahrhaft revolutionären Proletarier aller Länder – oder nicht?"[101]

Die starken Worte vermögen das Dilemma der Linken angesichts ihrer Bauchschmerzen gegenüber Teilen der Bedingungen nur notdürftig zu verdecken. Um aus dieser Lage herauszufinden, legte dieser Teil der Linken den Schwerpunkt auf etwas anderes: das Verhältnis zu Sowjetrussland. Herausgestrichen wurde § 14: Anschluss heiße weit stärkere politische Aktivität für Sowjetrussland als bisher.[102] Man habe in Moskau gesehen, dass von einem Auseinanderhalten von Sowjetrussland als Staat

---

98 Zietz, Luise, Wir und Moskau, Freiheit 1920, zit. nach Arno Franke, Die Wahrheit über Russland. Die Auswanderung nach Sowjet-Russland und das Diktat der Dritten Internationale. Mitteilungen der deutschen LISPD-Delegation und anderer Zeugen, Berlin 1920, S. 25.
99 Dies., in: Protokoll der Reichskonferenz (der USPD) vom 1. bis 3. September 1920 zu Berlin, Berlin 1920, S. 91.
100 Dißmann, Robert, ebd., S. 34.
101 Däumig, Ernst u.a., Aufruf linker Führer der USPD v. 20. September 1920 (Mansfelder Volks-Zeitung Nr. 198 v. 25. September 1920), in: DuM Bd. VII/1, Berlin 1966, S. 298 f., S. 299.
102 Stoecker, Walter, Die U.S.P.D. und die 3. Internationale, in: Curt Geyer (Hrsg.), Für die 3. Internationale! Die U.S.P.D. am Scheidewege, Berlin 1920, S. 65.

und der 3. Internationale nicht geredet werden könne.[103] Sowjetregierung, Exekutivkomitee der KI und russische Parteileitung seien eins. Ablehnung der Bedingungen heiße deshalb zugleich Aufgabe der Sympathie für Sowjetrussland.[104] Die rechten Führer der USPD hätten jedoch Abscheu vor Moskau und leisteten damit der Gegenrevolution Vorschub. Diesem starken Tobak wurde noch eins obendrauf gelegt: Vom Anschluss hänge das Schicksal der Weltrevolution ab.[105] So schrieb auch der württembergische Landtagsabgeordnete Karl Müller:

„Wer gegen die 3. Internationale sich wendet, vermehrt die Gefahr, die dem russischen und damit dem gesamten Proletariat durch die Weltbourgeoisie droht. Nicht kleinliche Organisations-, Autonomie- und Personenfragen dürfen den Wettkampf beeinflussen. Es geht um mehr, es geht um Sein oder Nichtsein."[106]

Mittelbar hatte damit das Verhältnis zur russischen Revolution, in diesem Fall konkret die Haltung zu der in Moskau gegründeten neuen Internationale, erneut für einen Teil der sozialdemokratischen Arbeiterbewegung die Weichen gestellt: Die einen brachen angesichts des Moskauer Dominanzstrebens die Bemühungen um eine einheitliche Sozialrevolutionäre Internationale enttäuscht ab, die anderen beschritten den Weg des Zusammenschlusses mit der KPD. Es soll jedoch nicht unerwähnt bleiben, dass der größere Teil der USPD-Funktionäre, die für den Anschluss an die Moskauer Internationale gekämpft hatten, sich schon wenige Jahre später wieder von der KPD abwendeten.

Die Diskussion um die Frage der Internationale nimmt in Österreich einen in vielerlei Hinsicht anderen Verlauf als in Deutschland. Natürlich spielt das Verhältnis zu Sowjetrussland dabei auch eine Rolle, aber ansonsten sind die Ausgangsbedingungen doch sehr verschieden. Im Wesentlichen sind es zwei Bedingungen, die hier zu beachten sind.

---

103 Däumig, Ernst, in: Protokoll der Reichskonferenz, a.a.O., S. 41.
104 Oelssner, Alfred, ebd., S. 83; Dahlem, Franz, ebd., S. 93. Tony Sender hielt dem entgegen, es gehe nicht um für oder gegen Sowjetrussland, sondern um für oder gegen die Bedingungen; ebd., S. 96.
105 Däumig, Ernst, Vorwort: Warum müssen wir uns der 3. Internationale anschließen?, in: Geyer (Hrsg.), Für die 3. Internationale!, S. 5 ff.
106 Müller, Karl, Sozialdemokrat Nr. 230 v. 2. Oktober 1920, zit. nach Sylvia Neuschl, Geschichte der USPD in Württemberg oder über die Unmöglichkeit einig zu bleiben, Esslingen 1983, S. 327.

Zum einen erfolgt keine Parteispaltung schon im Kriege, die der deutschen Trennung in MSPD und USPD entsprochen hätte. Durch das Verbleiben der verschiedenen Strömungen in einer Partei, in der aber bei Kriegsende der linke Flügel dominiert, erübrigt sich eine Auseinandersetzung in der Schärfe, wie sie zwischen der zunächst kriegsunterstützenden MSPD und der kriegsablehnenden USPD verläuft. Das hat natürlich Konsequenzen für entsprechende Möglichkeiten der Zusammenarbeit im internationalen Rahmen. Auf der anderen Seite erfolgt zwar die Gründung einer kommunistischen Partei, prominente Führungspersönlichkeiten wie Liebknecht und Luxemburg konnte die neue Partei jedoch nicht vorweisen[107] und ihr blieb – von kurzfristigen Phasen größerer Unterstützung in der Arbeiterschaft bzw. den Arbeiterräten abgesehen – Massenanhang versagt.

Die auch theoretisch bei weitem ausgeprägtere Betonung des Einheitsgedankens in der österreichischen Sozialdemokratie macht schon verständlich, dass für sie die 21 Bedingungen der Komintern keine neue Entscheidungslage mit sich brachte, dass sie allenfalls – so für Friedrich Adler[108] – erneut die Auffassung bestätigten, dass ein Anschluss an die 3. Internationale nicht in Frage komme. Es dürfte klar sein, dass schon aus diesem Grunde keine ausführliche Debatte über den Inhalt der Bedingungen im Einzelnen zustande kam. Otto Bauer stellte sich als ideologische Leitfigur der Partei ausdrücklich hinter die „ausgezeichnete Gegenrede Hilferdings" zu Sinowjew auf dem Hallenser USPD-Parteitag[109] und übernahm damit dessen – von Rosa Luxemburg entlehnte – Argumentation, d.h. die Ablehnung des Versuchs, die leninistischen Parteiprinzipien auf andere Parteien zu übertragen.

---

107 Friedrich Adler lehnte das Angebot linksradikaler Gruppen, Vorsitzender einer neugegründeten KP zu werden, ausdrücklich ab. vgl. Hautmann, Hans, Die verlorene Räterepublik. Am Beispiel der Kommunistischen Partei Deutschösterreichs, Wien 1971, S. 13 f.
108 Adler, Friedrich, Protokoll SDAP-Parteitag, Wien 1920, S. 110.
109 Bauer, Otto, SDAP-Parteitag Wien 1920, in: ders., Werke Bd. 5, Wien 1978, S. 221.

5. Schlussbetrachtung

Es sind im wesentlichen Fragen des Verhältnisses von Demokratie und Sozialismus, die eine Abkehr einer Parteiströmung der deutschen Sozialdemokratie nach der anderen vom Projekt der Oktoberrevolution bewirken. Diese kritische Distanz umschließt auch die von Rosa Luxemburg geprägte Strömung innerhalb des Spartakusbundes, deren Einfluss allerdings nach ihrem Tode in der neukonstituierten KPD rapide abnimmt. Und es ist eine zweite Grundsatzfrage, die von Anfang an die kritische Distanz aller sozialdemokratischen Strömungen zur bolschewistischen Partei ausmacht: die des Parteiverständnisses, die Ablehnung der zentralistischen Parteitheorie Lenins. Natürlich gab es daneben auch detaillierte kritische Auseinandersetzungen bezüglich der Wirtschaftspolitik bzw. der Bauernpolitik der sowjetischen Regierung, aber sie prägen doch nicht derartig signifikant das Bild des sozialdemokratischen Verhältnisses zu Sowjetrussland.

Auf einen wesentlichen Unterschied muss aber nochmals hingewiesen werden. In Deutschland war die Auseinandersetzung um das Verhältnis zu Sowjetrussland ab 1917 Hauptbestandteil der Parteiauseinandersetzungen zwischen MSPD, USPD und später KPD bzw. innerhalb dieser Parteien. Daneben wurden sie in den Arbeiter- und Soldatenräten ausgetragen. Sie hatten damit für die jeweiligen Parteien bzw. Parteiströmungen geradezu existentiellen Charakter. Dies erklärt zumindest teilweise, dass sich innerhalb der Mehrheitsströmung der deutschen Sozialdemokratie bereits früh ein sehr emotional geprägtes antibolschewistisches Feindbild verfestigte, innerhalb dessen die konkreten schwierigen Rahmenbedingungen des Experiments der Oktoberrevolution kaum noch Platz fanden. Dies hatte zur Folge, dass auch später der Übergang vom Leninismus zum Stalinismus in seiner Bedeutung kaum noch erfasst werden konnte.[110]

In dieser unterschiedlichen innenpolitischen Situation dürfte einer der Gründe dafür liegen, dass die Einschätzungen der Entwicklungen in

---

110 Vgl. Matthias, Erich, Die Rückwirkungen der russischen Oktoberrevolution auf die deutsche Arbeiterbewegung, in: Helmut Neubauer (Hrsg.), Deutschland ..., S. 87 f.

Sowjetrussland durch die deutschösterreichische Sozialdemokratie in größerem Maße durch ein rationales Herangehen geprägt sind. Dort konnte der kommunistische Teil der Arbeiterbewegung von Anfang an kaum Fuß fassen. Entsprechend finden wir vor allem in den Analysen Otto Bauers eine stärkere Verknüpfung der Kritik in demokratietheoretischer Hinsicht mit einer realhistorischen Herausarbeitung der Ausgangs- und Rahmenbedingungen des sowjetrussischen Experiments. Erst eine solche kritische Durchleuchtung der Theorie- und Verwirklichungsgeschichte des Sozialismus von 1917 bis heute wird uns der Antwort näher bringen, was nach dem Scheitern des „realexistierenden" Sozialismus vom Sozialismus insgesamt bleibt.

Die Auslandsdelegation der russischen Sozialdemokratie (Menschewiki) im Berliner Exil

Der Weg der Menschewiki ins Berliner Exil

Exil – Begriffsinhalt wie -realität verdeutlichen schon ausreichend das gefühlsmäßige Zusammenspiel von Verlorenheit, Bitterkeit, Heimatverlust und Rückkehrsehnsüchten, das damit notwendig verbunden ist. Exil bedeutet die unabweisbare, ja in Kauf genommene Realität derjenigen, die im aktiven, physischen Kampf gegen ein Regime unterliegen und zur Flucht gezwungen werden. Wie bitter aber muß das Gefühl des unfreiwilligen, erzwungenen Exils derjenigen sein, die sich bis zuletzt – bei sicherlich schärfster Kritik – solidarisch und unterstützend gegenüber dem von ausländischen Interventionen und inneren Bürgerkriegen bedrohten neuen Regime in Rußland verhalten hatten?!

Für die regierenden Bolschewiki und die spätere marxistisch-leninistische Legitimationshistoriographie waren die Menschewiki[1] nach der

1 Im deutschsprachigen Raum liegt bedauerlicherweise noch immer keine umfassende Monographie über die Menschewiki vor. Vorliegende Arbeiten gelten vor allem der Revolutions- und Frühphase bis 1922, sind aber zum Teil nicht veröffentlicht. vgl. Johann Heinrich Frömel: Die russische Sozialdemokratie (Menschewiki) in der Zeit nach der Oktoberrevolution bis zu ihrer endgültigen Illegalität im Jahre 1922. Magisterarbeit, Univ. Marburg 1969; Claus Thomas Reisser: Menschewismus und Revolution 1917. Probleme einer sozialdemokratischen Standortbestimmung. Phil. Diss., Univ. Tübingen 1981; Thomas Reisser: Menschewismus und Nep (1921–28). Diskussion einer demokratischen Alternative. Münster 1996. Einen guten Überblick über den Stand russischsprachiger Veröffentlichungen gibt der Aufsatz von Wladislaw Hedeler: Von Friedhöfen und Zeitungen. Russische Veröffentlichungen über Georgi Plechanov und die Menschewiki. In: IWK [= Internationale wissenschaftliche Korrespondenz zur Geschichte der deutschen Arbeiterbewegung] 35 (1999), H. 3, S. 400 ff. Als bislang umfassendste Untersuchung im angelsächsischen Bereich siehe André Liebich: From the Other Shore. Russian Social Democracy after 1921. Cambridge, Mass., und London 1997. Daneben hat immer noch eine Zusammenstellung ehemals aktiver Menschewiki als wichtigste Quelle und Überblicksdarstellung zu gelten: The Mensheviks. From the Revolution of 1917 to the Second World War. Hrsg. von Leopold H. Haimson. Chicago und London 1976; vgl. ferner wiederum insbesondere für die Frühphase Vladimir N. Brovkin: The Menshevik Opposition to the Bolshevik Regime and the Dilemma of Soviet Power, October 1917 to January 1918. Diss., Princeton Univ. 1983, und ders., The Mensheviks under Attack. The Transformation of Soviet Politics. June–September 1918. In: Jahrbücher für Geschichte Osteuropas 32 (1984), S. 378–391; Ziva Galili y Garcia: The Menshevik Revolutionary Defensists and the Workers in the Russian Revolution of 1917. Phil. Diss., Columbia Univ. 1980; André Liebich: The Mensheviks and the Russian Question in the Labour and Socialist International. In: Russian Research Center Seminar Series, Harvard Univ. 1980; ders., Les Mencheviks en exil face à l'Union soviétique. Montreal 1980, sowie die Textdokumentationen The Mensheviks in the Russian Revolution. Hrsg. von Abraham Ascher. London 1976, und dieser vielfach folgend Sozialistische Revolution in einem unterentwickelten Land? Texte der Menschewiki zur russi-

Oktoberrevolution zu Konterrevolutionären geworden[2], die angeblich die weißgardistischen Aufstandsversuche der Generäle Koltschak und Denikin unterstützt hatten. Der Wahrheit entsprach das nicht. Sicher – die Menschewiki gehörten zu den schärfsten Kritikern der Regierungspraxis der Bolschewiki, ihrer utopischen Wirtschaftspolitik wie ihrer immer repressiver werdenden Herrschaftspraxis.[3] Als es aber um die Frage ging: Erhalt der Ergebnisse des revolutionären Umsturzes vom Oktober 1917 oder Unterstützung der ehemaligen zaristischen Generäle, da rief

schen Revolution und zum Sowjetstaat aus den Jahren 1903 bis 1940. Hamburg 1981. Ein Desiderat hiesiger Forschung sind ferner Biographien der herausragenden menschewistischen Führungspersönlichkeiten. Wiederum die bedeutsamsten Arbeiten aus dem angelsächsischen Raum: Israel Getzler: Martov. A Political Biography of a Russian Social Democrat. Cambridge und Melbourne 1967, und Abraham Ascher: Pavel Axelrod and the Development of Menshevism. Cambridge, Mass., 1972. Monographien über Fëdor I. Dan oder Rafail R. Abramovič liegen bislang nicht vor; vgl. zu Dan vor allem die Briefausgaben: Fëdor Il'ič Dan, pis'ma (1899–1946). Theodore Dan, Letters (1899–1946). Hrsg. von Boris Sapir. Amsterdam 1985, Fedor I. Dan und Otto Bauer. Briefwechsel (1934–1938). Hrsg. von Hartmut Rüdiger Peter. Frankfurt a.M. und New York 1999, und die Aufsätze von Hartmut Rüdiger Peter: Exil in Deutschland. Theodor Dan und die russische Sozialdemokratie 1922 bis 1933. In: Ästhetik und Kommunikation 22 (1993), H. 83, S. 98 ff.; ders., „Brücken schlagen" – Selbstverständnis und Wirkung der Exilmenschewiki 1920–1933. In: Russische Emigration in Deutschland 1918 bis 1941. Leben im europäischen Bürgerkrieg. Hrsg. von Karl Schlögel. Berlin 1995, S. 243–250; ders., Theodor Dan (1871–1947). In: Lebensbilder europäischer Sozialdemokraten des 20. Jahrhunderts. Hrsg. von Otfried Dankelmann. Wien 1995, S. 161 ff., bzw. Andrea Panaccione: Dal menscevismo al „socialismo sintetico". Il carteggio di Fedor Il'ič Dan. In: I Socialisti e l'Europa (= Socialismo Storia. Annali della Fondazione Giacomo Brodolini e della Fondazione di Studi Storico Filippo Turati). Milano 1989, S. 517 ff. Zu Abramovič siehe vor allem André Liebich: From the Other Shore (ebd.), S. 23 ff. An der Universität Heidelberg ist zur Zeit als Dissertationsprojekt eine Biographie über Lidija Dan in Bearbeitung.

2 Ohne auf frühere Einschätzungen näher einzugehen, werden sie von entsprechenden Autoren heute zu „strikten Marxisten" deklariert; vgl. etwa Georg Fülberth: Der große Versuch. Geschichte der kommunistischen Bewegung und der sozialistischen Staaten. Köln 1994, S. 20.

3 Siehe u.a. nur eine Auswahl der wichtigsten in deutscher und englischer Sprache erschienenen Arbeiten führender Menschewiki aus dieser Periode: Julius Martow: Down with Executions! London 1918; ders., Das Problem der Internationale und die russische Revolution. Rede auf dem Parteitag in Halle. Magdeburg 1920; ders., The State and the Socialist Revolution. New York 1938; Raphael Abramowitsch: Die Zukunft Sowjetrußlands. Jena 1923; ders., Wandlungen der bolschewistischen Diktatur. Berlin 1931; ders./W. Suchomlin/Iraklii Zeretelli: Der Terror gegen die sozialistischen Parteien in Rußland und Georgien, Berlin 1925; Paul Axelrod, Die russische Revolution und die sozialistische Internationale. Aus dem literarischen Nachlaß. Jena 1932; Theodor Dan: Die Arbeiter in Sowjet-Rußland. Die Bilanz der kommunistischen Wirtschaftspolitik. Berlin 1923; ders., Sowjetrußland, wie es wirklich ist. Ein Leitfaden für Rußlanddelegierte. Prag 1926; Olga Domanewskaja: Agrarsozialismus in Sowjetrußland. Bringt die Kollektivisierung den Ausweg? Berlin 1931; Paul Olberg: Briefe aus Sowjet-Rußland. Stuttgart 1919; Peter Garwy: Der Rote Militarismus. Berlin 1928; Aron Jugow: Die Volkswirtschaft der Sowjetunion und ihre Probleme. Dresden 1929; ders., Fünfjahrplan. Berlin 1931; Salomon Schwarz: Der Arbeitslohn und die Lohnpolitik in Rußland. Jena 1924; Alexander Stein: Agrarfrage und Sozialismus. Berlin 1921.

die Parteiführung der Menschewiki ihre Mitglieder dazu auf, in die Rote Armee einzutreten und die Konterrevolution abzuwenden. Unter anderem von Salomon Schwarz, selbst Mitglied der Parteileitung, ist bekannt, daß er in der Roten Armee mitgekämpft hat. Mitglieder wiederum, die sich an Aufstandsversuchen beteiligten, wie sie etwa auch von Teilen der Sozialrevolutionären Partei angezettelt wurden, schloß man aus der Sozialdemokratischen Partei aus.

Gleichwohl fristete die Sozialdemokratische Arbeiterpartei Rußlands (SDAPR) das Leben einer halblegalen Partei.[4] In Zeiten, in denen sie nicht inhaftiert waren, arbeiteten die führenden Menschewiki loyal in Funktionen der Sowjetverwaltung mit, so z.B. Fjodor I. Dan als Militärarzt bzw. als Leiter einer Beschaffungsstelle für chirurgische Geräte beim Kommissariat für Gesundheit. Boris Nikolajewskij leitete zwischen 1919 und 1921 das Zentralarchiv für die Geschichte der revolutionären Bewegung und Aaron A. Jugow eine Moskauer Wirtschaftsorganisation.[5]

Die Beteuerung der regierenden Bolschewisten, die Einschränkungen für oppositionelle Parteien seien Maßnahmen des Ausnahmezustands, sollte sich als falsch erweisen. Als Lenin am Ende des Bürgerkriegs das Steuer der Wirtschaftspolitik heftig herumriß, Unternehmen reprivatisierte, Auslandskapital ins Land zu locken versuchte und den privaten Handel wieder ankurbelte, sorgte er sich wohl nicht zu Unrecht, daß bei freien Wahlen gerade die Partei in der Arbeiterklasse breite Unterstützung finden würde, die schon in den Jahren zuvor für ein derartiges gemischtwirtschaftliches Programm des Übergangs eingetreten war: die Menschewiki. Seine Entscheidung lautete: Liberalisierung der Ökonomie bei gleichzeitiger Verengung und Verschärfung der politischen Diktatur. Er ließ nun keinen Zweifel mehr darüber bestehen, wie man mit Leuten umzugehen gedenke, die in Rußland die Positionen eines Karl Kautsky oder eines Otto Bauer verbreiteten: „Sowohl die Menschewiki als auch die Sozialrevolutionäre, die allesamt solche Dinge predigen, wundern sich, wenn wir erklären, daß wir Leute, die so etwas sagen, er-

---

4 Vgl. dazu sehr detailliert Liebich, From the Other Shore (wie Anm. 1), S. 70 ff.
5 Vgl. ders., Eine Emigration in der Emigration: Die Menschewiki in Deutschland 1921–1933. In: Russische Emigration in Deutschland (wie Anm. 1), S. 233.

schießen werden [...]. Wer den Menschewismus öffentlich manifestiert, den müssen unsere Revolutionsgerichte erschießen lassen, sonst sind das nicht unsere, sondern wer weiß was für Gerichte."[6] – Die neben den Bolschewiki einzig übriggebliebene halblegale Partei, die der Menschewiki, wurde so endgültig in die Illegalität gedrängt, und ihre Führungsmitglieder wurden ins Exil gezwungen.

So paradox es klingen mag: Berlin war auf die Auslandsleitung der Menschewiki gut vorbereitet, und diese – trotz der unvorhergesehenen Illegalisierung – auf Berlin. Der Parteiveteran Pawel B. Axelrod war schon bald nach der Oktoberrevolution nach Deutschland ausgereist, lebte nun in Berlin und nahm dort schon einige Zeit die Aufgabe wahr, die sozialdemokratischen Parteiführer des Westens über die russischen Ereignisse zu unterrichten. Dem schwerkranken Parteivorsitzenden und seit Ende 1917 unbestrittenen theoretischen Kopf der Partei[7] Julij O. Martow war im Herbst 1920 – mit russischem Paß und mit offiziellem Geld ausgestattet – die Ausreise genehmigt worden, damit er auf dem USPD-Parteitag in Halle auftreten konnte. Er wurde von Rafail R. Abramowitsch begleitet, der wie er selbst anschließend in Berlin blieb. Zudem arbeitete mit Alexandr N. Stein[8] ein ehemaliger russischer Parteigenosse (früher möglicherweise auf bolschewistischer Seite[9]) schon seit 1905 in der so-

6   Lenin, Wladimir Iljitsch, Politischer Bericht des Zentralkomitees der KPR(B) an den XI. Parteitag, 17. März 1922. In: ders., Werke. Bd. 33, Berlin (Ost) 1971, S. 269.

7   Er formulierte ab diesem Zeitpunkt die wichtigsten Parteidokumente und lieferte dazu – auch bezogen auf die internationale sozialistische Debatte der Jahre um 1920 – die wohl scharfsinnigsten theoretischen Beiträge zur Demokratie-Diktatur-Problematik; vgl. hierzu die ausführliche Darstellung und Auseinandersetzung bei Uli Schöler: „Despotischer Sozialismus" oder „Staatssklaverei"? Die theoretische Verarbeitung der sowjetrussischen Entwicklung in der Sozialdemokratie Deutschlands und Österreichs (1917 bis 1929). 2 Bde. Münster und Hamburg 1991, S. 326 ff.; zu Martow siehe jetzt auch Boris Orlow: Der erste Menschewik Rußlands (ein Politiker mit reinem Gewissen). Unveröffentlichtes Manuskript, Moskau 1997.

8   Vgl. zu seiner Person Hanna Papanek, Alexander Stein (Pseudonym: Viator) 1881–1948, Socialist Activist and Writer in Russia, Germany, and Exile: Biography and Bibliography. In: IWK 30 (1994), H. 3, S. 343 ff., wo auch erstmalig die schon auf die Studienzeit zurückgehende Freundschaft mit Rafail Abramowitsch Erwähnung findet; ebd., S. 345; siehe auch Franz Osterroth, Biographisches Lexikon des Sozialismus. Bd. 1: Verstorbene Persönlichkeiten. Hannover 1960, S. 300 f.

9   Vgl. Liebich, From the Other Shore (wie Anm. 1), S. 171. Während Hanna Papanek in ihrer ersten biographischen Skizze auf die „bolschewistische Vergangenheit" ihres Vaters überhaupt nicht eingeht – vgl. ebd., S. 345 f. –, setzt sie sich in einer späteren Publikation kritisch mit dieser von anderen Menschewisten tradierten Überlieferung auseinander; vgl. dies., Hatte Alexander Stein eine „bolschewistische Vergangenheit"? Fragen zur Quellenlage in der Frühzeit der Menschewiki.

zialdemokratischen Bewegung in Berlin, der sich für die zu gründende Auslandsleitung als ungeheuer nützlich erweisen sollte.

Fjodor I. Dan, der nach dem Tod seines Schwagers Julij O. Martow 1923 zur dominierenden Führungspersönlichkeit der Partei aufstieg, war nach einer kämpferischen und selbstbewußten Rede auf dem VIII. Allrussischen Sowjetkongreß im Dezember 1920 am 26. Februar 1921 gemeinsam mit dem gesamten Zentralkomitee und einer Reihe anderer führender Menschewiki (insgesamt einigen hundert) verhaftet worden. Vorausgegangen waren die Kronstädter Ereignisse – die von den Bolschewiki menschewistischen Einflüssen zur Last gelegt wurden. Nach einem Hungerstreik erreichten die Inhaftierten Anfang 1922 ihre Freilassung, und die prominentesten wurden aus Sowjetrußland verbannt und ausgewiesen (allerdings noch mit befristeten sowjetrussischen Pässen ausgestattet, die sie bis 1932 immer wieder verlängern lassen konnten – eine trügerische Hoffnung auf Rückkehr). In Berlin bildeten sie ein Leitungsgremium der SDAPR, „Auslandsleitung" genannt, allerdings nur als Auslandsabteilung der Parteiführung, während ein illegaler Parteivorstand im Land unter dem Vorsitz von Georgij D. Kutschin weiterexistierte. Noch im Folgejahr 1923 beschrieb ein Rundschreiben des bolschewistischen Zentralkomitees die Menschewiki als die „wichtigste Kraft in unserer politischen Arena, die auf die bourgeoise Konterrevolution hinarbeitet"[10].

Über illegale Kanäle gelang es sogar, Kutschin außer Landes und zu Beratungen nach Berlin und Wien und anschließend wieder zurück nach Rußland zu bringen. Aber die politischen Repressionen im Land blieben nicht ohne Wirkung. 1925 berichteten die Menschewiki auf dem Marseiller Kongreß der Sozialistischen Arbeiter-Internationale (SAI), man

In: IWK 35 (1999), H. 3, S. 394 ff. Selbst wenn es für Stein nicht gelten sollte – eine ganze Reihe wichtiger Funktionäre der Menschewiki hatte früher zeitweise auf Seiten der Fraktion der Bolschewiki gestanden; vgl. Liebich (wie Anm. 1), S. 29 ff., der im übrigen auf höchst differenzierte Weise den komplizierten Prozeß der Herausbildung der beiden späteren Hauptströmungen bzw. Parteien aus Iskra-Fraktion, Bundisten, Liquidatoren, revolutionären Vaterlandsverteidigern, Internationalisten und letztlich Menschewisten und Bolschewisten beschreibt. Eine komplizierte Rolle zwischen den verschiedenen Parteiflügeln hatte auch der bereits 1918 verstorbene Georgij Plechanow gespielt; vgl. Ruth Stoljarowa/Wladislaw Hedeler, Zum 80. Todestag von Georgi Walentinowitsch Plechanow. In: Beiträge zur Geschichte der Arbeiterbewegung [künftig zit. als BzG] 40 (1998), H. 3, S. 80 ff.

10 Zit. nach Liebich, Eine Emigration (wie Anm. 5), S. 240.

unterhalte noch einen gut geführten Parteiapparat im Land, der ohne Unterbrechungen funktioniere, mit zahlreichen lokalen Parteiorganisationen in Kontakt stehe, eine eigene geheime Druckerei besitze (bei den Druckern waren die Menschewiki traditionell stark verankert) und regelmäßigen Austausch mit der Partei im Ausland pflege.[11] Für das Jahr 1928 ist noch von zehn lokalen Parteiorganisationen in Rußland die Rede. Erst Anfang der 30er Jahre, nach dem sogenannten „Menschewistenprozeß" 1931[12], dem Vorläufer der späteren großen stalinistischen Schauprozesse, dürfte die staatliche Repression jedweder illegalen sozialdemokratischen Betätigung ein Ende bereitet haben.[13]

Zurück nach Berlin: Es lag nicht nur an den bereits vor Ort befindlichen Genossen, daß sich die ab Anfang 1922 immer zahlreicher eintreffenden Menschewiki sehr schnell zurechtfanden. Ein Großteil von ihnen war schon durch die politische Aktivität in der zaristischen Ära an den Wechsel von Illegalität, Gefängnis, Verbannung und Exil gewöhnt. Gegenüber den meisten anderen Exilanten wiesen sie zudem eine wichtige Besonderheit auf: Bis auf Boris Nikolajewskij bestand die Auslandsleitung ausschließlich aus (assimilierten) russischen Juden, deren übergroße Mehrheit zudem glänzend mit der deutschen Sprache vertraut war.[14] David Dallin und Salomon Schwarz waren noch vor dem Ersten Weltkrieg an deutschen Universitäten promoviert worden. Der Mediziner

---

11 Vgl. den Bericht in Zweiter Kongreß der Sozialistischen Arbeiter-Internationale in Marseille. 22. bis 27. August 1925. Berlin 1925.

12 Vgl. hierzu insbesondere Bruno Groppo, Le procès des „mencheviks" (Moscou, 1931) et le socialisme européen. In: L'URSS il Mito le Masse (= Socialismo Storia. Annali …). Milano 1991, S. 352 ff.; Liebich, From the Other Shore (wie Anm. 1), S. 199 ff.; Der Moskauer Prozeß und die Sozialistische Arbeiter-Internationale. Berlin 1931.

13 Sozialdemokraten, die wie Dan 1921 verhaftet wurden, aber anders als er nach ihrer Freilassung im Land blieben, konnten, wenn sie politisch nicht „auffielen", zumindest während der NEP-Phase relativ unbehelligt ihren beruflichen Tätigkeiten nachgehen. Erst mit dem Menschewistenprozeß 1931 und nochmals verschärft in der zweiten Hälfte der 30er Jahre setzte auch für sie wieder die Gefahr politischer Repression ein, gerieten sie in den Sog der irrationalen stalinistischen Verfolgung und Repression; vgl. die Schilderung des unspektakulären wie zugleich sicher typischen Falls des Jossif Rybakov bei Waltraud Bayer: Jossif Rybakov: Das Profil eines bürgerlichen Sammlers im roten Rußland. In: Zeitschrift für Kunstgeschichte 60 (1997), H. 3, S. 277–288; bzw. Kerstin Holm: Mäzen unter Stalin. Die Kunstsoziologie öffnet ihre russischen Archive. In: Frankfurter Allgemeine Zeitung, Nr. 17, vom 21. Januar 1998, S. N5; siehe zu dieser Periode insgesamt und zu weiteren – prominenteren – Fällen Liebich: From the Other Shore (wie Anm. 1), S. 123 ff.

14 Vgl. ebd., S. 12.

Fjodor Dan und seine Frau Lidija (Martows Schwester) hatten an der deutschen Universität in Dorpat studiert. Das eine oder andere ältere (Jurij P. Denike, auch Georg Decker genannt[15]) und auch viele jüngere Mitglieder integrierten sich rasch in die deutsche Parteiorganisation, übernahmen dort Redakteursposten oder Parteifunktionen und publizierten unter ihren eingedeutschten Namen. Zu nennen sind hier insbesondere Alexander Schifrin (alias Max Werner), Grigorij Binstok, Judith Grünfeld und Vladimir Vojtinskij. Und für diejenigen wie Aaron Jugow oder seine Lebensgefährtin Olga Domanewskaja, deren Deutschkenntnisse erst langsam besser wurden, stand mit dem jungen, ebenfalls aus Rußland stammenden Arkadij Gurland[16] ein brillanter politischer Kopf als Übersetzer zur Verfügung.

In der Weltstadt Berlin hatte sich zugleich die wohl größte russische Kolonie außerhalb der russischen Staatsgrenzen gebildet. Von den etwa zwei Millionen Russen, die mit der ersten Welle der Emigration ins Ausland gingen – unter ihnen besonders viele sogenannte „Geistesarbeiter", also Gelehrte, Schriftsteller, Anwälte, Ärzte, Pädagogen, Schauspieler, Künstler –, siedelten sich ca. 300.000 in Berlin an. Viele lebten unter ausgesprochen ärmlichen Verhältnissen, mußten ihren Lebensunterhalt mit jedweder Gelegenheitsarbeit verdienen.[17]

Der russische Taxifahrer in Berlin wurde zu einem bekannten Topos.[18] Selbstverständlich, daß sich hier eine ganz eigene Emigrantenkultur bzw. ein eigenes Milieu herausbildete. So wie im heutigen Berlin eine türkische, entwickelte sich im Berlin der 20er Jahre eine eigene russische Kultur mit zahlreichen Firmen, Buchhandlungen, Läden und

15 Vgl. zu seiner Person Denicke, Georg, Erinnerungen und Aufsätze eines Menschewisten und Sozialdemokraten. Bonn 1980; Scholing, Michael, Georg Decker (1887–1964). Für eine marxistische Realpolitik. In: Vor dem Vergessen bewahren. Lebenswege Weimarer Sozialdemokraten. Hrsg. von Peter Lösche, Michael Scholing und Franz Walter. Berlin 1988, S. 57 ff.
16 Vgl. zu seiner Person Emig, Dieter/Zimmermann, Rüdiger, Arkadij Gurland (1904–1979). „Praktisches Leitziel im Kampf um den Sozialismus: die Liebe zur Partei". In: Vor dem Vergessen bewahren, ebd., S. 81 ff.
17 Dies galt im übrigen auch für weniger prominente Mitglieder der menschewistischen Emigration; vgl. Liebich, From the Other Shore, (wie Anm. 1), S. 102.
18 Vgl. Mick, Christoph, Grauzonen der russischen Emigration: Von Rußlandexperten und Dokumentenfälschern; Dinerštejn, Efim A., „Feindbeobachtung". Russische Verlage in Berlin im Blick der Sowjetmacht. Beides in: Russische Emigration in Deutschland (wie Anm. 1), S. 163 bzw. 411 f.

Verlagen. Den Kurfürstendamm nannte der Volksmund in Anspielung auf Lenins NEP (Neue ökonomische Politik) „Neppski-Prospekt" (Nepp steht im Deutschen für Wucher). Viele, die Rang und Namen in der russischen Literatur hatten, lebten Anfang der 20er Jahre in Berlin. Von den etwa fünfzig russischen Emigrantenverlagen, die 1922 im Ausland tätig waren, zählten 38 zur „Berliner Vereinigung russischer Verlage". Im gesamten Zeitraum von 1918 bis 1928 stieg die Zahl sogar auf 185, wobei einige sicherlich nur ein kurzes Leben gefristet haben dürften. Zeitweilig sollen in Berlin mehr russische als deutsche Bücher publiziert worden sein.[19]

Wenn für die Menschewiki gleichwohl von der „Emigration in der Emigration" die Rede ist[20], so kennzeichnet dies die besondere Rolle, die diese im Geflecht des russischen Emigrantenlebens einnahmen. Sie hatten – trotz ihrer Verfolgung – immer noch die besten Beziehungen zum sowjetischen Regime und zum Heimatland. Dies drückte sich u.a. darin aus, daß sich die Menschewiki – anders als die meisten anderen Emigranten – bei Konflikten zwischen der Sowjetregierung und bürgerlichen Opponenten bzw. anderen europäischen Mächten häufig auf die Seite der Regierung stellten. Der eine oder die andere von ihnen fand sogar zeitweilig eine Anstellung bei der sowjetischen Handelsmission in Berlin.[21] Ob Sozialrevolutionäre oder ehemalige Träger des alten zaristischen Regimes: sie alle setzten auf einen bedingungslosen Sturz der bolschewistischen Herrschaft (eine Haltung, die – wie wir noch sehen werden – von den Menschewiki so nicht geteilt wurde) und hatten vielfach zudem alle Hoffnungen auf eine Rückkehr ins Land aufgegeben.

So partiell isoliert, wie sie im Hinblick auf die große russische Kolonie in Berlin waren, so gut integrierten sich die Menschewiki

19 Vgl. Dinerštejn, ebd.; Scandura, Claudia, Die Ursachen für die Blüte und den Niedergang des russischen Verlagwesens in Berlin in den 20er Jahren. In: Russische Emigration in Deutschland (wie Anm. 1), S. 403–410; Lauer, Reinhard, Insel im Meer der goldenen zwanziger Jahre. Russische Emigranten in der Weimarer Republik. In: Frankfurter Allgemeine Zeitung, Nr. 80, vom 3. April 1996, S. 9.
20 Vgl. den Titel bei Liebich, Eine Emigration (wie Anm. 5), sowie ders., From the Other Shore (wie Anm. 1), S. 103 f.
21 Zu Beispielen siehe Liebich, Eine Emigration (wie Anm. 5), S. 238 f.

zugleich in die Arbeitszusammenhänge der sozialdemokratischen Bewegung in Berlin, in Deutschland und in der SAI. Sie waren eine verhältnismäßig kleine Gruppe: Ein Bericht von 1927 nennt 74 Mitglieder des „Martow-Klubs"; 1932 baten 73 Personen (einschließlich der Familienangehörigen) bei den französischen Genossen um Hilfe bei der Beschaffung von Visa zur Vorbereitung der dann 1933 erfolgenden Flucht vor den Nazis und der Übersiedlung nach Paris. Damit wies Berlin gleichwohl die größte Exilgruppe auf. Zwei kleinere in Paris und New York reichten in ihrer Bedeutung bei weitem nicht an die Berliner Gruppe heran.[22] Der größte Teil der Mitglieder der Auslandsleitung verdiente seinen Lebensunterhalt durch publizistische Tätigkeit. Nahezu alle sozialdemokratischen und freigewerkschaftlichen Blätter, seien es nun Theoriezeitschriften wie Rudolf Hilferdings „Gesellschaft", Wochenblätter oder gar Tageszeitungen wie der „Vorwärts", räumten den Menschewiki breiten Raum ein, gewannen einzelne von ihnen als Experten, um über russische Fragen ausgiebig zu berichten. Natürlich wurden ihre Artikel auch in anderen Zeitungen und Zeitschriften von Mitgliedsparteien der SAI gedruckt, im deutschsprachigen Raum in der Schweizer „Roten Revue" und in Österreich im „Kampf" sowie in der „Arbeiterzeitung". Der betagte Pawel Axelrod lebte vom Verkauf alter Manuskripte und historischen Vorträgen über Rußland. Der traditionellen Rollenverteilung der Geschlechter dürfte es entsprochen haben, daß es primär die Frauen waren (von Lidija Dan ist es bekannt), die durch andere Tätigkeiten wie Büroarbeit zum Lebensunterhalt der Familien beitrugen.[23] Rafail Abramowitsch, der zu den Führungsmitgliedern des noch vor der SDAPR gegründeten Jüdischen Arbeiterbundes (kurz „Bund" genannt)[24] gehört hatte, konnte seine Herkunft als

---

22 Vgl. ebd., S. 229 f.
23 Vgl. Peter, Hartmut Rüdiger, „Brücken schlagen" (wie Anm. 1), S. 245 f.; ders., Exil in Deutschland (wie Anm. 1), S. 99. Eine genauere Untersuchung der Lebensbedingungen gerade der Frauen im Berliner Exil der Menschewiki liegt bisher nicht vor. Zur Frühgeschichte der Frauen in der russischen Sozialdemokratie bis zum Jahre 1917 vgl. aber jetzt Beate Fieseier, Frauen auf dem Weg in die russische Sozialdemokratie, 1890–1917. Eine kollektive Biographie. Stuttgart 1995.
24 Vgl. zu dessen Geschichte Minczeles, Henri, Histoire générale du Bund. Un mouvement révolutionnaire juif. Paris 1995; Gelbard, Arye, Der Jüdische Arbeiter-Bund Rußlands im Revolutionsjahr 1917. Wien 1982; Kessler, Mario, „Die Avantgarde der Arbeiterarmee Rußlands".

Korrespondent für die weltweit größte jüdische Tageszeitung, den New Yorker „Forwärts" nutzen. Er war es auch, der gelegentlich in die USA reiste und bei den amerikanischen Juden Spendengelder für die eigene Partei sammelte. Mit deren Hilfe und der auch finanziellen Unterstützung der deutschen und europäischen Schwesterpartei(en) konnten die Menschewiki ihre beachtliche publizistische Tätigkeit als Partei entwickeln und aufrechterhalten.[25]

Bereits im Februar 1921 hatten Abramowitsch und Martow (mit formeller Hilfe des deutschen Staatsangehörigen Alexander Stein) in Berlin den russischsprachigen „Sozialistischen Boten" (Socialističeskij vestnik) gegründet, der zweiwöchentlich erschien. Er zählte lange zu den bestinformierten Quellen über „russische Zustände". Insbesondere die Rubrik „Aus Rußland" lieferte detaillierte Berichte über die konkreten Lebensbedingungen der russischen Arbeiterklasse, aber auch über Streikbewegungen, die sonst kaum wahrgenommen wurden.[26] Die guten Verbindungen der Menschewiki in ihr Herkunftsland bis in hohe Stellen der Sowjet- und Parteibürokratie hinein machten es möglich, daß hier Informationen gedruckt werden konnten, die sonst nirgendwo zu lesen waren. In der Frühphase (bis zu Lenins Tod) wurden sogar mehrere hundert Exemplare von der sowjetischen Handelsmission aufgekauft. Über illegale Kuriere fand das Blatt zunächst auch in der Sowjetunion einige Verbreitung. Im Politbüro der KPdSU wie in der Führungsspitze der Komintern gehörte er zur Pflichtlektüre. In einem Erlaß des Politbüros

---

100. Jahrestag der Gründung des Jüdischen Arbeiterbundes. In: Sozialismus 25 (1998), H. 2, S. 55 f. Die Mehrheit des Bundes hatte sich 1920 wie die Mehrheit der USPD zu den 21 Aufnahmebedingungen der Komintern bekannt und ging danach – in mehreren Schritten – faktisch in der KPdSU auf; vgl. Minczeles, ebd., S. 325 ff. Die Minderheit setzte die Arbeit zum Teil auf polnischem Territorium fort (wie z. B. Henryk Erlich) bzw. arbeitete (wie Rafail Abramowitsch und Mark Liber) vorrangig innerhalb der Strukturen der Menschewiki; vgl. Minczeles, ebd. sowie Kessler, ebd., S. 56. Das Bund-Auslandsarchiv wanderte über Genf 1925 ebenfalls nach Berlin ins „Vorwärts"-Haus; vgl. Pichkan, Gertrud, Willy Brandt und der „unglückliche Zerfallsprozeß". Über das Beziehungsgeflecht zwischen Jüdischem Arbeiterbund, Sozialdemokratie und sozialistischer Jugend in den 30er Jahren. In: Frankfurter Rundschau, Nr. 301, vom 29. Januar 1997, S. 13.

25 Liebich, Eine Emigration (wie Anm. 5), S. 232; Peter, „Brücken schlagen" (wie Anm. 1), S. 245.

26 Liebich, André, Why Nep Would not Work. The Menshevik View. In: L'URSS il Mito le Masse (= Socialismo Storia. Annali …). Milano 1991, S. 683 f.

von Ende 1926 wird er als erste der wichtigsten Publikationen erwähnt, deren Einfuhr in nunmehr nur noch 38 Exemplaren gestattet war, die nach einem strengen Verteilerschlüssel auf die politische Führung und einige wenige zentrale Bibliotheken und Archive verteilt wurden. Ein Spezialabonnement mit immerhin 20 Exemplaren erhielt allerdings die Geheimpolizei GPU, um auf diese Weise möglicher illegaler sozialdemokratischer Betätigung im Land auf die Spur zu kommen.[27] Der „Sozialistische Bote" hat die verschiedenen Exiletappen der Menschewiki von Berlin über Paris (1933) nach New York (1940) überdauert und ist immerhin bis zum Jahre 1963 erschienen. Mit dem langsamen Aussterben der menschewistischen Parteiorganisation war auch er nicht mehr weiter aufrechtzuerhalten.

Neben dem russischsprachigen „Sozialistischen Boten" produzierten die Menschewiki ein Informationsbulletin für das interessierte deutschsprachige Publikum: das „Russische Bulletin", später (1924) in „RSD. Mitteilungsblatt der Russischen Social-Demokratie" umbenannt. Es erschien von 1922 bis 1932 und enthielt Übersetzungen von Artikeln aus dem „Sozialistischen Boten" bzw. eigene, für das deutschsprachige Publikum und die Debatte in der Internationale geschriebene und bestimmte Aufsätze.[28]

Die Haltung der Menschewiki zu Sowjetrußland

Was aber war nun die besondere Haltung der Menschewiki zu ihrem Heimatland und zur Existenz einer sich sozialistisch verstehenden Sowjetregierung?[29] Eine knappe Zusammenfassung liefert uns David

---

27 Dinerštejn, „Feindbeobachtung" (wie Anm. 18), S. 417 f.; Liebich, Eine Emigration (wie Anm. 5), S. 237 f.; ders., From the Other Shore (wie Anm. 1), S. 125.

28 Obwohl es insbesondere für die der russischen Sprache nicht mächtige Historiographie im deutschsprachigen Raum eine nahezu unersetzliche Fundgrube zum Verständnis russischer Probleme der Zwischenkriegszeit darstellt, ist dieses Mitteilungsblatt – von Ausnahmen abgesehen (Horst Dieter Beyerstedt: Marxistische Kritik an der Sowjetunion in der Stalin-Ära [1924–1953]. Frankfurt a.M., Bern und New York 1986; Schöler: „Despotischer Sozialismus" [wie Anm. 7]) – bisher kaum für die historische Forschung genutzt worden. Dies mag auch daran liegen, daß keine Einrichtung oder wissenschaftliche Bibliothek über ein vollständiges Exemplar aller Jahrgänge verfügt. Dies zusammenzustellen wäre ein erster verdienstvoller Schritt.

29 Vgl. zu diesem Abschnitt genauer Schöler, ebd., S.609 ff.; Liebich, Les Mencheviks en exil (wie Anm. 1), S. 7 ff.

Dallin in einem Aufsatz im „Sozialistischen Boten" vom 18. Mai 1926: „Unsere Revolution ist blutig und schrecklich, aber es ist unsere eigene russische Revolution, und man sollte sie nicht verdammen, sondern sie korrigieren."[30] Damit waren die wichtigsten Charakteristika des menschewistischen Kurses präzise benannt: Man hatte die Oktoberrevolution als notwendige und unausweichliche Aktion des russischen Proletariats akzeptiert, kritisierte und bekämpfte deren blutige und terroristische Entartung, trat deshalb aber nicht für ihre gewaltsame Beendigung, sondern für ihre demokratische Überwindung ein. Dies war die berühmte „Martow-Linie", der sich die Partei in ihrer Mehrheit immerhin bis 1939/40 verpflichtet fühlte: die Orientierung auf eine „demokratische Liquidation der bolschewistischen Diktatur".[31]

Martow selbst hatte sie allerdings auch erst im Verlauf des Jahres 1918 formuliert, nachdem er – wie Vertreter der anderen Parteiströmungen auch – den Oktoberumsturz zunächst als reinen Putsch abqualifiziert hatte. Die selbstkritische Analyse der Frage, warum den zuvor in der Arbeiterklasse und in den Räten dominierenden Menschewiki die Arbeiter und Soldaten in Scharen davon- und zu den Bolschewiki übergelaufen waren, hatte ihn zu dieser Kurskorrektur bewogen.[32] Die von ihm formulierte Haltung seiner Partei lautete im Herbst 1918 nun so: „Der bolschewistische Umsturz vom Oktober 1917 war historisch notwendig, weil er dadurch, daß er die Beziehungen zwischen Kapital und Arbeit abbrach, das Verlangen der Arbeiterklasse ausdrückte, den Kurs der Revolution ganz ihren Interessen unterzuordnen. Ohne das war es unmöglich, Rußland aus der Klammer des alliierten Imperialismus zu befreien, eine dauerhafte Friedenspolitik zu führen, eine radikale Agrarreform durchzusetzen [...] und die gesamte Wirtschaft nach den Interessen der Volksmassen zu regulieren."[33]

---

30 Zit. nach Liebich, Eine Emigration (wie Anm. 5), S. 233.
31 Vgl. für die Phase Mitte der zwanziger Jahre genauer das Kapitel bei Schöler, ebd., S. 823 ff.
32 Vgl. auch die entsprechende Kritik bei Martows Genossen Nikolaj Nikolajewitsch Suchanow, 1917. Tagebuch der russischen Revolution. München 1967, S. 696, sowie für diese Phase insgesamt Johann Heinrich Frömel: Die russische Sozialdemokratie (wie Anm. 1); Reisser: Menschewismus und Revolution 1917 (wie Anm. 1).
33 ZK der SDAPR, Thesen vom Oktober 1918. In: Sozialistische Revolution in einem unterentwickelten Land (wie Anm. 1), S. 76.

War man zuvor davon ausgegangen, daß in Rußland nichts anderes als eine bürgerliche Revolution auf der Tagesordnung gestanden habe, ersetzte man dies nun durch die Theorie von einer Übergangsperiode, innerhalb deren (verknüpft mit einer europäischen Revolution) auch schrittweise Übergänge zum Sozialismus für denkbar gehalten wurden. Insbesondere Rafail Abramowitsch hob allerdings immer wieder hervor, daß der soziale Charakter dieser Revolution primär als Agrarrevolution zu fassen sei. Julij Martows Hoffnung auf einen demokratischen Wandel der bolschewistischen Diktatur stützte sich zunächst auch darauf, daß es noch unmittelbar nach der Oktoberrevolution in der Führungsspitze der Bolschewiki heftige Auseinandersetzungen über den künftigen Kurs gegeben hatte. Mitglieder des engsten Führungskreises wie Sinowjew, Kamenew, Tomskij, Rykow und andere waren von ihren Funktionen aus Protest zurückgetreten, weil sie die Befürchtung hegten, daß die bereits erkennbare Orientierung auf eine faktische Alleinherrschaft der Bolschewiki, wie sie die Gruppe um Lenin betrieb, in einer Politik des Terrors enden müsse. Daran knüpften die Forderungen der Menschewiki nach einer sozialistischen Allparteienregierung an, die also Menschewiki und Bolschewiki, Linke und Rechte Sozialrevolutionäre umfaßt hätte. Damit wäre auch eine breitestmögliche Verankerung in der Arbeiter- wie der Bauernschaft möglich gemacht worden. Die konkreten ökonomischen Forderungen der Menschewiki für eine solche Übergangsperiode fielen zu diesem Zeitpunkt (1918/19) auch deshalb so konstruktiv aus, weil es auf Umwegen die Anfrage der regierenden Bolschewiki gegeben hatte, ob sie ihr Reformprogramm nicht ausformulieren und konkretisieren könnten. Unter anderem war an der Programmerarbeitung auch der spätere Gosplan-Planungsexperte Vladimir Groman beteiligt.[34]

Martows Hoffnungen erhielten schon durch die expansionistische Orientierung von Teilen der bolschewistischen Parteiführung einen argen Dämpfer, wie sie sich in Trotzkis Postulat während des Polenfeldzugs Anfang 1920 ausdrückte, man werde der Entente den Entscheidungskampf

---

34 Vgl. Erklärung des ZK der SDAPR vom 12. 7. 1919, An alle Arbeiter und Arbeiterinnen. Was tun? In: ebd., S. 79 ff.; Getzler, Martow (wie Anm. 1), S. 198.

am Rhein liefern. Weitgehend desillusioniert wurde er (wie im übrigen auch u.a. sein Parteifreund Paul Olberg, der Karl Kautsky dolmetschend auf einer Georgienreise begleitet hatte), als die sowjetische Rote Armee im selben Frühjahr das menschewistisch regierte Georgien überfiel und annektierte.[35] 1922 gab Martow die Hoffnung auf einen allmählichen Übergang von einem bolschewistischen zu einem demokratischen System endgültig auf, sah nun auch die Gefahr einer bonapartistischen Vollendung der roten Diktatur, die Gefahr einer Konterrevolution innerhalb des militärischen und bürokratischen Apparates, den die Bolschewiki selbst geschaffen hatten.[36]

Aufgrund seiner schweren Krankheit, die 1923 zum Tode führte, konnte Martow selbst die Auffassungen seiner Partei nach der sowjetischen Wende zur NEP nicht mehr en detail beeinflussen. Dabei standen die Menschewiki gerade jetzt vor einem politischen Dilemma: Zum einen wurde mit der NEP auf dem ökonomischen Sektor eine ganze Reihe von Vorschlägen in die Tat umgesetzt, die sie seit Jahren propagiert hatten. Martow schrieb bereits unmittelbar nach Lenins Rede nicht zu Unrecht an Pawel Axelrod, Lenin habe den Menschewiki ihre Plattform „gestohlen".[37] Zum anderen blieb die erhoffte gleichzeitige politische Liberalisierung aus. So schwankten denn die ökonomischen Stellungnahmen der Menschewiki immer wieder zwischen einer positiv-kritischen Begleitung der ökonomischen Liberalisierung, der partiellen Reprivatisierung und Wiederzulassung von Handelsbeziehungen, und auf der anderen Seite schroffen Attacken gegen den bolschewistischen Opportunismus und dem in der NEP sich offenbarenden Eingeständnis der Bolschewiki, daß ein sozialistischer Weg Sowjetrußlands unmöglich sei. Paul Olberg z.B. wagte bereits 1922 den Schluß, daß die NEP schon jetzt bei ihrem Versuch, die produktiven Kräfte des Landes einigermaßen zu heben, vollständig versagt habe. Aaron Jugow korrigierte diese Einschätzung später, indem er anhand offizieller sowjetischer Statistiken, die er skeptisch und vorsichtig auswertete, zeigte, daß sich die

---

35 Vgl. dazu genauer The Mensheviks. From the Revolution ..., ebd. (wie Anm. 1), S. 222 f.
36 Vgl. genauer Schöler, „Despotischer Sozialismus" (wie Anm. 7), S. 500.
37 Zit. nach Liebich, Why Nep Would not Work (wie Anm. 26), S. 667.

Tendenz einer relativ raschen Wiedergesundung des Wirtschaftslebens abzeichnete.[38]

Das Hin- und Herschwanken der menschewistischen Einschätzungen hatte aber auch einen zusätzlichen, durchaus rationalen Grund: Entgegen manchen heute allzu harmonisierenden Rückblicken war auch die NEP-Periode der 20er Jahre von vielfachen politischen Schwenks, Unstimmigkeiten und Inkonsistenzen geprägt[39], die von den menschewistischen Theoretikern, vor allem dem glänzenden Ökonomen Aaron Jugow, mit unnachgiebiger Schärfe herausgearbeitet wurden. Das von ihm mit erarbeitete „Aktionsprogramm" der Partei von 1924 (in deutscher Sprache 1925 veröffentlicht) benannte entsprechend schonungslos die kritischen Faktoren nach drei Jahren NEP, die man – trotz einer grundsätzlich positiven Einstellung zur NEP – in folgenden Punkten auflistete: eine schlechte, unproduktive und teure Industrie, eine korrupte Bürokratie, die Verteuerung der Erzeugnisse durch den bürokratisch organisierten staatlichen Handel und eine Fortsetzung der Ausbeutung der Arbeitskraft in den Betrieben. Die Menschewiki entwickelten selbst eine ganze Reihe durchaus konstruktiver Vorschläge, wie diesen Problemen abzuhelfen sei, die u.a. auf eine deutliche Verstärkung des Genossenschaftssektors hinausliefen.[40]

Ein anderer Gesichtspunkt stand jedoch im Mittelpunkt der menschewistischen Kritik: Das Aktionsprogramm verwandte einen großen Teil seiner klarsichtigen Argumentation darauf, nachzuweisen, warum sich gerade das repressive System der weiter aufrecht erhaltenen terroristischen Diktatur ökonomisch disfunktional auswirken müsse. Zusammengefaßt: „Die praktische Wirkung dieses Rückzuges wurde auf ein Minimum reduziert, da er nicht begleitet wurde von einer Anpassung des politischen Systems an die Erfordernisse der Neuen Ökonomischen Politik [...]. Und eben dadurch wurden äußerst enge Schranken gesetzt

38 Vgl. Schöler, „Despotischer Sozialismus" (wie Anm. 7), S. 639 f.
39 Vgl. dazu näher Liebich, Why Nep Would not Work (wie Anm. 26), S. 668 f.; ders., From the Other Shore (wie Anm. 1, S. 107 ff.; siehe auch die Beispiele bei Schöler, ebd., S. 648 f. und S. 652.
40 Aktionsprogramm der Sozialdemokratischen Arbeiterpartei Rußlands. In: Der Kampf 18 (1924), S. 100 ff. und 107 ff.

jener belebenden Wirkung, die der Übergang von der utopistischen Wirtschaftspolitik des Kommunismus zu den der Entwicklungsstufe des Landes mehr angepaßten Methoden der Neuen Ökonomischen Politik unter anderen Bedingungen auf das Wirtschaftsleben des Landes ausüben könnte."[41]

Natürlich war es für die ins Exil gedrängte Partei klar, daß die Perspektive nun nicht mehr in Kompromißlösungen mit den regierenden Bolschewiki liegen konnte. Martows Neueinschätzung wurde auf breiter Basis geteilt. Die „Richtlinien der Auslandsdelegation" sprachen nun auch vom notwendigen Kampf gegen dieses Regime, denn die Diktatur schaffe durch ihr repressives System mit eigenen Händen alle Elemente einer künftigen Konterrevolution. Trotz seiner Entartung aber – so lautete allerdings die Einschränkung und zugleich Abgrenzung gegenüber all denen, die wie die Sozialrevolutionäre und wie Karl Kautsky Aufstände befürworteten – sei das Regime noch immer durch revolutionäre Bande mit einem Teil des russischen und des internationalen Proletariats verbunden.[42] Was das hieß, formulierte noch genauer Aaron Jugow für die Parteimehrheit: „Der Ausweg aus der wirtschaftlichen Sackgasse ist nur dann gegeben, wenn – unter dem Druck der stetig wachsenden Unzufriedenheit der Massen – das überholte Regime der Diktatur liquidiert, das politische System demokratisiert und die heutige utopische Wirtschaftspolitik radikal geändert wird."[43]

Wir können an dieser Stelle nur darauf verweisen, daß die menschewistischen Publikationen der Berliner Exilzeit eine Fülle von interessanten Positionsbestimmungen zur Entwicklung der Agrarfrage in Rußland, zur Situation der Räte, der Gewerkschaften und der Genossenschaften liefern[44], darüber hinaus aufschlußreiche Einschätzungen zur Charakterisierung der sich herausbildenden unterschiedlichen Strömungen inner-

---

41 Ebd., S. 101.
42 Richtlinien der Sozialdemokratischen Arbeiterpartei Rußlands. In: Julius Martow/Theodor Dan, Geschichte der russischen Sozialdemokratie. 1. Aufl. Berlin 1925, Nachdruck Erlangen 1973, S. 323 ff.
43 Jugow, Die Volkswirtschaft der Sowjetunion (wie Anm. 3), S. 370 f. Der rechte Flügel der Partei um Peter Garwy setzte hingegen wie die Sozialrevolutionäre auf eine gewaltsame Ablösungsperspektive; vgl. u.a. Garwy, Der Rote Militarismus (wie Anm. 3), S. 34 ff.
44 Vgl. hierzu Schöler, „Despotischer Sozialismus" (wie Anm. 7), S. 634 ff.

halb der russischen kommunistischen Bewegung oder zu Fragen natio-
nal-kultureller Autonomie[45] sowie erste differenziert-vergleichende (nicht
gleichsetzende) totalitarismustheoretische Ansätze.[46]

Es dauerte Jahre, bis auch für die Menschewiki klar wurde, daß
die Person und die Politik Stalins wohl im Blick auf die noch übriggebliebene demokratische Bewegungsfreiheit sowie einen rationalen
Wirtschaftsaufbau die problematischste und ausgeprägtest terroristische
Variante sein würde. Dessen vermeintliche „Mittelposition" zwischen
Links- und Rechtsoppositionellen um Trozkij und Sinowjew/Kamenew
bzw. Bucharin und Rykow wurde von vielen zeitgenössischen Beobachtern zunächst unter- und fehleingeschätzt. Trozkijs frühere Rolle in der
Bürgerkriegsphase und seine theoretischen Ansätze waren ihnen als weit
gefährlicher erschienen. Für die Berliner Jahre der Menschewiki gilt, daß
sich die beiden unterschiedlichen Orientierungen des relativ kleinen
rechten Flügels und der Mitte-Links-Mehrheit in der Beurteilung der
Stalinschen Wende nach 1929 reproduzierten. Der rechte Flügel erblick-
te darin vorrangig einen neuerlichen Verrat an der russischen Revolution und eine erneute Vergewaltigung der marxistischen Prinzipien, was
nur in einer vollständigen Entfernung von den ursprünglichen Zielen
von 1917 enden könne. Der linke Flügel und die Parteimehrheit glaubte zunächst – trotz aller schrecklichen, irrationalen und terroristischen
Begleiterscheinungen – so etwas wie eine Möglichkeit späterer sozialistischer Transformationen sich abzuzeichnen, natürlich eine gleichermaßen tiefgreifende politische Transformation vorausgesetzt.[47] Spätestens
aber 1936 war auch für Fjodor Dan klar, daß Stalin die „konterrevolutionäre, antiproletarische und antisozialistische Tendenz" in der Sowjetunion repräsentierte.[48]

---

45 Ebd., S. 852 ff. und S. 749 ff.
46 Vgl. Schöler, Uli, Frühe totalitarismustheoretische Ansätze der Menschewiki im Exil. In:
    BzG 38 (1996), H. 2, S. 32 ff.
47 Vgl. hierzu und zu den Folgedebatten genauer Liebich, André, The Mensheviks in the Face of
    Stalinism. In: Ripensare il 1956 (= Socialismo Storia. Annali …). Rom 1987, S. 187; ders., From
    the Other Shore (wie Anm. 1), S. 182 ff.
48 Zit. nach Panaccione, Dal menscevismo (wie Anm. 1), S. 535.

Menschewiki und Sozialistische Arbeiter-Internationale

Eine Darstellung der Berliner Exiljahre der Menschewiki würde allerdings zu kurz greifen, würde man den Gesichtspunkt unerwähnt lassen, der wohl im Zentrum ihrer Aktivitäten stand: die Einflußnahme auf die Aktivitäten der internationalen Arbeiterbewegung und insbesondere ihrer deutschsprachigen Mitgliedsparteien. Entsprechend ihrer eher linken Position im internationalen sozialdemokratischen Spektrum arbeiteten die Menschewiki zunächst gemeinsam mit den österreichischen Sozialdemokraten und der deutschen USPD innerhalb der „Wiener Arbeitsgemeinschaft" der sog. „Internationale Zweieinhalb".[49] Trotz der für sie ausgesprochen schwierigen, weit mehr als Selbstüberwindung kostenden Situation, daß ihre Genossinnen und Genossen zum Teil in russischen Gefängnissen saßen (was natürlich auch für die Sozialrevolutionäre galt), gehörten die Menschewiki zu den aktivsten Betreibern des Versuchs eines Einigungsprozesses des internationalen Proletariats, insbesondere auf der Konferenz der Exekutiven der drei Internationalen im April 1922 in Berlin. Zentraler Streitpunkt dort waren der Moskauer Prozeß und die angedrohten Todesurteile gegen die inhaftierten Sozialrevolutionäre. Die harte Haltung der Moskauer Führung machte letztlich eine Einigung unmöglich.[50]

Die Menschewiki nahmen einen ähnlichen Weg wie die USPD in Deutschland, die sich, obwohl weiter durchaus kritisch gegenüber ihrer mehrheitssozialdemokratischen Schwesterpartei eingestellt, mit dieser 1922 vereinigte. Sie gehörten nun beide zu den Gründungsmitgliedern der neuen, gemeinsamen Sozialistischen Arbeiter-Internationale. Rafail Abramowitsch wurde in deren Exekutive gewählt. Er hielt die zentrale Rede zum Thema „Sowjetrußland" auf dem Berliner Gründungskongreß von 1923 und war – gemeinsam mit Fjodor Dan – führend an der Formulierung der entsprechenden Entschließung beteiligt. Auf

---

49 Vgl. Schöler, „Despotischer Sozialismus" (wie Anm. 7), S. 766 ff.
50 Siehe hierzu auch Ascher, Abraham, The Solovki Prisoners, the Mensheviks and the Socialist International. In: The Slavic and Eastern European Review 47 (1969), H. 8, S. 423 ff.; Woitinsky, Wladimir, Kommunistische Blutjustiz. Der Moskauer Prozeß der Sozialrevolutionäre und seine Opfer. Mit einem Vorwort von Karl Kautsky. Berlin 1922.

dem Marseiller Kongreß 1925 spitzten sich die Auseinandersetzungen zwischen den rechten und linken Strömungen in dieser Frage allerdings zu. Spätestens jetzt standen sich hier die „Linie Kautsky" und die „Linie Bauer" in der Rußlandfrage reichlich unversöhnlich gegenüber – eine Auseinandersetzung, die den internationalen Sozialismus der nächsten fast fünfzehn Jahre prägen sollte.[51] Karl Kautsky hatte in einer Broschüre und in Aufsätzen vor dem Kongreß eine Politik der Aufstandsversuche in der Sowjetunion gutgeheißen. Er lag damit auf einer Linie mit den Sozialrevolutionären, den georgischen Sozialdemokraten und der Minderheit bei den Menschewiki. Sein Rußlandbild war ganz stark von seinem alten Freund Pawel Axelrod geprägt.[52]

Otto Bauer hingegen hatte einen Teil seiner russischen Kriegsgefangenschaft im Ersten Weltkrieg im Hause der Familie Dan verbracht und war seitdem mit den Martows und Dans eng befreundet, bezog von ihnen seine Informationen über Sowjetrußland und stimmte mit ihnen seine Politik ab.[53] Die verabschiedete Kongreßresolution lag schließlich auf der Linie Bauer/Dan, plädierte für die demokratische Liquidierung der bolschewistischen Diktatur und proklamierte für die internationale Politik die Forderung „Hände weg von Sowjetrußland", verwarf also eindeutig die Kautskysche Position. Auch auf dem Brüsseler SAI-Kongreß 1928 waren es erneut die Menschewiki, die wesentlichen Anteil daran hatten, daß eine Resolution zustande kam, die einerseits nicht mit Kritik an der Sowjetregierung sparte, sich aber gleichwohl für eine internationale Einigung des Proletariats aussprach. Und wiederum in kritischer Auseinandersetzung mit Karl Kautsky setzten sie auf dem Kongreß 1931 eine Resolution durch, die Kritik an der Kriegspolitik der Sowjetunion

---

51 Karl Kautsky hat diese „Linien" ebenso gesehen: die Auffassungen Martows und Bauers auf der einen, die Axel'rods und seiner Person auf der anderen Seite; vgl. Schöler: „Despotischer Sozialismus" (wie Anm. 7), S. 840 f.; siehe auch Abraham Ascher: Axelrod and Kautsky. In: The American Slavic and East European Review 26 (1967), S. 94 ff.; vgl. zu den Debatten in der SAI im übrigen u.a. Liebich: The Mensheviks and the Russian Question (wie Anm. 1), S. 3 ff; Herbert Mayer: Die Oktoberrevolution und die internationale Sozialdemokratie (1917–1940). In: UTOPIE kreativ 8 (1997), H. 76, S. 58 ff.
52 Vgl. Ascher, Axelrod and Kautsky, ebd., S. 94.
53 Vgl. Löw, Raimund, Otto Bauer und die russische Revolution. Wien 1980, S. 10 ff. Etwas kritischer zu ihrem Verhältnis jetzt Henryk Skrzypczak: Menschewiki im Abseits. Ein wichtiges Buch zu einer gewichtigen Sache. In: IWK 35 (1999), H. 3, S. 388 ff.

mit einem Aufruf zu deren Verteidigung gegen internationale Übergriffe verband.[54] Die Debatten in der SAI der Jahre 1938/39 um die Fragen Demokratie und Frieden mit zwei Resolutionsentwürfen aus den Reihen der bisherigen Mehrheitsgruppe der SDAPR[55] deuten allerdings schon an, daß der innerparteiliche Konsens im Pariser Exil zu bröckeln begann. Die Konflikte sollten sich bei der nochmaligen, 1940 durch die deutsche Intervention in Frankreich erzwungenen Übersiedlung nach New York weiter verschärfen.[56]

Aber diese Zeit liegt außerhalb des Themenbereichs des vorliegenden Beitrags. Der Blick auf die Menschewiki in ihrem Berliner Exil offenbart uns für eine Exilpartei eine unglaubliche Lebendigkeit und Fruchtbarkeit ihrer Betätigung. Sicher, sie haben als Partei nicht überlebt. Und im heutigen Rußland sind die Schwierigkeiten unübersehbar, an diese Traditionen anzuknüpfen. Der Bolschewismus hat mit der russischen Zivilgesellschaft auch die Wurzeln seiner konkurrierenden demokratischen Parteien mit aller Konsequenz gnadenlos ausgerottet.[57] Selbst in den Staaten Ostmitteleuropas (einschließlich der ehemaligen DDR), wo die Zeit der kommunistischen Herrschaft deutlich kürzer war, fällt es schwer, das jeweilige sozialdemokratische Erbe wiederzubeleben. Gleichwohl ist das Erbe der Menschewiki nicht bloß von historischem Interesse. Es ist zumindest als geistiges Rüstzeug für jedwede Partei oder Bewegung, deren Politik auf eine soziale Demokratie zielt, ein unverzichtbarer Schatz, den es erst noch in all seinen Facetten und Reichtümern wiederzuentdecken gilt.

---

54 Vgl. Schöler, „Despotischer Sozialismus" (wie Anm. 7), S. 804 f. und S. 822 ff.
55 Vgl. Langkau-Alex, Ursula, „Der Kampf für die Demokratie und den Frieden". Die Debatte in der Sozialistischen Arbeiter-Internationale 1938/1939. Amsterdam 1992, und jetzt vor allem Liebich, From the Other Shore (wie Anm. 1), S. 260 ff.
56 Vgl. u.a. Panaccione, Dal menscevismo (wie Anm. 1), S. 535 f.
57 Vgl. zum Zusammenbruch der Sowjetunion u.a. Uli Schöler, Ein Gespenst verschwand in Europa. Über Marx und die sozialistische Idee nach dem Scheitern des sowjetischen Staatssozialismus. Bonn 1999.

Sozialdemokratie und Kommunismus –
Streiflichter einer Jahrhundertbilanz

Eine Jahrhundertbilanz des Verhältnisses von Sozialdemokraten und Kommunisten, für sich genommen schon ein abenteuerliches Wagnis, greift zudem noch in ihrem zeitlichen Horizont deutlich zu kurz. Man muß nicht alleine an den im Vorfeld der 1848er Revolution gegründeten „Bund der Kommunisten" erinnern, um zu erfassen, daß die Herausbildung unterschiedlicher Strömungen in der internationalen Arbeiterbewegung, aber auch besonders in Deutschland, eine längere Geschichte hat. Allerdings sollten wir uns hüten, heute noch gewisse Mythen weiter zu transportieren, wie sie insbesondere in der DDR-Geschichtsschreibung liebevoll gepflegt wurden (und durch die zeitweilige „Selbstbeschränkung" der SPD auf ein Gründungsdatum 1863 – Gründung des Allgemeinen Deutschen Arbeitervereins – ihre vermeintliche Bestätigung fanden). Die gängigen Linienzeichnungen vom revolutionären „Bund der Kommunisten" über die KPD-Gründung 1918/19 bis hin zur SED auf der einen und dem staatsgläubigen, reformerischen Lassalleanertum zum Revisionisten Bernstein, der kriegsbejahenden Mehrheitssozialdemokratie bis hin zur sich im Kapitalismus einrichtenden Nachkriegs-SPD, diese Schwarzweißbilder verschleiern und verfälschen mehr, als sie an historisch-differenzierter Erkenntnis zutage fördern.

Eine sozialdemokratische Partei im Sinne des Verständnisses des 20. Jahrhunderts, die zudem auch diesen Namen trägt, bildet sich in Deutschland erst gegen Ende des vergangenen Jahrhunderts heraus. Der Parteikommunismus, wie wir ihn kennen, ist ein Produkt der 20er Jahre unseres Jahrhunderts. Sei es in den Auseinandersetzungen zwischen „Lassalleanern" und „Marxisten", zwischen „Marxisten" und „Anarchisten", zwischen der Parteimehrheit und den „Jungen", zwischen bernsteinschem Revisionismus und kautskyschem Parteimarxismus, zwischen Rechten, Zentrum und Linken in der Massenstreikdebatte, zwischen mehrheitssozialdemokratischer Burgfriedenspolitik und Kriegsgegnern, zwischen Rätetheoretikern und Verfechtern einer parlamentarischen Demokratie – in allen diesen Auseinandersetzungen lassen sich keine identischen Akteure bzw. Politikmodelle oder -theorien im Sinne klarer „links-rechts Schemata" oder gar Einteilungen in „marxistisch" und „nicht-marxistisch" ausmachen.

Im Gegenteil: Vor der Folie der Erfahrungen der Arbeiterbewegung in diesem Jahrhundert wird die historische Forschung einen Neuanlauf in der Kategorisierung wie Bewertung dieser Konflikte vorzunehmen haben. Nicht allen, aber vielen dieser Konflikte ist jedoch ein prägendes Moment eigen, das der vielfältigen Spaltungsgeschichte innerhalb der Arbeiterbewegung dieses Jahrhunderts bis heute seinen Stempel aufgedrückt hat. Mit der bereits unter Bebels und Kautskys Regie noch sehr vorsichtig einsetzenden Kanonisierung eines „Marxismus" als Denkgebäude wie strategische Handlungsorientierung wurde schon die Grundlage dafür gelegt, daß neue Denkanstöße und politische Einschätzungsdifferenzen nicht als produktiv und vorwärtsweisend begriffen und verarbeitet wurden, sondern dem Verdikt der „Abweichung" verfielen. Abweichungsvorwurf, Revisionismusanklage, Renegatenbezichtigung – dies sind nur die zunächst noch harmlosen Varianten und Stationen inner- wie zwischenparteilicher Auseinandersetzungsformen in der Arbeiterbewegung, die schließlich – in ihrer dramatischsten Form im Stalinismus – in Parteiausschlüssen, Deportationen und physischen Liquidierungen endeten. Auch dies ist ein trauriges, zugleich konstitutives Element des großen Schismas zwischen Sozialdemokraten und Kommunisten in diesem Jahrhundert. Ein „weltanschaulich" verkrusteter, die philosophische Offenheit des marxschen Denkansatzes hinter sich lassender „Marxismus-Leninismus" hat dieses „Abweichungsverdikt" perfektioniert und zu einem so wirksamen wie verheerenden Instrument innerparteilicher Konfliktbewältigung gemacht. Dies ist um so grotesker, als sich schon im Denken Lenins, noch mehr allerdings im kanonisierten stalinistischen Gebäude des Marxismus-Leninismus zahllose „Abweichungen" vom ursprünglichen Denkhorizont von Marx und Engels feststellen lassen.

Es soll und kann nicht bestritten werden, daß die in den aufgelisteten Konfliktpaaren und -feldern steckenden Differenzen bis heute fortwirken, immer auf's Neue Auseinandersetzungen innerhalb der aus der Arbeiterbewegung hervorgegangenen Parteien prägen. Das gilt im Angesicht des Krieges in Jugoslawien, im Kosovo, mehr denn je für die Frage der richtigen Strategie in bezug auf Krieg und Frieden, aber auch die über Internationalismus und nationale Politik, das Geflecht von Selbstbestimmungsrecht der Nationen und einer Politik zur Durchsetzung von Menschenrechten. Allerdings – so die hier vertretene zentrale These, die sich vielfach belegen ließe – sind diese unterschiedlichen Konfliktfelder nicht dauerhaft prägend für das große Schisma zwischen Sozialdemokraten und Kommunisten gewesen.

Die große Spaltung, die unser Jahrhundert entscheidend bestimmt hat, ist untrennbar mit der russischen Oktoberrevolution von 1917 verbunden und wird in diesem Zusammenhang eine Frage des Verhältnisses zu den Faktoren Demokratie und Diktatur in der Arbeiterbewegung. In welchem Umfang demokratische Verhältnisse in den Parteien der Arbeiterbewegung selbst, darüber hinaus aber auch in Staat und Gesellschaft selbst Geltung haben sollten oder aber diktatorische Entscheidungsbefugnisse von oben – und sei es auch nur vorübergehend – als unabwendbar oder gar wünschenswert erachtet wurden, an derartigen Problemstellungen verfestigte sich der anfangs von vielen noch als nur vorübergehend betrachtete parteipolitische Bruch zwischen Sozialdemokratie und Kommunismus.

Der politische Bruch wird in Rußland mit der Gründung als kommunistische Partei vollzogen, in Deutschland an der Jahreswende 1918/19 nachgeholt. Die theoretischen Grundlagen legt jedoch bereits die Debatte auf dem Parteitag der russischen Sozialdemokratie von 1903 offen. In Auseinandersetzung mit Julius Martow (und später Rosa Luxemburg) entwickelt Lenin dort die Grundlinien eines anderen Parteitypus, der sich grundlegend von dem Typus sozialdemokratischer Parteien westeuropäischer Prägung unterschied. Er stellt in seiner entsprechenden Programmschrift dem eher verächtlich genannten „Demokratismus" das Prinzip des „Bürokratismus" positiv gegenüber. Letzteres sei das Prinzip der Opportunisten, ersteres das der Revolutionäre in der Sozialdemokratie. Er schreibt: „Letzteres ist bestrebt, von unten nach oben zu gehen … ersteres ist bestrebt, von oben auszugehen, es verficht die Erweiterung der Rechte und der Vollmachten der Zentralstelle gegenüber dem Teil."

Ungeachtet des jahrzehntelangen Streits, ob diese Prinzipien nur für Parteiorganisationen in der Illegalität sollten Geltung beanspruchen können, läßt sich nicht mehr ernsthaft bestreiten, daß das Bestreben der Bolschewiki und insbesondere Lenins, den eigenen, kommunistischen Parteitypus 1920/21 auch international durchzusetzen, mit genau diesen zentralistischen wie undemokratischen Parteistrukturprinzipien durchgefochten wurde. Sie finden sich in zum Teil noch grotesk übersteigerter Form in den unseligen 21 Aufnahmebedingungen der Komintern von 1920 wieder. Zum besonderen Unterscheidungskriterium, ja geradezu zur Scheidelinie zwischen Sozialdemokraten und Kommunisten wurde es nun, daß letztere all ihren Mitgliedern und Mitgliedsparteien das Bekenntnis zu einer Diktatur des Proletariats nach sowjetischem Muster abverlangten, unter Einschluß der Anerkenntnis einer führenden Rolle der kommunistischen Partei. Im Verständnis Lenins und der sowjetischen Herrschaftspraxis entwickelte sich diese Diktatur des Proletariats aber nicht im marxschen und engelsschem Sinne. Diese hatten darunter die kurze Periode demokratischer Mehrheitsherrschaft verstanden, die – im soziologischen Sinne als Gegenstück zur Diktatur der Bourgeoisie – durch „despotische Eingriffe" in die Eigentumsverhältnisse die ökonomischen Voraussetzungen für den Übergang zu einer sozialistischen Gesellschaftsordnung schafft. In Lenins parteitheoretischen Vorarbeiten wie in der sowjetischen Praxis mutierte sie zur despotischen Minderheitsherrschaft von unbegrenzter Dauer mit eindeutigen Züge einer Erziehungsdiktatur.

Neben Julius Martow war Rosa Luxemburg der wichtigste Widerpart in der Auseinandersetzung mit Lenin um die Grundsätze innerparteilicher Demokratie. Bald nach dem Londoner Parteitag der russischen Sozialdemokratie schrieb sie:

„Daraus ergibt sich schon, daß die sozialdemokratische Zentralisation nicht auf blinden Gehorsam, nicht auf der mechanischen Unterordnung der Parteikämpfer ihrer Zentralgewalt basieren kann und daß andererseits zwischen dem bereits in feste Parteikadres organisierten Kern des klassenbewußten Proletariats und den vom Klassenkampf bereits ergriffenen, im Prozeß der Klassenaufklärung befindlichen umliegenden

Schicht nie eine absolute Scheidewand aufgerichtet werden kann. Die Aufrichtung der Zentralisation in der Sozialdemokratie auf diesen zwei Grundsätzen – auf der blinden Unterordnung der Parteiorganisationen mit ihrer Tätigkeit bis ins kleinste Detail unter eine Zentralgewalt, die allein für alle denkt, schafft und entscheidet, sowie auf der schroffen Abgrenzung des organisierten Kerns der Partei von dem ihn umgebenden revolutionären Milieu, wie sie von Lenin verfochten wird, erscheint uns deshalb als eine mechanische Übertragung der Organisationsprinzipien der blanquistischen Bewegung von Verschwörerzirkeln auf die sozialdemokratische Bewegung der Arbeitermassen."

Es fällt heute, am Ende des Jahrhunderts, mit Blick auf die Auseinandersetzungsgeschichte zwischen Sozialdemokraten und Kommunisten leicht, diesen Ausgangspunkt und die Folgekonflikte zu bestimmen und die Demokratie-Diktatur-Frage zur dauerhaften Scheidelinie zwischen den beiden großen Lagern zu erklären. Anfang der 20er Jahre gab es noch keinerlei derartig erfahrungsgesättigte Befunde. Aber es ist kein geringerer als der enge Weggefährte Rosa Luxemburgs, zugleich ihr Nachfolger als Vorsitzender der KPD Paul Levi, der bereits 1923 nach seiner Rückkehr in die Sozialdemokratie schreibt, seit dieser Kontroverse aus dem Jahre 1903/04 existiere eine „gegensätzliche Weltanschauung" in der Arbeiterbewegung.

Selbst wenn man den „Weltanschauungscharakter" für eine fragwürdige Überhöhung hält, so ist damit zugleich doch treffend herausgearbeitet, innerhalb welcher Polarität sich ein Großteil der künftigen Konflikte zwischen Sozialdemokraten und Kommunisten in Deutschland (aber nicht nur dort) vollziehen sollte. Denn Lenins bürokratisch-zentralistische Parteiorganisationsprinzipien dienten schon bald nach der Oktoberrevolution – teils gewollt, teils aus der Not geboren – als Vorbild bei der Entwicklung von Strukturprinzipien auch des russisch-sowjetischen Staats- und Gesellschaftsaufbaus.

Nach der Gründung der KPD hat es sicherlich immer wieder Auseinandersetzungen zwischen SPD und KPD gegeben, die für die kommunistische Seite eine Annäherung bis hin zur Zusammenarbeit schwer bis unmöglich machten. Nur beispielhaft seien hier die Rolle Gustav Noskes

1919, der Berliner Blutmai 1929 oder die Auseinandersetzungen um den Panzerkreuzerbau im gleichen Zeitraum genannt – alles sicherlich keine Ruhmesblätter für die Sozialdemokratie. Aber alle diese Konflikte konstituieren in ihrer Gesamtheit keine spezifisch eigene Grunddifferenz, die auf einen gemeinsamen Nenner gebracht werden könnte, was den Unterschied zu den großen Auseinandersetzungen ausmacht, von denen gleich noch zu sprechen sein wird. Etwas anderes kommt noch hinzu. Die hier angezeigten Ereignisse waren zugleich Anlaß schwerster Auseinandersetzungen zwischen den verschiedenen Strömungen der Sozialdemokratie selbst, zeitgenössisch wie in der historischen Einordnung und Betrachtung. In demokratisch strukturierten Mitglieder- und Diskussionsparteien war dies auch nicht anders möglich, während in den kommunistischen Parteien selbst die Beschlußfassung über von oben verordnete Geschichtsbilder lange Zeit auf der Tagesordnung stand.

Diejenigen Ereignisse, die die Spaltung zwischen Sozialdemokraten und Kommunisten immer weiter vertieften, die es vor allem immer weiteren Kreisen der Sozialdemokraten unmöglich werden ließen, sich auf eine Kooperation mit den kommunistischen Parteien einzulassen, hatten meist mittelbar oder unmittelbar mit der Sowjetunion zu tun. „Wie hältst Du es mit der Sowjetunion?" – So hieß seit den Zeiten der thälmannschen KPD-Führung die Gretchenfrage von seiten der Kommunisten, deren „unverbrüchliche Treue" zum „Vaterland aller Werktätigen" vielfach die eigenen bzw. die eigenen nationalen Interessen in den Hintergrund treten ließen. Es seien nur die wichtigsten Stationen genannt:

- Die von Lenin formulierten 21 Aufnahmebedingungen der Kommunistischen Internationale 1920, die zum Lackmustest dafür werden, wer aus der USPD zur KPD geht bzw. wer zur Sozialdemokratie zurückkehrt;
- der Einmarsch der Roten Armee 1922 in das menschewistisch regierte Georgien, der etwa Karl Kautsky die letzten Sympathien für Sowjetrußland austreibt;
- die von Sinowjew und Stalin vorformulierte und der KPD unter Thälmann ab Ende der 20er Jahre praktizierte Sozialfaschismus-Theorie;

- die Rolle der sowjetischen GPU im spanischen Bürgerkrieg Mitte der 30er Jahre;
- die stalinistischen Säuberungen und Schauprozesse 1936 bis 1938;
- der deutsch-sowjetische „Nichtangriffspakt" 1939;
- die Zwangsvereinigung von SPD und KPD zur SED 1946 in der sowjetisch besetzten Zone Deutschlands;
- die sowjetischen Panzer am 17. Juni 1953 in Ostberlin;
- die sowjetische Rolle beim Ungarn-Aufstand 1956;
- der Einmarsch der Warschauer Pakt-Truppen in Prag 1968 und die Beendigung des Versuchs der Durchsetzung eines Sozialismus mit menschlichem Antlitz;
- die sowjetische Intervention im Nachbarland Afghanistan 1979 mit der Installierung einer SU-freundlichen Regierung im krassen Widerspruch zur sonstigen Nichteinmischungsdoktrin außerhalb des Warschauer Paktes;
- die entsprechenden Drohungen für das sich demokratisierende Polen mit der Folge der Ausrufung des Kriegsrechts 1980/81.

Der Fall der Mauer 1989, das Ende der DDR und die Implosion der Sowjetunion 1991 haben nicht nur den sowjetisch dominierten Machtblock politisch, ökonomisch und militärisch aufgelöst. Der Niedergang des „realsozialistischen Systems" hat auch zur Auflösung der meisten kommunistischen Parteien geführt. In der Sowjetunion sind aus ihr die unterschiedlichsten Parteien und Gruppierungen hervorgegangen: liberaldemokratische, sozialdemokratisch orientierte, national-chauvinistische, national-bolschewistische. Daran zeigt sich, wie sehr das Gedankengebäude des „Marxismus-Leninismus" zur leeren, tönernen Hülle für eine perspektivlose Politik geworden war. Diejenigen europäischen Parteien, die sich weiterhin in einer postkommunistischen Tradition verstehen, haben gerade von den theoretischen Kernbestandteilen Abschied genommen, die 1917 bis 1920 Pate an der Wiege ihrer besonderen Parteigründung jenseits der Sozialdemokratie gestanden haben: das Bekenntnis zur leninschen Parteitheorie, der führenden Rolle der eigenen Partei und dem Sowjetsystem nach russischem Vorbild. Zumindest politik-theoretisch, das ließe sich auch an der Programmatik der PDS in Deutschland zeigen, werden meist keine Positionen mehr vertreten, die nicht schon früher einmal innerhalb des breiten Spektrums der Sozialdemokratie vertreten worden sind.

Abgesehen davon, daß sich etwa in Rußland und insbesondere in anderen osteuropäischen Ländern weiter kommunistische Parteien erhalten haben, deren ideologisches Arsenal ein eher diffuser „National-Bolschewismus" bildet (zum Teil mit antisemitischen Einsprengseln), lebt die kommunistische Tradition heute weniger theoretisch, sondern eher als mentale Strömung und Prägung in der politischen Landschaft fort. Zu nennen sind hier unter anderem vier Merkmale, die diese mentale Prägung ausmachen:

1. *Ein traditioneller Anti-Sozialdemokratismus*
    Für die meisten Binnenkritiker und Erneuerer innerhalb der kommunistischen Bewegung blieb der Weg zur Sozialdemokratie versperrt. 1990 lesen wir bei zwei „DKP-Erneuerern": „In der Zerstörung des revolutionären Subjekts durch den linksradikalen Sujektivismus der kommunistischen Parteien sehen wir den geschichtlichen Kern der politischen und ökonomischen Verfallsprozesse in den realsozialistischen Ländern. Zugleich hat sich diese Politik kommunistischer Parteien international spalterisch und zerstörerisch auf die Verfassung des subjektiven Faktors ausgewirkt."
    Die Diagnose ist zutreffend. Allerdings folgt keine entsprechend realistische Neueinschätzung der Sozialdemokratie. Ihr wird zwar zugestanden, daß ihr wesentliches Verdienst in der Durchsetzung der sozialpolitischen Errungenschaften im Westen liege. Zugleich wird sie aber mit dem „Verzicht auf das sozialistische Ziel" identifiziert. So bleibt nur die Perspektive einer „autonomen Linken", die den zerspaltenen und zersplitterten Zustand linker Kräfte sicherlich nicht aufzuheben in der Lage ist, für viele im Zweifel den Übergang zur Resignation markiert.

2. *Ein „quasi-religiöses" Verhältnis zur Politik*
    Hier sei nochmals auf einen KP-Dissidenten, den Franzosen Pierre Juquin verwiesen und ein Interview, das er 1987 dem „Spiegel" gab.

Es gibt wenige Dokumente, in denen tiefe Einsicht und nicht über-
windbare Grenzen so unmittelbar und sich blockierend nebeneinander stehen, aber gerade dadurch eine Menge erklären. Auf die Frage,
ob denn historische Erklärungen für das verbissene Festhalten der
Partei an den alten Denk- und Machtstrukturen ausreichen, antwortet Juquin:

„Noch wesentlicher erscheint mir: Man darf die kommunistische
Partei nicht ausschließlich als Organisation und Doktrin begreifen,
sondern auch als Zusammenwirken von Denk- und Verhaltensweisen, einer Mentalität mithin, welche Autorität verinnerlicht hat.
Die meisten Kommunisten haben kein ganz rationales Verhältnis
zur Politik." Er nennt dies ein quasi-religiöses Verhältnis zur Politik. Viele Kommunisten seien Gläubige, die keine Zweifel mögen
und dies durch das Ausstoßen von Bannflüchen kompensierten.
Man betrachtet jede Kritik als Verrat – mit katastrophalen Folgen.
So klar diese Erklärungen aus einer Binnensicht sind, so wenig
ist Juquin im Interview in der Lage, seinen eigenen Schatten zu
überspringen. „Ich bin nun mal kein Sozialdemokrat, sondern ein
Revolutionär. Ich will die Revolution." Schon 1987 klang dieser
Ruf nach der Revolution – sei es in Frankreich, sei es in Deutschland – eher wie das Pfeifen im Walde. Nach 1989 bedürfte es erst
Recht der Frage, um welche Art von Revolution es sich hier handeln soll.

3. *Eine Verinnerlichung der Isolierung als Schema des Denkens und des*
   geschichtlichen Handelns
   Es ist Etienne Balibar, ebenfalls Dissident der KPF, der uns hier einem Verständnis näher bringt. Der Staatskommunismus, so Balibar,
   der theoretisch internationalistisch gewesen sei, habe sich in Wahrheit als eine Gesellschaft des Einschließens und des Fetischismus der
   Grenzen konstituiert. Die Antwort auf das „containment" sei das
   „self-containment" gewesen, eine Verinnerlichung der Isolierung,
   und zwar als Schema des Denkens und des geschichtlichen Handelns, wirksam von der kleinsten Basiszelle der Partei bis hin zur
   Abschottung des gesamten „sozialistischen Lagers".

4. Das Denken in Freund-Feind-Schemata

Die Bipolarität der Phase des kalten Krieges, wenn nicht gerade des gesamten „Zeitalters der Extreme", produzierte beständig ein Denken in Freund-Feind-Schemata. Bist du nicht für mich, so bist du gegen mich. Bist du der Freund meines Feindes, bist du auch mein Feind. Achte darauf, wenn dich dein Feind lobt, dann weißt du, wie weit du kapituliert hast. Die Liste der Klischees ließe sich beliebig verlängern. Diese Denkmuster waren schon in den vergangenen Jahrzehnten verheerend und führten mitunter zu solch absurden Ergebnissen wie dem, daß man im Westen gegen, im Osten für Atomkraftwerke sein konnte. Hierzu gehörte auch das gegenseitige Aufrechnen von Menschenrechtsverletzungen. Ein solches Denken war – und ist – im übrigen keineswegs auf Mitglieder (post)kommunistischer Parteien beschränkt, war und ist dort aber besonders intensiv ausgeprägt und wurde innerhalb des marxistisch-leninistischen Legitimationskanons theoretisch zu untermauern versucht.

Eine Schlußbemerkung

Unter anderem diese mentalen Prägungen haben verhindert, daß es im größeren Umfang nach 1991 zu einer Überwindung der historischen Spaltung der Arbeiterbewegung gekommen ist, kommen konnte, wie sie Wissenschaftler wie Eric Hobsbawm und Politiker wie Willy Brandt oder Egon Bahr erhofft und angestrebt hatten. Zwar sind die alten Spaltungsgründe mit dem Untergang der Sowjetunion erledigt, aber die beschriebenen mentalen Brüche und Blockaden leben weiter. Ein weiteres kommt hinzu: Die ökonomischen und sozialen Bedingungen am Ausgang des 20. Jahrhunderts haben sich derart dramatisch verändert, daß kaum noch ernsthaft von einer homogenen, die gesellschaftliche Mehrheit ausmachenden Arbeiterklasse, geschweige denn von einer Arbeiterbewegung geredet werden kann. Zugleich hat die „alte soziale Frage" ihren homogenisierenden, überwölbenden Charakter verloren. Der Übergang in die Dienstleistungs- und Informationsgesellschaft, die ökologische und die Geschlechterfrage stellen neue Probleme und Zugänge auf die Tagesordnung, die mit den alten Rezepten nicht mehr zu beantworten sind. Die

Parteien selbst unterliegen im Zeitalter des Übergangs von der Massen- zur Mediendemokratie dramatischen Veränderungen.

Das Schisma zwischen Sozialdemokraten und Kommunisten hat das „kurze 20. Jahrhundert" (Eric Hobsbawm) entscheidend mitgeprägt. Das neue Jahrhundert wird uns vor völlig neue Herausforderungen stellen. Wer glaubt, diesen alten Gegensatz über die Jahrtausendwende hinweg retten zu können und zu sollen, wird nur noch wenig zur Formulierung und Gestaltung moderner linker Politik beizutragen haben.

Der Sozialismus als Fehlgeburt?
Ein Gespräch mit Jürgen Kuczynski [1]

spw: Die Debatten über die Veränderungen in Osteuropa werden nahezu einhellig unter dem Stichwort „Scheitern des Sozialismus" – heißt das möglicherweise, dass schon die Oktoberrevolution als erster Versuch in diesem Jahrhundert den Sozialismus anzugehen, ein Irrtum gewesen ist?

Jürgen Kuczynski: Nein, das würde ich keineswegs sagen. Wir brauchen nur daran zu denken, dass schließlich ein Viertel der Menschheit heute noch unter sozialistischen Bedingungen lebt, in der Sowjetunion und China, natürlich unter reparaturbedürftigen Verhältnissen, aber welche Gesellschaftsordnung bedarf nicht dauernd neuer Reparatur? Und das ist das Entscheidende, was man begreifen muss. Das hätte man auch vom Kapitalismus lernen können, der sich immer wieder erneuert hat.

spw: Die Bolschewiki gingen allerdings nach der Oktoberrevolution 1917 zunächst selber davon aus, dass sie nur dann eine Chance haben würden, wenn diese Revolution ausgeweitet würde in Richtung auf eine Weltrevolution, zumindest eine europäische Revolution; sie gingen also – Lenin eingeschlossen – nicht davon aus, dass Innerhalb Sowjetrusslands alleine eine sozialistische Entwicklung möglich sein würde.

Jürgen Kuczynski: Ja. Das war jedoch ein Irrtum in zweierlei Beziehung. Erstens hat es keine Weltrevolution gegeben, und zweitens hat sich der Sozialismus in der Sowjetunion entwickelt.

spw: Gab es denn zu dem Weg, den die Bolschewiki im Gefolge der Erkenntnis ihrer isolierten Lage eingeschlagen haben – ich nenne zwei Stichworte: einmal 1921 die Wende zur Neuen Ökonomischen Politik

1   Am Rande des 5. Wolfgang-Abendroth-Symposiums, das vom 27. bis 29. April 1990 in Nürnberg stattfand, führte Uli Schöler für spw (Zeitschrift für sozialistische Politik und Wirtschaft) ein Gespräch mit dem Nestor der DDR-Geschichtswissenschaft.

und dann die Wende 1929 zur forcierten Industrialisierung und Zwangs-kollektivierung -, gab es dazu historisch jeweils Alternativen?

Jürgen Kuczynski: Also, ich würde sagen, dass die beiden politischen Konzepte richtig waren, abgesehen von dem Zwang bei der Kollektivie-rung. Aber gleichwohl hatte die Revolution von 1917 schon Aussichten auf eine Entwicklung in Richtung Sozialismus (und hat ihn auch in ge-wisser Weise durchgeführt – allerdings noch sehr im Anfangsstadium). Und zweitens würde ich sagen, dass die Kollektivierung der Landwirt-schaft als Zwangsmaßnahme falsch war, genossenschaftliche Institutio-nen in der Landwirtschaft, die freiwillig gewesen wären, wären nützlich gewesen.

spw: Und der Bereich der Industrialisierung – war dieses Tempo ...

Jürgen Kuczynski: ... es war eine absolute Notwendigkeit, das hat der letz-te Weltkrieg gezeigt. Ich bin immer noch im Zweifel, ob die Verbrechen Stalins stärker zu werten sind als jene Industrialisierungspolitik, denn sie war die Basis dafür, dass die Sowjetunion eine Rüstungsindustrie hatte, die es ihr ermöglichte, den Hitlerfaschismus zu besiegen.

spw: Nun wird in der heutigen sowjetischen Diskussion sehr stark Be-zug genommen auf die Konzepte der Neuen Ökonomischen Politik, sowohl Lenins als auch Bucharins. Es wird intensiv darüber diskutiert, inwieweit das, was man heute als das administrative Kommandosys-tem in der Industrie bezeichnet, inwieweit dies nicht ein Relikt ist aus der Zeit des Stalinismus, inwieweit also diese Wende von 1929 nicht gerade mit effektiveren und demokratischeren ökonomischen Mechanismen Schluss gemacht hat, an die man heute anzuknüpfen versucht.

Jürgen Kuczynski: Ja, aber man muss zweierlei unterscheiden. Das eine ist die Wendung zum Aufbau einer modernen Industrie, und das zweite sind die Mittel, mit denen man das getan hat.

spw: Die sowjetische Kritik geht meines Erachtens heute zu Recht dahin, dass ein viel zu scharfes Tempo eingeschlagen worden und dass dadurch eine große Ressourcenvergeudung zustande gekommen ist.

Jürgen Kuczynski: Nein, das würde ich nicht sagen, nein, es war ein ganz starkes Tempo notwendig, aber nicht mit diesem Kommandosystem.

spw: Wenden wir uns nun der Situation nach 1945 zu, dem eigentlichen Bereich unseres Gesprächs, bezogen insbesondere auf die Entwicklung der DDR. Kann man sagen, dass das, was nach 1945 stattgefunden hat, der Versuch der Sowjetunion war, die Revolution zu exportieren, die eigene Isolation zu überwinden?

Jürgen Kuczynski: Ich würde nicht von einem Export der Revolution sprechen. Also erstens besteht gar kein Zweifel, dass in Jugoslawien und China die Revolution aus eigener Kraft gemacht wurde. Dass die Sowjetunion in den besetzten Gebieten zunächst einen ganz starken Einfluss hatte, ist selbstverständlich, genau wie die Vereinigten Staaten und Großbritannien einen sehr entscheidenden Einfluss auf dem heutigen Gebiet der Bundesrepublik hatten.

spw: Aber interessant ist doch, dass die Beispiele China und Jugoslawien im Umkehrschluss belegen, dass dies, wenn man von einem revolutionären, eigenständigen Prozess spricht, für den Bereich der DDR und für andere osteuropäische Länder nicht gesagt werden kann …

Jürgen Kuczynski: … ganz sicher nicht …

spw: … Die Frage ist aber dann: Welche Auswirkungen hat dies auf das System, das sich seitdem ausgebildet hat?

Jürgen Kuczynski: Also, ich würde sagen, dass die Sowjetadministration auf dem heutigen Gebiet der Deutschen Demokratischen Republik sehr vorsichtig und sehr klug vorgegangen ist. Wenn man die negativen Erscheinungen der Sowjetpolitik in der Sowjetunion und auf dem Gebiet der DDR vergleicht, sind sie überhaupt nicht vergleichbar. Vieles, was in der Sowjetunion geschah, geschah bei uns nicht. Im Großen und Ganzen war die Besatzungsmacht für unser Volk in der DDR eine ganz große Hilfe. Ich möchte aber hinzufügen, dass sich das änderte, nachdem wir eine selbständige Republik wurden. Wir wurden viel stalinistischer, als wir selbständig waren, als vorher.

spw: Beziehen wir dies einmal konkret auf die parteipolitische Entwicklung. Hier gibt es, zumindest was die letzten Jahrzehnte angeht, eine frappierend unterschiedliche Beurteilung des Entstehungszusammenhangs der SED als Partei; während man bei uns fast einhellig von einer Zwangsvereinigung spricht, wird es in der SED-Geschichtsschreibung eher als brüderlicher Zusammenschluss gewertet. Wie beurteilst du das aus der heutigen Sicht?

Jürgen Kuczynski: Ich würde sagen, es war ein brüderlicher Zusammenschluss. Schon im November 1945 wollte die Führung der Sozialdemokraten eine Einheitspartei, und damals wurde das sowohl von der Sowjetbesatzungsmacht wie von unserer Partei, also der KPD, abgelehnt; etwas ganz anderes ist die Behandlung der Sozialdemokraten, die sich nicht anschlossen. Die war einfach schändlich.

spw: Nun wird als Hauptargument für den Begriff der Zwangsvereinigung die Abstimmung gewertet, die es in Berlin gegeben hat, wo zwar die überwiegende Mehrzahl der Abstimmenden dafür votiert hat, mit der KPD gemeinsame Politik zu machen, sich aber zugleich gegen einen sofortigen Zusammenschluss ausgesprochen hat.

Jürgen Kuczynski: Das hat damit etwas zu tun, dass es in Berlin verschiedene Besatzungsmächte gab. Das erklärt im Grunde alles.

spw: Was bedeuteten die Unruhen von 1953 für eine andere Entwicklungsmöglichkeit der DDR und welche Wege zur Umkehr gab es bezüglich der von dir schon angesprochenen Stalinisierung innerhalb der SED?

Jürgen Kuczynski: Ich würde sagen, dass die Entwicklung im Juni 1953 ein Aufstand gegen das Kommandosystem war, nicht gegen den Stalinismus, der Begriff war ja damals noch gar nicht vorhanden. Auch die ganze Ideologie war eine andere, aber es war ein sehr gesunder Aufstand gegen das Kommandosystem. Es gab eine kurzfristige Wendung, aber leider eben nur sehr kurzfristig.

spw: Hätte es im Gefolge die Möglichkeit einer anderen ökonomischen Entwicklung gegeben, konkret eine Alternative zur Kopie des sowjetischen Modells, die mögliche längere Beibehaltung privatisierter und genossenschaftlicher Sektoren, z.B. im Handwerk, im Dienstleistungsbereich, bei den Kleinbetrieben, mehr Demokratie im Betrieb und z.B. auch ein anderes Verhältnis zu Forschung und Wissenschaft.

Jürgen Kuczynski: Ja, unbedingt, da ist gar kein Zweifel. Da haben wir eine völlig unsinnige – nicht so unsinnig wie in anderen sozialistischen Staaten, nicht so unsinnig wie in der Sowjetunion, aber trotzdem reichlich unsinnige – Politik betrieben. Wir hätten eine Fülle von Kleinbetrieben, mittleren Betrieben erhalten sollen, wir hätten dem Handwerk viel mehr Freiheit geben sollen.

spw: Nun wurde in der tschechoslowakischen Kommunistischen Partei im Jahre 1968 versucht, in der angesprochenen Richtung ein anderes Modell zu entwickeln. Wie beurteilst du aus der heutigen Sicht diesen Versuch und seine Beendigung, die militärische Intervention der sozialistischen Bruderstaaten?

Jürgen Kuczynski: Kurz gefasst: Der Versuch war positiv, das Eingreifen des Militärs negativ.

spw: Kommen wir nun zur heutigen Situation. Wenn es nach Lenins Auffassung so ist, dass der Wettbewerb der Systeme sich auf dem ökonomischen und nicht auf dem politischen Sektor entscheidet, ist der Sozialismus damit insgesamt oder nur ein bestimmtes Modell des Sozialismus gescheitert?

Jürgen Kuczynski: Nur letzteres trifft zu. Man hat vergessen, dass Lenin eben gesagt hat, die wahre Überlegenheit des Sozialismus über den Kapitalismus werde sich in einer höheren Arbeitsproduktivität zeigen.

spw: Was bedeutet die Entwicklung in der DDR für die SED bzw. jetzt die PDS als Partei? Welche Aufarbeitung hat sie geleistet, wie glaubwürdig ist sie dabei und welche realen Änderungen hat es in der Partei, oben und unten, gegeben?

Jürgen Kuczynski: Also, ich würde sagen, dass das natürlich zu einer schweren Niederlage des Sozialismus, und damit der SED und der PDS, geführt hat, dass sich aber die Situation schon geändert hat. Man merkt es auch an den Angriffen der bundesrepublikanischen Presse auf die PDS, und ich meine, dass eine Stabilisierung der PDS stattgefunden hat.

spw: Bleiben wir aber doch mal bei dem, was ich als Problem der Aufarbeitung angesprochen habe. Gibt es eine wirklich offene Diskussion darüber, welche Fehler in den letzten 40 Jahren gemacht worden sind, und welche Konsequenzen ideologischer, theoretischer, praktischer und auch personeller Art daraus gezogen werden müssen?

Jürgen Kuczynski: Ja, es gibt eine sehr offene Diskussion in der PDS und selbstverständlich in der gesamten Presse, in Artikeln, in Vorträgen, und es fängt auch schon an in Büchern und Broschüren.

spw: Ich denke, dass wir dabei das „Wendehals-Problem" nicht ausklammern dürfen. Ich will dies aus eigener Erfahrung an folgendem Problem festmachen: In der wissenschaftlichen und politischen Diskussion – ausgehend von der Position des Marxismus-Leninismus – wurden andere Strömungen in der Arbeiterbewegung, auch in ihrer historischen und theoretischen Beurteilung, zumeist mit dem Verdikt des Revisionismus, der Abweichung belegt. Vorstellungen alternativer Wege zum Sozialismus, etwa des sogenannten dritten Weges, wurden als Verrat am Sozialismus gebrandmarkt. Die gleichen Personen, die dies noch vor dem November

'89 in ihren Publikationen getan haben, propagieren nun diesen dritten Weg. Ist dies die Möglichkeit einer glaubwürdigen Aufarbeitung?

Jürgen Kuczynski: Ich glaube, man muss erstens unterscheiden zwischen denen, die stets kritisch waren, zweitens denen, die eingesehen haben, wie falsch die bisherige Politik war, das sind echte Wendehälse, und dann natürlich den Opportunisten. Alle drei muss man unterscheiden und schließlich die große Gruppe derer, die sich völlig vom Sozialismus abgekehrt haben, die sind ja schließlich auch Wendehälse.

spw: Damit zusammenhängend ist sicherlich ein großes Problem das der Verantwortlichkeit der PDS für die gesamte Vergangenheit mit der Staatssicherheit, die Verantwortlichkeit beispielsweise dafür, dass fast die Hälfte der wahlberechtigten Bevölkerung der DDR beim Ministerium für Staatssicherheit in Akten erfasst worden ist. Was bedeutet dies für die politische Aktionsmöglichkeit und Glaubwürdigkeit der PDS heute?

Jürgen Kuczynski: Es ist eine schwere Belastung für die PDS als Partei. Für die große Masse der Parteimitglieder der PDS insofern nicht, als sie erstens nicht von dem Ausmaß der Autokratie der Staatssicherheit gewusst hat, und zweitens, als ein großer Teil der Parteimitglieder auch negativ von der Staatssicherheit erfasst wurde, darunter ich selbstverständlich auch.

spw: Wenn nun die PDS in ihrem Namen zum Ausdruck bringt, dass sie sich selbst für einen demokratischen Sozialismus einsetzt, wenn in ihr der Begriff des dritten Weges völlig neu positiv besetzt wird, wenn sie für ein Mehrparteiensystem eintritt, wenn in ihr die alte Parteikonzeption des Demokratischen Zentralismus, zumindest in ihrer lang geübten Ausprägung, aufgegeben wird, was unterscheidet eine solche Partei von einer linken Position innerhalb der Sozialdemokratie? Gibt es überhaupt nach diesen ideologischen Wandlungen das Erfordernis einer eigenen im früheren Sinne kommunistischen Partei, bzw. was bedeutet dies bezogen auf die historischen Gründe für die Spaltung der Arbeiterbewegung?

Jürgen Kuczynski: Also, zunächst bin ich unbedingt für das Weiterbestehen der PDS, zweitens bin ich unbedingt für ein vernünftiges Verhältnis zwischen PDS und Sozialdemokratie, wobei man durchaus feststellen kann, dass viele linke Sozialdemokraten und wir als Mitglieder der PDS uns ohne Schwierigkeiten über den größten Teil der Probleme verständigen können.

spw: Aber nochmal nachgefragt. Es gibt in der Situation zwischen 1917 und 1920 sehr intensive theoretische Debatten um bestimmte Grundfragen des theoretischen Verständnisses von Sozialismus, der Diktatur des Proletariats, der Parteikonzeption. Sind diese historischen Gründe, die die Spaltung der Arbeiterbewegung in der heute noch vorfindlichen Form gerechtfertigt haben, sind diese Gründe noch vorhanden?

Jürgen Kuczynski: Ich glaube nicht. Wir sprechen nicht mehr von der Diktatur des Proletariats als PDS, und wir begreifen, dass sich überhaupt die Gesellschaft sehr wesentlich verändert hat gegenüber der Zeit vor 50, 60, ja 70 Jahren. Die Intelligenz spielt eine ganz andere Rolle in der Gesellschaft, und auch in der Zusammensetzung der Führung der PDS.

spw: Wie ist deine Haltung zur SPD in der DDR?

Jürgen Kuczynski: Ich würde sagen, dass, soweit ich Kontakte mit Sozialdemokraten habe, diese Kontakte durchaus erfreulich sind. Aber ich würde nicht sagen, dass ich mit der Politik der SPD insofern übereinstimme, als es richtig war, sich auf eine Koalition mit der CDU, überhaupt mit der rechten Allianz zu einigen. Und es gibt auch große Teile der Sozialdemokratie, die gegen diese Koalition sind. Etwa der Bezirk Berlin der SPD ist gegen die Koalition, die Jungen Sozialdemokraten sind gegen die Koalition, und ich glaube auch nicht, dass diese Koalition sehr lange halten wird.

spw: Das selbstbeschriebene Dilemma der SPD in der DDR hat ja nun darin bestanden, dass sie befürchtete, zwischen einer Oppositionspartei

PDS auf der einen Seite, mit der sie nicht identifiziert worden wollte, und einer Regierungspolitik auf der anderen Seite, auf die sie keinen Einfluss gehabt hätte, zerrieben zu werden. Welche Chancen einer alternativen Politik hätte sie gehabt?

Jürgen Kuczynski: Ich glaube, sie hätte eine große Chance als selbständige Oppositionspartei gehabt, die sich abgrenzt von der PDS, aber nicht in feindlicher, sondern in sachlicher Weise.

spw: Das Hauptproblem des Verhältnisses der SPD der DDR zur PDS, glaube ich, besteht darin, dass viele SPD-Mitglieder konkrete Erfahrungen mit der Repression des alten Systems in der DDR gemacht haben ...

Jürgen Kuczynski: ... sicherlich, ja ...

spw: ... und dafür weiter auch die PDS als Nachfolgeorganisation der SED verantwortlich machen.

Jürgen Kuczynski: Ganz zweifellos.

spw: Was bedeutet dies für Möglichkeiten oder Unmöglichkeiten einer Zusammenarbeit?

Jürgen Kuczynski: Ich glaube, dass die praktische Politik der PDS allmählich eine ganze Reihe Sozialdemokraten überzeugen wird, dass es eine ganze Reihe von Berührungspunkten in gemeinsamen Auffassungen gibt und dass vor allen Dingen die PDS nicht das Bestreben hat, die Sozialdemokratie entweder zu verteufeln oder kaputtzumachen, indem sie die Mitglieder zu sich rüberziehen will.

spw: Noch eine Frage, die ein Stück die Rückschau betrifft. Wie würdest du heute die politische Position und das politische Wirken von Personen wie Robert Havemann oder Wolf[gang] Biermann in der DDR einschätzen?

Jürgen Kuczynski: Also, was Robert Havemann betrifft, so haben wir nie in einem Konflikt gestanden, und ich halte die Rehabilitierung von Robert für völlig berechtigt und nicht nur berechtigt, sondern auch für notwendig. Mit Biermann habe ich mich nie beschäftigt, aber ich fand die Politik ihm gegenüber völlig blödsinnig.

spw: Eine letzte Frage zu der Perspektive. Gibt es eine Perspektive des Sozialismus in der DDR?

Jürgen Kuczynski: Ja. Das würde ich definitiv sagen, nicht für die allernächste Zeit, da werden wir erst langsam erstarken, aber ohne eine entscheidende Rolle in der Gesellschaft zu spielen. Aber wenn man etwas weiter sieht, bin ich überzeugt, dass wir wieder an echtem Einfluss gewinnen werden, und schließlich wird der Sozialismus siegen. Aber das werde ich nicht mehr erleben.

spw: Diese Perspektive, zusammengedacht mit dem, was wir aktuell erleben, dass die konservativen Kräfte den Anschluss der DDR um jeden Preis betreiben: Bedeutet dies nicht, dass jedwede sozialistische Position in einem vereinigten Deutschland zunächst notwendig aus einer Minderheitsposition heraus operieren muss?

Jürgen Kuczynski: Das hängt zum Teil sehr stark von der Entwicklung in der Bundesrepublik ab …

spw: … und welche Hoffnungen oder Befürchtungen hast du da?

Jürgen Kuczynski: Keine Befürchtungen, sondern nur Hoffnungen.

spw: Vielen Dank.

IV Verortungen kritischen Denkens

Linkssozialismus –
historisch-essayistische Betrachtungen
Zum Gedenken des 70. Geburtstages von Detlev Albers (†)

Sind Sozialisten nicht sowieso links? Welchen Sinn kann es machen, daneben für bestimmte historische Situationen gar von *rechts*kommunistischen Strömungen oder Parteien zu sprechen? Gewiss, es ist eine arge Crux mit dieser „politischen Gesäßgeographie", wie ich sie selber spöttisch nennen möchte, und doch kommen wir ohne sie nicht so ganz aus. Aber was verbirgt sich hinter derartigen Zuordnungen? Ist es nicht ein fragwürdiger Anachronismus, wenn ausgerechnet diejenigen Phasen der kommunistischen Parteigeschichte mit dem Begriff des Linken oder Ultralinken versehen werden, in denen sich die KPD am dogmatischsten und autoritärsten gebärdete, während die Opponenten dieses Kurses als Rechte bezeichnet werden? Und um die Verwirrung – vorläufig – komplett zu machen: Wie ist es zu bewerten, dass sich ausgerechnet viele sog. „Westlinke" nach der deutschen Vereinigung ohne viel Federlesen in einer „Partei des demokratischen Sozialismus" organisierten, von denen mancher in früheren Phasen der Bundesrepublik (wie den siebziger/achtziger Jahren) den Begriff des „demokratischen Sozialismus" zu einer Schimäre erklärten? Schließlich sei der Sozialismus per se demokratisch, womit sie nur allzu notdürftig die miserablen Zustände des „real existierenden" Sozialismus im anderen deutschen Staat zu camouflieren gedachten. Lässt sich dieses Knäuel entwirren? Ich will es zumindest versuchen.

Wenn historisch-politisch von Linkssozialismus die Rede ist, dann dient dies zumeist als Sammelbegriff für die unterschiedlichsten Personen, Gruppen, Parteien und vor allem Ideen, die sich zu verschiedenen Zeiten zwischen den beiden großen Blöcken der Sozialdemokratie und des Parteikommunismus tummelten. In der von diesen beiden Lagern geprägten Historiographie wurden und werden diese Gruppen und Strömungen vielfach ignoriert oder in ihrer Bedeutung kleingeschrieben. Sie repräsentieren offenbar gelegentlich eine als eher unangenehm wahrgenommene Herausforderung. Vereinfacht ausgedrückt: Aus der Sicht der offiziellen Sozialdemokratie galten sie häufig als linke Spinner mit teilweise kommunistischen Neigungen, in jedem Fall aber als Verirrung, der man (im Notfall) nur durch Parteiausschluss beikommen konnte. Auf kommunistischer Seite waren die Folgen zumeist gravierender: In den Phasen des Hochstalinismus blieb es nicht bei Parteiausschlüssen, da wurden linkssozialistische Anwandlungen mit den unterschiedlichsten Verdikten des Links- oder Rechtstrotzkismus wie der Verschwörung belegt und endeten – wenn es gut ging – im Lager, im schlimmsten Fall mit der Liquidation.

Füllen also die Geschichtsdarstellungen über die verschiedenen sozialdemokratischen und kommunistischen Parteien (aus guten Gründen) ganze Bibliotheken, ist die Literatur über den Linkssozialismus noch „übersichtlich". Wegweisend und noch immer unverzichtbar sind hier die von Wolfgang Abendroth in den sechziger Jahren angeregten Dissertationen über die verschiedenen Klein- und Zwischengruppen der Arbeiterbewegung insbesondere der Zwischenkriegszeit, veröffentlicht in den „Marburger Abhandlungen zur politischen Wissenschaft".

Wurzeln

Schon die Frage, wann denn der Beginn dieses definitorisch kaum einzugrenzenden Phänomens Linkssozialismus anzusetzen ist, ist nicht leicht zu beantworten. Gemeinhin wird er mit Rosa Luxemburgs Positionierung im sog. Revisionismusstreit der Jahrhundertwende zum 20. Jahrhundert verortet, inhaltlich mit ihrer später als Broschüre unter dem Titel „Sozialreform oder Revolution" zusammengefassten Artikelreihe verknüpft. Auch wenn ich hier – dem begrenzten Umfang vorliegenden Textes geschuldet – nur eine arg vereinfachende (auch gegenüber konkurrierenden Positionen) Erläuterung dazu geben kann, so wird das Charakteristische ihrer Positionierung darin gesehen, dass sie im Gegensatz zu Bernsteinschem reformerischem Revisionismus und Kauskyscher orthodox-marxistischer Geschichtsteleologie die dialektische Beziehung von Reform und Revolution im Marxismus erneuert habe. Von sozialdemokratischer wie kommunistischer Seite wurde gegen diese Klassifizierung immer wieder der Einwand vorgebracht, sie erweise sich doch spätestens durch Luxemburgs Rolle als führendes Gründungsmitglied der Kommunistischen Partei Deutschlands zum Jahreswechsel 1918/1919 als obsolet. Jenseits der die Begriffsverwirrung weiter befördernden Frage, ob Luxemburg gleichwohl – im Unterschied zur Leninschen und Stalinschen Variante – als Begründerin einer demokratischen Traditionslinie im Kommunismus taugt (wie u.a. Hermann Weber immer wieder argumentativ vertreten hat), wird in dieser bipolaren jedoch Kritik gerne ausgeblendet, dass sie gar keine *kommunistische* Partei gründen wollte, sondern für die Namensgebung *Sozialistische Partei* eingetreten, damit aber unterlegen war.

Es dürfte überraschen, dass ich jenseits des genannten Ausgangspunktes bei Rosa Luxemburg zusätzlich an einen früher liegenden Vorgang erinnern möchte, der ebenso unter dem Gesichtspunkt linkssozialistische Wurzeln und Ursprünge verortet werden könnte. Es ist die heute weitgehend vergessene Auseinandersetzung einer die „Jungen" genannten Oppositionsströmung mit der sozialdemokratischen Parteiführung in der Zeit des Sozialistengesetzes (und noch kurze Zeit danach), die schließlich zum Parteiausschluss der Gruppe auf dem berühmten Erfurter Programmparteitag von 1891 führte. Inhaltlich ging es ihnen um eine kritische Hinterfragung der eingeschlagenen Marschrichtung in der Reichstagsfraktion, die auch statuarisch auf dem Weg war, zu einem die Partei stärker dominierenden Machtfaktor zu werden. Anders als mit Blick auf Luxemburgs Positionierung geht es in dieser Auseinandersetzung weniger um eine bereits identifizierbare – schon gar in sich konsistente – theoretisch-programmatische Positionierung der Opponenten. Bedeutsam erscheint mir der Vorgang vielmehr eher mit Blick auf den generationellen wie organisatorischen Zusammenhang zu sein. Er ist der Auftakt eines durchaus klassisch zu nennendes Paradigmas in der Geschichte der Sozialdemokratie: Aufbegehrende (häufig linkssozialistisch inspirierte) Gruppen jüngeren Alters werden in ihr eher widerwillig geduldet, wachsende Konflikte schlussendlich lieber administrativ als diskursiv gelöst.

Eine linkssozialistische Massenpartei: die USPD

Ein solcher Vorgang administrativer Konfliktbeantwortung wiederholt sich mit weitaus gravierenderen Folgen 1917. War die Zahl der entschiedenen Kriegsgegner und Verweigerer von Kriegskrediten in der sozialdemokratischen Reichstagsfraktion bei Ausbruch des Krieges 1914 noch klein gewesen, so wuchs sie in den Folgejahren kräftig an, umfasste auch einen der beiden Parteivorsitzenden: Hugo Haase. Dies hielt die Mehrheit der Fraktion allerdings nicht davon ab, ihre Minderheit auszuschließen, so dass diese sich erst darauf hin zu einer eigenen Parteigründung als USPD genötigt sah. In ihr fanden sich – Ironie der Geschichte – schließlich alle drei intellektuellen Köpfe und Protagonisten des Streites der Jahrhundertwende wieder: Eduard Bernstein, Karl Kautsky wie Rosa Luxemburg. Nach wenigen Jahren drohte diese neue, zweifellos linkssozialistische Formation sogar der MSPD genannten Mutterpartei mit Blick auf Mitglieder und Wählerschaft den Rang abzulaufen. In Deutschland ist sie das einzige historische Beispiel einer linkssozialistischen Massenpartei.

Schon der Blick auf die genannten Protagonisten verdeutlicht (ungeachtet des weiteren Fortgangs des Zerriebenwerdens der USPD zwischen MSPD und KPD), dass sie sich ihrem Kern und ihrem Ursprung nach aus *linkssozialdemokratischen* Wurzeln speiste. Umso mehr muss es erstaunen, wenn die SPD (mit Unterstützung der Friedrich-Ebert-Stiftung) im Jahr ihres 150-jährigen Bestehens eine Ausstellung auf die Reise schickt, die als Blickfang durch ein Plakat mit der Unterzeile „Wählt mehrheitssozialdemokratisch" beworben wird. Das wird den ehemaligen Parteivorsitzenden von SPD wie Die Linke, Oskar Lafontaine, gefreut haben. Sieht er doch seine ehemalige Partei gerne in der Tradition der bösen „Kriegstreiber" und seine jetzige in der der guten „Kriegsgegner".

Das Schicksal der USPD ist allerdings auch von kommunistischer Seite aus betrachtet paradigmatisch für das Schicksal des Linkssozialismus in Deutschland. Neben ihr war und blieb die junge KPD zunächst eine kleine Sekte. Erst die in die USPD hinein getragenen (aber auch in ihr selbst entstehenden) Auseinandersetzungen um einen möglichen Zusammenschluss mit oder Anschluss an die bereits gegründete Kommunistische Internationale (verbunden mit der Frage des Verhältnisses zu Sowjetrussland) zerschlug den inneren Zusammenhalt der verschiedenen, durchaus heterogenen Strömungen. Lenins 21 Anschlussbedingungen bilden bis heute ein Schlüsseldokument für die konzeptionelle Ausprägung eines autoritären Parteikommunismus, dem sich eine Mehrheit der USPD-Parteitagsdelegierten und -Funktionäre gleichwohl zumindest vorübergehend freiwillig unterwarf. Hunderttausende Mitglieder gingen diesen Weg jedoch nicht mit, verschwanden in politischer Apathie und Frustration (was in den jeweiligen Erfolgsbilanzen keine Erwähnung findet). Nur ein kleiner Rest der Partei vereinigte sich 1922 erneut mit der MSPD zur Vereinigten Sozialdemokratischen Partei, unter ihnen einer der der großen Köpfe des Weimarer Linkssozialismus, der Nachfolger Rosa Luxemburgs im Parteivorsitz der KPD, Paul Levi.

Noch als Vorsitzender der KPD hatte er deren linkskommunistische Strömungen hinausgedrängt, die sich als KAPD neu organisieren mussten. Als er die putschistische Politik seiner Partei Anfang der 20er Jahre offen kritisierte, wurde er mit Hilfe und Billigung Moskaus selbst ausgeschlossen, obwohl ihm Lenin in der Sache Recht gab. Seine Kommunistische Arbeitsgemeinschaft (KAG), die sich später mit der Rest-USPD vereinigte, ist gewissermaßen die erste „rechtskommunistische" Parteiformation in Deutschland gewesen.

Weimarer Linkssozialisten und „antiautoritäre" Jugend

Bis heute fast unbemerkt von all dem vollzog sich ein anderer Formierungsprozess mit linkssozialistischen Einsprengseln im Bereich der politisierten Jugend. Schon der Gründungsprozess der proletarischen Jugendbewegung innerhalb der Sozialdemokratie zu Anfang des Jahrhunderts war stark paternalistisch geprägt gewesen. Auch nur partielle Autonomie der Jugendverbände war für die auf Kontrolle und Disziplin bedachten Parteivorstände der verschiedenen Ebenen eher ein Schreckensbild.

Gleichwohl organisierten sich die proletarischen Jugendlichen ganz überwiegend bewusst als Freie Sozialistische Jugend (FSJ). Ihre Mitglieder radikalisierten sich in der Kriegsphase, waren überwiegend gegen den Krieg eingestellt und lehnten eine Zuordnung zu nur einer Partei der sich zersplitternden linken Parteienlandschaft ab. Aber der aus dem Neugruppierungsprozess der Älteren erwachsende Druck machte auch vor der Jugend nicht halt. Schon bald nach der Revolution entstanden die parteibezogenen Jugendverbände SAJ, FPJ und KJ, von der nur die der USPD nahestehende Freie Proletarische Jugend noch länger ihre relative Autonomie erhalten konnte. Für SAJ und KJ wurden bald die Zügel durch ihre Mutterparteien wieder eng angezogen. Eine nicht unbedeutende Zahl proletarischer wie nach links driftender bürgerlicher Jugendlicher verweigerte sich dieser Entwicklung und organisierte sich in sog. *freisozialistischen* Bünden und Verbänden. Hier wurden so unterschiedliche politische Köpfe wie der Maler Heinrich Vogeler, der Germanist Hans Mayer oder der Wissenschaftler Wolfgang Abendroth politisch sozialisiert. Die Geschichte dieser heute weitgehend vergessenen Verbände muss aber erst noch geschrieben werden.

Trotz partiell beißender Kritik Paul Levis schien das Heidelberger Programm der vereinigten SPD von 1925 die verschiedenen Flügel und Gruppen innerhalb der Sozialdemokratie zusammenhalten zu können. In ihr wirkten religiöse Sozialisten und Freidenker, militante „Rechte" und pazifistische Linke, national wie international ausgerichtete Sozialisten. Die eher links orientierten Köpfe und Gruppen orientierten sich an Zeitschriften wie Paul Levis SPW bzw. dem „Klassenkampf". Als der nächste größere Konflikt am Horizont auftauchte, wurde auch dieser administrativ und nicht im Sinne möglicher Kompromissfindung gelöst. Ihre Kritik am Bruch des Wahlversprechens „Kinderspeisung statt Panzerkreuzerbau" bezahlten die Reichstagsabgeordneten Rosenfeld und Seydewitz schließlich mit dem Parteiausschluss. So kam es 1931 erneut zur Gründung einer linkssozialistischen Partei, der SAPD, der auch der junge Willy Brandt angehörte. In ihr wirkten eine ganze Reihe der interessantesten Köpfe sozialistischer Intelligenz dieser Periode, genannt seien nur beispielhaft Anna Siemsen und Fritz Sternberg. Andere kluge linkssozialistische Köpfe wie Arkadij Gurland oder der ehemalige Juso-Vorsitzende Franz Lepinski verblieben hingegen in der SPD.

Ein Kontrastprogramm: der Austromarxismus

Während die SAPD zwar intellektuell inspirierend war, im politischen Sinne aber eine Sekte blieb, fand ein anderer Traditionsstrang des Linkssozialismus im deutschsprachigen Raum einen völlig anderen Nährboden. Das, was sich nach der Jahrhundertwende als intellektueller Zirkel gründete und später unter dem schillernden Begriff des „Austromarxismus" zusammengefasst wurde, blieb während der gesamten Periode der zwanziger und dreißiger Jahre legitimer Teil, wenn nicht gar prägende Kraft der österreichischen Sozialdemokratie. Sie konnte anders als die deutsche auch im und nach dem Krieg ihre Parteieinheit trotz vergleichbarer Kontroversen bewahren, was die KPÖ auf Dauer zu einer Kleinstpartei ohne nennenswerten Einfluss marginalisierte.

Retrospektiv umstritten ist deshalb allenfalls, ob es legitim ist, den Begriff Linkssozialismus auch auf den zwar nicht formellen, aber faktischen Parteiführer Otto Bauer zu erstrecken, sprich: Ob man ihn nicht überdehnt, wenn damit auch die „offizielle" Sozialdemokratie unter diese Begrifflichkeit fällt. Stellt man aber in Rechnung, dass linkssozialdemokratisch bzw. linkssozialistisch historisch betrachtet kaum zu unterscheiden sind, oft nicht theoretisch definiert, sondern nur durch organisatorische Entscheidungen (Einheit oder Ausschluss) beeinflusst waren, dann zeigt sich die Vergeblichkeit dieses Unterscheidungsversuchs. Das wird auch deutlich, wenn man einen der wichtigsten Quellentexte, Max Adlers „Linkssozialismus. Notwendige Betrachtungen über Reformismus und revolutionären Sozialismus" von 1933 liest. Er enthält die klassisch zu nennende Abgrenzung nach beiden Seiten – zum Nur-Reformismus und Pragmatismus der sozialdemokratischen Rechten wie zur Moskauhörigkeit und zum Putschismus des Bolschewismus. Ansonsten sind für ihn linkssozialdemokratische bzw. linkssozialistische Positionierungen identisch.

Diese Sichtweise wird auch durch einen Blick über den Tellerrand des deutschsprachigen Raums unterstützt: Linkssozialistische, an denen der österreichischen Sozialdemokratie orientierte Positionen in der Sozialistischen Arbeiter-Internationale (SAI) vertraten z. B. auch die ins Exil gezwungenen russischen Sozialdemokraten, die Menschewiki um Julius Martow und Theodor Dan.

Linkssozialismus und Rechtskommunismus

Wie wenig fruchtbar Versuche wären, mit Blick auf diese historischen Prozesse genauere definitorische Abgrenzungen zwischen linkssozialdemokratisch, linkssozialistisch oder rechtskommunistisch vorzunehmen, beweist nicht nur der Fall Paul Levi, sondern zeigt auch das Schicksal eines Teils der 1928/29 aus der KPD hinausgedrängten KPO-Mitglieder. Hier entstand ebenfalls „unfreiwillig" eine neue Parteiformation aus kommunistischen „Urgesteinen", die den Kurs der Gewerkschaftsspaltung (RGO) und des „Sozialfaschismus" nicht mitzugehen bereit waren. Deren Minderheit um Paul Frölich und Jakob Walcher (der vorübergehend als eine Art Mentor erheblichen Einfluss auf Willy Brandt gewann) vereinigte sich nämlich im Exil mit der SAPD und spielte in ihr eine gewichtige Rolle. Generell lässt sich sagen, dass diese Grenzen nach 1933 mit der kampflosen Niederlage der deutschen Arbeiterbewegung nochmals fließender wurden, ein bunter Strauß von Gruppen und Kleinstparteien entstand, die von SPD wie KPD gleichermaßen enttäuscht waren, die sich aber alle im politischen Spektrum dessen bewegten, was hier als Linkssozialismus beschrieben wird: SAPD, KPO, Rote Kämpfer, Revolutionäre Sozialisten, Neu Beginnen, Sozialistische Aktion, ISK usw.

Die Rolle der Sowjetunion im Spanischen Bürgerkrieg, die Moskauer Prozesse und die Stalinschen Massenmorde sowie der Hitler-Stalin-Pakt markierten für viele Linkssozialisten (und ehemalige Kommunisten) das Ende früherer Hoffnungen auf einen positiven Wandel in und mit der Sowjetunion. Sie setzen nun auf eine von Moskau unabhängige sozialistische Einheitspartei. Für sie konnte dies aber zugleich nicht der Weg der ostdeutschen SED sein, weshalb sich viele von Ihnen, manch einer durchaus mit Bauchschmerzen, im Westen (wieder) der Sozialdemokratie anschlossen. Genannt seien nur gewerkschaftliche und intellektuelle Persönlichkeiten wie Otto Brenner, Kuno Brandel, Jakob Moneta, Ossip

Flechtheim, Fritz Lamm oder Wolfgang Abendroth. Ihren intellektuellen Zusammenhalt organisierten sie z.T. über kleine Zeitschriften wie den „Funken" oder die „Sozialistische Politik", in der ein starker trotzkistischer Flügel präsent war. Neben einzelnen Bastionen linkssozialistischer Prägung in Einzelgewerkschaften des DGB entwickelte sich entsprechendes Gedankengut darüber hinaus vor allem im parteinahen Studentenverband, dem SDS.

Wiederholung administrativer „Scheinlösungen"

Der 1961 vollzogene Unvereinbarkeitsbeschluss der SPD gegenüber dem SDS und seinem Förderkreis markiert nicht nur den Auftakt zu einer erneuten Periode der administrativen Umgangsweise der sozialdemokratischen Führung mit linkssozialistischem Aufbegehren in Organisationen der Jugend und Studenten, sondern auch einen Trennungspunkt zu einer ganzen Reihe linker Intellektueller, die den Weg der Partei bislang kritisch-unterstützend begleitet hatten. Über die bereits Genannten hinaus seien hier nur noch exemplarisch Jürgen Habermas, Oskar Negt oder Jürgen Seifert genannt. Dass sich die SPD viele Jahre später, 1988, per einstimmigem Präsidiumsbeschluss von dieser Entscheidung der frühen sechziger Jahre distanziert hat, sie als historischen Irrtum bezeichnete, wird aber bis heute kaum zur Kenntnis genommen. Der Trennung des Jahres 1961 folgte 1972 der Namensentzug „sozialdemokratisch" für den zunächst eher parteifrommen Nachfolgerverband SHB, der sich in Sozialistischer Hochschulbund umbenennen musste. Und in diese Reihe administrativer Disziplinierungen gehört ebenso der oftmals autoritäre Umgang bei Problemen mit dem Jugendverband der Jungsozialisten in den siebziger Jahren, der es angesichts des Brandtschen Diktums von „mehr Demokratie wagen" vorübergehend zu beachtlicher Attraktivität gebracht hatte. Sie gipfelten schließlich im Ausschluss ihres Bundesvorsitzenden Klaus Uwe Benneter im Jahre 1977. Wie so oft ereignet sich auch hier die Ungleichzeitigkeit in der Geschichte. Das Ende der 70er Jahre markiert nämlich zugleich den Beginn eines neuen intellektuellen linkssozialistischen Aufbruchs auf beiden Seiten der großen Parteiblöcke der Arbeiterbewegung: der Entstehung eurokommunistischer Parteien im kommunistischen Lager, die ihren „Ziehvater" Antonio Gramsci wiederentdeckten, und auf der anderen Seite der Renaissance des austromarxistischen Gedankenguts auf Seiten der sozialdemokratischen Linken, an dessen Zustandekommen der verstorbene Detlev Albers einen entscheidenden Anteil hatte.

Als sich im gleichen Zeitraum der 70er Jahre neue außerparlamentarische Bewegungen entwickelten, die sich mit den Themen Frieden, Atomkraft und Frauenemanzipation auseinandersetzten, trafen sie angesichts der Phase organisatorischer Disziplinierung allerdings auf eine für jüngere Menschen nicht mehr sonderlich attraktive SPD. Deshalb verwundert es nicht, dass sich – neben anderen theoretischen Wurzeln – durchaus auch intellektuelle Einflüsse des Linkssozialismus in den ersten beiden Jahrzehnten der neuen Partei der Grünen feststellen lassen (man denke nur an Ossip Flechtheim oder Elmar Altvater in Berlin), zu der der Zulauf kritischer Jugendlicher kaum dieselben Dimensionen angenommen hätte, hätte sich die SPD früher den neuen Themen und Bewegungen geöffnet und zuvor weniger rigide auf die Aufmüpfigkeit der eigenen Jugend reagiert.

Und heute?

Nach dem großen Epochenbruch der Jahre nach 1989 dürften allerdings jedem nur einigermaßen reflektierten Intellektuellen die Begrifflichkeiten des zwanzigsten Jahrhunderts nur noch mit Zögern über die Lippen kommen. Mit dem Zusammenbruch der Systemalternative des sowjetischen Staatssozialismus und den weltweiten sozio-ökonomischen Strukturveränderungen fällt es sicher nicht mehr ganz so leicht, heute eine linkssozialdemokratische oder linkssozialistische Position zu identifizieren, in der sich die „große" Systemalternative eines demokratischen oder freiheitlichen Sozialismus intellektuell wie programmatisch widerspiegelte. Die SPD als Ganze bekennt sich zwar programmatisch weiter zu ihrer Tradition eines „demokratischen Sozialismus", aber dies liest sich – was nicht verwundern kann – etwa im Hamburger Programm von 2007 weit weniger optimistisch als noch im Berliner Programm von 1989. Diskursiv-anspruchsvolle Angebote intellektuell-linkssozialistischer Strömungen in der Sozialdemokratie, die über diesen Programmkonsens hinausgehen, kann ich kaum erkennen. Von den linkssozialistischen Wurzeln der Grünen sind allenfalls kleine Restbestände verblieben. Die Partei Die Linke beherbergt unter ihrem Dach linkslibertäre, sozialdemokratische, linkssozialistische wie autoritär-kommunistische Strömungen und Gruppen, die vielfach wenig miteinander gemein haben, allerdings so lange gut miteinander „friedlich koexistieren", wie sich die Partei als ganze in der Haltung des „Wir gegen Alle" bewegen kann.

Ein kurzes Fazit: Die – eher traurige – Geschichte des deutschen Linkssozialismus ist eng mit der Fähigkeit der jeweiligen sozialdemokratischen Führungen (aber auch der der kommunistischen Seite) verwoben, kritische Potentiale der Jugend und der Intelligenz auszuhalten und integrieren zu können oder zu wollen. Da wo dies gelang, hatte die Sozialdemokratie (wie das Beispiel Österreichs zeigt) eine durchaus beachtliche Attraktivität auch über die eigene Stammklientel hinaus. Gelingt ihr diese diskursive wie politische Integrationsaufgabe nicht, erhöht sich das Angebot an konkurrierenden Parteien und Gruppen im linken Spektrum. Angesichts des Wegfalls vieler vermeintlicher Gewissheiten einer vergangenen Periode könnte es sein, dass dies auch noch für eine längere Zeit den *Normalzustand* darstellt.

Ausgewählte weiterführende Literatur

Albers, Detlev u.a. (Hrsg.), Otto Bauer und der „Dritte Weg". Die Wiederentdeckung des Austromarxismus durch Linkssozialisten und Eurokommunisten, Frankfurt/ New York 1979.

Ders. u.a. (Hrsg.), Perspektiven der Eurolinken, Frankfurt/M. 1981.

Baumgarten, Jürgen, Linkssozialisten in Europa. Alternativen zu Sozialdemokratie und kommunistischen Parteien, Hamburg 1982.

Buschak, Willy, Das Londoner Büro: Europäische Linkssozialisten in der Zwischenkriegszeit, Amsterdam 1985.

Franzke, Michael/Rempe, Uwe (Hrsg.), Linkssozialismus. Texte zur Theorie und Praxis zwischen Stalinismus und Sozialreformismus, Leipzig 1998.

Kinner, Klaus (Hrsg.), Die Linke – Erbe und Tradition. Teil 2: Wurzeln des Linkssozialismus, Berlin 2010.

Krause, Hartfrid, USPD, Frankfurt/M. 1975.

Kritidis, Gregor, Linkssozialistische Opposition in der Ära Adenauer. Ein Beitrag zur Frühgeschichte der Bundesrepublik Deutschland, Hannover 2008.

Merchav, Peretz, Linkssozialismus in Europa zwischen den Weltkriegen, Wien 1979.

Niemann, Heinz (Hrsg.), Auf verlorenem Posten? Linkssozialismus in Deutschland, Berlin 1991.

100 Jahre Leipziger Volkszeitung

Von einer breiteren Öffentlichkeit nahezu unbemerkt, wurde im vergangenen Oktober in Leipzig ein 100. Geburtstag gefeiert. Die Leipziger Volkszeitung, einst neben dem Vorwärts das herausragende Presseorgan der deutschen Sozialdemokratie, war am 1. Oktober 1894 zum ersten Mal erschienen. Während dieser als Tages- bzw. Wochenzeitung längst den letzten Atemzug getan hat und sein Name nur der Form nach und der wehmütigen Tradition Genüge tuend den Titel des monatlichen Mitgliedermagazins ziert, existiert die LVZ auch heute noch als Tageszeitung. Aber sie wird beileibe nicht mehr im gleichen Ausmaß wie früher überregional beachtet, hat zudem ihren unmittelbaren Bezug zur Sozialdemokratie verloren. Kein Wunder also, dass auch in der heutigen Sozialdemokratie nahezu niemand von diesem Datum wirklich Notiz nahm.

Machen wir also einen kurzen Streifzug durch die Geschichte einer Zeitung, die so voller Brüche und Wirrnisse ist. An ihrem Anfang stehen berühmte Namen wie zum Beispiel Bruno Schoenlank, leider allzu früh verstorben, der heute noch als einer der Pioniere des sozialdemokratischen Pressewesens angesehen werden darf. Nach seinem plötzlichen Tod 1901 folgte ihm Franz Mehring in der Funktion des Chefredakteurs. Beiden gelang etwas, was für diese Zeit den Namen Pioniertat verdient: Sie schafften es, eine sozialdemokratische Tageszeitung dauerhaft am Markt zu platzieren, die mehr war als die zuvor geläufigen „Vereinszeitschriften", die der internen Verständigung der Mitglieder dienten. Tagespolitische Berichterstattung, theoretische Grundsatzartikel, ein anspruchsvolles Feuilleton, diese Mischung, verbunden mit dem emanzipatorischen Ziel der „Hebung" des Bildungs- und Kulturniveaus der unteren Klassen und Schichten der Gesellschaft, ließ die LVZ, wie sie als Abkürzung zunächst zum Markenzeichen wurde, schnell zur zweitgrößten Tageszeitung am Ort, aber mit großer überregionaler Beachtung werden.

Von anfänglich 30.000 Lesern wuchs die Zahl auf 50.000 bei Kriegsbeginn 1914 und bis auf ca. 100.000 in der Revolutionszeit 1918/19 an. In einer Gesellschaft, in der es die Gleichheit vor dem Gesetz erst noch zu erkämpfen galt, in der ein demokratisches Wahlrecht noch ein Fernziel war, war auch die Artikulationsfähigkeit der rechtlosen Gesellschaftsklassen nur aus eigener Kraft zu bewerkstelligen. In diesem Sinne war die LVZ „parteiisch", Parteizeitung, auch wenn der zentrale Parteivorstand der SPD an ihr nicht beteiligt war. Unter dem Titel „Was wir wollen" beschrieb Bruno Schoenlank 1894 das eigene Selbstverständnis: „Zwei Welten stehen sich heute gegenüber, die bürgerliche und die des Proletariats. Dort die wirtschaftliche Macht, die politische Herrschaft, der zauberische Besitz der Gewalt, der Genuss aller Errungenschaften unserer Kultur, hier die Massenarmut, die politische Gebundenheit, das Joch einer sich stetig steigernden kapitalistischen Ausnützung ... Zwischen der bürgerlichen und der proletarischen Welt hat zu wählen, wer auf den Kampfplatz herabsteigt ... Und in dieser Auseinandersetzung, die entscheidende Epoche ist der modernen Menschheit, stellen wir uns auf die Seite derer, die für die Befreiung der Arbeiterklasse ihre ganze Kraft einsetzen, auf die Seite der Partei der um die Emanzipation ringenden Masse, auf die Seite der Arbeiter, der Kleinen, mögen sie als Landwirte, als Handwerker, als Geschäftsleute, als Beamte im Schweiße ihres Angesichts ihr Brot verdienen. Die Leipziger Volkszeitung wird ein Organ der deutschen Sozialdemokratie sein."

Die Unabhängigkeit der Zeitung von der zentralen Parteiinstanz machte es möglich, dass die LVZ in der Folge zum reichsweit beachteten Organ der sozialdemokratischen Linken wurde. Rosa Luxemburg veröffentlichte hier ihre zwei Artikelreihen „Sozialreform oder Revolution?" 1898 im Revisionismusstreit mit Eduard Bernstein, Karl Liebknecht seinen bedeutenden Aufsatz „Militarismus und Antimilitarismus" (1907). Obwohl man sich ja gerade an diejenigen wandte, die die Bildungsprivilegien der wilhelminischen Gesellschaft nicht genossen, war die Redaktion nicht bereit, populistischen Forderungen nach Vereinfachung nachzugeben. Der redaktionelle Beitrag „Die Parteipresse" im Jahre 1907 liest sich wie eine frühe Warnung vor den Gefahren des Boulevardjournalismus am Ende des 20. Jahrhunderts: „Wir bemühen uns, so gemeinverständlich wie möglich zu schreiben und namentlich auch alle Fremdwörter zu vermeiden, und wir halten das für die Pflicht jedes sozialdemokratischen Schriftstellers. Allein es gibt hier eine bestimmte Grenze, die nicht überschritten werden darf, ohne schlimmere Zustände hervorzurufen, als die sind, die vermieden werden sollten." Die Behauptung ist wohl nicht übertrieben, dass sich die elektronische wie die Print-Medienlandschaft im letzten Jahrzehnt vor der Jahrtausendwende in einem Zustand befindet, wo diese Grenze täglich vielfach überschritten wird, mit verheerenden Folgen für eine demokratische Kultur und das Bildungsniveau unserer Gesellschaft.

Die LVZ entwickelte sich bald zu einer modernen politischen Tageszeitung. Das Feuilleton bot Herausragendes: Zola, Maupassant, Ebner-Eschenbach, Gorki, Andersen-Nexö, Tschechow, Turgenjew, Fontane, Storm – die Reihe ließe sich beliebig verlängern. 1897 bereits präsentierte sie die erste politische Karikatur und blieb lange Zeit die einzige Tageszeitung, die regelmäßig mit diesem Medium arbeitete. 1911 erschien die erste Ausgabe mit zwei Fotos. Es dauerte lange, bis gerade in der sozialdemokratischen Presse die Auffassung an Boden verlor, Fotos in Zeitungen dienten nur der Sensationshascherei. Wie sehr zum damaligen Zeitpunkt Partei, Presse und sozialdemokratische Bewegung miteinander verwoben waren, beweist das Engagement der Leipziger Arbeiter. Die Druckerei der LVZ mit entsprechendem Gebäude wurde per Spendenaufruf überwiegend aus Arbeitergroschen finanziert. Die Arbeiter Leipzigs und Umgebung dokumentierten damit, dass es „ihre" Zeitung war, die sie damit auf ein finanziell unabhängiges Fundament stellten.

Als Franz Mehring krankheitsbedingt die Chefredaktion niederlegte, folgten ihm mit Paul Lensch (der erst im Krieg in den begeisterten nationalen Kriegstaumel einschwenkte) und 1913 Hans Block wiederum zwei Vertreter der sozialdemokratischen Linken. Das Blatt schrieb unermüdlich gegen Burgfrieden und Kriegsbegeisterung an, was bis zum Kriegsende zur mehrfachen Androhung des Verbots der Zeitung durch die Militärbehörden führte. Die Unabhängigkeit vom zentralen Parteivorstand ließ der LVZ diesen Spielraum, und ihre neue Rolle als das Organ der neugegründeten USPD nach der Parteispaltung 1917 fiel ihr nahezu selbstverständlich zu. Von Clara Zetkin bis Eduard Bernstein reichte nun das Spektrum bekannter Persönlichkeiten, deren Namen in den Spalten der LVZ häufiger zu lesen waren. Einige ihrer aktuellen oder ehemaligen Redakteure spielten auch in den politischen Umbruchzeiten ab 1918 eine herausragende Rolle. Mit Curt Geyer und Friedrich Seger standen zwei Redakteure an der Spitze des Leipziger Arbeiter- und Soldatenrats. Der ehemalige Redakteur Richard Lipinski, nunmehr Bezirksvorsitzender der USPD, gehörte der ersten sächsischen Revolutionsregierung an. Hermann Liebmann schließlich war nach 1923 Innenminister des ersten und zweiten Kabinetts Zeigner, der sogenannten sächsischen Arbeiterregierung.

Wiewohl sich also an der Haltung der LVZ wenig ändert, als sie ihre Position im linksdemokratischen Spektrum beibehielt, endet in den DDR-offiziellen Rückblicken zu ihrem 60. bzw. 75. Erscheinungsjubiläum mit den Jahren 1918 bis 1920 nicht nur die Würdigung der LVZ als wichtiges Publikationsorgan, sondern ihre Zurkenntnisnahme überhaupt. Der Grund ist sehr einfach. Die Redaktion entschied sich mit der Minderheit der USPD gegen die von Moskau diktierten 21 Bedingungen für den Anschluss an die Kommunistische Internationale und blieb sozialdemokratisch. So lautete denn die Version der SED-Geschichtsschreibung, dass bereits mit dem Ausscheiden Mehrings als Chefredakteur ein allmählicher, sich über Jahre erstreckender Prozess „des Niedergangs von der stolzen Höhe revolutionärer marxistischer Klarheit und Parteilichkeit bis zur opportunistischen Versumpfung und Prinzipienlosigkeit" begonnen habe. Walter Ulbricht persönlich darf in der Einleitung des Jubiläumsbandes 1969 zum Besten geben, dass die Zeit der Jahre 1918 bis 1933 mit der „ruhmreichen" LVZ nichts zu tun habe. Diesen Unsinn muss man nicht kommentieren. Die Herausgeber der beiden Jubiläumsbände scheuen allerdings in der Konsequenz dieser Sichtweise nicht davor zurück, in ihren Bänden für diesen Zeitraum Faksimiles und Werdegang der Sächsischen Arbeiter-Zeitung zu dokumentieren, des Bezirksorgans der KPD Sachsen.

So ging denn insbesondere im Osten, aber auch im Westen Deutschlands (eine Monographie, die sich mit der LVZ der Weimarer Jahre beschäftigt, liegt bis heute nicht vor) der Blick auf eine Periode des Blattes verloren, die durchaus zu den spannendsten gehört. In die zwanziger Jahre, unter dem neuen Chefredakteur Hugo Saupe, fällt eine nochmalige

Modernisierung der LVZ, auch in der äußeren Gestaltung. Die ständige eigene Karikatur, insbesondere von Max Schwimmer, rückt ins Blatt. Natürlich bleibt die LVZ auch nicht unbeeinflusst von dem besonders in Thüringen und Sachsen stark ausgeprägten Geflecht von Arbeiterkultur- und -bildungseinrichtungen. Die politische Bildungsarbeit, auch in ihrer theoretisch reflektierten Form, hält mehr und mehr Einzug in die Spalten der Zeitung. Es sind nun die heute leider nur noch wenigen bekannten intellektuellen Köpfe der SPD-Linksopposition, die der politischen Richtung ihr Gepräge geben. Es sind brillante Theoretiker unter ihnen, wir nennen nur wenige Namen: Anna Siemsen, Paul Levi, Arkadij Gurland, Otto Jenssen. Häufig schreiben auch Vertreter der exilierten Menschewiki, deren Auslandsleitung sich in Berlin befindet, bzw. Theoretiker des Austromarxismus wie Mas Adler, ab und zu auch Otto Bauer.

Aber gerade diese scharfsinnigsten Köpfe der linken Sozialdemokratie sind der KPD und später der SED ein besonderer Dorn im Auge, kritisieren sie doch die Entwicklung in der Sowjetunion und ihre schamlose Apologie durch die KPD von einem linken Standpunkt, der nicht mit dem platten Vorwurf des Antikommunismus zu belegen ist. Es ist sogar ein Vertreter der linken Menschewiki, der 1933 als Nachfolger Saupes vorgesehen ist, wozu es aber aufgrund des Verbots des Blattes durch die Nazis nach dem Reichstagsbrand nicht mehr kommt. Alexander Schifrin ist im Übrigen einer derjenigen sozialdemokratischen Theoretiker, die schon in den zwanziger Jahren einen totalitarismustheoretischen Ansatz entwickelte, der sich wohltuend von den späteren gleichmacherischen Parolen rot gleich braun abheben. Unter der Naziherrschaft wurde einigen Redakteuren die Arbeit für die LVZ zum Verhängnis. Hermann Liebmann, Eugen Prager, Alfred und Rudolf Herre, Kurt Günther und Richard Lehmann wurden verfolgt, gequält und ermordet. Es ist an der Zeit, dass wir ihrer gedenken.

Am 19. Mai 1946, nach der zwangsweisen Vereinigung von KPD und SPD zur SED, wurde die Leipziger Volkszeitung erstmals neu aufgelegt. Sie erschien nun als Tageszeitung, als Organ der SED, Bezirk West-Sachsen. Zunächst leugnete sie ihre sozialdemokratischen Wurzeln nicht. Es wird noch der positiven Haltung der Redaktion in den Jahren

1923 und 1933 gedacht. Das redaktionelle Credo weist einen Weg, der innerhalb der SED schnell über Bord geworfen wird, der aber bezeugt, dass an der Wiege ihrer Neugründung ein Gemisch aus demokratischen Hoffnungen und Illusionen Pate stand. „Diese demokratische Neugestaltung aber kann nicht das Wirken von wenigen sein, sondern bedarf der Mitarbeit aller. Das erst heißt demokratisch handeln, wenn man selbst aktiv teilnimmt an der Ordnung des gesellschaftlichen Lebens. Nur der wird mit seinen Forderungen und Wünschen berücksichtigt, der sie anmeldet und sie vertritt. Dass jedem diese Möglichkeit, am Neuaufbau einer wirklichen Volksherrschaft mitzuarbeiten gegeben wird, dafür will die Leipziger Volkszeitung ihre ganze Kraft einsetzen und jedem berechtigten Verlangen ihre Seiten zur Verfügung stellen."

Damit war es bald vorbei, auch wenn sich in der Redaktion noch bis in die siebziger Jahre frühere oppositionelle Kommunisten, wie z.B. der lange in der Sowjetunion inhaftierte Paul Böttcher, ein früherer Weggefährte Paul Levis, hielten. Die späteren Jahre bieten uns das auch aus dem Neuen Deutschland bekannte SED-Einerlei, dieses eigentümliche Kauderwelsch eines erstarrten Marxismus-Leninismus, dessen Sprachbrei nur verstehen kann, wer diese „bleiernen Jahre" der DDR selbst erlebt und erlitten hat. Blättert man Jahrgänge und Erinnerungsbände durch, stößt man im Rückblick fast mit Amüsement auf Ulbrichts Parolen des Überholens des Westens auf dem V. Parteitag von 1958, auf die Überschriften 1967: „Dem VII. Parteitag entgegen: Im Kampf um Weltstand gibt es keine Schmollecke" oder den Katalog von Losungen zum 20. Jahrestag der DDR 1969. Es seien nur zwei aus heutiger Sicht besonders skurrile Parolen zum besten gegeben, schließlich plädieren wir seit langem für einen auch heiter-gelassenen Umgang damit: „20 Jahre DDR zeigen die Zukunft der ganzen Nation!" bzw. „Mitarbeiter der Organe für Staatssicherheit! Erringt weitere Erfolge gegen die Feinde des Friedens und des Sozialismus!"

Als Verbreiterin derartiger gestanzter Losungen war auch die LVZ zu einem unkritischen Partei- und Staatsblatt verkommen, was von den Verantwortlichen allerdings als siegreiches Ergebnis der Entwicklung hin zu einer „Presse neuen Typs" gefeiert wurde. So ist denn auch das Ende dieser Periode für die LVZ kein ruhmreiches Kapitel. Den Herbst der friedlichen Revolution 1989 erlebte sie mindestens bis Mitte Oktober nicht als kritisch-begleitende Zuschauerin, geschweige denn als Akteurin, sondern agierte als Scharfmacherin mit unverhohlenen Drohungen. Noch immer stockt einem der Atem, liest man den – sicher bestellten – Beitrag, den der Kommandeur einer Kampfgruppenhundertschaft unter dem 06.10.1989 ablieferte: „Die Angehörigen der Kampfgruppenhundertschaft Hans Geiffert verurteilen, was gewissenlose Elemente seit einiger Zeit in der Stadt veranstalten … Wir sind bereit und willens, das von uns mit unserer Hände Arbeit Geschaffene wirksam zu schützen und diese konterrevolutionäre Aktion endgültig und wirksam zu unterbinden. Wenn es sein muss mit der Waffe in der Hand! Wir sprechen diesen Elementen das Recht ab, für ihre Zwecke Lieder und Losungen der Arbeiterklasse zu nutzen."

Glücklicherweise bekamen sie dazu keine Gelegenheit. Die Chance, die aus der Zeit vor 1933 abzuleitenden Eigentumsansprüche gegenüber einer ganzen Reihe von ehemaligen SED-Regionalzeitungen nach 1989 zu einer Pluralisierung eines gesamtdeutschen Medienmarktes zu nutzen, hat die SPD gründlich vertan. Sicher, der Druck war außerordentlich groß. Noch heute werden Restitutionsansprüche der bereits durch die Nazis enteigneten SPD zynisch mit dem Vorwurf begleitet, sie trete doch ansonsten auch für den Grundsatz Entschädigung vor Rückgabe ein. Die Treuhandanstalt drohte mit dem Verkauf der Zeitungen und Verlage und setzte die SPD mit dem Argument unter Druck, sie blockiere Investitionen. So wurde die gesamte ostdeutsche Zeitungslandschaft an westdeutsche Großverlage verkauft. Was blieb, war eine 40-Prozent-Beteiligung an der Sächsischen Zeitung.

Dabei wäre es sicher nicht darum gegangen, die vielfach bestehende faktische Abhängigkeit der Presseerzeugnisse von gesellschaftlichen Gruppen, Verbänden und Wirtschaftsinteressen durch eine Parteigängelei zu ersetzen. Die Zeiten des Parteijournalismus sind Gott sei Dank vorbei. Was wir brauchen sind Radio- und Fernsehsender, Zeitungen und Zeitschriften als Orte eines aufklärerisch-unabhängigen wie auch unbequemen Journalismus. Dafür hätte man in der offenen Situation nach

1989 Modelle und Räume schaffen können. Die Berichterstattung eines großen Teils der Medien in der vergangenen Wahlauseinandersetzung hat erneut ein grelles Licht auf die einseitige Nutzung von Medienmacht geworfen. Die SPD hat dem vielfach ohnmächtig bis wütend zugesehen.

Deshalb wird man sich schärfer als bislang die Frage stellen müssen, wie es noch möglich ist, unter den Bedingungen der elektronischen Informationsgesellschaft einen Standort als diskursprägende Kraft zu beziehen.

60 Jahre Hannoveraner Kreis der Jungsozialisten

Nicht allen unter denjenigen, die sich heute in unregelmäßigen Abständen bei den Treffen des Hannoveraner Kreises der Jungsozialist/inn/en einfinden, dürfte bekannt sein, dass es einen Kreis dieses Namens in der Weimarer Republik schon einmal gegeben hat. Am Pfingstwochenende, am 8./9. Juni 1924[1], trafen sich linksorientierte Jungsozialisten zum ersten (aber auch wohl zum letzten)[2] Mal, um sich gemeinsam über wesentliche politische Fragen zu verständigen. Zweck dieses Aufsatzes soll es nun nicht sein, neue Untersuchungsergebnisse über die Geschichte der Jungsozialisten in der Weimarer Republik zu vermitteln – hierzu liegen eine ganze Reihe umfangreicher neuerer Arbeiten vor[3] – sondern anhand der Ergebnisse dieser Untersuchungen soll herausgearbeitet werden, ob diejenigen, die sich heute im Hannoveraner Kreis treffen, sich auf dieses Ereignis als einen Teil ihrer eigenen Tradition beziehen können.[4] Das

---

1   In manchen Publikationen wird ohne ausdrückliche Berufung, aber wohl im Anschluss an Lepinski, Die jungsozialistische Bewegung, ihre Geschichte und ihre Aufgaben, Berlin 1927, S. 21, der Monat August als Tagungstermin angegeben; vgl. Drechsler, die Sozialistische Arbeiterpartei Deutschlands (SAPD), Meisenheim 1965, S. 25, von der Heydte, Die Geschichte der Auseinandersetzung der SPD mit ihrer Parteijugend, Diss., Würzburg 1978, S. 107; Osterroth/Schuster, Chronik der deutschen Sozialdemokratie Bd. 2, Berlin/Bonn 1975, S. 147. Dies kann nicht zutreffend sein, da die Einladung, in Paul Levis Zeitschrift spw, Anfang Juni 1924 veröffentlicht, auf den 1. und 2. Pfingstsonntag lautete und der erste Bericht über die Tagung bereits Ende Juni in der spw erfolgte; vgl. M. Hodann, Jugendbewegung, Pfingsttagung der Jungsozialisten in Hannoversch-Münden, in: spw 2. Jg., Juni 1924, Nr. 40.

2   Vgl. Lüpke, Zwischen Marx und Wandervogel. Die Jungsozialisten in der Weimarer Republik 1919–1931, Marburg 1984, S. 79. Zum einen erzielten die verschiedenen JS-Fraktionen nur wenige Monate später, im Januar 1925, eine Übereinkunft, zukünftig keinerlei reichsweite Tagungen der verschiedenen Kreise mehr durchzuführen (Lüpke 1984, S. 125/6), zum anderen war der Anlass der „Fraktionierung" durch die klare Mehrheit für die „Hannoveraner" auf der Reichskonferenz im April 1925 und den baldigen Rückzug der „Hofgeismarer" aus der JS-Arbeit schnell überwunden. Näheres dazu unten.

3   Vgl. Lüpke 1984; Walter, Jungsozialisten in der Weimarer Republik. Zwischen sozialistischer Lebensreform und revolutionärer Kaderpolitik, Kassel 1983; Lüders, Gegen Krieg und Faschismus. Jungsozialisten in der Weimarer Republik 1925–1931, Hamburg o.J. (1982); Hagel, Die Stellung der sozialdemokratischen Jugendorganisationen zu Staat und Partei in den Anfangsjahren der Weimarer Republik; in IWK, Jg. 1976, Nr. 2, S. 116 ff. Die weitere Darstellung lehnt sich weitgehend an diese Untersuchungen an.

4   Diese manchem etwas abgelegen erscheinende Frage hat eine Zeitlang durchaus eine Rolle gespielt. In seiner Anfangsphase versuchte der „Göttinger Kreis" der damaligen „antirevisionistischen" JS den Namen Hannoveraner Kreis für sich zu reklamieren – man stellte schließlich auch die Mehrheit im Bezirk Hannover –, und wählte für den Hannoveraner Kreis die Bezeichnung „Münsteraner Kreis". Mittlerweile hat man sich beschieden.

bietet zugleich die Gelegenheit, sich erneut der Erfahrungen zu vergewissern, die junge Sozialist/inn/en in der sozialdemokratischen Partei in früheren Zeiten gemacht haben, also daraus zu lernen, auch wenn wir wissen, dass sich Geschichte niemals schematisch wiederholt.

Beginnen wir damit, wie die zu dieser Tagung Eingeladenen selbst den Sinn ihres Treffens begründen:

„Der Zweck des Treffens soll sein, Stellung zu nehmen gegen die Richtung in unserer Bewegung, die ihrer ideologischen Einstellung nach den Boden des marxistischen Klassenkampfes verlassen hat und sich heute, in einer Zeit der schärfsten Klassengegensätze, zur Volksgemeinschaft und zu einem Deutschtum bekennt, das von der Gefahr eines nationalistischen Gedankens nicht frei ist …"[5]

Damit war der sogenannte „Hofgeismarkreis" bei den Jungsozialisten gemeint, dem ferner in dieser Einladung entgegengehalten wurde, dass die Herbeiführung einer neuen Wirtschafts- und Gesellschaftsordnung nicht vom idealistischen Wollen der Jugend abhänge, sondern vom Klassenkampf des Proletariats auch gegen den Staat, der als Instrument der herrschenden Klasse zur Unterdrückung der anderen Klassen angesehen wurde. Die Einlader sprachen ihre Erwartung aus, dass sich insbesondere alle auf dem Boden des Marxismus stehenden „Jugendgenossen"[6] zahlreich beteiligen würden. Etwa 150 Teilnehmer fanden sich in Hannoversch-Münden ein und diskutierten über zwei Referate zu den Themen „Die Vereinigten Staaten von Europa" (Hermann Kranold, Hannover) und „Volksgemeinschaft oder Klassenkampf? Die Aufgaben der proletarischen Jugend" (Georg Engelbert Graf, Stuttgart).

Die Entstehung der Jungsozialisten (JS)

Um nun genauer zu verstehen, warum es eine derartig „national-sozialistische", romantisch-jugendorientierte dominierende Richtung bei den Jungsozialisten gab, muss man sich in knappen Zügen die Entstehungsgeschichte der Jungsozialisten vor Augen führen. Vor dem Ersten Welt-

---

5   Hornung/Rosendahl/Bolte/Witthöft, An die Jungsozialisten, in spw 2, Jg. Juni 1924, Nr. 30.
6   Von den Genossinnen war schon damals wenig die Rede.

krieg gab es noch keine Jungsozialistenorganisation. Die ersten Regungen zur Organisation von Arbeiterjugendlichen entwickelten sich zwar schon 1904, müssen aber als Vorläufer der sich auf die jüngeren Jahrgänge beziehenden Sozialistischen Arbeiterjugend (SAJ) gesehen werden. Diese jeweils spontan entstehenden Zusammenschlüsse von Arbeiterjugendlichen hatten zudem mit erheblichen Schwierigkeiten seitens der Parteiführung zu kämpfen, die darin nur schädliche Sonderorganisationen sah, die dem Streben der Partei nach Zentralisation und größerer Einheitlichkeit widersprächen. Erst 1907 wurde – zumindest auf dem Papier – die Schaffung von Jugendorganisationen als sinnvoll erachtet. Die sich seit dieser Zeit stetig entwickelnden Arbeiterjugendvereine organisierten aber primär die 14- bis 18-Jährigen in ihren Reihen. Noch vor dem Krieg kam es daher zu ebenfalls spontanen Versuchen der Älteren in den Städten München, Kiel, Berlin, Halle und Hamburg, eigene Organisationen zu bilden, wobei in München zum ersten Male die Forderung nach dem Namen „Jungsozialisten" auftauchte. Der Krieg aber machte all diesen Versuchen schnell ein Ende.

Nur wenig früher, um die Jahrhundertwende, erlebte die bürgerliche Jugendbewegung ihren Aufschwung. Organisationen wie der „Wandervogel" und die „Freideutsche Jugend" wurden in der Folgezeit gegründet. Franz Lepinski, nach 1925 Vorsitzender der Jungsozialisten, beschreibt diesen Prozess so:

„Eine Bewegung lief durchs ganze Land und brachte große Teile der bürgerlichen Jugend in Aufruhr. Es war ein Aufruhr gegen die verlogenen Lebensanschauungen und Lebensformen der bürgerlichen Gesellschaft, eine Empörung gegen die Schule, eine Rebellion gegen das Elternhaus."[7]

Wandern, ein neues Verhältnis zur Natur, Wiederanknüpfen an kulturelles Erbe, Volkstänze und ein neues Verhältnis zur Kunst waren Leitmotive dieser Bewegung, die bald auch eine erhebliche Ausstrahlung in die Reihen der Arbeiterjugendlichen hinein gewann. Und dies galt zunächst in gleichem Maße für den „Verband der Arbeiterjugendvereine

---

7   Lepinski 1927, S. 7.

Deutschlands" (ab 1922 SAJ), wie die Anfang 1919 wiederum spontan entstehenden Gruppen der Älteren, die sich seitdem „Jungsozialisten" nannten und durch den Kasseler Parteitag der SPD 1920 zum ersten Mal offiziell anerkannt wurden. Im Protokoll heißt es:

„Der Parteitag verpflichtet ... die Parteiorganisationen, die Bestrebungen der Jungsozialisten tatkräftig zu unterstützen."[8]

Im Gegensatz zu heute, wo sich die Jungsozialisten nicht nur als Jugendorganisation, sondern auch als politischer Richtungsverband im Rahmen der Sozialdemokratie verstehen, der in allen politischen Bereichen tätig ist, waren die Aufgabenbereiche der Jungsozialisten der Weimarer Republik eng begrenzt. Sie waren im wesentlichen Erziehungs- und Bildungsorganisation und als solche an die jeweiligen Bildungsausschüsse der Partei angekoppelt. Nicht nur, aber auch deswegen wurden sie nie zu einer Massenorganisation (im Gegensatz z.B. zur SAJ mit zeitweilig über 100.000 Mitgliedern) und hatten maximal 4.000 Mitglieder in ihren Reihen – eine Tatsache, die wohl auch zu erklären vermag, warum sie in umfangreichen neueren Publikationen über die Linke in der SPD der Weimarer Republik nicht einmal als eigenständiger Faktor Erwähnung finden.[9]

Die ganze Widersprüchlichkeit dieser ersten Entwicklungsphase drückt sich in den sogenannten „Kieler Leitsätzen" der norddeutschen Jungsozialisten von 1921 aus. Einerseits wird betont, sich die wissenschaftlichen Erkenntnisse des Sozialismus aneignen zu wollen, zum anderen die Notwendigkeit der eigenen Organisation mit der zu „einseitig verstandesmäßig und materialistisch" ausgerichteten Arbeiterbewegung erklärt, die die in der Jugend vorhandenen und durch den Krieg neu belebten „irrationalistischen Neigungen" nicht befriedigen könne.[10] Den Einfluss der bürgerlichen Jugendbewegung drücken noch stärker die von Gustav Radbruch (1921/1922 Reichsjustizminister) formulierten „jungsozialistischen Leitsätze" aus:

---

8 Protokoll über die Verhandlungen des Parteitages der Sozialdemokratischen Partei Deutschlands, abgehalten in Kassel vom 10. bis 16. Oktober 1920, Berlin 1920, S. 318.
9 Vgl. Klenke, Die SPD-Linke in der Weimarer Republik, 2 Bde., Münster (1983). Dass sie bei Wolowicz, Linksopposition in der SPD von der Vereinigung mit der USPD 1922 bis zur Abspaltung der SAPD, Bonn, 2 Bde. (1983), aus Platzgründen weggelassen wurden, verdeutlicht nur die mangelnde Bedeutung, die er ihnen im Rahmen seiner Untersuchung einräumt; vgl. S. III.
10 In: Jungsozialismus, Festschrift zur Bielefelder Jungsozialistentagung. Herausgegeben vom Zentralausschuss der SPD, Berlin, Juli 1921, S. 27/28.

„Die sozialistische Jugend erst hat die freideutsche Lebensform mit einem starken, einfachen, zukunftssicheren Inhalt erfüllt: Sozialismus auf jugendliche Weise zu leben, das ist der gemeinsame Sinn von Jungsozialismus und Arbeiterjugend. Dieser gelebte Sozialismus schließt in sich ein neues Gemeinschaftsgefühl, ein neues Kulturgefühl, ein neues Lebens- und Weltgefühl …"[11]

Die jugendbewegten Jungsozialisten setzen sich auch auf der 1. Reichskonferenz im Juli 1921 durch. Ihre Kritik an der Partei beschränkte sich weitgehend auf deren apparatmäßige Verknöcherung. Sie setzten der Parole: die Partei über alles, entgegen: Die Idee über alles. Parteiarbeit stand nicht hoch im Kurs.

Der Hofgeismarkreis

Ihren – auch geistigen – Höhepunkt hatte diese an der bürgerlichen Jugendbewegung orientierte Richtung mit einer Tagung über Ostern 1923 in Hofgeismar. Sie stand unter dem Thema „Volk – Staat – Nation". Auslöser war die sich ausbreitende nationale Hysterie, die anlässlich der Besetzung des Ruhrgebiets durch die Franzosen 1923 entstand. Nicht umsonst gehörten in dieser Zeit Bochum und Dortmund zu den Hochburgen der national orientierten Jungsozialisten. Nach Vorträgen der renommierten Referenten Paul Natorp, Gustav Radbruch, Eduard Heimann und Hugo Sinzheimer, die noch durchaus unterschiedliche Akzentuierungen vortrugen, kristallisierten sich in der Diskussion und späteren Publikation[12] immer mehr nationalistische, staatsbejahende Positionen heraus. Am feierlichen Lagerfeuerabend ertönten die Rufe „Es lebe Deutschland". Als tiefer Grund und eigentliche Identität des Sozialismus wurde nun die „Idee des deutschen Volkes" angesehen. Große Teile des Kreises identifizierten sich voll und ganz mit dem bestehenden Weimarer Staat. Von Klassenkampf war so gut wie nicht mehr die Rede, umso mehr aber von der Notwendigkeit der sogenannten „Volksgemeinschaft".

---

11 Zit. nach Lepinski 1927, S. 12.
12 Der Hofgeismarkreis konstituierte sich offiziell und gab einen eigenen Rundbrief heraus.

Da nimmt es nicht wunder, dass sich gegen diesen ersten Versuch, unter solchen Vorzeichen eine Fraktion bei den Jungsozialisten aufzubauen, heftiger Widerstand regte. Derartige Positionen waren für jeden, der sich noch am internationalistischen Gedankengut des Marxismus orientierte, eine unerträgliche Herausforderung. Allerdings gab es auch weitere objektive Gesichtspunkte, die das Entstehen einer organisierten linken Opposition bei den Jungsozialisten förderten. Durch den 1922 erfolgten Zusammenschluss von USPD und MSPD und damit auch ihrer Jugendorganisationen stießen aus der Jugendorganisation der USPD, der Sozialistischen Proletarier-Jugend (SPJ) marxistisch orientierte Arbeiterjugendliche insbesondere im Raum Sachsen – eine Ausnahme machte Leipzig – zu den Jungsozialisten. Zudem machten die Jungsozialisten in Sachsen und Thüringen eine fundamental andere Erfahrung als ihre Genoss/inn/en im Ruhrgebiet. Sie erlebten unter einem Reichspräsidenten Ebert und einer Reichsregierung mit sozialdemokratischen Ministern die Absetzung der von Sozialdemokraten und Kommunisten gebildeten Landesregierung durch Einsatz der Reichswehr. Der bürgerliche Klassencharakter des Weimarer Staates konnte plastischer kaum demonstriert werden.

Der Internationale Jugendbund (IJB)

In die Opposition gegen die dominierende Hofgeismarer Richtung reihten sich auch diejenigen Genoss/inn/en ein, die gleichzeitig dem Internationalen Jugendbund angehörten. Hierbei handelt es sich um einen kleinen, aber streng diszipliniert arbeitenden, kadermäßig organisierten Kreis, der sich an den philosophischen Ideen Leonard Nelsons orientierte.[13] Erst über ethische Normsetzungen wie „Gerechtigkeit" gelangte man zu sozialistischen Positionsbestimmungen:

„Gerechtigkeit ist Recht. Gerechtigkeit ist die gesuchte Regel für die gegenseitige Beschränkung der Freiheit des Einzelnen in ihrer Wechselwirkung. Gerechtigkeit bedeutet aber nichts anderes als die persönliche

---

13 Vgl. hierzu Link, Die Geschichte des Internationalen Jugend-Bundes (IJB) und des Internationalen Sozialistischen Kampf-Bundes (ISK), Meisenheim 1964. Aus den Reihen dieser Organisation gingen eine ganze Reihe in der Nachkriegssozialdemokratie wichtiger Persönlichkeiten hervor: u.a. Willi Eichler, Susanne Miller, Fritz Eberhard, Alfred Kubel.

Gleichheit, d.h. die Ausschließung jedes durch die numerische Bestimmtheit der einzelnen Person bedingten Vorzuges."[14]

Dass diese ethischen Sozialisten sich in eine Kampfgemeinschaft mit den marxistischen Jungsozialisten begaben, mag zunächst verwundern. Dass es sich hierbei dennoch um mehr als eine bloße Negativkoalition handelte, ergibt sich aus folgenden Gesichtspunkten[15]:

1. Beide Strömungen lehnten die stark emotional geprägte Ideologie der jugendbewegten Hofgeismarer Jungsozialisten ab. Sie sahen darin eine „Verbürgerlichung" der Arbeiterjugend- und Arbeiterbewegung.

2. Beide lehnten eine nationale bzw. nationalistische Politik ab und traten für ein geeintes sozialistisches Europa ein (internationalistische Orientierung).

3. Sie stimmten in vielen Einzelforderungen für die Verbesserung der Kampfbedingungen der Arbeiterklasse überein, zum Beispiel der Demokratisierung der Betriebsstruktur, der Sicherung der Koalitionsfreiheit und der Auflösung von Monopolen.

4. Beide betonten die Wichtigkeit der Erziehungsarbeit, die für die marxistischen Jungsozialisten zur Stärkung des Klassenbewusstseins Teil des Klassenkampfs war und vom Internationalen Jugendbund als Voraussetzung der Elitenbildung begriffen wurde.

Die weitgehend solidarische Zusammenarbeit beider Gruppierungen fand allerdings bereits im November 1925 ein jähes Ende. Der Parteivorstand der SPD beschloss die Unvereinbarkeit der Mitgliedschaft zwischen SPD und Internationalem Jugendbund, was die sehr aktiven Genoss/inn/en zum Ausscheiden aus der Partei zwang.

Die marxistischen Jungsozialist/inn/en[16]

Für den marxistischen Teil der Jungsozialist/inn/en, der sich im Hannoveraner Kreis zusammenfand[17], war der Klassenkampf das wesentliche

---

14 Zit. nach Link 1964, S. 9.
15 Vgl. Lüpke 1984, S. 113.
16 Ebd., S. 98 ff.
17 Der Kreis nannte sich auch „Marxistischer Arbeitskreis der Jungsozialisten", vgl. Lüders 1982, S. 60.

Element in der gesellschaftlichen Entwicklung. Die Entwicklung zum Sozialismus verlaufe so in einem widersprüchlichen Prozess objektiver Bewegungsgesetze und subjektiver Bewusstwerdung der Arbeiterklasse. Auch im bestehenden Staat der Weimarer Republik sahen sie einen Klassenstaat. Nicht die Form des Staates, sondern sein sozialer Inhalt sei das Wesentliche.

„Das Wesen und die Funktion des Staates bestehen immer in der Festigung und Erhaltung jener Produktionsverhältnisse, welche dem Interesse der herrschenden Klasse entsprechen. Es ist darum falsch, im Staat ein Wesen zu sehen, welches über den Dingen steht, unparteiisch auftritt und nicht berührt wird vom wirtschaftlichen Interessenkampf der Klassen."[18]

Die Eroberung der politischen Macht bedeute die Vorbedingung der sozialen Revolution. Dabei wurde die republikanische Staatsform durchaus als Fortschritt angesehen, die die Kampfbedingungen der Arbeiterklasse erheblich verbessere. Insoweit wurden von einem Teil der linken Jungsozialisten Positionen in enger Anlehnung an Otto Bauer vertreten, nämlich dass der Wert der politischen Demokratie darin bestehe, dass sie im Gegensatz zur diktatorischen Staatsform die geistige Auseinandersetzung ermögliche. Andere übernahmen dagegen Max Adlers kategoriale Unterscheidung von „politischer" und „sozialer" Demokratie. Danach bedeutete politische Demokratie eigentlich gar keine Demokratie, da die Gleichheit des Stimmzettels und parlamentarische Mehrheitsentscheide in Wahrheit die bloße Hülle für die Diktatur der besitzenden Klasse darstellten. Einig waren sich die marxistischen Jungsozialist/inn/en in ihrer Kritik an der Mutterpartei, der sie vorwarfen, den Marxismus bloß noch als Alibi zu gebrauchen, das für die konkrete Arbeit nicht mehr maßgebend sei. Statt den bürgerlichen Staat zu überwinden, richte man sich in ihm ein, ersetze das Ziel der Überwindung der Klassen durch die Revolution durch die soziale und kulturelle Emanzipation der Individuen.

---

18 Sperling, Staat und Proletariat (Teil II), in: Der junge Parteigenosse, 30. Okt. 1924, S. 2. Dieses Blatt erschien eine Zeitlang als Beilage zur spw und fungierte als „Organ" des Hannoveraner Kreises.

Die Jenaer Reichskonferenz von 1925

Die Entscheidung über den zukünftigen Kurs der Jungsozialist/inn/en fiel auf der Reichskonferenz in Jena am 13./14.04.1925. Die Konsolidierung der Jungsozialisten-Organisation in den einzelnen Bezirken und Landesverbänden war mit einer Stärkung des linken Flügels einhergegangen. Beide Flügel schickten zum Leitthema „Staat, Nation und Sozialdemokratie" prominente Referenten in die Schlacht: die linken Jungsozialisten den austromarxistischen Philosophen Max Adler, der Hofgeismarkreis den Staatsrechtler Hermann Heller. Das Leitthema spiegelte denn auch genau die Reizthemen wider, an denen sich die schroffe Trennung der Hofgeismarer und Hannoveraner Richtung ergab. Durchaus mit dem Versuch einer Bezugnahme auf Marx und Engels begründete Heller eine Position, die zu einer positiven Mitarbeit im Weimarer Staat aufrief. Staatsverneinung hieß für ihn auch Wirtschaftsverneinung.[19] Er sah im Staat allgemein denjenigen Gebietsherrschaftsverband, der das geordnete Zusammenwirken der gesellschaftlichen Handlungen auf einem bestimmten Gebiet sichere. Den konkreten Weimarer Staat bezeichnete auch er als Klassenstaat, diese deutsche Republik bedeute aber bereits einen „sehr bedeutsamen Schritt zur Verwirklichung der sozialistischen Ziele".[20] Als charakteristisch für den Begriff der Nation nannte er Blutverfestigung und Boden, auf denen sich eine besondere Geistesart, ein eigenartiger Kulturbesitz aufbaue. Heller betonte: „Der Klassenkampf ist eine unbedingte Notwendigkeit, er darf aber nicht gegen, sondern er muss um Staat und Nation gekämpft werden."[21] Es muss hervorgehoben werden, dass sich Heller damit durchaus auf rationalerem Boden bewegte als ein Großteil des Hofgeismarer Kreises, deren nationale, antiklassenkämpferische Orientierung völlig andere Ausmaße annahm.

In seinem Koreferat kritisierte Adler den rein formalen Staatsbegriff Hellers, mit dem er als Marxist nichts anfangen könne. Wenn Marx von Staat spreche, meine er nicht den Staat als Idee, sondern die histori-

---

19 Heller, Staat, Nation und Sozialdemokratie, in: ders., Gesammelte Schriften, Leiden 1971, Bd. 2, S. 533.
20 Ebd., S. 535.
21 Ebd., S. 538.

sche Gegebenheit des Staates, den Klassenstaat. Abschaffung des Staates im Sinne des Kommunistischen Manifests bedeute nicht Abschaffung jeder Zwangsordnung überhaupt, sondern Beseitigung des Klassenstaats, der unsolidarischen Zwangsordnung. Entsprechend sei auch der Begriff der Nation ein historischer. Die Idee der Nation dagegen sei ein solidarischer Gemeinschaftsbegriff, der in einer Klassengesellschaft überhaupt nicht verwirklicht werden könne. Es gehe auch nicht um Staatsverneinung oder -bejahung, sondern darum, ihn zu bekämpfen.[22] Den Referaten folgte eine ausführliche Diskussion, die allerdings bei weitem deren Niveau nicht erreichen konnte. Auffallend dabei war, dass die Hofgeismarer Vertreter von vornherein aus einer Defensivposition heraus argumentierten, sich fast hinter Heller „versteckten", also ihre weitergehenden nationalistischen bzw. jugendlich-romantischen Vorstellungen nicht in die Debatte einbrachten. Dominiert wurde die Debatte von Vertretern des linken Flügels. Hier taten sich insbesondere die Mitglieder des Internationalen Jugendbundes hervor, was zugleich auf die noch schwache theoretische Verankerung der marxistischen Vorstellungen hindeutet. Die Vorwürfe kulminierten in dem Satz: „Die politischen Ideen des Hofgeismarkreises laufen auf Verrat an der Arbeiterschaft hinaus."[23]

Während sich deren Vertreter mit dem (für viele nicht zutreffenden) Hinweis verteidigten, sie stünden nicht für die Republik von heute, sondern die von morgen ein und stünden auf dem Boden des Klassenkampfes, schoss ein Vertreter des Hannoveraner Kreises mit der Bemerkung weit übers Ziel hinaus, die Weimarer Republik sei bereits die „unverhüllteste Diktatur des Kapitalismus".[24] Klar war eigentlich nur, dass eine Entscheidung darüber fallen musste, welche theoretische Grundauffassung die weitere Arbeit des Verbandes dominieren würde. Wie dies in der politischen Praxis auszusehen hätte, blieb noch reichlich im Dunkeln. Mit vollem Recht bemerkte der Delegierte Fromm:

„Wenn ich mir das Referat des Genossen betrachte, so finde ich, dass

---

22 Vgl. Adler, M., Staat, Nation und Sozialdemokratie, in: Heller 1971, S. 542 ff.
23 Alpers (Braunschweig), Diskussionsbeitrag, ebd., S. 554.
24 Rosendahl (Schwelm), Diskussionsbeitrag, ebd.

er nur die Zeitfrage selbst erörtert hat, nicht aber die Mittel, durch die wir zum Ziel gelangen. Er hat nur immer wieder betont, dass wir Klassenkampf führen müssen. Ich frage aber: wie und mit welchen Mitteln?"[25]

Diese Frage sollte für die Jungsozialist/inn/en auch in den kommenden Jahren nie zu einer endgültig zufriedenstellenden Antwort führen. Auf der Jenaer Konferenz ging es darum auch noch nicht, wie die Resolution zeigt, die mit 71 gegen 39 Stimmen angenommen wurde:

„Die Jungsozialisten als politische Jugend lehnen die nationale Romantik in jeder Form entschieden ab. Von der bloßen Betonung der republikanischen Staatsnotwendigkeiten mit den daraus resultierenden Konzessionen an das bürgerliche Denken befürchtet die Reichskonferenz eine Verwässerung des revolutionären proletarischen Kampfes. Die heutige Demokratie stützt sich nur auf die Gleichwertigkeit des Stimmzettels, lässt jedoch die ökonomische Ungleichheit der Menschen bestehen, sie verschleiert also nur die Klassengegensätze. Die Reichskonferenz ist sich darüber klar, dass das sozialistische Proletariat dem bürgerlichen Staat gegenüber keine staatspolitische Verantwortung übernehmen darf, wenn dies den Interessen des internationalen Klassenkampfes widerspricht."[26]

Nach dieser Niederlage schwand der Einfluss der Hofgeismarer Jungsozialisten schnell. Zwar waren sie entsprechend einer vorherigen Absprache zwischen den „Kreisen" und der alten Reichsleitung auch weiterhin in der Reichsleitung vertreten, führten noch eine reichsweite Tagung durch, lösten sich aber 1926 als eigenständige Fraktion auf. Ab diesem Zeitpunkt kann man davon sprechen, dass die Jungsozialisten als Organisation insgesamt bis zu ihrer Auflösung durch den Parteitag 1931 ihren theoretischen Bezugspunkt im Marxismus fanden, wenn dabei später auch eine ganze Reihe unterschiedlicher theoretischer Ansätze eine Rolle spielten.

---

25 Fromm (Leipzig), Diskussionsbeitrag, ebd., S. 556/557.
26 Zit. nach Lüders 1982, S. 8.

Damals – heute: Parallelen und Unterschiede

Wenn wir uns nun dem Versuch zuwenden, Vergleiche mit der Situation der Jungsozialisten in den 70er und 80er Jahren herauszuarbeiten, so muss vor einem gewarnt werden: Es kann sich nur um Ähnlichkeiten handeln, keinesfalls um Wiederholungen. Die „einzig korrekte Linie" von 1924 bis 1984 nachzuzeichnen, um sich danach selbstgefällig auf die Schulter klopfen zu können, ist ein unmögliches Unterfangen. Es geht vielmehr darum, was wir dennoch mit diesem Teil der Geschichte der Jugend unserer Partei zu tun haben, ob wir trotz aller Unterschiede Traditionslinien entdecken können.

Unfreiwilliger Entstehungsprozess

Schaut man sich jeweils den Entstehungsprozess des Hannoveraner Kreises 1924 und Mitte 1972[27] an, sind zunächst zwei Unterschiede offensichtlich. 1972 existierte keinerlei „nationalistische" Strömung bei den Jungsozialisten (JS), vielmehr beanspruchte selbst die Mehrheit des Verbandes, die den Bundesvorstand um Karsten Voigt und Wolfgang Roth stellte, „marxistische" Positionen zu vertreten.[28] Und ein zweiter Unterschied ist bedeutsam: 1924 sind keinerlei Anzeichen dafür ersichtlich, dass versucht worden wäre, die damalige marxistische Minderheit durch organisatorische Maßnahmen aus der Verbandsarbeit hinauszudrängen. Hier organisiert sich vielmehr zunächst sogar die Mehrheit offen als „Fraktion". Im Selbstverständnispapier des Hannoveraner Kreises vom 1. April 1973 heißt es demgegenüber, dass der Bundesvorstand versucht habe, „diejenigen, die eine konsequente Weiterentwicklung der marxistischen Orientierung in Theorie und Praxis anstreben, zu isolieren und sie aus den Juso-Leitungsgremien und Kommissionen fernzuhalten."[29]

Dennoch ergibt sich daraus zugleich eine Gemeinsamkeit: Beide Kreisgründungen erfolgten unfreiwillig, als Reaktion auf vorhandene Ge-

---

27 Vgl. Albers/Eckert/Neumann/Wand, Anmerkung zu Theorie und Praxis des Juso-Bundesvorstands, Hamburg 1973, S. 12 (gezählt).
28 Ebd., S. 13 (gezählt).
29 Zum Selbstverständnis des Hannoveraner Kreises, in: Wand (Hrsg.), Zur Perspektive der sozialdemokratischen Linken, Hamburg 1973, S. 89.

gentendenzen. Hieß es im Einladungsschreiben 1924 über den Zweck, man wolle gegen die Hofgeismarer Richtung Stellung nehmen, so stellt Neumann 1973 fest: „Die Juso-Linke hat es für notwendig gehalten, die unfreiwillige Isolierung durch die Schaffung eines Informationskreises zu durchbrechen."[30]

Offene Kreise

Beide Kreise waren bzw. sind „offen", und zwar in mehrfacher Hinsicht. Für den alten Kreis wird dies schon daraus deutlich, dass er in einer „öffentlichen" Zeitschrift, Paul Levis SPW, zu seinen Treffen einlud und die Beteiligung vor allem der marxistischen JS erwartete, d.h. also durchaus auch alle anderen eingeladen waren. Im Selbstverständnis des neuen Kreises heißt das:

„Der Hannoveraner Kreis ist ein offener Kreis. Alle Jungsozialisten, die die Gefahr der Anpassungstendenzen in der Organisation vor allem beim Bundesvorstand sehen und die den Informationsfluss und den Diskussionsprozess über die offiziellen Gremien allein nicht für ausreichend halten, sind aufgefordert, sich an den regelmäßigen Treffen zu beteiligen."[31]

Offen hieß ferner damals wie heute, dass unterschiedliche theoretische Ansätze miteinander diskutierten. Dies wird offensichtlich anhand der Zugehörigkeit der Mitglieder des Internationalen Jugendbundes (IJB) zum alten Kreis. 1972/73 waren auch Vertreter der sogenannten „Antirevisionisten" vertreten, die erst später ihren eigenen Göttinger Kreis gründeten. Bis heute ist es selbstverständlich geblieben, dass im Hannoveraner Kreis keine theoretischen Glaubensbekenntnisse gefordert werden, sondern über verschiedene Fragen (in den letzten Jahren etwa über Polen, Reformismus, Austromarxismus) kontrovers diskutiert wird. Ähnliches gilt für die alte JS-Organisation, die ja etwa ab 1926 fast ausschließlich von marxistisch orientierten Jusos getragen wurde, aber dennoch sehr viel heterogener als der heutige Hannoveraner Kreis war. Hier waren linkskommunistische Einflüsse (aus denen später die Gruppe „Rote Kämpfer"

---

30 Neumann, Zur Position der Juso-Linken, in: Wand 1973, S. 32/33.
31 Zum Selbstverständnis … a.a.O.

hervorging), Sympathien für die „rechte" KPO[32] und austromarxistische Positionen (die sich wieder überwiegend an Max Adler, zum Teil an Otto Bauer orientierten) anzutreffen.

Sozialistischer Richtungsverband oder Erziehungsorganisation?

Wesentliche Differenzen bestehen zwischen der Gesamtorganisation der JS früher und heute, die sich damit auch auf die jeweiligen Kreise auswirken. Hier ist zunächst die Zahl zu nennen. Dic JS in der Weimarer Republik kamen nie über 4.000 Mitglieder hinaus und hatten auch nicht die – manchmal allzu bequeme – Möglichkeit, sich auf den Anspruch zurückzuziehen, alle SPD-Mitglieder unter 35 (damals eh nur unter 25) zu vertreten. Allerdings ist von diesem – in den frühen siebziger Jahren gegenüber anderen Jugendorganisationen oft recht großmäulig vorgetragenen – Anspruch, über 200.000 junge Sozialisten zu repräsentieren und damit stärkster Jugendverband Westeuropas zu sein, nicht mehr viel übrig geblieben. Die faktische Entwicklung der letzten Zeit hat den Einfluss und die tatsächliche Mitgliedsstärke der JS erheblich reduziert. Anders aber als heute hatten Teile der damaligen JS durchaus nicht den Anspruch, Massenorganisation zu werden.[33] Für viele war es die sinnvollere Perspektive, durch strenge Auslese wenige marxistische Kader und eine kleine kulturelle Elite herauszubilden.

Die JS heute verstehen sich seit ihrer Linkswendung 1969 – zumindest dem Anspruch nach – als sozialistischer Richtungsverband in der SPD. In der Weimarer Republik dagegen überwog das Selbstverständnis einer Erziehungs- und Bildungsorganisation innerhalb der Partei. Das galt auch für den marxistischen Flügel; der 1925 in Jena zum JS-Vorsitzenden gewählte Franz Lepinski schrieb 1927 in seiner Geschichte der Jungsozialisten:

---

32 Vgl. Martiny, Sozialdemokratie und junge Generation am Ende der Weimarer Republik, in: Luthardt (Hrsg.), Sozialdemokratische Arbeiterbewegung und Weimarer Republik, Bd. 2, Frankfurt 1978, S. 59.
33 Vgl. Scholing/Walter, Klassenkampf und Lebensreform, in: Neue Gesellschaft 6/84, S. 553; weswegen die JS auch wohl kaum 1931 durch bloße Organisationsreform „mit einem Schlag" zur Massenorganisation geworden wären, wie Wilke (Jungsozialisten als Teil der sozialdemokratischen Linken in der Weimarer Republik, in: Juso 7/83, S. 7) meint.

„Die jungsozialistische Bewegung umfasst die geistigste, lebendigste und politisch tätigste Jugend in der Sozialdemokratischen Partei. Sie ist aus dem Willen geboren, ein Geschlecht heranzubilden, das ihr soziales Schicksal mit hellstem Bewusstsein durchlebt. Eine Jugend, die aus reiner Gesinnung und tiefer Erkenntnis ihre Kraft für die Neuordnung der Welt im Geiste des Sozialismus einsetzt."[34]

So paradox es klingen mag: Ohne dass die JS der Weimarer Republik den Anspruch hatten, sozialistischer Richtungsverband im Rahmen der SPD zu sein, kamen sie dem doch durchaus näher als heute. Nach 1926 (dem Ausscheiden der Hofgeismarer) gab es zwar durchaus verschiedene theoretische Einflüsse, aber im Erscheinungsbild von Beschlussfassung und Praxis für einige Jahre eine größere Geschlossenheit. Dagegen ist die Geschichte der JS seit 1969 auf Bundesebene eine Geschichte von anhaltenden Fraktionskämpfen, von stark divergierenden Auffassungen über Theorie und Praxis sozialistischer Politik, auch wenn man sich zum Teil auf umfangreiche Programme einigen konnte (die oft Papier blieben) oder vor Ort vielfach eine einander ähnliche Praxis betrieb.

„Revolutionärer Kulturkampf"

Ein weiterer wesentlicher Unterschied zwischen den JS der Weimarer Republik und den JS heute besteht in dem, was man früher „revolutionärer Kulturkampf" nannte. Gerade auch die marxistischen JS forderten und praktizierten in Ansätzen eine „Politisierung des Alltags". Scholing/ Walter schreiben zu Recht: „Bald verstand sich der jugendliche Kultursozialismus als dritte Säule im weitverzweigten Gebäude der sozialdemokratischen Arbeiterbewegung."[35] Heimliche Religiosität, Besitzegoismus, Vergnügungssucht, Alkoholmissbrauch und kleinbürgerliche Modeimitate (etwa das Tragen von langen Hosen, Hüten und Schlipsen), das autoritäre Verhalten der männlichen Arbeiter gegenüber Frau und Kindern galten ihnen als verspießert und verbürgerlicht. Dem wurde die Abstinenz von Alkohol und Tabak, vegetarische Ernährung, gesund-natürliche

34 Lepinski, Franz, Die jungsozialistische Bewegung, ihre Geschichte und ihre Aufgaben (Jungsozialistische Schriftenreihe, Berlin 1927, S.S.
35 Vgl. Scholing/Walter 1984, a.a.O., S. 552.

Körperpflege, Nacktkörperkultur und die Propagierung zwar dauerhafter, aber freier und jederzeit lösbarer Beziehungen auch sexuell gleichberechtigter Partner entgegengestellt. Alternativen zur bürgerlichen Wohnkultur – angelehnt an die als vorbildlich angesehenen „Volkswohnpaläste" des Roten Wien – wurden entwickelt.

Von diesen Traditionen, die auch in dem durch den Faschismus zerschlagenen engen Geflecht von Arbeiterkultur- und -Sportorganisationen lebten, ist heute kaum noch etwas vorhanden. Anfang der siebziger Jahre waren gerade noch die Reste der Kulturrevolte der Studentenbewegung in der Organisation zu spüren, wurde da und dort auch einmal Wilhelm Reich gelesen. Aber von einer systematisierten Konzeption (geschweig denn einer Praxis) der politischen Durchdringung des Alltags ist auch beim marxistischen Teil der JS heute so gut wie nichts zu spüren. Wenn überhaupt, dann speisen sich lebensreformerische Vorstellungen nicht etwa aus den Traditionen der Arbeiterbewegung, sondern aus den eher bürgerlich dominierten Alternativbewegungen (Öko-Bewegung, erst in Ansätzen aus der Frauenbewegung). Hier kommt es erst noch darauf an, eigene Traditionen neu zu entdecken.

Marxistischer Flügel?

Sowohl der alte als auch der neue Hannoveraner Kreis verstand/versteht sich als marxistisch. Nun kann man es sich hinsichtlich der fehlenden Vergleichbarkeit recht einfach machen: Die marxistischen JS vertraten 1924 und später nicht die Theorie vom staatsmonopolistischen Kapitalismus – weil es sie eben auch noch nicht gab. Eine systematisierende Verarbeitung entsprechender theoretischer Ansätze etwa bei Hilferding und Lenin wird es erst Jahrzehnte später geben. Aber dennoch: Die Polarisierung der Jenaer Reichskonferenz gerade in Bezug auf die Staatsauffassungen und speziell der Referent Max Adler zeigen den Standort der „Hannoveraner". Es ist der der marxistischen Staatstheorie auf dem Stand, auf dem sie sich zwischen den beiden Weltkriegen befand. In gleicher Weise ist die Rezeption der Theorie des staatsmonopolistischen Kapitalismus heute der Versuch des (einen) marxistischen Teils der JS, das neue Verhältnis von Staat und Ökonomie im gegenwärtigen Stadium des Kapitalismus analytisch zu begreifen.[36] Interessant dabei ist, dass bei der Bestimmung des Verhältnisses zum/zur jeweiligen bürgerlichen Staat/ bürgerlichen Demokratie damals wie heute Anknüpfungspunkte sowohl bei Lenin, als auch bei den Austromarxisten Max Adler und Otto Bauer gesucht werden.

Bei den marxistischen JS steht damals wie heute der Klassenkampf- gedanke im Mittelpunkt. Dies schließt zugleich die Versuche ein, die Notwendigkeit von Bündnispolitik klassenmäßig zu bestimmen und der außerparlamentarischen Mobilisierung einen wesentlichen Stellen- wert beizumessen.[37] Auch im Verhältnis zur Mutterpartei SPD lassen sich durchaus Parallelen erkennen. Die Kritik an ihr setzt nicht allei- ne an der apparatmäßigen Verknöcherung, der Bürokratisierung an, sondern bezieht sich primär auf ihre Integration in den bürgerlichen Parlamentarismus, auf das Abstreifen ihrer marxistischen Vergangenheit und die Übernahme bürgerlicher bis prokapitalistischer ökonomischer Theorien.

Sicherlich werden neben den heute noch im Göttinger Kreis orga- nisierten marxistischen JS, die sich ebenfalls mit einem gewissen Recht auf die Tradition marxistischer JS berufen[38], auch die sogenannten Re- formsozialisten reklamieren, dass sie in einer ganzen Reihe von Punkten Übereinstimmungen mit den marxistischen JS der Weimarer Zeit haben. Schließlich sehen sie bis heute alle JS „als marxistischer Theorie verpflich- tete Sozialdemokraten" an[39] und beklagen sich zuweilen, dass ihnen die Bezeichnung als „Marxist" verwehrt wird.[40] Auch hier gibt es frappieren- de Parallelen. Auf der Reichskonferenz 1925 erklärte der Hofgeismarer Heinrich Deist (Dessau):

---

36 Hier den Versuch machen zu wollen, einen theoriegeschichtlichen Vergleich anzustellen, würde den Rahmen dieses Aufsatzes sprengen.
37 So auch S. 103. Wilke 1983, a.a.O., S. 3, geht wohl zu weit, wenn er generalisierend meint, ein Modell für außerparlamentarische Arbeit sei den JS der Weimarer Republik (und auch der ge- samten SPD-Linken) „fremd" gewesen. Auch seine Charakterisierung der sog. Doppelstrategie der JS heute als „Modell: für die außerparteiliche Arbeit" wäre anhand der unter diesem Namen vollzogenen Praxis einmal kritisch zu überprüfen.
38 Vgl. Einleitung von Scholing, Michael zu: Franz Walter 1983, S. 19.
39 Hartung, Vorwort zu Wilke, 1983, Jungsozialisten in der Weimarer Republik, Kassel, S. 2.
40 Sozialistische Praxis Nr. 24/1981, S. 4 f.

„Ich glaube nicht, dass es zu unserer Aufgabe gehört, einander Abkehr vom Marxismus vorzuwerfen. Wir haben sehr viele unter unseren sozialistischen Theoretikern, die sich alle gegenseitig diesen Vorwurf machen, jeder behauptet aber von sich selber, dass er Marxist ist."[41]

Auf diese Weise lassen sich dann selbst die nationalromantischen Auffassungen der Hofgeismarer unter den Begriff Marxismus einreihen. Aber es reicht sicher nicht, nur zu behaupten, Marxist zu sein. Auch Eduard Bernstein war fest der Auffassung, sich weiter im Rahmen des Marxismus zu bewegen. Nur über Umwege (über die Bernsteinianer Heimann und Meyer) bekennen sich heute die ideologischen Vordenker der Reformsozialisten zu diesem theoretischen Ziehvater.[42] Aber wer erinnert sich nicht noch an die Eiertänze, die die reformsozialistischen JS auf dem Bundeskongress 1975 aufführten, als es darum ging, eine zentrale Kategorie marxistischen Denkens auch in Beschlüssen zu berücksichtigen. Nein, idealer Gesamtkapitalist, wie das Engels behauptete, sollte der heutige Staat nicht mehr sein, er sollte nur so „wirken". Doch auch das waren schon taktische, begrifflich kaum noch nachvollziehbare Zugeständnisse. Wie sehr sie den von den marxistischen JS der Weimarer Republik als wesentlich erkannten Klassencharakter des Staates in ein klassenneutrales Staatsverständnis aufgelöst haben, zeigt sich in späteren Veröffentlichungen:

„Mit Sicherheit ist mit der marxistischen Feststellung, der Staat sei ‚weiter nichts als die Form der Organisation, welche sich die Bourgeoisie sowohl nach außen als nach innen hin zur gegenseitigen Garantie ihres Eigentums und ihrer Interessen notwendig geben', kein ‚Staat' mehr zu machen, d.h. die Komplexität des modernen Staates nicht mehr zu erfassen."[43]

In dieser Verschiedenheit der Auffassungen vom Staat sieht auch der des Marxismus unverdächtige Willi Eichler die „tiefere Quelle" für den Unterschied zwischen „Reformisten" und „Revolutionären", zwischen

---

41 Deist (Dessau), Diskussionsbeitrag, in: Hermann Heller, Staat/Nation/Sozialdemokratie, in: ders., Gesammelte Schriften, Leiden 1971, S. 556.

42 Schabedoth, Die aktuelle Bedeutung des Marxismus für die politische Arbeit der Reformsozialisten, in: Sozialistische Praxis Nr. 22/1981, S. 28: vgl. dazu meinen Aufsatz MEW-Gemischtwarenladen, in: spw IS, S. 196 ff.

43 Schabedoth, ebd., S. 29.

„Revisionisten" und „orthodoxen Marxisten"[44]. Zwar finden die heutigen reformsozialistischen JS sicherlich nicht in den national-romantischen Hofgeismarern ihre Vorläufer, aber ebenso wenig haben sie diese im marxistischen Teil der Weimarer JS.

Antikommunismus und administrative Maßnahmen

In einem letzten Punkt soll einer weiteren Parallele nachgegangen werden. Linke, marxistische JS hatten schon immer mit dem Problem zu kämpfen, innerparteilich an den Rand gedrängt, in die kommunistische Ecke abgeschoben zu werden. Schon auf der Reichskonferenz 1925 argumentierte Theodor Haubach aus Hamburg gegen die Hannoveraner Richtung.

„Dass aber die Demokratie eine Verschleierung der Klassengegensätze bedeutet, ist eine Behauptung, die nur ein Kommunist aufstellen kann, und es wäre konsequent, wenn sich alle die, die das unterschreiben, auf die Seite der Kommunisten stellen würden."[45]

Johano Strasser vermisst entsprechend in seinem 1973er Anti-Stamokap-Pamphlet, „worin im Einzelnen der Unterschied beispielsweise zu der von der DKP vertretenen Theorie des staatsmonopolistischen Kapitalismus besteht".[46] Den „Stamokap"-Vertretern unterschiebt er, in der Zusammenarbeit mit Kommunisten sei ihnen daran gelegen, stets die „Führungsrolle der DKP" zu sichern.[47] 1984 darf sich schließlich der stellvertretende JS-Landesvorsitzende von Rheinland-Pfalz, Kirsch, im Rundfunk ungeniert darüber ausbreiten, dass die bösen „Stamokaps" lieber mit Kommunisten von der SDAJ als mit anderen Jungsozialisten zusammenarbeiten, und plädiert, falls man es innerorganisatorisch nicht in den Griff bekommen könnte, für administrative Maßnahmen der Parteiführung.

Solche Vorarbeiten, die linke, marxistische JS zum Abschuss freigeben, hat es früher schon gegeben. Die eher parteikonforme, reformis-

---

44 Eichler, Individuum und Gesellschaft im Verständnis demokratischer Sozialisten, Hannover 1970, S. 48.
45 Haubach (Hamburg), Diskussionsbeitrag, in: Heller 1971, S. 563.
46 Strasser, Zur Theorie und Praxis der „Stamokap"-Gruppe bei den Jungsozialisten, in: Duve (Hrsg.), Der Thesenstreit um „Stamokap", Reinbek 1973, S. 108.
47 Ebd., S. 114.

tische SAJ sah durch die Resolution der Jenaer Reichskonferenz 1925
zur Staatsfrage die Grundlage einer wünschenswerten Zusammenarbeit
beider Organisationen entzogen. Auf dem SPD-Parteitag 1931 wurde
die Auflösung der JS-Organisation unter anderem vom SAJ-Vorsitzenden
Erich Ollenhauer wegen ihrer einseitigen politischen Ausrichtung gefordert und begründet. Auch der Unvereinbarkeitsbeschluss mit Mitgliedern des IJB 1925, gegen den sich die marxistischen JS heftig wehrten,
wurde zuerst in der SAJ vorgenommen, von Teilen der JS nachgeahmt
(Gau Wasserkante) und dann erst durch den Parteivorstand endgültig
vollzogen. Die nicht sonderlich rühmliche Rolle vieler reformistischer
Funktionäre der JS in der Auseinandersetzung um den Parteiausschluss
des JS-Bundesvorsitzenden Klaus-Uwe Benneter 1977 braucht in dieser
Zeitschrift sicherlich nicht noch einmal länger ausgebreitet zu werden.

Zusammenfassung und Ausblick

Es lässt sich – ohne auf übertriebene Weise Parallelen an den Haaren
herbeizuziehen bzw. Identitäten zu konstruieren – durchaus von einer
Traditionslinie vom alten zum neuen Hannoveraner Kreis sprechen. Dabei wurde – bewusst – auf einen wesentlichen Differenzpunkt allerdings
bisher noch nicht eingegangen. Es hat nur eine Tagung des alten Kreises gegeben, während der neue nun schon im 13. Jahr kontinuierlich
tagt. Der Grund liegt auf der Hand: Den marxistischen Genoss(inn)en
in der Weimarer Republik gelang es binnen eines Jahres, die Mehrheit im
Verband zu stellen. Durch den Ausschluss des IJB und den freiwilligen
Rückzug der Hofgeismarer verblieb die Hannoveraner Richtung als einzig
identifizierbare im Verband und leitete ihn – bei durchaus vorhandener
innerer Heterogenität – bis zum Ende im Jahre 1931. Die Genoss(inn)
en des neuen Hannoveraner Kreises blieben lange die Minderheit bei den
JS, waren in diesen Jahren ständigen Ausgrenzungen (bis hin zu Aus-
schlüssen) ausgesetzt. Der neue, 1984 gewählte JS-Bundesvorstand hat
nun zum ersten Mal (abgesehen von der kurzen Benneter-Amtszeit) eine
marxistisch orientierte Mehrheit. Es wären Überlegungen am Platz (die
auch die Erfahrungen aus der Geschichte der JS der Weimarer Republik
einbeziehen), wie die sich im Bundesvorstand abzeichnende Zusammen-

arbeit über diesen Rahmen hinaus erweitert und gefestigt werden kann, ohne dabei das beständige Angebot zur solidarischen Zusammenarbeit an den reformsozialistischen Teil der Organisation aufzugeben. Dabei wird der Hannoveraner Kreis natürlich nicht ohne weiteres überflüssig werden. Aber seine Aufgaben könnten sich ändern. Überlegungen, die schon einmal vor Jahren angestellt wurden, gewinnen hier neue Aktualität.[48] Zur Verdeutlichung sei an dieser Stelle abschließend noch einmal die These 10 der Autoren Brandt/Kremer in Erinnerung gerufen.

„Die Erlangung der Hegemonie im Verband und die Erfüllung ihrer Voraussetzungen hängen entscheidend ab von der Entwicklung im Zusammenwirken der marxistischen Kräfte, die heute im Wesentlichen im Göttinger sowie im Hannoveraner Kreis zusammengefasst sind. Zum einen beruht die politisch-ideologische Überzeugungskraft innerhalb wie auch außerhalb der Jungsozialisten wesentlich auf dem Ausmaß eines inhaltlichen Grundkonsenses in den zentralen programmatischen und strategischen Fragen. Zum anderen bedingt der Nachweis der Führungsfähigkeit im Verband ein Mindestmaß an Geschlossenheit der marxistischen Kräfte in den konkreten politischen Auseinandersetzungen. Wir gehen davon aus, dass die Erlangung und dauerhafte Aufrechterhaltung der Hegemonie langfristig nicht zu trennen ist von der Herausbildung eines marxistischen Flügels bei den Jungsozialisten, der auch in der Lage wäre, über die Auseinandersetzungen innerhalb der Jusos hinaus Einfluss in der Sozialdemokratie, in den Gewerkschaften und anderen sozialen Bewegungen zu gewinnen."[49]

Die daraus abgeleiteten praktischen Vorschläge – Intensivierung des Diskussionsprozesses zwischen Hannoveraner und Göttinger Kreis, Verbesserung der Beziehungen in der Bezirksarbeit, Koordinierung des Publikationswesens, engere Kooperation in der Vorbereitung und Gestaltung der Bundeskongresse – warten noch auf Verwirklichung und haben an Bedeutung nicht verloren.

---

48 Brandt/Kremer, Thesen zur politischen Orientierungs-Krise im Juso-Verband und zur Entwicklung der marxistischen Kräfte, in: Sozialist 5/1980, S. 12 ff.
49 Ebd., S. 13.

V Eigen-sinnige Köpfe

Lenin oder Luxemburg?

Alles was links ist fängt mit „L" an"? Die westliche Linke antwortete auf
die realsozialistische Okkupation der Trias „Lenin, Liebknecht, Luxemburg", ausgestattet mit vielbändigen Werkausgaben, mit dem „Lexikon
Linker Leitfiguren" der Büchergilde Gutenberg. Die drei großen „L"
wollte man der DDR und der SED nun nicht überlassen. Aber nicht
nur das. Auch in der orthographischen Reihe findet sich zwischen „Le"
und „Lu" in der sozialistischen Ideen- und Traditionsgeschichte so mancher Bezugspunkt, der in der DDR-Ikonographie ausgeblendet blieb.
Allerdings dauerte es bis in die späten 60er Jahre, bis etwa der in der
SED-Geschichtsschreibung verfemte Luxemburg-Nachfolger als KPD-
Vorsitzender Paul Levi wiederentdeckt und mit kleinen Schriften und
Biographie erneut publiziert wurde. Erst Mitte der Achtziger gar stöberte
Sybille Quack im amerikanischen Buttinger-Archiv die Briefe auf, die das
frühe Liebesverhältnis zwischen Luxemburg und Levi belegten.

Eugen Leviné, illustre Führungsfigur in der bayerischen Räterepublik, hatte ebenso keine Chance, die Trias der großen „L" zu erweitern.
Zu viele anarchistisch-individualistische Einsprengsel, zu wenig Einsicht
in die objektiven Bedingungen kommunistischer Parteibildungsprozesse. Und schließlich Leo Jogiches, das große „L" schon fahrlässig nur den
Vornamen zierend, intellektueller Kopf und eher bedächtiger Stratege
hinter der stürmischen und impulsiven Luxemburg, Stichwort- und
Ideengeber für die glänzende Rednerin und Agitatorin, ihr langjähri-
ger Liebhaber und Gefährte allemal – auch für sein allzu unorthodoxes
Gedankengut wie für seine Beziehungsgeschichte zu der großen Revo-
lutionärin fanden sich weder Herausgeber noch Biograph in der partei-
kommunistischen Welt.

Und nun: Luxemburg und Lenin in ihrem komplexen Verhältnis zum dreiundneunzigsten Mal untersucht? Im Vergleich ihres theoretischen Werkes ist das meiste gesagt. Für die endliche Aufdeckung einer Liebesgeschichte, auf die das Publikum des 21. Jahrhunderts eher wartet als auf eine völlig überraschende intellektuelle Beziehungskiste werden wohl auch die geheimsten sowjetischen Archive nichts hergeben. Ihre Differenzen waren wohl politisch wie menschlich zu groß. Für sie hatte die Kategorie der *Freiheit* den überragenden Stellenwert, für Lenin der der *Organisation*. Freiheit der oder des Andersdenkenden, Freiheit der Massenaktivität, Freiheit des innerparteilichen Streits, den sie wie keine andere führte und suchte – diese Leitmotive politischen Handelns lassen sich kaum in das Korsett bolschewistischer Parteiorganisationsprinzipien pressen.

Lenin war sicherlich zeit seines Lebens voll der stillen Bewunderung für die Frau, die zu der Zeit bereits in der großen und vorbildhaften deutschen sozialdemokratischen Massenpartei Furore machte, mit dem alten Bebel stritt, aber auch dessen Anerkennung genoss, als er sich noch mit den sektenhaften Anfängen der russischen Sozialdemokratie herumschlug. Es gibt wohl keine andere Persönlichkeit innerhalb der internationalen sozialistischen Bewegung, von der Lenin auf der einen Seite derartig heftig und unnachgiebig kritisiert wurde, und die er selbst umgekehrt in seinen Antikritiken derartig mit Samthandschuhen anfasste – ein für den Publizisten Lenin geradezu ungeheuerlicher Vorgang.

Mit sezierender Schärfe hatte Rosa Luxemburg in Kautskys „Neuer Zeit" nach dem Londoner Exilparteitag der russischen Sozialdemokratie Lenins Organisationsverständnis auseinander genommen. Für sie, die immer wieder für die ungehemmte Entfaltung der Aktivitäten der proletarischen Massen eintrat, muss es geradezu ein Gräuel gewesen sein, mitzuerleben, wie Lenin in seinen Schriften dem Prinzip des „Demokratismus" das des „Zentralismus" positiv gegenüberstellte. Ihr Vorwurf an Lenin, mechanisch die Organisationsprinzipien der „blanquistischen Bewegung von Verschwörerzirkeln" auf die sozialdemokratische Bewegung der Arbeitermassen zu übertragen, kann kaum anders denn als vernichtendes Urteil bezeichnet werden. Schlimmer noch: Sie verhöhnte ihn geradezu, wenn sie ihm vorwarf, die Disziplin unterschiedslos heilig zu sprechen. „Die ‚Disziplin‘, die Lenin meint, wird dem Proletariat keineswegs bloß durch die Fabrik, sondern auch durch die *Kaserne*, auch durch den modernen Bürokratismus, kurz, durch den Gesamtmechanismus des zentralisierten bürgerlichen Staates eingeprägt.“

Lenin hat seine anderen Kritiker, die in der internationalen Sozialdemokratie ebenfalls hoch angesehenen Paul Axelrod oder Julius Martow mit ätzender Antikritik und allen erdenklichen Verbalinjurien überzogen. Wer Lenin kritisierte, war Opportunist, bestenfalls kleinbürgerlicher Demokrat. Nicht so Rosa Luxemburg. Geradezu peinlich war er in seiner Antwortschrift darum bemüht, ihre Vorwürfe dadurch zu entkräften, dass er sie als Missverständnisse und Fehlinterpretationen hinstellte. Er habe nur allgemeine Organisationsprinzipien aufstellen wollen, wie sie auch für die deutsche Sozialdemokratie gälten.

1904 mag dies noch eine Selbsttäuschung gewesen sein. 1920 wird er daran selber wohl nicht mehr geglaubt haben. Mit den berüchtigten 21 Aufnahmebedingungen für die neu gegründete Kommunistische Internationale (die Rosa Luxemburg gerade wegen des unvermeidlichen russisch-bolschewistischen Einflusses in ihr – wenigstens so früh – nicht gewollt hatte), erhob er seinen Ultrazentralismus zum Organisationsprinzip für die revolutionäre Bewegung als Ganze, und zwar im bewussten Bruch mit den bisherigen Prinzipien demokratischer Massenparteien. Obwohl bereits ermordet, war Rosa Luxemburg schon deshalb als Kronzeugin allgegenwärtig auf dem Hallenser Parteitag der USPD, als diese Aufnahmebedingungen verhandelt wurden. Am anschaulichsten geschah dies in der Rede Rudolf Hilferdings, der sich mit einer langen Passage den wachsenden Unmut der überwiegend linksradikal gestimmten Delegierten zuzog, um am Ende (ohne allzu viel Betroffenheit auszulösen) festzustellen, dass er dabei nur wörtlich die Luxemburgsche Kritik an Lenin aus dem Jahre 1904 vorgetragen habe.

Es ist kaum vorstellbar, dass Lenin und Luxemburg in einer Partei, in einer Internationale, über längere Zeit produktiv und kooperativ miteinander hätten wirken können. Die spätere Stilisierung zur Ikonographie der drei großen „L“ war nur möglich, weil Luxemburg und Liebknecht (die sich in den ersten Januarwochen 1919 wegen Liebknechts Voluntarismus und putschistischen Neigungen auch schon nicht mehr ganz „grün" waren) zwar noch eine Kommunistische Partei mit gründen konnten, aber kurz darauf – dazu noch unter der Mitverantwortung des Sozialdemokraten Noske – bestialisch ermordet wurden. Rosa Luxemburgs kritische Gefängnisschrift über den Fortgang der russischen Revolution aus dem Sommer 1918 passte natürlich nicht in dieses Bild, blieb deshalb auch trotz ihrer Veröffentlichung durch Paul Levi bereits im Jahre 1922 in der Sowjetunion wie in der DDR lange unpubliziert. Schließlich kritisierte sie darin am beginnenden sowjetischen Staatsaufbau erneut gerade das, was sie schon an Lenins Parteivorstellungen kritisch aufs Korn genommen hatte.

Ihre Sonderbehandlung durch Lenin wird erneut an zweierlei deutlich. Zum einen erträgt er die Kritik insoweit partiell besser als seine Epigonen, als er 1922 in den „Notizen eines Publizisten" für die *vollständige* Herausgabe ihrer Werke wirbt. Zum anderen setzt er sich dabei zwar seitenlang mit den Irrtümern der Levi und Serrati auseinander, die er zugleich als faule Eier, Hühner und Musterbeispiele für den linken Flügel der kleinbürgerlichen Demokratie beschimpft, während ihm aber zum „Adler" Rosa Luxemburg nur einfällt, dass sie zwar geirrt habe (nicht: warum), aber später ihre Irrtümer ja korrigiert habe, was dann Legionen von Parteikommunisten nachzubeten wussten.

Trotz ihrer Unterschiedlichkeit und Differenzen sind beide Kinder des 20. Jahrhunderts und werden es bleiben. Weder Lenins Ultrazentralismus als Parteiprinzip noch Luxemburgs Begeisterung für die spontane Massenaktivität werden dem Jahrhundert des Internet und der Informationsgesellschaft ihren Stempel aufprägen.

Wie aktuell ist Otto Bauer?

Es ist fast unausweichlich, dass angesichts der aktuellen Krise des sich auf Marx berufenden Denkens auch diejenigen sozialistischen und sozialdemokratischen Theoretiker hinsichtlich ihrer Aktualität neu befragt werden müssen, die in dieser Denktradition stehen. Otto Bauer, führender Kopf der Geistesströmung, die sich unter dem Begriff Austromarxismus Renommee und Achtung erwarb, erlebte Ende der siebziger/Anfang der achtziger Jahre in Westeuropa eine fulminante Renaissance. Insbesondere linkssozialistisch orientierte Strömungen in der Sozialdemokratie und die sich eurokommunistisch liberalisierenden Teile der kommunistischen Bewegung entdeckten in ihm einen Theoretiker, der Bedingungen und Möglichkeiten einer schrittweisen Veränderung des Schismas zwischen Sozialdemokratie und Kommunismus in Richtung auf einen „integralen Sozialismus" als gegenseitigen Lernprozess angedacht hatte.

In diesem Zusammenhang spielte es eine wichtige Rolle, dass Bauer zu dem Teil der Sozialdemokratie der Zwischenkriegszeit gehörte, der den Weg der russischen Revolution nicht pauschal verwarf, sondern ihn zwar durchaus kritisch, aber eben auch solidarisch verfolgte und begleitete. Verkürzt ausgedrückt sah er in einer (notwendigerweise erfolgenden) Demokratisierung der Sowjetunion und einer „Sozialisierung" der kapitalistischen Industriestaaten des Westens eine Möglichkeit zum Durchbruch des Sozialismus zumindest im europäischen Maßstab. Die kurzen Jahre des Reformaufbruchs unter Gorbatschow in Richtung auf eine Kombination von Plan und Markt im Rahmen eines sozialistischen Systems bei Ausweitung der demokratischen Beteiligungsmöglichkeiten und gesellschaftlicher Öffentlichkeit schienen einer solchen Perspektive der Hoffnung Nahrung zu verleihen.

Mit der Implosion des Sowjetsystems kann sie als erledigt gelten. Für den theoretischen Ansatz des „integralen Sozialismus" gilt dies insofern, als der kommunistische Teil der traditionellen Arbeiterbewegung in wesentlichem Maße seine historische Legitimation verloren hat, die auch im eigenen Selbstverständnis vor allem durch den besonderen Weg Sowjetrusslands konstituiert war. Die Schwierigkeiten, die die Sozialdemokratie in Deutschland, in Osteuropa und im Gebiet der ehemaligen Sowjetunion hat, dieses Erbe anzutreten, belegen allerdings, dass die Bauersche Vorstellung einer solchen Entwicklung als Lernprozess (wenn man so will also hier des „siegenden" Teils) nicht als gänzlich obsolet gelten kann.

Wenn heute allerdings hier und da die ganze Bauersche Auseinandersetzung mit der Geschichte und der Theorie des Sowjetsozialismus für überholt erklärt wird, dann lassen sich dafür zwei Gründe finden. Es ist zum einen die Reaktion auf diejenigen (den Autor eingeschlossen), die aus den Entwicklungen der Bauernschen Beschäftigung mit diesem Thema vor allem die positiven Möglichkeiten in den Vordergrund rückten. In seinem Hauptwerk „Zwischen zwei Weltkriegen" hatte er zwei Jahre vor seinem Tod, das heißt 1936, allerdings auch geschrieben, dass in der Sowjetunion die Gefahr der Stabilisierung der Herrschaft einer nicht der Entscheidungsgewalt der Volksmassen unterworfenen Bürokratie bestehe, die dauernd zur Herrin der Arbeiter- und Bauernmassen werde, ihre Produktionsmittel beherrsche und über ihren Arbeitsertrag verfüge. Dies wäre dann keine sozialistische Gesellschaft, sondern eine neue Technokratie. Es ist also eher die (vorsichtig ausgedrückt) intellektuelle Trägheit seiner Rezipienten denn die des Denkens von Bauer selbst, wenn 50 Jahre später weniger dieser Gedanke weiterverfolgt und statt dessen immer noch der vermeintlich grundsätzlich fortschrittliche Charakter der Produktionsverhältnisse in der Sowjetunion postuliert wurde.

Zum anderen können wir heute vielfach die Tendenz beobachten, den historischen Prozess nunmehr von seinem Ende her zu beurteilen. So lassen sich kaum noch die Namen derjenigen zählen, die gestern Karl Kautsky, den großen Gegenpart Otto Bauers in der innersozialdemokratischen Debatte um den Sowjetsozialismus, insgesamt eher wie einen „toten Hund" behandelten, der theoretisch nichts Wegweisendes mehr zu sagen habe und die heute unter Berufung auf ihn die Auffassung von der Erkennbarkeit und Notwendigkeit des Scheiterns dieses „Jahrhundertexperiments" von Anfang an vertreten.

Zugegeben: Dies hat etwas Verführerisches. Jedoch läuft Geschichte nie nach monokausalen Erklärungsmustern ab. Immer gibt es Entscheidungsalternativen, Weichenstellungen, die einer genaueren Untersuchung bedürfen, und zwar aus den jeweiligen historischen Bedingungen heraus. Für einen solchen „historisch-materialistischen" Ansatz hat Otto Bauer bis heute weit mehr als Karl Kautsky zu bieten. Kautsky nähert sich dem „Phänomen" Sowjetrussland mit abstrakten, theoretischen Vorstellungen von Diktatur und/oder Demokratie, ohne Ansehen der besonderen Ausgangsbedingungen des agrarischen Russland und der Folgen von Krieg und Bürgerkrieg. Bauer bemüht sich darum, diese Entwicklungsbedingungen zu verstehen, ohne ihre vielfach schrecklichen Folgen damit zu rechtfertigen. Über einzelne Entwicklungsoptionen an historischen Weichenstellungen, über die Unterschiede und Übergänge vom Leninismus zum Stalinismus, über differenzierte Zugänge zu den Bedingungen des Scheiterns auch des Reformversuchs der Neuen Ökonomischen Politik der zwanziger Jahre erfahren wir bei ihm allemal mehr als bei Karl Kautsky. Dies ist keine bloß historisch interessierende akademische Frage. Letztlich handelt es sich hier um methodische Zugänge, die auch für die Untersuchung der Reformversuche der sechziger und die der achtziger Jahre unter Gorbatschow von Bedeutung sind.

Anders als Kautsky lenkt Bauer die Aufmerksamkeit – nicht nur bezogen auf Sowjetrussland – immer wieder auf die Verschränkung von demokratischer und sozialer (und – wie wir noch sehen werden – nationaler) Frage. Er nennt es eine „vulgär-demokratische" Auffassung, wenn man darüber hinwegsehe, „dass die Demokratie nur unter bestimmten historischen, ökonomischen, sozialen Voraussetzungen lebensfähig ist." Die Entwicklung der GUS-Staaten in den neunziger Jahren führt uns schonungslos vor Augen, dass Demokratie ohne materielle Grundlage, das heißt ohne die Fähigkeit, die Grundbedürfnisse der Bevölkerung eines Landes zu befriedigen, eine leere Hülle bleibt, von den Menschen nicht angenommen wird, jederzeit in Autoritarismus umschlagen kann. Historisch gesehen hat die Demokratie dort zudem erst wenige Wurzeln. Anders als viele meinen, ist die demokratische Frage auch im Westen beileibe nicht „gelöst", immer wieder neu bedroht.

Die Antworten lassen sich nicht durch ein „Schlag nach bei Otto Bauer" finden. Wir können hier auch nur andeuten, in welche Richtung sein Denken geht, wo also Anknüpfungspunkte liegen. Otto Bauer trennt die politische oder bloß formale von der industriellen bzw. funktionellen Demokratie. Unter letzterer versteht er eine Modifikation des parlamentarischen staatlichen Lebens, in welchem die staatliche Willensbildung nicht mehr bloß auf dieser Ebene zustande kommt, sondern in immer steigendem Maße dabei das Einvernehmen mit den Organisationen der großen wirtschaftlichen Interessenkreise gesucht werden muss. Die Notwendigkeit des Aufbaus zivilgesellschaftlicher Strukturen auf den unterschiedlichsten gesellschaftlichen Ebenen (an deren Fehlen der Staatssozialismus u.a. auch zugrunde gegangen ist), hat hier also eine ihrer gedanklichen Wurzeln.

Demokratie findet für Otto Bauer ihre Erfüllung erst in einer demokratisierten Wirtschaftsordnung, in einem Industrial self-government. Deshalb ist seine 1919 entwickelte Sozialisierungskonzeption auch bewusst anti-staats-sozialistisch. Er entwirft unterschiedliche Modelle von Mitbestimmung durch verschiedene „Bänke" im Rahmen eines Konzepts einer langsamen und stufenweise zu erfolgenden Teilsozialisierung. Besonders fruchtbar daran ist einmal die Idee des Ausgleichs unterschiedlicher Interessen: Der „betriebsegoistischen" Gefahr der Arbeitnehmerbank wird durch eine Bank des öffentlichen Interesses begegnet. Neben der Managementbank sollen die Vertreter von Abnehmerindustrien die Konsumenteninteressen zur Geltung bringen. In ein solches Modell lassen sich problemlos die heute virulenten ökologischen Interessen durch eine eigene Bank integrieren.

Ebenfalls von großer Aktualität ist angesichts der sowjetischen Erfahrungen sein Ansatz, dass er Sozialismus von vorneherein als gemischte Ökonomie des Übergangs denkt. Sozialismus ist für ihn die „Gesellschaftsordnung der Mischformen". In diesem Rahmen müssen sozialisierte oder öffentliche Unternehmen erst jeweils beweisen, dass sie gegenüber kapitalistischen Unternehmungen überlegen sein können. Die in den vergangenen Jahren vielfach und kontrovers diskutierte Frage, ob so etwas wie „Marktsozialismus" überhaupt möglich ist, wird hier also zu einem Entwicklungsmodell des Experimentierfeldes verdichtet, dem nicht durch ideologische Prädeterminierung von vorneherein jegliche Dynamik genommen wird. Der Ausgang hängt damit vom Erfolg ab.

Ein solcher offener Prozess erfordert konsequenterweise eine unbürokratische, kommerzielle und produktivitätsorientierte Führung gerade auch der sozialisierten Unternehmen. Insofern ist es durchaus folgerichtig, wenn Bauer die Organisationsform des kapitalistischen Betriebes für sie als durchaus näher beschreibt als die des Staates. Und es folgt ebenso daraus, dass eine solche dynamische Gesellschaft des Übergangs nicht nach einem notwendig schlecht funktionierenden abstrakten Plan organisiert werden kann, dass die Einführung einer „Planwirtschaft" also allenfalls als Abschluss, als Ziel dieses Prozesses gedacht werden kann. Die Modernität dieses Bauerschen Ansatzes liegt schließlich auch darin, dass er sich einen solchen Übergang keinesfalls national, sondern nur international (etwa europäisch) vorstellen kann. Unter den Bedingungen globalisierter Problemlagen des Jahres 1995 und einer erst jetzt nahezu vollendeten Integration des kapitalistischen Weltmarktes gilt dies sicher mehr denn je. Modern ist sicherlich auch ein weiterer Gedanke Bauers, der in diesem Zusammenhang steht: Die Vollendung des Sozialismus besteht nicht primär in der wirtschaftlichen und politischen Partizipation der Massen, sondern in ihrer kulturellen Selbstentfaltung.

Mit dem Begriff der „kulturellen Selbstentfaltung" ist ein Bereich des Bauerschen Denkens angesprochen, der in der ersten Phase seiner Reaktualisierung als eigentlich erledigt galt: die nationale Frage. Die Jahre 1989 folgende haben diesbezüglich die Geschichte auf den Kopf gestellt. Die bundesrepublikanische Linke wurde von der „deutschen Frage" geradezu überrollt. Die Ereignisse in der GUS und im ehemaligen Jugoslawien können hier nur erwähnt, nicht beschrieben werden. Soviel jedenfalls steht fest: Die „nationale Frage" ist am Ende des 20. Jahrhunderts beileibe nicht erledigt oder überholt.

Wenn man so will, ist die „Geburtsstunde" der austromarxistischen Denktradition zugleich verknüpft mit einem Neuansatz des Denkens über die Nation (zwar anknüpfend an Marx, aber) über Marx hinaus. Marx und Engels waren im Kommunistischen Manifest 1847/48 davon ausgegangen, dass der kapitalistische Integrationsprozess noch unter bürgerlicher Herrschaft dazu führen werde, dass die Bedeutung der nationalen Unterschiede abnehmen werde. Insofern entwickeln sie auch keine eigene Theorie des „Nationalen". Bauers Leistung in seiner großen ersten Arbeit über „Die Nationalitätenfrage und die Sozialdemokratie" besteht nun vor allem darin, dass er eine gründliche Analyse der historischen, ökonomischen und politischen Ursachen für das Eindringen nationalen Gedankenguts auch in der Arbeiterklasse liefert. Insofern ist es durchaus der Versuch, so meint er 1907, den Gedanken der Internationalität in die lebendige Wirklichkeit zu übersetzen.

Bauers Nationenbegriff ist kein ethnisch geprägter, sondern der einer Schicksals- und Charaktergemeinschaft, das heißt als Gemeinschaft von Sprache, Kultur, Geschichte, bestimmten Interessen und Lebensformen. Damit setzt er sich sowohl von Kautskys eher sprachbezogenem und Renners auf dem Personalprinzip beruhenden Nationenbegriff ab. Durch die Forschungsergebnisse der französischen Historikerschule um die Zeitschrift Annales wissen wir, dass es sich bei den genannten Merkmalen um Prägungen der sogenannten „langen Dauer" handelt, die also auch durch die Veränderung der Klassenstruktur und -lage nur langsam umgeformt, aber keinesfalls ersetzt werden. Diese Annäherung an ein Verständnis von Nation lässt schon erkennen, dass für Bauer Staat und Nation nicht notwendig zusammenfallen. Im Gegenteil: In der Auseinandersetzung um die besonderen Lebensbedingungen des Habsburger Vielvölkerstaates geht es ihm vor allem darum, kulturell verstandene „nationale" Interessen in ein größeres Gebilde zu integrieren, die mögliche Perspektive eines multiethnischen, multinationalen Vielvölkerstaates aufzuzeigen. Bauer kann also keineswegs als Kronzeuge für eine Politik der ethnisch orientierten nationalistischen Kleinstaaterei herhalten. Insofern ist er wohl der einzige sozialistische Theoretiker seiner Zeit, der einer nach Orientierung suchenden Linken einen theoretisch anspruchsvollen Zugang zu einem positiven, nicht nationalistischen Verständnis der Nation eröffnen kann.

Wenn wir davon gesprochen haben, dass Bauer seinen theoretischen Ansatz in dieser Frage über Marx hinaus entwickelt, so ist damit ein grundlegender Wesenszug seines „Marxismus-Verständnisses" angesprochen. Bauer ist derjenige, der – in kritischer Auseinandersetzung mit Max Adler wie mit Lenin – das Marxsche Denken insofern öffnet, als er die

Problemstellungen und Denkmethoden in Wissenschaft und Philosophie nach Marx und aus anderen Denkschulen in dieses Gedankengebäude „hinüberretten" will. Aber er geht noch weiter: „Diese Krise (des Marxismus, US) zu überwinden, gibt es nur den einen Weg: Uns, mit Marxens Denkmitteln und Forschungsmethoden ausgerüstet, auf die Fülle neuer Erfahrungen zu stützen. Nicht wenn wir an Marxens Worten haften, sondern wenn wir Marxens Methoden anwenden, um die neue Welt zu begreifen, die neue Zeit zum Bewusstsein ihrer selbst zu bringen, erfüllen wir Marxens Vermächtnis. Und wenn, wie es schlechthin unvermeidlich ist, diese Arbeit in manchem Belange über Marxens eigene Erkenntnisse weit hinausführt, so manche von Marxens Vorstellungen ergänzt oder berichtigt, offenbart sich doch erst darin, die schöpferische Energie Marxens Geistes: Es ist Marxens Methode, die über Marxens Thesen hinweg weiterführt; es ist Marx, der Marx überwindet." (1923)

Darin verbirgt sich ein durchaus ketzerischer Gedanke, der das aufzusprengen in der Lage ist, was über Jahre und Jahrzehnte hinweg im „Marxismus" verschiedenster Schattierungen als unumstößlich galt: „Marxismus" als geschlossener Denkansatz, als einheitliches System, als Einheit von methodischer Analyse, Gesellschaftstheorie, strategischem Ziel und politischer Praxis. „Mit Marx Marx überwinden" kommt darin nicht vor. Ich denke, dass es diese Radikalität ist, die auch heute im Umgang mit Marx oder „Marxismus" notwendig ist. Alle Versuche einer Öffnung, sei es durch den Appell, auch Marx endlich „historisch zu denken", durch die Einführung von Begrifflichkeiten wie „pluraler Marxismus" oder „Marxismen", haben letztlich ihr Ziel verfehlt. Noch immer werden – trotz aller Erschütterungen nach 1898 – unter Berufung auf den „Marxismus" die gegensätzlichsten Positionen für das eigentliche Denken Marx' ausgegeben. Während etwa die einen – mit guten Gründen – der Auffassung sind, dass Ansätze zu einer staatlich gelenkten Planwirtschaft auch in den Schriften von Marx und Engels zu finden sind, versuchen andere, Marx – wieder mit unbestreitbaren Textstellen – zum ersten Verfechter eines „Marktsozialismus" zu erklären. Fast überflüssig hinzuzufügen, dass dies hin und wieder auch durch steinbruchartiges Nutzen seiner Schriften erfolgt, selektives und verkürztes Zitieren eingeschlossen.

Nein, wenn das Denken von Marx in seiner Substanz gerettet werden soll, dann geht dies nur im radikalen Bauerschen Sinne. Dann sind Widersprüche, zeitbedingte überholte Ansätze wie Fehlurteile und Irrtümer einzugestehen, ist auf die vermeintliche Geschlossenheit dieses Werkes, die er selbst nie postuliert hat (und die schon durch das unvollendet gebliebene Hauptwerk „Das Kapital" als widerlegt gelten kann), endlich und endgültig zu verzichten. Das geht wohl nur unter Verzicht auf das, was man „Marxismus" nennt (fast überflüssig hinzuzufügen, dass Marx selbst nie „Marxist" sein wollte). Erst wenn es gelingt, das Marxsche Denken vom „Marxismus" zu erlösen, zu befreien, wird es die Chance haben, seine Überlebensfähigkeit zu beweisen – und zwar als im Wesentlichen auch heute noch methodisch hochaktueller Denkansatz. Den Anstoß für eine solche Befreiung hat bereits Otto Bauer gegeben.

Wolfgang Abendroth –
Arbeiterbewegung oder Jugendbewegung?

Im Juni 1954 schrieb der konservative Staatsrechtslehrer Ernst Forsthoff, einer der Kontrahenten Abendroths um die Deutung des Sozialstaatspostulats des Grundgesetzes, in einem Brief über ihn (ausgerechnet an Carl Schmitt): „Er ist ein jugendbewegter Phantast und in keinem Sinne ein Jurist." Dass er letzteres gleichwohl war, steht heute wohl außer Frage. Überraschen dürfte allerdings die Betonung der jugendbewegten Prägung, sind doch nahezu alle verfügbaren politisch-biographischen Zugänge auf Abendroths Lebenswerk durch den Kontext Arbeiterbewegung bzw. Wissenschaft geprägt.

„Ein Leben in der Arbeiterbewegung", so lautet denn auch der Titel des immer noch einschlägigen Gesprächsbandes für den, der sich über das bewegte Leben des späteren Marburger Politikprofessors und engagierten Linksintellektuellen der Bundesrepublik informieren möchte. Von *Jugendbewegung* ist in diesem Band kaum die Rede, allenfalls im Kontext kommunistischer *Arbeiterjugendbewegung.* Mit dieser rückbetrachtenden weitgehenden Ausblendung eines wichtigen Teils seiner eigenen *jugendbewegten* bzw. *jugendpolitischen* Aktivitäten dürfte Abendroth nicht alleine stehen. Er hat sie sicherlich nicht – anderen vergleichbar – als lästige „Jugendsünden" abgetan. Aber er hat doch im Rückblick eine deutlich andere Akzentsetzung vorgenommen, nahezu ausschließlich seine Aktivitäten in der Arbeiterbewegung in den Mittelpunkt gerückt, was eine Rekonstruktion seiner *tatsächlichen* biographischen Entwicklung in den zwanziger Jahren ausgesprochen schwer macht.

Sicher: der aus einem sozialdemokratisch geprägten Elternhaus stammende Wolf Abendroth tritt bereits im Alter von vierzehn Jahren im Herbst 1920 der Jugendorganisation der Kommunistischen Partei Deutschlands KPD bei, wobei unklar ist, ob noch vor oder bereits nach deren Umbenennung von *Freier Sozialistischer Jugend* in *Kommunistische Jugend.* Hinter dem, was sich hier wie ein bloßes Benennungsproblem liest, verbirgt sich ein durchaus komplexerer Problemzusammenhang, der für den jungen Abendroth von enormer Wichtigkeit war und für ihn eine prägende Bedeutung behalten sollte. In dem Begriff des *Freien* drückte sich nämlich ein fundamentaler Erfahrungszusammenhang der Arbeiterjugendlichen bereits der Vorkriegsperiode aus. Die von den „Parteioberen" der Vorkriegssozialdemokratie nur zögerlich und widerwillig zugelassenen Jugendgruppen in der Sozialdemokratie kämpften seit ihrer Gründung immer neu um möglichst autonome, eigenständige Erfahrungsräume und Entfaltungsmöglichkeiten. Die immer neuen Gängelungsversuche erlebten während des Krieges ihren traurigen Höhepunkt in der von oben durchgesetzten formellen Auflösung des Arbeiterjugendverbandes durch die Parteizentrale.

Deshalb verwundert es nicht, dass sich die linken Jugendlichen am Ende des Krieges – gerade auch angesichts der Spaltungsprozesse mit Blick auf die Parteien der Arbeiterbewegung – betont autonom und parteiübergreifend unter dem bezeichnenden Namen *Freie Sozialistische Jugend* zu reorganisieren versuchten. Allerdings bewahrte sie dies nicht vor immer neuen Vereinnahmungsversuchen der verschiedenen Parteien, aber auch nicht davor, nach überstandenen eigenen Umgruppierungs- und Spaltungsprozessen (die mit parallelen Ereignissen auf Seiten der USPD und der KPD einhergingen) und der Umbenennung in *Kommunistische Jugend (KJ)* allmählich unter die Direktiven der Parteiorgane der KPD zu geraten.

Ein Suchender zwischen kommunistischen und sozialistischen Splittergruppen

Mit diesen Konflikten wurde der junge Abendroth – dies ist in dem genannten autobiographischen Band nachzulesen – schnell konfrontiert. Was wir dort nicht lesen ist die Tatsache, dass er bald davon so sehr „die Nase voll" hatte, dass er sich nach Alternativen umzusehen begann, die seinen Vorstellungen unreglementierten politischen Wirkens besser entsprechen sollten. Während sich seine politisch-inhaltlichen Präferenzen später, zum Ende des Jahrzehnts in Richtung sog. *rechtskommunistisch* abweichender Positionen entwickelten, hegte er in der ersten Hälfte des Jahrzehnts noch starke *linkskommunistische* Neigungen. Die zeitgenössischen Links- oder Rätekommunisten unternahmen den Versuch, die Dichotomie der Arbeiterbewegung in der Form eines parteipolitischen und eines gewerkschaftlichen Zweiges im Wege einer betrieblich ausgerichteten *Allgemeinen Arbeiter-Union* aufzuheben, die allerdings selbst wiederum mit einer Partei, der KAPD, eng verbunden war. Den Spaltungswirren der Zeit folgend setzte sich von ihr wiederum eine AAU-E (für „Einheitsorganisation") ab. Ob dieser Konflikte im kommunistischen Lager spaltete sich auch die *Kommunistische Jugend*, so auch im Jahre 1923 die Frankfurter Gruppe, in der Abendroth mitwirkte. Aus ihr ging eine neue Gruppe der *Erwachenden Jugend Deutschlands (Spartakusbund)* (deren kurze Geschichte noch zu schreiben sein wird) hervor, zu der sich nun auch Abendroth bekannte.

In einer leider verschollenen, nur noch dem Titel nach bekannten Broschüre dieses kurzlebigen Jugendverbandes (erschienen 1923) setzte er sich für eine neuerliche Einheit der beiden Arbeiter-Unionen ein („Für die Einigung der Arbeiter-Unionen"). Wenn er also in späteren Jahrzehnten – mit guten Gründen – als ein Verfechter des Einheitsgedankens in der Arbeiterbewegung bezeichnet wurde, so findet dies hier eine (allerdings inhaltlich anders geprägte) frühe Bestätigung, die hier erstmals öffentlich gemacht wird. Die Attraktivität der *Erwachenden Jugend* dürfte für Abendroth aber auch darin gelegen haben, dass sie sich neben ihrem linkskommunistischen Kurs zugleich weiter für die *Autonomie* der Jugend gegenüber den Erwachsenenorganisationen aussprach, während in der *KJ* die Spielräume für selbstbestimmtes Agieren zunehmend enger wurden. Wir wissen zumindest, wie lange Abendroth sich in jener Splittergruppe getummelt hat, nämlich bis September 1923. Sie war in Berlin 1922 gegründet worden und löste sich im Übrigen bereits 1924 wieder auf. Unklar ist jedoch, ob er sich danach zumindest vorübergehend wieder im Kontext der Kommunistischen Jugend engagiert hat (autobiographisch datiert er seine Abwahl aus örtlichen *KJ*-Funktionen auf das Jahr 1924). Wenn überhaupt, dann war dies nicht von langer Dauer.

Denn schon wenig später, ebenfalls bereits 1924, finden wir den jungen Abendroth schon in der nächsten Splittergruppe wieder. Er hatte sich nun – auch dies war bislang nicht bekannt – der *Sozialistischen Proletarier-Jugend (SPJ)*, der Jugendorganisation der USPD angeschlossen. Von dieser einst mächtigen Partei, die in der unmittelbaren Nachkriegsperiode der Mehrheitssozialdemokratie bei Wahlen wie bei den Mitgliederzahlen fast den Rang ablief, war unter der Führung von Theodor Liebknecht und dem Parteiveteranen Georg Ledebour (der zudem bald mit dem *Sozialistischen Bund* eine nochmalige Abspaltung herbeiführte) nur noch ein kläglicher Rest übrig geblieben. Gleiches galt für ihre Jugendorganisation. Dennoch: Ihr schloss sich Abendroth nicht nur an, er übernahm auch gleich die Funktion des Vertreters für Hessen im Bundesausschuss des Verbandes. Programmatisch gesehen dürfte die neue Organisation für Abendroth durchaus von Interesse gewesen sein: nicht reformistisch wie die *Sozialistische Arbeiterjugend (SAJ)* der seit 1922 Vereinigten Sozialdemokratischen Partei (aus MSPD und Rest-USPD); nicht dogmatisch verengt wie die *KJ*; und wohl auch – so vermutlich seine Hoffnung – nicht in gleicher Weise am Gängelband der jeweiligen Mutterpartei wie die beiden Genannten. Über sein Wirken dort wissen wir wenig, es war auch erneut nicht von langer Dauer. Zumindest ist aber hier schon festzuhalten, dass Abendroths spätere Schilderungen seiner Aktivitäten der zwanziger Jahre ausschließlich im *kommunistischen* Organisationszusammenhang in den Kontext schlichter Legendenbildung gehört.

Der *Bund freier sozialistischer Jugend*

1926, also knapp zwei Jahre später, hatte er nochmals ein neues (nicht-kommunistisches) Betätigungsfeld gefunden, in dem er aber – im Unterschied zu den vorherigen – nun endlich deutliche und nachhaltige Spuren hinterlassen hat, obwohl er sie in seinen autobiographischen Erinnerungen ebenfalls weitgehend verschwieg. Die Organisation, der *Bund freier sozialistischer Jugend (BFSJ)*, häufig in Anlehnung an die von ihm herausgegebene Zeitschrift auch *Freie Sozialistische Jugend (FSJ)* genannt, war eine aus verschiedenen Einzelbünden der Jugendbewegung (proletarischer wie bürgerlicher Provenienz) zusammengesetzte, 1924 gegründete Kartellorganisation, die wegen dieser Namensgleichheit bis heute gelegentlich mit der bis 1920 existierenden (und an ihrem Ende eindeutig kommunistisch geprägten) *FSJ* verwechselt wird, die ja dann auch zutreffend in *Kommunistische Jugend* umbenannt wurde.

Dennoch ist die Namensgleichheit weder willkürlich noch bloßer Zufall. Es sind nämlich u. a. kleine Teile der früheren *FSJ/KJ*, die mit an ihren Anfängen stehen, die sich gegen die Bevormundung durch die Erwachsenenorganisation wehren und am Gedanken einer jugendgemäßen Autonomie festhalten wollen, die schließlich aus diesem Organisationsrahmen ausscheiden bzw. aus ihren Funktionen abgewählt oder entfernt werden und deshalb dort keine Betätigungsmöglichkeit mehr sehen. Hier sind wir bei *einer* der Wurzeln angelangt, die aus der *proletarischen* Jugendbewegung zum *BFSJ* führten. Diese Motivationslage, nicht mehr innerhalb einer ideologisch verengten Jugendorganisation arbeiten zu wollen und zu können, dürften mit eine Rolle dafür gespielt haben, dass der „Nukleus" der alten Frankfurter *FSJ/KJ*-Gruppe um Ernst und Ilse Benner (Abendroths Schwager und Schwester) sowie Wolf Abendroth selbst nach 1925 zum Frankfurter Kern einer neuen lokalen Gruppe des *BFSJ* wurde.

Aus dem unmittelbaren Bereich der proletarischen Jugend stammt eine weitere Gruppe, ohne die das Zustandekommen des *BFSJ* nicht denkbar ist. Sie ist – wenn man so will – der eigentliche geistige Motor oder Ausgangspunkt dieses Projekts. Es handelt sich um die Gruppe um die gleichnamige ab Januar 1919 erscheinende Zeitschrift *„Freie proletarische Jugend" (FPJ)*, die zunächst den Zusatz „von Groß-Hamburg" trägt. Deren Herausgeber ist (zeitweise) Hans Schlichting, die Redaktion bilden Emmi Kühn, Willi Bredel, Hans Schlichting, Franz Jebens und Hans Meins. In ihr schreiben u.a. auch Autoren wie Willi Dahrendorf und Heinrich Vogeler. Es handelt sich um die Zeitschrift der aus dem 1916 aufgelösten oppositionellen Hamburger *SPD-Jugendbund* hervorgegangenen parteiunabhängigen sozialistischen Jugendbewegung. Ihre programmatische Orientierung bewegt sich zwischen den Polen Mitarbeit in den revolutionären Parteien bzw. Erneuerung des Sozialismus aus dem Geiste der Jugendbewegung. Wenigstens für Hamburg liegen uns aufgrund einer zeitgenössischen Untersuchung Zahlen über das Kräfteverhältnis der einzelnen Gruppen der Arbeiterjugendbewegung Anfang der zwanziger Jahre vor: mehrheitssozialdemokratischer *Arbeiterjugendbund (AJ):* etwa 1350, *Jungsozialistische Gemeinschaft:* etwa 180, *FPJ:* etwa 180,

SPJ: etwa 25 und *KJ* etwa 200 Mitglieder. Zumindest für Hamburg lässt sich also feststellen, dass eine „freisozialistische Gruppe", die sich nicht auf eine bestimmte Partei orientierte, bzgl. ihrer Anhängerschaft durchaus mit anderen Gruppen der proletarischen Jugend (mit Ausnahme der *AJ*) konkurrieren konnte.

Die FPJ ist dabei die Gruppe, die innerhalb der proletarischen Jugendbewegung wohl am konsequentesten an folgender Grundorientierung festgehalten hat: Mitarbeit von Einzelnen (insbesondere der Älteren) in den proletarischen Parteien *ja*, Unterordnung der Jugend unter eine bestimmte Partei *nein*. Die von Hamburg ausgehende FPJ fand bald Anhänger und gleich gesinnte Gruppen in Nürnberg, München, Leipzig, Halle und Magdeburg. Die Gründung der Nürnberger Gruppe erfolgte, nachdem sich die SPJ im Herbst 1920 zur USPD bekannte. Für 1921 ist von einer „reichsweiten Ausdehnung" die Rede, die allerdings nur ein Jahr andauerte und nochmals 1924 in Angriff genommen wurde. Fast alle diese Gruppen, so liest man als Selbstcharakterisierung, seien entstanden „aus Revolution gegen die Bevormundung und Entrechtung der Jugend durch Parteischablonen und Parteiführer."

Bünde der bürgerlichen Jugendbewegung auf dem Weg zum Sozialismus

Es dürfte bereits deutlich geworden sein, dass der 1924/25 erfolgenden Gründung eines *„Bundes Freier Sozialistischer Jugend"* ein vielschichtiger Umgruppierungsprozess in der proletarischen Jugend voranging, der sich einerseits als Konzentrations-, andererseits als Zersplitterungsprozess im Niedergang der revolutionären Impulse beschreiben lässt. Deshalb kann es nicht verwundern, dass sich die Aktivisten in den proletarischen Jugendorganisationen nach Bündnispartnern aus der *bürgerlichen* Jugendbewegung umsahen, die ähnliche Erschütterungen durchmachte. Es waren drei Gruppen, die hauptsächlich die Vorkriegsjugendbewegung geprägt hatten: der *Wandervogel* von 1897, der *Bund Deutscher Wanderer* von 1905 und die *Freideutsche Jugend*. Alle diese Bünde wurden durch die Revolutionswirren von 1918 fast völlig zerschlagen. Nach Krieg und Revolution gab es erhebliche Anstrengungen des Wiederaufbaus dieser

Bünde. Allerdings wurde schon im Abstand von gut zehn Jahren beim Versuch einer systematischen Darstellung fast resignierend festgestellt: „Die Zahl der Neugründungen, der Zusammenschlüsse, der Abspaltungen und Wiedervereinigungen ist so groß, daß eigentlich nur eine graphische Darstellung hierüber Klarheit geben kann."

Hinzu kommt, dass sich innerhalb dieser Prozesse eine ganze Reihe dieser Gruppen, Verbände und Bünde bürgerlicher Herkunft langsam in Richtung auf sozialistische Positionen hin zu bewegen begann. Warum dies der Fall war, wird in einer diesen Vorgang von außen betrachtenden zeitgenössischen Quelle so beschrieben:

„Aus dieser allgemeinen Einstellung [in der die Einstellung zur sozialen Not geradezu der Maßstab für das ethische Bewusstsein der Zeit wird] heraus und aus jener inneren Verwandtschaft des Gemeinschaftsgefühls mit dem ethischen Gehalt des Solidaritätsbewußtseins des Arbeiters besteht in großen Teilen der bündischen Jugend aller Lager *ein ausgesprochen antikapitalistischer Geist* und eine weit größere Sympathie für eine Reihe *sozialistischer Forderungen*, als das Schrifttum der Bünde vermuten läßt."

Die beschriebene Einstellung hatte also zu einer Politisierung einer ganzen Reihe dieser Gruppen und Bünde geführt, die aus der bürgerlichen Jugendbewegung hervorgegangen waren. Im Kontext des *BFSJ* sind hier vor allem die *Wanderscharen*, der *Orden junger Menschen* und die *Landfahrer* zu nennen. Versucht man nun, die verschiedenen Wurzeln, Strömungen, Bewegungen hin zu einem „*Bund Freie Sozialistische Jugend*" (zu denen noch die sog. *Freie aktivistische Jugend*, eine sich an den frühexpressionistischen und „geistesaristokratischen" Vorstellungen Kurt Hillers orientierende Berliner Nachfolgegruppe der freideutschen *Entschiedenen Jugend* stieß) nochmals zu bündeln, zusammenzufassen, um die Motivationen und Antriebskräfte genauer zu durchdringen, dann fallen folgende Gesichtspunkte auf: Es handelt sich um eine Sammlungsbewegung, die sich aus beiden Strömen, dem der proletarischen und dem der bürgerlichen Jugend speist. Auf der einen Seite dominiert der Gesichtspunkt der jugendbetonten *Autonomie* gegenüber der Erwachsenenwelt der Parteien. Es gibt dort zwar keine Äquidistanz zu den Parteien der Arbeiterbewegung – die SPD gilt durch ihre Kriegspolitik als diskreditiert. Aber es gibt zugleich wenig Neigung, sich einer konkreten revolutionären Partei – sei es KPD, KAPD oder USPD – und ihren jeweiligen Programmen oder Direktiven unterzuordnen. Die Gründe sind durchaus vielschichtig. In der Einheit der proletarischen Jugend wird vor allem ein ganz eigenständiger Wert gesehen. Vielfach wird zudem der Jugend ein besonderer revolutionärer Elan zugeschrieben, der sich keiner Parteidisziplin zu unterwerfen habe. Und es kommt der Gesichtspunkt hinzu, dass viele der älteren Aktivisten die Auffassung vertreten, dass es für 14 bis 18-Jährige einfach noch zu früh sei, sich zwischen den unterschiedlichen strategischen und taktischen Konzepten der Parteien entscheiden zu sollen, ja dass es sogar *schädlich* ist, weil sie auf diesem Wege die Fähigkeit zur Herausbildung einer eigenständigen, kritischen sozialistischen Persönlichkeit verlieren.

Was diese Gruppen und Aktivisten von der *KP-Jugend* besonders unterscheidet ist ihre Betonung der ethischen Grundierung der sozialistischen Idee, ihre Hinwendung zu und Wertschätzung der aus der bürgerlichen Jugendbewegung übernommenen alltagskulturellen Praktiken (Abstinenz, Wandern, Tanz, Theater usw.), der Notwendigkeit einer intensiven Bildungsarbeit zur Herausbildung sozialistischer Persönlichkeiten, ohne die Klassenkampf nicht möglich sei. Allerdings darf nicht übersehen werden, dass es sich um eine Sammlungsbewegung von *Splittern* handelt. Denn wie auf der Ebene der Parteien vollzieht sich ansonsten auch innerhalb der proletarischen Jugend die eigentliche Sammlung und Konzentration in den beiden *Haupt*strömungen, der *SAJ* und der *KJ*. Es sind vielfach die Restgruppen, die Minderheiten, die sich der Dominanz dieses Entweder-Oder-Prozesses nicht unterwerfen wollen, die im Rahmen einer Neudebatte der Kartellierung und des „Bundes" den Versuch eines gemeinsamen Neuanfangs unternehmen.

Es sollte jedoch – trotz des kritischen Aspekts einer Überbetonung der Kritik an Großorganisationen und Parteien und einer zu starken Ausblendung der kritischen Reflexion des eigenen „Sektenstatus" – nicht übersehen werden, dass es sich bei den dort vielfach anzutreffenden kritischen Köpfen häufig um die intellektuell wie bzgl. ihrer Persönlichkeitsstruktur interessantesten Vertreter ihrer Generation handelte, diejenigen, die sich in schwierigen Auseinandersetzungen das Vermögen des Widerspruchs und der Kritik, des „Wider den Stachel Löckens" erhalten hatten. Ihre immer neu unternommenen Anläufe, zu einer „Einheit der Arbeiterklasse" bzw. ihrer Jugend (ohne Ausgrenzung von Gruppen bürgerlicher Herkunft) auf der Basis der Autonomie und Eigenständigkeit von Gruppen und Einzelpersönlichkeiten beizutragen, bewahrt sie dabei wenigstens in Grenzen vor dem Status des bloßen Kritikasters, der sich ebenso gerne auf die „Autonomie" der Person wie des Gedankens beruft.

Auf der anderen Seite, der der Bünde mit bürgerlichem Hintergrund, ist die jugendbewegte Lebensform der Ausgangspunkt ihrer Neuorientierung und langsamen Hinwendung zum Gedanken einer Vereinigung mit sozialistisch orientierten proletarischen Jugendgruppen. Krieg und Revolution zerstören alle Illusionen der zuvor gehegten heilen Weltbilder, zwingen auch Gymnasiasten und Studenten zum Blick auf die soziale Lage des Proletariats und die Realität von Ausbeutung, Unterdrückung und Armut. Hier sind es notwendig ethische Impulse, die zu einer Hinwendung zum Proletariat und zu sozialistischen Zielvorstellungen führen. Aus zwei ganz unterschiedlichen Richtungen kommend bewegen sich die verschiedenen Gruppen in einem widersprüchlichen Prozess aufeinander zu, und es gelingt ihnen, bis zum Ende der Weimarer Republik produktiv zusammenzuarbeiten, worüber zwei Zeitschriften (eine für die Jüngerenorganisation) beredte Auskunft geben.

Abendroth und der *BFSJ*

Abendroths erster Artikel in der Bundeszeitschrift des *BFSJ* erscheint im April 1926 und bezieht sich auf einen Vortrag Hendrik de Mans, den dieser am 22. Januar in Frankfurt gehalten hatte und der bereits im Februarheft der *FSJ* Abdruck fand (was auf eine schnelle Produktionszeit schließen lässt). In diesem Frühjahr studiert er noch in Frankfurt, wechselt aber bereits zum Sommersemester 1926 an die Universität Tübingen. Auch wenn er sich dort allgemeinpolitisch (er organisiert dort die Fürstenenteignungskampagne mit) wie in universitären politischen

Auseinandersetzungen engagierte (etwa im Fall der Angriffe auf den jüdisch-sozialistischen Privatdozenten Theodor Lessing), war nun an eine längere *kontinuierliche* Mitarbeit in einer konkreten politischen Gruppe an einem Ort kaum noch zu denken.

1926 nimmt er an der ersten großen, von Willi Münzenberg organisierten antiimperialistischen Konferenz in Brüssel teil, die ihre Fortsetzung 1928 in einer Konferenz in Frankfurt haben sollte. Hier knüpft er erste Kontakte zu den dort anwesenden verschiedenen national-revolutionären Bewegungen und Parteien, was nicht ohne Auswirkungen auf spätere Aktivitäten – sowohl in Richtung auf einen *Weltbund der Jugend* wie den Versuch der Kooperation mit nationalrevolutionären Gruppen und Bünden im Landesinneren – bleiben sollte. Bereits zum Wintersemester 1926/27 kehrte er für ein Jahr an die Uni Frankfurt zurück. In diese Zeit fällt auch seine Teilnahme am überbündischen Jugendtreffen im Sommer auf der Freusburg, dem deutschen Vorbereitungstreffen im Zusammenhang der Gründungsversuche für einen *Weltbund der Jugend*, über das er einen knappen Bericht für die FSJ schreibt. Darin heißt es, dass „wir Frankfurter F.s.J.ler und Vertreter des sozialistischen Studentenbundes zur Tagung fuhren" – der erste eigene Hinweis darauf, dass er also nicht nur als Gastautor in der Zeitschrift auftrat, sondern dem Kartellverband innerhalb der Frankfurter Gruppe angehörte. Er berichtet ferner, auf dieser Tagung in den Führerrat für die nächstjährige Weltbund-Konferenz im niederländischen Ommen eingetreten zu sein, an der er ebenfalls teilnehmen wird.

Nach einem Jahr verlässt er Frankfurt erneut für einen anderen Studienort, diesmal Münster. Auch hier bleibt er nur ein Semester, interessiert sich besonders für die Lehrveranstaltungen zweier fortschrittlicher Wissenschaftler: des Philosophen Karl Vorländer (dessen studentische Hilfskraft er wurde) und des Theologen Karl Barth. Seine Publikationstätigkeit in der *FSJ* nimmt derweil schnell Formen der Regelmäßigkeit an (u.a. mit unorthodoxen Auffassungen zum Thema „Religion und Sozialismus"). Dem ersten Aufsatz im April 1926 folgt der nächste im August, danach zwei weitere in der Novemberausgabe. Die nächsten verteilen sich unregelmäßig über das Jahr 1927 hinweg: Januar, April, Mai und

Dezember. Weitere in den Jahren 1928 und 1929 folgen. Sie werden hinsichtlich ihrer politischen bzw. wissenschaftlichen Substanz erstmalig in der Einleitung zum ersten Band der „Gesammelten Schriften" Abendroths eingehender beleuchtet.

Zwar lässt sich für denselben Zeitraum bislang keine aktive Teilnahme an den Debatten auf den Bundestagungen innerhalb des Organisationszusammenhangs des *BFSJ* nachweisen. Beachtenswert ist aber die Tatsache, dass Abendroth auf der Bundestagung 1928 immerhin zum *dritten Bundesvorsitzenden* des Verbandes gewählt wird. Zeitgenössische Publikationen des *KJVD* (so nannte sich die KPD-Jugend jetzt) belegen, dass man in ihm zwar einen klugen und zuverlässigen Bündnispartner im Kontext der Weltbund-Arbeit sieht, ihn aber keinesfalls als einen der Ihren betrachtet. Die eigenständige Position, mit der er als Vertreter der freisozialistischen Position „unterwegs" ist, wird auch aus seinen – wenigen – Beiträgen in anderen bündischen und nationalrevolutionären Publikationen ablesbar. So scharf er gelegentlich in der Sache argumentiert, so sehr ist er zugleich auf das Bauen von Brücken, das Herstellen von Gemeinsamkeiten über Organisationsgrenzen hinweg bedacht. Kontrahenten in dieser Debatte wie etwa Karl Otto Paetel werden zu lebenslangen Freunden. Ähnliches gilt für einen anderen „Nationalrevolutionär" dieser Zeit, den im Umfeld von Ernst Niekisch wirkenden späteren Herausgeber der *Nürnberger Nachrichten* Joseph Drexel.

Während seines Studiums engagiert sich Abendroth – neben seinen jugendpolitischen Aktivitäten – insbesondere an der Frankfurter Hochschule in der parteipolitisch nicht festgelegten *Freien Vereinigung Sozialistischer Studenten* und unterstützt in dieser Zeit durch Schulungstätigkeit die Arbeit des *Sozialistischen Schülerbundes (SSB)*, einer zunächst von der SPD gegründeten Organisation, die aber zunehmend unter kommunistischen Einfluss gerät.

Ein Lektürestreifzug durch Abendroths publizistischen Beiträge der zweiten Hälfte der zwanziger Jahre, die sich direkt oder am Rande mit der proletarischen wie freisozialistischen Jugendbewegung beschäftigen, lässt – summarisch betrachtet – erkennen, dass hier ein junger Sozialist oder Kommunist (die begriffliche Zuordnung fällt angesichts seiner häufigen Organisationswechsel nicht leicht) unterwegs ist, dem es mit dem Anspruch der Selbstbehauptung jugendlicher Ansprüche und Lebensentwürfe gegenüber der Erwachsenenwelt der Parteien ernst ist, auch wenn er anders als viele seiner Mitstreiter im *BFSJ* keine Zweifel daran lässt, dass er diese Partei- und Erwachsenenwelt für etwas hält, worauf sich die proletarische Jugend vorzubereiten hat und dem sie sich nicht verweigern darf. Inmitten all dieser Artikel, Berichte und Rezensionen steht ein Beitrag, in dem sich seine Sicht auf diese freisozialistische Jugendbewegung wie in einem Brennglas bündelt, mit großer Ernsthaftigkeit für ihre Bedeutung geschrieben, ohne die Probleme, insbesondere ihrer mangelnden Stärke, auszublenden.

Er benennt diese organisatorische Schwäche gleich mit dem ersten Satz und nennt die ernüchternden Mitgliedszahlen. Keinerlei Illusionen verbreitet er zudem über die organisatorische Lage der freiproletarischen, unabhängigen Bünde. Er schließt jedoch mit einer bemerkenswerten Passage, die man auch das Vermächtnis nennen könnte, das Wolf Abendroth dem *„Bund Freie Sozialistische Jugend"* mit auf den Weg gegeben hat, das zugleich ein Stück seines eigenen (auch späteren) Lebenswegs und Wirkens widerspiegelt:

„So vereinigt der ‚Bund freier sozialistischer Jugend' die besten Traditionen der revolutionären Arbeiterbewegung und der deutschen Jugendbewegung, die Tradition des Sozialismus und die der Freiheit von der Bevormundung durch die Organisationen der Erwachsenen. Und aus seiner Geschichte und seiner Stellung zu den Parteien ergeben sich seine Aufgaben gegenüber der gesamten Arbeiterbewegung. Ungebunden durch Parteifesseln die Zusammenarbeit und Einigung zunächst der proletarischen Jugend zu fördern, den in der bürgerlichen Jugendbewegung stehenden jungen Proleten und Intellektuellen zur Brücke zu den Aufgaben ihrer Klasse zu werden, unbeschränkt von den Schranken leninistischer und antileninistischer Dogmas an der Entwicklung der Theorie und Praxis der proletarischen Revolution zu arbeiten."

Ausgewählte Literatur

Abendroth, Wolfgang, Ein Leben in der Arbeiterbewegung, hrsg. und eingeleitet von Barbara Dietrich und Joachim Perels, Frankfurt/M. 1976.

Ders., Gesammelte Schriften. Band 1: 1926 – 1948. Hrsg. und eingeleitet von Michael Buckmiller, Joachim Perels und Uli Schöler, Hannover 2006.

Diers, Andreas, Arbeiterbewegung – Demokratie – Staat. Wolfgang Abendroth. Leben und Werk 1906–1948, Hamburg 2006.

Neuland, Franz/ Werner-Cordt, Albrecht (Hrsg.), Die Junge Garde, Arbeiterjugendbewegung in Frankfurt am Main 1904–1945, Gießen 1980.

Schöler, Uli, Auf dem Weg zum Sozialismus – Wolfgang Abendroth. Streiflichter eines Lebenswegs aus dem Blickwinkel seiner Aktivitäten in der Jugendbewegung der Weimarer Republik, Pankower Vorträge H. 92, Berlin 2007.

Verein zur Erforschung der Geschichte der sozialistischen Jugendverbände (Hrsg.), Arbeiterjugendbewegung in Frankfurt 1904–1945. Material zu einer verschütteten Kulturgeschichte, Frankfurt/M. 1978.

Ein Vorkämpfer der deutsch-französischen Freundschaft:
Rudolf Breitscheid

„Es war, kurz gesagt, die Erwägung, die allenthalben in den letzten Jahren stärker geworden ist, dass Europa politisch und wirtschaftlich verloren ist, wenn es weiter zerrissen und zerklüftet bleibt, wenn weiter derartige Streitfragen, wie sie insbesondere zwischen uns und Frankreich bestanden, unbeantwortet und ungelöst bleiben."

Dies ist ein Zitat aus einer wichtigen Parlamentsrede eines bedeutenden deutschen Sozialdemokraten anlässlich der Unterzeichnung eines neuen Vertragswerks. Aber hier spricht nicht Gerhard Schröder im Jahre 2004 über den wesentlich von den Franzosen und den Deutschen vorangetriebenen Beschlusstext eines Europäischen Verfassungsvertrages. Hier spricht der Chef-Außenpolitiker der sozialdemokratischen Reichstagsfraktion der Weimarer Periode, Rudolf Breitscheid, und zwar im November 1925, also vor fast 80 Jahren, aus Anlass des Abschlusses des Vertragswerks von Locarno und Deutschlands Eintritt in den Völkerbund.

Wer wollte bestreiten, dass derartige Gedanken weiterhin von ungeheurer Aktualität sind, gerade auch wenn Breitscheid in seiner Rede davon spricht, dass, „wenn das deutsch-französische Verhältnis politisch entgiftet ist, es um so leichter sein wird, gerade die kulturellen Bande zu schürzen und zu verstärken." Wie kein anderer hat Breitscheid in der sozialdemokratischen wie der deutschen Politik seiner Zeit den Gedanken der deutsch-französischen Aussöhnung als Kern eines notwendigen europäischen Zusammenwachsens ins Zentrum seines Denkens und Handelns gestellt. Grund genug, heute erneut an diesen Mann zu erinnern, dessen 130sten Geburts- wie 60sten Todestages wir in diesem Herbst gedenken.

Wie einige andere bedeutende Politiker seiner Generation ist auch er allzu sehr in Vergessenheit geraten. An ihn zu erinnern lohnt aber nicht alleine aufgrund der Aktualität seines deutsch-französischen Denkansatzes. An seinem biographischen Weg lassen sich auch exemplarisch eine Reihe von Konflikten und Brüchen der deutschen Geschichte des

20. Jahrhunderts nachzeichnen – und in gleichem Maße die Rolle, die die Parteien der politischen Linken darin spielten.

Breitscheid war zeit seines Lebens entschiedener Demokrat, und er wurde später zum entschiedenen Sozialisten, ohne in seinem demokratischen Engagement nachzulassen. Seine politische Leidenschaft gehörte der Außenpolitik und dabei insbesondere der Aussöhnung in den deutsch-französischen Beziehungen. Berühmt wie gefürchtet waren seine Reden im Reichstag der Weimarer Republik, nicht etwa wegen ihrer Polemik, sondern wegen ihrer Klarheit und intellektuellen Schärfe. Ansonsten hätte ihm sein vornehmes Auftreten auch kaum den keineswegs abfällig gemeinten Beinamen „Lord Breitscheid" eintragen können. Aber auch innenpolitisch hat er seine Spuren hinterlassen. Für kurze Zeit, zwischen November 1918 und Januar 1919, amtierte er als Preußischer Innenminister. Aber schauen wir uns seinen Weg genauer an.

Breitscheid wird im November 1874 als Buchhändlersohn in Köln geboren. Er macht dort sein Abitur und studiert in München und Marburg u.a. Nationalökonomie. Das Studium schließt er 1898 mit der Promotion ab. Der Weg in die Sozialdemokratie ist ihm keineswegs in die Wiege gelegt. Er betätigt sich zunächst innerhalb der liberalen „Freisinnigen Vereinigung", für die er in die Berliner Stadtverordnetenversammlung und den brandenburgischen Provinziallandtag einzieht. Beruflich arbeitet er als Redakteur bei verschiedenen liberalen Blättern. Erst 1912, nach einem vergeblichen Anlauf bei der Reichstagswahl für die von ihm mit Hellmut von Gerlach und anderen mitgegründete linksliberale „Demokratische Vereinigung" (er verliert gegen einen Sozialdemokraten), wechselt er überraschend in die Sozialdemokratische Partei. Mit Friedrich Stampfer, dem späteren langjährigen „Vorwärts"-Chefredakteur, arbeitet er nun für die „Sozialdemokratische Pressekorrespondenz". In einer DDR-Publikation liest sich das paradigmatisch so: Mit Stampfer gab er „dessen rechtsopportunistische ‚Privatkorrespondenz' heraus".

Dass sich seine Parteizugehörigkeit nochmals binnen weniger Jahre ändern würde, dürfte Breitscheid zu diesem Zeitpunkt kaum vorausgeahnt haben. Aber als entschiedener Kriegsgegner gab es für ihn keinen Zweifel, wo er hingehörte: Von Anfang an stand er auf Seiten derjenigen, die sich dem kriegsbejahenden Kurs der Mehrheit innerhalb der Sozialdemokratie widersetzten und sich deshalb in der neuen „Unabhängigen Sozialdemokratischen Partei Deutschlands" (USPD) zusammenfanden. Seit Mai 1915 zeichnete er nun selbst für die Herausgabe einer Publikation verantwortlich, die seinen politischen Schwerpunkten und Neigungen entsprach: der „Sozialistischen Außenpolitik", die im November als politische Wochenschrift der USPD in „Der Sozialist" umbenannt wurde.

Innerhalb der USPD, in der nach den Januar-Unruhen 1919 und der Ausgründung der KPD natürlich auch weiter erbittert um den künftigen politischen Kurs gerungen wurde, gehörte er zu den besonnenen Kräften eines „linken Zentrums", die praktisch wie theoretisch den Versuch unternahmen, die spontan und neu entstandenen Rätestrukturen mit den Institutionen einer parlamentarischen Demokratie zu verbinden. Breitscheid unterstützte diese Richtung, er war jedoch selbst beileibe kein politischer Theoretiker, seine Stärken lagen vielmehr auf den Feldern der politischen Strategie und der scharf argumentierenden politischen Rede.

Es ist bekannt, dass dieses „Experiment USPD", die zeitweilig die mitglieder- wie wählerstärkste Partei der politischen Linken in Deutschland war, nur wenige Jahre überdauerte. Zu groß war der Druck von beiden Seiten: der Mehrheitssozialdemokraten um Ebert, die sich mit einer parlamentarischen Befriedung des Reiches zufrieden gaben, und der Kommunisten, die ein Sowjetdeutschland nach russischem Muster, aber keine sozialistische Demokratie anstrebten und die USPD spalteten. Nach der Wiedervereinigung der beiden sozialdemokratischen Parteien im Jahre 1922 stieg Rudolf Breitscheid zu ihrem unangefochtenen außenpolitischen Sprecher in der Reichstagsfraktion auf. Zeitweilig fungierte er neben Wilhelm Dittmann und Otto Wels als einer ihrer Fraktionsvorsitzenden. Man übertreibt nicht, wenn man die Erwartung vieler erneut beschreibt, die in ihm den künftigen Außenminister des Deutschen Reiches sahen. Dies drückte sich auch darin aus, dass Außenminister Stresemann ihn für mehrere Jahre in seine Völkerbunddelegation berief.

Die Machtübernahme der Nationalsozialisten überraschte Breitscheid nicht. Er hatte in Artikeln wie Reden immer wieder eindringlich vor dieser Bewegung und vor Hitler gewarnt, insbesondere vor der anfänglich noch verbreiteten Illusion, dieser „Spuk" werde schnell wieder vorüber sein. Er emigrierte zunächst in die Schweiz, musste aber mangels Arbeitserlaubnis weiter nach Paris, wo er sich ab Mitte der dreißiger Jahre auch an den Versuchen und Aufrufen beteiligte, eine breitere Bewegung gegen das Hitler-Regime zu schaffen. Er gehörte dem Vorbereitenden Ausschuss für die Schaffung einer Deutschen Volksfront an, in der ja nicht nur Politiker, sondern auch zahlreiche Intellektuelle und Literaten wie z.B. Heinrich Mann beteiligt waren.

Dieser – und nur dieser – Tatsache ist es geschuldet, dass die herrschenden Kommunisten in der DDR auch den Sozialdemokraten Breitscheid ehrten, ein ansonsten absolut unüblicher Vorgang, auch Straßen und Plätze nach ihm benannten (In verbreiteter Unkenntnis dessen, wer er war, drohte in manchen Städten Ostdeutschlands nach der Wende auch die Umbenennung von Breitscheidstraßen). „Ehrlich gegen sich selbst, zog er Lehren aus den bitteren Erfahrungen der Vergangenheit", so heißt es über ihn im quasi-offiziellen „Biographischen Lexikon zur Geschichte der deutschen Arbeiterbewegung". Das war die Lesart: Nicht etwa die Kommunisten hatten neue Lehren aus ihrer ruinösen Politik des „Sozialfaschismus", der Moskauhörigkeit und der Unterschätzung der nationalsozialistischen Bewegung zu ziehen gehabt, sondern der Sozialdemokrat Breitscheid. Der hatte allerdings weit hellsichtiger vor den Folgen einer solchen Politik gewarnt, aber die SED meinte, *er* habe mit der Bereitschaft zu einer Volksfront seine persönlich schmerzlichen Lehren aus der Geschichte gezogen.

An Breitscheid war für die DDR nicht interessant, dass er – aus bürgerlichen Verhältnissen kommend – seinen Weg in die sozialdemokratische Arbeiterbewegung gefunden hatte. Das war und blieb „Rechtsopportunismus". Nur als potentieller Bündnispartner der KPD war er von Bedeutung, und weil er angeblich noch im Konzentrationslager Buchenwald zu der späten Einsicht gekommen war, dass die Sowjetunion „die entscheidende Kraft zur Niederringung des Hitlerfaschismus" sei. Woher die DDR-Historiker diese Gewissheit hatten, wissen wir nicht. Breitscheids Aufzeichnungen und Tagebücher sind bei dem Bombenangriff auf Buchenwald vernichtet worden, bei dem er selbst 1944 zu Tode kam. So bleibt die Erinnerung an ihn auch ein Stück paradigmatisch für die unterschiedlichen Gedenkkulturen im Osten und Westen Deutschlands in der Zeit des Kalten Krieges.

Aber jenseits dieser überholten Querelen wäre es schon an der Zeit, wieder etwas mehr von dieser bedeutenden Persönlichkeit der deutschen Sozialdemokratie aus der ersten Hälfte des 20. Jahrhunderts ins Bewusstsein einer interessierten Öffentlichkeit zu holen. Bis heute fehlt leider eine monographische Bearbeitung seines Lebensweges und seiner politischen wie publizistischen Leistungen. Kleinere Zusammenstellungen von Aufsätzen bzw. Reichstagsreden sind seit langem vergriffen. Vielleicht könnten ja die immer enger werdenden deutsch-französischen Beziehungen ein guter Anlass sein, sich einer Person zu erinnern, die dafür schon in den zwanziger und dreißiger Jahren des vergangenen Jahrhunderts mit aller Kraft und Energie gearbeitet hat. Für den „Völkischen Beobachter" waren diese Aktivitäten und seine Flucht ins Pariser Exil Grund genug, ihn nach seiner bereits im August 1933 erfolgten Ausbürgerung als „französischen Spion" zu denunzieren. Rudolf Breitscheid hätte sicher nichts dagegen gehabt, diese Bezeichnung als Ehrentitel zu tragen!

Verrat oder Versagen der Revolution?
Wilhelm Dittmanns Erinnerungen

Über Jahrzehnte hinweg war sein Name allenfalls einer Reihe von Spezialisten und Experten bekannt. Noch geringer dürfte die Zahl derjenigen sein, die wussten, dass da ein Manuskript in den Archiven schmorte, und wohl einiges Interessante über Nahtstellen deutscher Geschichte in der ersten Hälfte dieses Jahrhunderts zu bieten hätte. Wer war es auch schon: Mitglied einer der kürzesten deutschen Regierungen nur für wenige Wochen, dazu noch nicht einmal durch irgendeine repräsentative Wahl legitimiert. Funktionär der Sozialdemokratischen Partei über einige Jahrzehnte hinweg, kein großer Theoretiker, kein mitreißender Redner, keiner dieser wenigen „Volkstribune", die in der Politik Furore machen. Also einer von vielen, wie sie schon in unzähligen biographischen Annäherungen beschrieben worden sind. Und jetzt doch ein beachtlicher Wirbel um die Veröffentlichung seiner Memoiren[1], große Rezensionen etwa in der ZEIT oder der FAZ.

Die Rede ist von dem USPD-Mitglied des Rats der Volksbeauftragten, der kurzlebigen deutschen Revolutionsregierung 1918/19. Es ist schon ein dicker Brocken, den der Campus-Verlag da im Auftrag des Internationalen Instituts für Sozialgeschichte Amsterdam herausgegeben hat. Ein Gesamtwerk von annähernd 2000 Seiten in drei voluminösen Bänden zu einem Gesamtpreis, der das Werk in die Bibliotheken verbannen wird. Man mag das bedauern, aber es ist wohl unausweichlich. Der Wert der Edition liegt in ihrer Funktion als Quelle für historische Forschung. Wer für eine größere Leserschaft schreiben will, der muss sich zwingen, den Gang der Gedanken in kürzeren Zusammenhängen auszubreiten. Zudem versteht sich Dittmann vor allem als Chronist, autobiographischen Charakter trägt die Veröffentlichung nur in ihrem ersten Teil.

Dittmann wird 1874 in Eutin geboren, gehört mit diesem Geburtsjahr zur zweiten Generation sozialdemokratischer Führer in Deutschland.

---

1 Dittmann, Wilhelm, Erinnerungen. Bearbeitet und eingeleitet von Jürgen Rojahn, 3. Bd., Campus Verlag, Frankfurt a.M./New York 1995.

Er erlernt den Tischlerberuf und schließt sich 1894 dem Holzarbeiter-
verband an. Nur kurze Zeit später wird er Mitglied der Sozialdemokratischen Partei, für die er ab 1899 hauptamtlich tätig ist. Ab jetzt beginnt
eine für diese Zeit geradezu typische sozialdemokratische Parteikarriere:
bis 1902 Lokalredakteur der Norddeutschen Volksstimme in Bremer-
haven, danach für zwei Jahre zum Parteiblatt in Solingen, wo er auch
Vorsitzender der sozialdemokratischen Organisation des Reichstagswahl-
kreises wird. Da sein Organisationstalent überregional bekannt wird, holt
man ihn 1904 auf die neu eingerichtete Stelle eines besoldeten Parteise-
kretärs für den Reichstagswahlkreis Frankfurt a. M., wo er ab 1907 auch
Stadtverordneter wird. 1909 kehrt er als Chefredakteur zur Bergischen
Arbeiterstimme zurück und vertritt seit 1912 als Reichstagsabgeordneter
den Wahlkreis Remscheid-Lennep-Mettmann.

Vor 1914 rechnet sich Dittmann zur „radikalen Mehrheit" der Partei, wird auf dem Magdeburger Parteitag 1911 u.a. von Rosa Luxemburg
und Clara Zetkin bedrängt, für den Parteivorstand zu kandidieren. Dittmann tritt nicht an, glaubt – wie er nun in seinen Memoiren schreibt –,
außerhalb des Vorstandes weit erfolgreicher „in radikalem Sinne" wirken
zu können. 1914 bewilligt er zunächst die Kriegskredite mit, gehörte aber
ab Anfang 1915 zur Opposition derjenigen, die sich – je weiter der Krieg
voranschritt – in ihren Motiven getäuscht sahen. Er ist Mitbegründer der
USPD im Frühjahr 1917 und wird in ihren Vorstand gewählt. Als Karl
Liebknecht unter dem Druck seiner Freunde des Spartakusbundes seine
Bereitschaft zum Eintritt in die Regierung der Volksbeauftragten wieder
zurücknimmt, wird Dittmann im November 1918 der dritte USPD-
Vertreter in der Revolutionsregierung (bis zum Auszug aller drei USPD-
Mitglieder Ende Dezember 1918).

Innerhalb der USPD gehört er zu denjenigen, die sich einer wachsenden Zahl insbesondere neuer Mitglieder erwehren, die – enttäuscht
von den Ergebnissen der deutschen Revolution – ihr „Heil" nun in Moskau sehen und auf einen bedingungslosen Anschluss an die dort gegründete Dritte Kommunistische Internationale hinarbeiten. Als Mitglied
einer vierköpfigen Delegation reist er 1920 zu Sondierungsgesprächen
nach Moskau, fährt schon skeptisch ab und kommt als überzeugter An-

schlussgegner zurück. Seine noch heute lesenswerten, die Lage durchaus realistisch und keineswegs „antibolschewistisch" schildernden Zeitungsartikel über seine Eindrücke der sowjetrussischen Wirklichkeit vermögen die Mehrheit seiner Partei nicht von ihrem „Glauben" an Moskau abzuhalten, der Anschluss wird beschlossen und die Vereinigung mit der noch sektenhaften KPD vollzogen. Dittmann verbleibt in der Rest-USPD, wird sogar – neben Crispien und Ledebour – zu einem ihrer drei Vorsitzenden gewählt. Gleichzeitig ist er Mitglied des Vorstandes ihrer Reichstagsfraktion und 1922 kurzzeitig Chefredakteur des Parteiorgans „Freiheit".

Im Reichstag bekleidete er für einige Jahre die Funktion eines Vizepräsidenten und gehört nach der Wiedervereinigung der beiden sozialdemokratischen Parteien 1922 dem Vorstand von Partei und Fraktion an, in der Fraktion sogar als einer der beiden Vorsitzenden. Eine hervorgehobene politische Rolle wird er nach 1922 allerdings nicht mehr spielen. 1933 verlässt er wegen der Warnung, die Nazis würden einige namentlich genannte „Novemberverräter" umgehend durch ein „Volksgericht" zum Tode verurteilen lassen – noch vor der Reichstagswahl das Land und verbringt die Emigrationszeit in der Schweiz.

Als Emigrant wird er durch die Parteikonferenz vom April 1933 nicht wieder für den Parteivorstand berücksichtigt und fühlt sich auch später – wohl nicht zu Unrecht – von der SOPADE im Exil kaltgestellt. 1939 begann er die Arbeit an seinen Memoiren, die er 1947 fertigstellte. Erst 1951 übersiedelt er wieder nach Deutschland, nach Bonn, und arbeitet bis zu seinem Tod 1954 im Archiv der Partei.

Dittmanns Memoiren sind aus mehreren Gründen eine wichtige und interessante Quelle. Erstens geben sie einen interessanten Einblick in die Entwicklungsbedingungen eines sozialdemokratischen Parteifunktionärs im wilhelminischen Kaiserreich und die Strukturen des Parteimilieus dieser Epoche. Dittmann ist sicher kein Meister der literarischen Milieubeschreibung. Was seine Darlegungen aber interessant macht, ist der Zugang aus der Sicht desjenigen, der sich selbst in hohem Maße als Parteiorganisator versteht, ja zu diesem Bereich auch seine ersten Veröffentlichungen in der theoretischen Parteipresse, der „Neuen Zeit" Karl

Kautskys wagt. So wird er auch zum Organisationsfachmann auf zentraler Parteiebene.

Zweitens: Die eigentliche Sensation und der eigentliche Skandal zugleich – aber in den Rezensionen der Tages- und Wochenpresse als solche nur unzureichend gewürdigt – ist der Teil der Memoiren, der die Zeit des Ersten Weltkriegs und der in seinem Gefolge vollzogenen Spaltung der deutschen Sozialdemokratie betrifft. Dittmann stützt seine Darlegungen auf eigene schriftliche Aufzeichnungen, die er während der Sitzungen der Reichstagsfraktion anfertigte, um seinen Parteigenossen am Niederrhein authentisch berichten zu können. Er nennt es selbst „unanfechtbares Quellenmaterial", was durch den Abgleich des Bearbeiters mit allen anderen zugänglichen Quellen eindrucksvolle Bestätigung findet. Da in der Kriegszeit kein Parteileben im eigentlichen Sinne stattfand, die Fraktion also die Willensbildung der Partei ersetzte (was erhebliche Legitimitätsprobleme schuf), liegen uns mit diesen Aufzeichnungen, die im Anhang zu den Memoiren gesondert dokumentiert werden, die bisher dichtesten Beschreibungen der innersozialdemokratischen Diskussions- und Willensbildungsprozesse zu den Vorgängen vor und nach dem August 1914 vor. Es ist eigentlich unbegreiflich, dass die 1966 von Matthias und Pikart herausgegebene Dokumentation „Die Reichstagsfraktion der deutschen Sozialdemokratie 1898 bis 1918" diese Dokumente nicht mit einschließt.

Ergänzt durch das ebenfalls schon in den sechziger Jahren publizierte Kriegstagebuch Eduard Davids erhalten wir nun – aufbereitet durch die vorzügliche Einleitung Rojahns – einen dichten Überblick über Kenntnisstand, Motive und Diskussion der handelnden Sozialdemokraten. Nennen wir nur kurz die aus heutiger Sicht bedeutsamsten Gesichtspunkte. Die in der historischen Debatte lange im Mittelpunkt stehende Frage, inwieweit die SPD sich im Rahmen oder entgegen der Beschlüsse der Internationale verhielt, spielt de facto für die Handelnden selbst eine untergeordnete Rolle. Wenn die Parteimehrheit durch etwas festgelegt war, dann dadurch, dass sich ihr Vorstand bereits Ende Juli (noch guten Glaubens) in die angeblichen „Friedensbemühungen" der Regierung hatte einbinden lassen. So gelang auch zunächst die Einbindung des größten

Teils selbst der „radikalen" Linken, die erst allmählich zu ahnen begannen, dass sie vom Kanzler Bethmann-Hollweg „eingeseift" worden waren. Selbst Liebknecht argumentierte zunächst nicht mit dem Argument der „Kriegsschuldfrage". Wenn dennoch auch heute noch vielfach vom „Verrat" des 4. August 1914 die Rede ist, dann wird immer wieder der heutige Kenntnisstand für den zeitgenössischen gehalten.

Allerdings gab es für die vormalige Minderheit der Parteirechten um Eduard David ein anderes, nicht ursächlich mit der Kriegskreditbewilligung zusammenhängendes Moment, das sie trotz der Fragwürdigkeit der deutschen Kriegspolitik an ihrem Kurs festhalten ließ. Es war ihr Durchbruch zu einer Öffnung in Richtung auf eine Koalitionspolitik mit bürgerlichen Parteien, für die sie zuvor keine Mehrheiten fand. Der Erhalt dieser Lage im „Burgfrieden" hatte für sie Priorität, und dem opferten sie alle anderen Grundsätze. So wurde die in der Fraktion geforderte Verurteilung von Annexionen abgelehnt, wurden koloniale Territorial„gewinne" befürwortet, Forderungen nach einem baldigen Frieden zurückgewiesen, Vermittlungsbemühungen der Neutralen niedergestimmt. Edmund Fischer zum Beispiel war schon am 4. August der Meinung, dass dies ein deutscher „Präventivkrieg" war und bekundete in der Fraktionssitzung Ende 1915, dass er schon damals der Ansicht gewesen sei, dass Österreich und Deutschland den Krieg verschuldet hätten. Aus voller Überzeugung stimmte er für die Kriegskredite! Auch Philipp Scheidemann verkündete zum Jahreswechsel 1915/16 nur die Parole „Sieg oder Niederlage". Für die Rechte um David stand im Übrigen fest, dass eine Rückkehr zu den innerparteilichen Kräfteverhältnissen der Vorkriegssozialdemokratie nicht in Frage käme.

Für die Revolutionsperiode sind Dittmanns Memoiren – drittens – deswegen sehr aufschlussreich, weil er noch stärker als in der Phase zuvor an vorderster Stelle agiert. Was wir hier erfahren, ist nicht allzu neu, gleichwohl nicht uninteressant. Gerade diesen Teil aber nun – wie in der ZEIT geschehen – durch den Titel „Die verratene Revolution" – reißerisch zu dem mit dem höchsten Neuigkeitswert zu stilisieren, geht am Gehalt des Textes vorbei. Dadurch, dass wir dies so beurteilen, wird das „Bündnis Ebert-Groener", wird Noskes „Bluthund-Rolle" nicht akzeptabler und keineswegs verharmlost. Aber die Kategorie des „Verrats" erklärt fast nichts, was sie so marktschreierisch anzuklagen sucht. Dittmann selbst ist da vorsichtiger, spricht zutreffend vom mangelnden revolutionären Bewusstsein und Willen von Ebert und Genossen, dem allgemein empfundenen Versagen der Sozialdemokratie, die Revolution zu mehr zu nutzen, als zur Stabilisierung der eigenen Regierung und im Gefolge großer Teile des alten Machtgefüges.

„Verrat" hieße entweder, dass man eigene Ziele verraten hätte. Dittmann wie Rojahn zeigen uns, dass Ebert, Scheidemann, David oder Wels ihre Ziele einer langsamen, nicht-revolutionären Umgestaltung der bestehenden Verhältnisse im Rahmen eines parlamentarischen Systems und in Koalition mit dem fortschrittlichen Teil des Bürgertums hatten und diesen Weg von der radikalen Linken bedroht sahen. Die Linke, in der USPD und im Spartakusbund, sah die Gefahr dagegen – wohl mit Recht – primär von rechts kommen und drängte auf eine Entmilitarisierung und Entmachtung der alten Eliten.

Oder Verrat hieße, die Ziele anderer, d.h. der „revolutionären Massen" zu verraten. Die Massen aber waren kriegsmüde und stützten deshalb und sicher auch aus Tradition in den Räten zunächst ganz überwiegend die MSPD. Hat sich die Revolution damit selbst verraten? Und welches ist überhaupt die politische Kraft, den Inhalt der Revolution zu definieren?

Die von den Spartakisten favorisierte Parole vom „Sowjetdeutschland" bzw. der selbst von Rosa Luxemburg kritisch beurteilte und dilettantisch vorbereitete Aufstandsversuch im Januar 1919 sollten heute Anlass sein, eine gewisse „Romantik der Revolution" kritisch zu hinterfrage, ohne damit gleich zum Apologeten der Politik Eberts oder Noskes werden zu müssen. Mehr denn je (nach den Erfahrungen des gescheiterten „Staatssozialismus") ist stattdessen die zutreffende fragende Beobachtung von Arthur Rosenberg in den Mittelpunkt des kritischen Rückblicks zu stellen, warum keine der drei sozialistischen Parteien über eine konsistente wirtschaftspolitische Strategie der Umgestaltung verfügte.

Seine letzte große politische Rolle spielte Wilhelm Dittmann in den Auseinandersetzungen um die Fragen der internationalen und nationalen

Vereinigungen. 1920 war er gegen die Unterwerfung unter das Leninsche Diktat der 21 Aufnahmebedingungen zur Komintern, 1922 betrieb er selbst die Wiedervereinigung mit der MSPD, wobei ihm allerdings immer noch eine große, geeinte Arbeiterpartei unter Einschluss der Kommunisten vorschwebte. Die Folgejahre zeigten ihm, dass dies eine Illusion blieb. Sein Reisebericht über die Delegationsreise nach Moskau und die innerparteilichen Debatten sind der vierte bedeutsame Teil dieser Memoiren. Bedauerlich ist, dass dem Bearbeiter offensichtlich die Luft ausgegangen ist, nimmt doch der Einleitungsteil hierzu gerade einmal eine gute halbe Seite von fast 300 Seiten ein. Dittmann selbst hatte diesem Teil – zu Recht – eine völlig andere, herausragende Bedeutung beigemessen. Immerhin ist dies die Phase, in der sich die endgültige „Spaltungslinie" in der deutschen Arbeiterbewegung herausbildet.

Eine letzte spannende Frage ist zu klären: Warum erscheinen diese Memoiren erst jetzt? Alleine der Weg dieses Manuskripts wäre eine vermutlich aufschlussreiche Untersuchung wert. Rojahn teilt nur mit, dass der SPD-Parteivorstand eine Publikation ablehnte. Nun sind Parteivorstände nicht vorrangig für Publikationen da, schon gar nicht, wenn sie 4.000 handschriftliche Manuskriptseiten umfassen. Aber interessant wäre es schon, ob sich der naheliegende Verdacht erhärten lässt, man habe nicht zu einem MSPD-kritischen Bild beitragen wollen, womit man sich unseres Erachtens einen schlechten Dienst erwiesen hätte. Auch Ludwig Bergsträssers für die „Kommission für die Geschichte des Parlamentarismus und der Politischen Parteien" abgegebene Ablehnungsbegründung, es sei gefährlich, Legenden zu zerstören, klingt eher suspekt und würfe – sollte sie den einzigen Grund abgeben – ein merkwürdiges Bild auf die Auswahlpraxis für Editionen. Völlig ins Dunkle getaucht bleibt jedoch – trotz mancher Hinweise Rojahns – die Frage, warum die seit 1955 vorliegende Zusage des IISG zur Edition erst 1995, also nach sage und schreibe exakt 40 Jahren in die Tat umgesetzt, die Bearbeitung des Manuskripts an mehreren deutschen Lehrstühlen immer wieder verzögert wurde.

Der unbekannte Paul Levi?

Vor Jahresfrist wurde in *Utopie kreativ* Paul Levi wiederentdeckt. Jörn Schütrumpf unternahm den sympathischen Versuch, Unabgegoltenes in dessen Politikverständnis für das politische Wirken der PDS fruchtbar zu machen.[1] An anderer Stelle unternimmt Heinz Niemann – allerdings trotz wohlwollender Würdigung des Textes von Schütrumpf mit eher entgegengesetzten Intentionen – einen ähnlichen Anlauf.[2] Nun steht es einem Sozialdemokraten mit Sicherheit nicht an, einer anderen Partei Vorschriften darüber machen zu wollen, auf welche politische Denker sie sich bezieht und welche Lehren sie daraus ziehen will. Erlaubt sollte allerdings schon sein, auf eine Reihe von auffälligen Defiziten aufmerksam zu machen, die sich bei der Lektüre beider Texte einstellen.

Schütrumpf stellt an den Ausgangspunkt seiner Überlegungen die These, dass gegen Lenins „Rat", man solle alles vermeiden, was für diesen Levi „unnötigerweise Reklame" mache, bis zum heutigen Tage auffallend selten verstoßen werde, nicht nur von den Kommunisten – hier ist wohl ein Teil der PDS und die DDR-Geschichtsschreibung gemeint –, sondern von den Deutschen überhaupt. Er listet dann zwar eine Reihe von Arbeiten auf, die – insbesondere in den achtziger Jahren – in der Bundesrepublik zu Levi erschienen sind. Sein Fazit bleibt aber: Die deutsche Linke sei letztlich Lenins Verdikt gefolgt.[3]

Ähnlich in dieser Hinsicht Niemann: Er konstatiert zunächst die apologetische Behandlung durch die DDR-Geschichtsschreibung als „Renegat" und „Verräter" (die seltsam abstrakt bleibt, schließlich hatte Niemann seinen Anteil daran). Für Levi spreche aber, dass sich die west-

---

1 Schütrumpf, Jörn, Unabgegoltenes. Politikverständnis bei Paul Levi, in: Utopie kreativ H. 150, April 2003, S. 330 ff.

2 Niemann, Heinz, Paul Levi in unserer Zeit, in: GeschichtsKorrespondenz. Mitteilungsblatt des Marxistischen Arbeitskreises zur Geschichte der deutschen Arbeiterbewegung bei der PDS, 10 (2004), Nr. 1, S. 17 ff.

3 Schütrumpf 2003, S. 331. Bei seinem Text fällt zudem auf, dass er sich – was die Schriften Levis betrifft – fast ausschließlich auf die entsprechende bundesrepublikanische Sammelpublikation bezieht; zu Lenins Diktum bereits kritisch Uli Schöler, Lenin – Luxemburg. Alles was links ist fängt mit L an, in: Die Neue Gesellschaft/Frankfurter Hefte 47 (2000), H. 1–2, S. 37.

deutsche Geschichtsschreibung – aus anderen Gründen als die der DDR – mit ihm schwer getan habe; die SPD habe ihn möglichst völlig totgeschwiegen.[4] Niemanns bis heute überdauernde eigene apologetische Haltung erfährt insofern nur eine Akzentverschiebung. Früher galt es, mit Lenin den „Renegaten" Levi zu brandmarken, heute ist es der „Marxist" Levi, der gegen *die SPD*, die es so nie gegeben hat (sie bestand immer aus Strömungen und Flügeln) verteidigt werden muss. Dass Levi bis auf gut drei Jahre seines Lebens *Sozialdemokrat* war, bleibt damit auf seltsame Weise ausgeblendet.[5]

Freundlich ausgedrückt lässt sich an beiden Texten zunächst einmal nur ablesen, dass es – in diesen wie in anderen Fällen – Autoren und Wissenschaftlern aus der ehemaligen DDR bis heute an einer genaueren Kenntnis der historischen wie politikwissenschaftlichen Li-

---

4   Niemann 2004, S. 18. Wie der Autor zu der (Selbst-)Einschätzung kommen kann, erst in der – von ihm 1982 herausgegebenen – „Geschichte der deutschen Sozialdemokratie" (vgl. Autorenkollektiv unter Leitung von Heinz Niemann, Geschichte der deutschen Sozialdemokratie 1917 bis 1945, Berlin 1982 [hier zit. nach der Ausgabe Frankfurt 1982]) sei man Levi besser gerecht geworden als in der parteioffiziellen achtbändigen Geschichte der Arbeiterbewegung von 1966, wird wohl sein Geheimnis bleiben. Wörtlich genommen könnte es ja heißen, 1966 sei man ihm bereits gut gerecht, und dann 1982 eben besser gerecht geworden, aber das scheint er nicht zu meinen. Ernsthaft: Wer in diesen Band schaut, wird sich schnell davon überzeugen können, dass hier die gängige marxistisch-leninistische Parteigeschichtsschreibung präsentiert wird, in der die Sozialdemokratie generell unter dem Begriff des Opportunismus abgehandelt wird (vgl. nur den Abschnitt „Die neuen Wirkungsbedingungen des Opportunismus nach der Großen Sozialistischen Oktoberrevolution" (S. 66 ff.). Der Spaltungsprozess der USPD und Levis Kritik daran werden schlichtweg ausgeblendet, auch seine Herausgabe von Rosa Luxemburgs Broschüre „Die russische Revolution" Ende 1921. Levis Rolle wird nur dann gewürdigt, wenn er als kritischer Kronzeuge gegen die Politik der SPD-Führung brauchbar erscheint. Seine Kritik an der Putschtaktik der KPD im März 1921 findet keinerlei Erwähnung, vielmehr lautet die Einschätzung dazu so: „Die rechten sozialdemokratischen Führer hatten sich in der Märzprovokation als Handlanger zur Durchsetzung der Politik des Monopolkapitals erwiesen. Ihr Ziel, die VKPD zu zerschlagen, erreichte die Konterrevolution jedoch nicht." (S. 97) Derselbe Niemann urteilt dann 2004 so über die „putschistische Offensivtheorie" (Niemann 2004, S. 21): „Erst die Auseinandersetzung um die Märzaktion 1921 führt dann zum Bruch [mit der KPD], bei der Levi seine Position auf strikt marxistischer Basis [Hervorhebung von mir, U.S.] und mit den wichtigsten Einsichten Lenins begründete." (ebd., S. 19) Kommentar wohl überflüssig.

5   Argumentativ suggeriert Niemann entsprechend, dass Levi zeitlebens kommunistisch dachte: „Für ihn blieb gültig, dass nur der Kommunist ist, der den Anfang zum Ende führen will." (Niemann 2004, S. 24) Er bezieht sich hier auf den Levi des Jahres 1924! Diese neuerlichen postkommunistischen Vereinnahmungsversuche korrespondieren auf eigentümliche Weise mit früheren sozialdemokratischen Ausgrenzungsversuchen. Da hieß es – ich komme darauf noch zurück – während Otto Bauer immer als unbedingter demokratischer Sozialist argumentiert habe, habe es sich bei Paul Levi um einen immerfort kommunistisch argumentierenden Theoretiker gehandelt; vgl. Storm, Gerd/Walter, Franz, Weimarer Linkssozialismus und Austromarxismus. Historische Vorbilder für einen „Dritten Weg" zum Sozialismus?, Berlin 1984, S. 6.

teratur der alten Bundesrepublik (und ebenso der angelsächsischen Literatur) mangelt. Dies beginnt bereits mit so eigenartigen Wertungen wie der, Sibylle Quack habe eine „eigenständige Levi-Forschung" begründet, die allerdings wenig Fortsetzung gefunden habe.[6] Davon kann keine Rede sein. Was beide Autoren dagegen übersehen, ist die Tatsache, dass die Auseinandersetzung mit der Person und den Positionen Levis (über die wenigen von ihnen rezipierten Arbeiten hinaus) in eine Vielzahl von Arbeiten Eingang gefunden hat[7], die sich mit der zeitgenössischen Geschichte der KPD[8], der von Levi gegründeten Kommunistischen Arbeitsgemeinschaft (KAG)[9] wie der USPD[10], der

6 Ebd., Quacks Arbeit gibt zwar einen guten Überblick über Levis Lebensweg und kann Genaueres über sein Verhältnis zu Rosa Luxemburg darlegen (aufgrund des spektakulären Fundes eines Briefkonvoluts auch erstmalig über ihre Liebesbeziehung). Allerdings werden die politiktheoretischen Beiträge Levis nur kursorisch beleuchtet; vgl. Quack, Sybille, Geistig frei und niemandes Knecht. Paul Levi – Rosa Luxemburg. Politische Arbeit und persönliche Beziehung. Mit 50 unveröffentlichten Briefen, Köln 1983. Von einer durch sie begründeten „Schule" kann nicht die Rede sein. Neben der zitierten Arbeit liegen von ihr nur noch zwei – bei Schütrumpf zitierte – bibliographische Beiträge zu Levi vor. Der an derselben Stelle – ebenfalls in der IWK erschienene – Aufsatz von Ludewig datiert sogar zwei Jahre vor dem Erscheinen von Quacks Monographie! Aus demselben Jahr wie Quacks Arbeit stammt ein weiterer Text über Levi, den beide Autoren übersehen haben: Gransow, Volker/ Krätke, Michael, Paul Levi oder das Problem, Linkssozialist in der Sozialdemokratie zu sein, in: SPW 6(1983), H. 18, S. 101 ff.; vgl. ferner dies., Vom „Koalitionspopo", von unsozialistischen Praktikern und unpraktischen Sozialisten. Paul Levi oder Dilemmata von Linkssozialisten in der Sozialdemokratie, in: Richard Saage (Hrsg.), Solidargemeinschaft und Klassenkampf. Politische Konzeptionen der Sozialdemokratie zwischen den Weltkriegen, Frankfurt 1986, S. 134 ff.
7 Beiden Autoren entgeht auch eine wichtige „ostdeutsche" Publikation, die einen Text wie einen biographischen Beitrag über Levi enthält: Franzke, Michael/Rempe, Uwe (Hrsg.), Linkssozialismus. Texte zur Theorie und Praxis zwischen Stalinismus und Sozialreformismus, Leipzig 1998.
8 Vgl. u.a. Angress, Werner T., Die Kampfzeit der KPD 1921–1923, Düsseldorf 1973; Flechtheim, Ossip K., Die KPD in der Weimarer Republik, Frankfurt 1969; Hemje-Oltmanns, Dirk, Arbeiterbewegung und Einheitsfront. Zur Diskussion der Einheitsfronttaktik in der KPD 1920/21, Westberlin 1973; Koch-Baumgarten, Sigrid, Aufstand der Avantgarde. Die Märzaktion der KPD 1921, Frankfurt/New York 1986; Krumbein, Wolfgang, Arbeiterregierung und Einheitsfront. Eine kritische Aktualisierung der Arbeiterregierungskonzeption und Einheitsfrontpolitik aus der Weimarer Republik, Göttingen 1977; Weber, Hermann, Demokratischer Kommunismus? Zur Theorie, Geschichte und Politik der kommunistischen Bewegung, Hannover 1969; ders. Die Wandlung des deutschen Kommunismus. Die Stalinisierung der KPD in der Weimarer Republik, 2 Bde., Frankfurt 1969.
9 Vgl. hierzu insbesondere Fritz, Bernd-Dieter, Die Kommunistische Arbeitsgemeinschaft (KAG) im Vergleich mit der KPD und SAP, Bonn 1966 (Phil Diss.). Es ist kaum verständlich, dass diese zugleich einzige wie wegweisende Arbeit über die von Levi gegründete und geführte kommunistische Zwischengruppe bei Schütrumpf wie Niemann völlig unbeachtet bleibt.
10 Krause, Hartfrid, USPD. Zur Geschichte der Unabhängigen Sozialdemokratischen Partei Deutschlands, Frankfurt/Köln 1975; ders., Kontinuität und Wandel. Zur Geschichte der Unabhängigen Sozialdemokratischen Partei Deutschlands, Glashütten i.T. 1976; Morgan, David W., The Socialist Left and the German Revolution, Ithaca/London 1975; Morill, Dan Lincoln, The Independant Social Democratic Party of Germany and the Communist International, March 1919 – October 1920, Diss., Emory University 1966; Wheeler, Robert F. USPD und Internationale. Sozialistischer

SPD[11], insbesondere ihres linken Flügels[12] und seiner Publikationen[13] sowie – in den neunziger Jahren – dem Verhältnis von jüdischen Intellektuellen in der Arbeiterbewegung[14] vor und in der Weimarer Republik befassen.[15] Fast überflüssig zu erwähnen, dass ein Großteil dieser Arbeiten im wissenschaftlichen Umfeld der Sozialdemokratie entstanden sind und im wesentlichen auch nur dort rezipiert und debattiert wurden.

Beiden ist auch nicht bekannt, dass sich die auch heute noch existierende linkssozialdemokratische Zeitschrift *SPW* ihren Namen in

Internationalismus in der Zeit der Revolution, Frankfurt/Berlin/Wien 1975 [1975a]; ders., Die „21 Bedingungen" und die Spaltung der USPD im Herbst 1920. Zur Meinungsbildung der Basis, in: Vierteljahreshefte für Zeitgeschichte 23 (1975), H. 2, S. 117 ff. [1975b].

11 Vgl. u.a. Fischer, Benno, Theoriediskussion der SPD in der Weimarer Republik, Frankfurt/Bern/New York 1987; Grebing, Helga, Die linken Intellektuellen und die gespaltene Arbeiterbewegung in der Weimarer Republik. Ein Überblick, in: Ulrich von Alemann u.a. (Hrsg.), Intellektuelle und Sozialdemokratie, Opladen 2000, S. 78 ff.; Hunt, Richard N., German Social Democracy 1918–1933, Chicago 1970; Kastning, Alfred, Die deutsche Sozialdemokratie zwischen Koalition und Opposition 1919–1923, Paderborn 1970; Könke, Günter, Organisierter Kapitalismus, Sozialdemokratie und Staat. Eine Studie zur Ideologie der sozialdemokratischen Arbeiterbewegung in der Weimarer Republik (1924–1932), Stuttgart 1987; Saage, Richard (Hrsg.), Solidargemeinschaft und Klassenkampf. Politische Konzeptionen der Sozialdemokratie zwischen den Weltkriegen, Frankfurt 1986; ders., Rückkehr; Leuschen-Seppel, Rosemarie, Zwischen Staatsverantwortung und Klasseninteresse. Die Wirtschafts- und Finanzpolitik der SPD zur Zeit der Weimarer Republik unter besonderer Berücksichtigung der Mittelphase 1924–1928/29, Bonn 1981; Rudolph, Karsten, Die sächsische Sozialdemokratie vom Kaiserreich zur Republik 1871–1923, Weimar/Köln/Wien 1995; Saage, Richard, „Gleichgewicht der Klassenkräfte" und Koalitionsfrage als Problem sozialdemokratischer Politik in Deutschland und Österreich zwischen den Weltkriegen, in: ders., Rückkehr zum starken Staat? Studien über Konservatismus, Faschismus und Demokratie, Frankfurt 1983, S. 107 ff.

12 Vgl. insbes. Jones, Arneta Ament, The Left Opposition in the German Social Democratic Party 1922–1933, Phil. Diss., Emory University 1968; Klenke, Dietmar, Die SPD-Linke in der Weimarer Republik. Eine Untersuchung zu den regionalen organisatorischen Grundlagen und zur politischen Praxis und Theoriebildung des linken Flügels der SPD in den Jahren 1922–1932, 2 Bde., Münster 1983; Wolowicz, Ernst, Linksopposition in der SPD von der Vereinigung mit der USPD 1922 bis zur Abspaltung der SAP 1931, 2 Bde., Bonn 1983; Heinemann, Ulrich, Linksopposition und Spaltungstendenzen in der sozialdemokratischen Arbeiterbewegung, in: Wolfgang Luthardt (Hrsg.), Sozialdemokratische Arbeiterbewegung und Weimarer Republik. Materialien zur gesellschaftlichen Entwicklung 1927–1933, Bd. 2, Frankfurt 1978, S. 118 ff.; Jungsozialisten in der SPD Landesverband Bremen (Hrsg.), Aus der Geschichte lernen: Der Kampf gegen die „Nachrüstung" in der Weimarer Republik, Bremen 1983 [mit Auszügen aus Texten und Reden Levis].

13 Rengstorf, Ernst-Victor, Links-Opposition in der Weimarer SPD. Die „Klassenkampf-Gruppe", Hannover 1978.

14 Keßler, Mario, Antisemitismus, Zionismus und Sozialismus. Arbeiterbewegung und jüdische Frage im 20. Jahrhundert, Mainz 1993; Traverso, Enzo, Die Marxisten und die jüdische Frage. Geschichte einer Debatte (1843–1943), Mainz 1995.

15 Auch die Arbeit von Weißbecker fußt auf einer recht engen Quellenlage. Allerdings zeichnet sie sich durch ein hohes Maß an kritischer und selbstkritischer Differenziertheit aus; vgl. Weißbecker, Manfred, Paul Levi – Biographische und andere Gedanken zu seinem Weg in und zwischen den Parteien der deutschen Arbeiterbewegung, Jena 1993.

Anlehnung an das historische Vorbild von Levis zeitgenössischer Korrespondenz gegeben hatte[16], was im übrigen – im Zusammenhang mit einer Ende der siebziger Jahre in der sozialdemokratischen Linken einsetzenden Neurezeption des historischen „Austromarxismus"[17] – zu einer heftigen Auseinandersetzung über den möglichen Vorbildcharakter von Levis Positionen für linke Sozialdemokraten innerhalb der verschiedenen Strömungen und Zeitschriften der Jungsozialisten führte.[18]

Schließlich, und das ist aus meiner Sicht – hoffentlich verständlicherweise – besonders bedauerlich, ignorieren beide Autoren vollständig alle die Arbeiten, die sich mit der zeitgenössischen Perzeption der sowjetrussischen Entwicklung in der Arbeiterbewegung auseinandersetzen, in denen die Positionen Levis breit und kritisch diskutiert werden.[19] Daraus resultieren im übrigen eine Reihe von Fehlurteilen, die sich auf Levis Positionsbestimmungen im Zusammenhang mit der sowjetrussischen

16 Vgl. Wolf, Klaus-Peter, Editorial, in: SPW 1(1978), H. 1, S. 3. Dort wird darauf verwiesen, dass diese Neugründung – sicherlich zufällig – genau 50 Jahre nach der Vereinigung von Levis SPW mit der von Kurt Rosenfeld und Max Seydewitz geprägten Publikation „Der Klassenkampf" im September 1928 erfolgte. Das Editorial folgerte daraus: „Die Linke kann nur offensiv gemeinsam handeln und somit an gesellschaftlicher Bedeutung gewinnen, wenn es gelingt, unterschiedliche Standpunkte schrittweise zu vereinheitlichen. Marxisten arbeiten auch deshalb in der Sozialdemokratischen Partei Deutschlands, weil sie meinen, daß die Überwindung der Zersplitterung und Bedeutungslosigkeit der Linkskräfte von der sozialdemokratischen Linken ... eingeleitet werden muß." (Ebd.).
17 Vgl. u.a. Albers, Detlev u.a. (Hrsg.), Otto Bauer – Theorie und Politik, Berlin 1985; ders. u.a. (Hrsg.), Otto Bauer und der „dritte" Weg. Die Wiederentdeckung des Austromarxismus durch Linkssozialisten und Eurokommunisten, Frankfurt/New York 1979; Butterwegge, Christoph, Zur Kritik des Austromarxismus und seiner „Wiederentdeckung" in der Gegenwart; in: ders., Marxismus. SPD. Staat, Frankfurt 1981; Fröschl, Erich/Zoitl, Helge (Hrsg.), Otto Bauer (1881–1938). Theorie und Praxis, Wien 1985; Schöler, Uli, „Otto Bauer – nein danke?" Austromarxismusdiskussion und historische Bezüge für eine Standortbestimmung marxistischer Sozialdemokraten, Berlin-West/Bremen 1984; ders., Otto Bauer und Sowjetrußland, Berlin (West) 1987.
18 Vgl. Storm/Walter 1984; Scholing, Michael/Storm, Gerd/Walter, Franz, Otto Bauer und die Chancen einer marxistischen Realpolitik in der Weimarer Republik, in: Juso-Hochschulgruppen (Hrsg.), Sozialdemokratischer Marxismus, Arbeitshefte zur sozialistischen Theorie und Praxis, Nr. 64, August 1985, S. 11 ff.; Scholing, Michael, Arme spw – armer Otto Bauer, in: Sozialist 10 (1985), H. 1, S. 20 ff.; Schöler, Uli, Vom schwierigen Umgang mit der Geschichte. Uli Schöler antwortet Michael Scholing, in: ebd., H. 3, S. 28 ff. (Teil 1); H. 4, S. 16 ff. (Teil 2); Lehnert, Detlef, Otto Bauer. Ein linkssozialistischer Grenzgänger zwischen Reformsozialismus und Kommunismus?, in: ebd., S. 22 ff.
19 Vgl. insbes. Schöler, Uli, „Despotischer Sozialismus" oder „Staatssklaverei"? Die theoretische Verarbeitung der sowjetrussischen Entwicklung in der Sozialdemokratie Deutschlands und Österreichs (1917–1929), Hamburg/Münster 1990, 2 Bände; siehe aber auch Beyerstedt, Horst-Dieter, Marxistische Kritik an der Sowjetunion in der Stalinära (1924–1953), Frankfurt/Bern/New York 1986; Zarusky, Jürgen, Die deutschen Sozialdemokraten und das sowjetische Modell. Ideologische Auseinandersetzung und außenpolitische Konzeptionen 1917–1933, München 1992.

Entwicklung im einzelnen beziehen, was noch zu zeigen sein wird. Bei Schütrumpf erscheint er als hellsichtiger Visionär, der mit einer konsistenten Kritik die Fehlentwicklungen vorausgesehen und analysiert hat, ohne die Brüche und Schwachstellen in dessen Analyse und Argumentation zur Kenntnis zu nehmen. Für Niemann ist eine andere Feststellung wichtig, die wohl mehr über seine nostalgischen Beharrungswünsche, als über Levi aussagt: „Zum Feind der Sowjetunion hat er sich nicht machen lassen."[20] Die darin zum Ausdruck kommenden oberflächlichen bis Fehlurteile resultieren auch daraus, dass sich beide Levi auf einer ausgesprochen begrenzten Quellenbasis nähern. Schütrumpf zitiert nur aus ganz wenigen Texten. Niemann blendet alle diejenigen aus, die seinen ausgesprochen waghalsigen Urteilen allzu offensichtlich widersprechen.

Wenn Schütrumpf wiederum urteilt, Levis Vorwort zu Rosa Luxemburgs Schrift „Die russische Revolution" sei erstaunlicherweise bis zum heutigen Tage nicht rezipiert worden, dann spricht das nochmals auf dramatische Weise für seine Unkenntnis der einschlägigen Sekundärliteratur.[21] Mit dieser Unkenntnis geht verständlicherweise eine Reihe von Fehleinschätzungen einher, mit denen seine Darstellung das Werk Levis versieht. Dass er das genannte Vorwort, „dieses Stück Literatur … als eine Art Geburtsurkunde des demokratischen Sozialismus" bezeichnet[22], ist schon fast grotesk zu nennen.[23] Bereits die theoretischen Debatten der Vorkriegsperiode der deutschen und internationalen Sozialdemokratie berührten immer neu die Frage des Verhältnisses von Demokratie und Sozialismus, nicht nur, aber auch in den herausragenden Debatten über den Massenstreik bzw. die Bernsteinschen Revisionismusbestrebungen.

20 Niemann 2004, S. 17.
21 Schütrumpf 2003, S. 336. In der zuvor zitierten Arbeit gehe ich an den unterschiedlichsten Stellen gerade auf diesen Text ein. Da ich nicht nur Politikwissenschaftler, sondern selbst auch Jurist bin, liegen bei mir auch nicht die sprachlich-argumentativen Schranken vor, denen Schütrumpf die mangelnde Rezeption geschuldet glaubt. Selbstverständlich ist dieser Text auch in Arbeiten anderer Autoren herangezogen worden.
22 Ebd.
23 Diese Kritik teilt auch Niemann: „Natürlich ist sie das nicht." (Niemann 2004, S. 24) Ihm ist auch da zuzustimmen, wo er auf den Kontext mit der spezifischen zeitgenössischen sowjetrussischen Praxis und der Rolle der Bolschewiki verweist. Anders als Niemann halte ich diese Positionsbestimmungen allerdings schon für verallgemeinerungsfähig. Seine Intention geht hingegen dahin, Levi zum (sicherlich unbrauchbaren) Kronzeugen vermeintlich „marxistischer" Kritik an Visionen eines „demokratischen Sozialismus" im Parteiprogramm der PDS zu machen.

Spätestens aber mit dem Ausbruch der russischen Oktoberrevolution, den konkreten Maßnahmen der Machterringung und -erhaltung der Bolschewiki sowie dem Zusammenbruch der Habsburger- und Hohenzollernreiche entbrannte in der internationalen Arbeiterbewegung eine mehrere Jahre anhaltende intensive Auseinandersetzung über das Verhältnis von Demokratie und Diktatur. Alleine über den innersozialdemokratischen Diskussionsprozess in Deutschland und Österreich der Jahre 1918 bis 1921 (unter Einschluss der anregenden Beiträge der lange verfemten russischen Menschewiki) habe ich auf mehreren hundert Seiten berichtet.[24] Wenn man also nach „Geburtsurkunden" sucht, wird man sie hier finden: in den Beiträgen von Autoren wie Karl Kautsky oder Eduard Bernstein, Rudolf Hilferding oder Hermann Heller, Hugo Haase oder Otto Jenssen, Otto Bauer oder Max Adler, Julius Martow oder Theodeo Dan – um nur einige der wichtigsten Autoren und Akteure zu nennen.

Politisch gesehen mag es für die heutige PDS von Bedeutung sein, im Bereich der *kommunistischen* Dissidenten nach Vorbildern zu suchen, die ihr auf dem Weg zu einem *demokratischen* Sozialismus helfen. In dieser Hinsicht steht Paul Levi jedoch „auf den Schultern" von Rosa Luxemburgs Kritik an Lenins Parteitheorie der Jahre 1904/05 wie ihrer frühen Kritik an den Entartungserscheinungen der russischen Revolution, wie Schütrumpf in seinem Beitrag selbst zeigt. Zudem, auch darauf weist er implizit hin, ist Paul Levi weit weniger als andere durch die Vorlage theoretisch anspruchsvoller Programmschriften hervorgetreten. Er war – zeit seines Lebens – eher der situativ agierende Realpolitiker, der begnadete Redner, der seine Einschätzungen zudem stärker als andere durch seinen juristischen Hintergrund untermauerte. Es ist deshalb auch charakteristisch für ihn (und nicht Ausdruck irgendwelchen „Totschweigens"), dass nahezu keinerlei theoretisch bedeutsame Beiträge von ihm aus der Zeit vor 1921 bekannt sind. Wer sich hingegen *wissenschaftlich* mit der Frage beschäftigt, in welchen Debatten und theoretisch anspruchsvollen Beiträgen ein spezifisch *demokratisches* Sozialismusverständnis (in Auseinander-

24 Schöler 1990, Bd. 1, S. 252 ff.

setzung mit *autoritären bzw. despotischen*[25] Konzepten) entwickelt wurde, wird um die genannten anderen *sozialdemokratischen* Autoren und ihre Beiträge bei der Suche nach „Geburtsurkunden" nicht herum kommen.

Paul Levi und die russische Revolution

Als wesentliches Charakteristikum der Haltung des Spartakusbundes mit Blick auf die russische Revolution kann genannt werden (auch im Unterschied zu anderen Einschätzungen innerhalb der Sozialdemokratie, zu der die Gruppe ja bis zur Jahreswende 1918/19 noch gehörte), dass man sie im Kontext einer europäischen revolutionären Entwicklung begriff. Sie könne lediglich als Prolog der europäischen Revolution ihr Ziel erreichen. Diese Einschätzung bleibt ein Kontinuum auch in der Haltung Paul Levis. So schrieb er noch 1925, dass es den Bolschewiki zur Ehre gereiche, dass sie ihre Revolution auf die erwartete europäische als Voraussetzung der ihrigen eingerichtet hätten.[26] Levis zunächst gültige unbedingte Solidarität mit dem Weg der Bolschewiki drückte sich u.a. auch darin aus, dass er zu denjenigen gehörte, die Rosa Luxemburg von einer Veröffentlichung ihrer Schrift „Die russische Revolution" noch im Jahre 1918 abbrachte.[27]

Dies dürfte auch der Tatsache geschuldet gewesen sein, dass sich seine Haltung in einem wesentlichen Punkt von der Luxemburgs unterschied. Während sie eine stärker *sozialistisch* ausgerichtete Agrarpolitik einforderte, war für ihn klar: Wer den Gutsbesitzern das Land wegnahm und den Bauern gab, der hatte die breite Masse der Bauern auf seiner Seite.[28] Die Bolschewiki, so schrieb er, „... führten ihre Propaganda unter der Parole: das Land den Bauern und *führten die Landverteilung sogar durch*, obgleich doch *kein* Bolschewik nicht wußte, daß das Endziel des Kommunismus nicht Landverteilung in Privateigentum der Bauern, son-

---

25 Vgl. den Titel meiner entsprechenden Arbeit in Anlehnung an eine von Otto Bauer für den sowjetischen Weg entwickelten begrifflichen Formel: „Aber wenn das Sozialismus ist, so ist es doch ein Sozialismus besonderer Art, ein despotischer Sozialismus." (Bauer, Otto, Bolschewismus oder Sozialdemokratie?, Wien 1920, in: ders., Werkausgabe Bd. 2, Wien 1976, S. 291).
26 Levi, Paul, Einleitung zu: Trotzki, 1917 – Die Lehren der Revolution [1925], in: ders., Zwischen Spartakus und Sozialdemokratie. Schriften, Aufsätze, Reden und Briefe, Frankfurt 1969, S. 146.
27 Ders., Vorwort zu Rosa Luxemburg „Die russische Revolution" [1921b], in: ebd., S. 96.
28 Ders., Unser Weg. Wider den Putschismus [1921a], in: ebd., S. 51.

dern ungefähr das Gegenteil ist. Sie taten das und mußten das tun. War das ein Aufgeben des Marxismus? Mitnichten."[29]

Ich habe mich an anderer Stelle ausführlicher mit Levis Einschätzung und ihren zunehmenden Akzentverschiebungen auseinander gesetzt.[30] Hier sei zunächst – zusammenfassend – nur so viel gesagt: In dieser frühen Phase des Jahres 1921 setzte Levi (durchaus realistischer als Rosa Luxemburg) auf eine sinnvolle und langfristig angelegte Bündnisstrategie der Bolschewiki, auf eine gemeinsame Perspektive von Arbeiter- und Bauernschaft. Ende 1921 fällt seine Einschätzung schon deutlich skeptischer aus: In der Zwischenzeit habe sich der von Rosa Luxemburg prognostizierte Gegensatz zwischen Industrieproletariern und Landbesitzern unendlich vertieft. Geblieben sei nur der Wille zum Besitz auf der einen und zum Sozialismus auf der anderen Seite.[31]

Wandlungen in Levis Russlandbild

Der allmähliche Wandel von Levis Blick auf die Sowjetunion hängt unmittelbar mit den im Rahmen der Neuen Ökonomischen Politik ergriffenen Maßnahmen zusammen. Zunächst zeigt er noch großes Verständnis. Die bolschewistische Regierung habe so Schritte getan, die notwendig gewesen seien, um ihren eigenen Zusammenbruch zu verhindern, und zwar nach einer wahrhaft heroischen Ausschöpfung aller Mittel. Seine Einschätzung schwankt nun (Mitte 1921) zwischen dem Verständnis für unvermeidliche Schritte und der Furcht vor einer schnellen Restauration des Kapitalismus hin und her.[32] Aber er warnt zugleich vor der Illusion, zu glauben, das Emporkommen eines sowjetstaatlich reglementierten und patentierten Kapitalismus beeinträchtige nicht das Wesen des Sowjetstaates. Deshalb sei diese Politik der Konzessionen letztlich doch verhängnisvoll und bedeute den Anfang vom Ende der Herrschaft der russischen Kommunisten.[33]

---

29 Ebd., S. 53.
30 Schöler 1990, Bd. 1, S. 239 ff.
31 Levi, Paul, Einleitung zu Rosa Luxemburg „Die russische Revolution" [1921c], in: Levi 1969, S. 106 f.
32 Ders., Von den Konzessionen, in: Unser Weg (Sowjet), H. 6, 15. Juli 1921, S. 167 ff.
33 Ebd., S. 171.

Allerdings hatte Levi selbst den Bolschewiki auch wenig Alternatives an Vorschlägen für eine andere Politik anzubieten. Was ihnen übrig bleibe, und dieser Vorschlag war dürftig genug, sei der Weg des Appells an die Kräfte der ganzen proletarischen Klasse, wofür diese die freieste Betätigung brauche, um das Errungene mit Aufopferung und Hingabe zu verteidigen.[34] Besonders praktische Vorschläge für das von einer ökonomischen und politischen Krise geschüttelte Land waren das nicht. Levi sah aber durch die NEP schwerste Folgen für die Arbeiterbewegung Europas heraufziehen, weshalb man alles tun müsse um die Selbständigkeit der Kritik an den russischen Vorgängen zu fördern – womit er u.a. die Herausgabe von Luxemburgs Gefängnisschrift begründete.[35]

Jetzt, im Sommer 1921, setzte er und mit ihm die KAG auf die Arbeiteropposition innerhalb der russischen KP[36], später auf die Linksopposition. Mit dem Kronstädter Aufstand im März 1921– den er nur als den äußeren Ausdruck, als das Symbol dafür begriff – hatte für ihn die russische Revolution ihren Thermidor erreicht, aus der russischen Revolution wurde die russische Reaktion.[37] 1918 seien die Bolschewiki mit sozialistischen Zielsetzungen angetreten, 1921 hätten sie nur noch kapitalistische.[38] Wie sehr er nun die russische Revolution und die sie tragende Partei abgeschrieben hatte, soll folgendes Zitat veranschaulichen:

„... das *schwerste Gewicht* [Hervorhebung von mir, U.S.], das heute auf dem Sozialismus lastet, heißt Rußland, und wenn Kritik an Rußland vermag, die schwere Lage des Sozialismus zu erleichtern, so gestehen wir: uns ist das Schicksal des sozialistischen Gedankens, des dauernden Interesses der Arbeiterklasse wertvoller als der verblassende Ruhm selbst der glänzendsten und ruhmvollsten Episode der proletarischen Geschichte – aber eben einer Episode."[39]

---

34 Ebd., S. 171 f.
35 Ders. 1921b, S. 97.
36 Ders., Wie weiter in Rußland?, in: Sowjet H. 4, 15. Juli 1921, S. 118 [1921d].
37 Ders., Ihre Gefängnisse, in: Unser Weg (Sowjet) H. 10, 25. Mai 1922, S. 226.
38 Ders. 1921c, S. 99 f.
39 Ders., Einiges über die russische Außenpolitik, in: Unser Weg (Sowjet) H. 6, 1. April 1922, S. 126.

Levi blieb natürlich nicht verborgen, dass die Perspektiven der russischen Revolution eng mit dem Verhältnis von Arbeitern und Bauern verknüpft blieben. Die Hungersnot des Jahres 1921 lasse, so Levi im Mai 1922, die Bauern zu Millionen verhungern.[40] Zugleich, so nun sein Befund, seien in Russland nun Bauern und Arbeiter endgültig zu antagonistischen Klassen geworden. Die Bauernschaft sei nunmehr einheitlich, geschlossen, unerschütterlich antisozialistisch und konterrevolutionär. Die Bolschewiki hätten aber zugleich ihre soziale Basis bei den Arbeitern verloren, wie die Ereignisse des Kronstädter Aufstandes bewiesen hätten. Die Konzessionen an die Bauern im Rahmen der NEP zeigten, dass sich die Bolschewiki für die stärkeren Bataillone, die Bauern, entschieden hätten. Deshalb könne man auch nicht mehr von einer Diktatur des Proletariats sprechen. Vielmehr verberge sich hinter dem Vorhang der Sowjetherrschaft die Diktatur einer kleinkapitalistischen Bauernklasse.[41] Er sieht die Bolschewiki mit großem Eifer bei der Arbeit, bewusst und absichtlich die kapitalistische Basis der Wirtschaft auszubauen, bei gleichzeitigem Festhalten an der Staatsgewalt, und zwar mit allen Mitteln, um die kapitalistische Wirtschaft und ihre Formen zu beeinflussen. Damit würden sie das Proletariat notwendigerweise in eine Oppositionsstellung zwingen.[42]

1927 hatte er seine Position endgültig der ursprünglichen von Rosa Luxemburg angepasst: Hatte ihm die Agrarpolitik der Bolschewiki zunächst noch als *marxistisch* gegolten, so bezeichnete er sie nun als ihren ersten grundlegenden Irrtum. Damit hätten sie selbst die Ursache für die Schärfe des nun existierenden Gegensatzes zwischen Proletariat und Bauernschaft geschaffen. Diese Einschätzung erscheint mir durchaus fragwürdig, weil er die Konsequenzen der Alternative nicht ernsthaft diskutiert. Hätten die Bolschewiki von Anfang an auf eine „sozialistische" Lösung der Agrarverhältnisse gesetzt, wären sie mit großer Wahr-

---

40 Levi, Paul, Genua, in: Unser Weg (Sowjet), H. 9, 6. Mai 1922, S. 206.
41 Ders., 1921c, S. 108, 125
42 Ders., „Der Sieg", in: Unser Weg (Sowjet) H. 17, 29. September 1922, S. 353; ders., Opposition, in: Unser Weg (Sowjet) H. 20/1922, in: ders. 1969, S. 184 f.; ders., Taktische Fragen, in: Unser Weg (Sowjet), H. 1/2, 15. Januar 1922, S. 25.

scheinlichkeit ziemlich schnell politisch am Ende gewesen. Bedeutsamer erscheint mir deshalb nur Levis Hinweis auf den zweiten grundsätzlichen Fehler zu sein: „War die Landüberlassung theoretisch ein Fehler, praktisch aber unvermeidlich, so mußte die Partei in ihrer Zielsetzung das bekennen. Statt das zu tun, machte sie aus ihrem Fehler eine Theorie: die Theorie von der Interessensolidarität zwischen Arbeiter und Bauern."[43] Levi verwies damit – im übrigen nicht zum ersten Mal – auf einen wesentlichen Grundzug der theoretischen Dogmatisierungstendenzen bei Lenin und im zeitgenössischen Bolschewismus, der sich verheerend in der internationalen Arbeiterbewegung auswirkte.

„das Leidvollste, das die proletarische Geschichte kennt"

Levis Einschätzung der russischen Revolution selbst erfährt im Laufe der Zeit auch rückblickend eine wichtige Veränderung. 1924 stellt er erstmals – zwar nicht ihre Legitimation, aber doch – ihre Erfolgsfähigkeit infrage: „Wahr ist *vielleicht* auch …, daß der geschichtliche Moment für eine Machtergreifung in Rußland noch nicht gekommen gewesen sei und daß viele Methoden falsch waren. Aber niemand hat je bestritten, daß auch im März 1871 in Frankreich nicht der Zeitpunkt für eine Machtergreifung des Proletariats gekommen war …"[44] Levi bewegte sich damit im Rahmen eines Argumentationsmusters, wie es Karl Kautsky seit den ersten Monaten nach der Revolution verfochten hatte, und für das er von der Linken in der Sozialdemokratie wie in der KPD heftig angefeindet worden war.

Das Ergebnis – so resümierte er Ende der zwanziger Jahre – sei eine geradezu „schmähliche russische Wirtschaft".[45] Die Sowjetmacht sei im Innern antiproletarisch und arbeiterfeindlich geworden, ihr Ziel sei kein sozialistisches mehr. Der Grund: Die Bolschewiki hätten die Gegenrevo-

---

43 Ders., Zurück vom Leninismus, in: SPW vom 8. Juli 1927 [1927a], in: ders. 1969, S. 148. Problematisch erscheint mir allerdings hier die Entgegensetzung von theoretisch falsch und praktisch unvermeidlich zu sein, die suggeriert, dass es die eine abstrakt richtige Theorie gibt, die zudem noch von je nationalen wie zeitbedingten Besonderheiten abstrahiert.

44 Ders., Sachverständigengutachten und was dann? Zur innen- und außenpolitischen Orientierung, Berlin 1924, S. 18.

45 Ders., Die Donezkverschwörung, in: SPW Nr. 12, 23. März 1928 [1928a].

lution in sich selbst vollzogen.[46] Aus diesem Grunde gab es für Levi auch keine Grundlage für Solidarität mehr. Er geißelte das russische Bonzentum, die Herrschaft einer Clique, die sich längst von allen Massen losgelöst habe und hinter den Zinnen des festummauerten Kreml niste, von dort ausziehe und alles Lebende erschlage. Das sei das spezifisch russische an der augenblicklichen Herrschaftsform.[47] Seine ganze Abscheu, die nahezu ausnahmslose Verurteilung des Bestehenden in der Sowjetunion kommt in folgender Passage zum Ausdruck (auch wenn er die Schuld an diesem Befund einleitend nur zur Hälfte den Bolschewiki alleine zugestehen will):

„… gerade das, was sie für die schönste und jüngste Frucht am Baume revolutionärer Erkenntnis gehalten haben, daß eine einzige patentierte revolutionäre Partei eine Klasse führen, gängeln, lenken und – nach Bedarf – auch kommandieren und schurigeln könne, gerade diese Methode hat die in der revolutionären Arbeiterschaft lebendigen Kräfte aller – auch moralischer – Art ertötet und hat die politische Bewegtheit der Revolution verwandelt in das kalte Schachspiel von ein paar Bonzencliquen, die glauben, allen moralischen Geboten dadurch enthoben zu sein, daß sie die Amoralität zum Prinzip erheben."[48]

Es herrsche der Geist der wesenlosen Diktatur, der über dem Beamtentum noch die Bespitzelung installiert habe. Dieser Geist über jenem Beamtentum, der wirke wie Heuschrecken nach Raupenfraß, zerstöre, was der Bürokratismus noch übrig gelassen habe. Schon letzterer habe die wenigen zur Aufbauarbeit vorhandenen Talente in ein bürokratisches Joch eingespannt.[49] Diese Diktatur habe alles zertreten, und die lebendigen Kräfte des russischen Volkes seien lahmgelegt. Dass so eine Diktatur so wirke, das sei nicht neu. Aber so ein System mit dem Namen Sozialismus zu belegen und damit nicht nur sich selbst, sondern den Sozialismus insgesamt zu kompromittieren, das sei neu. Diese *Karikatur von Kommunismus* sei nichts besseres als der Kapitalismus. Je mehr der Sozialismus

---

46 Ders., Der Umsturz in Rußland, in: SPW Nr. 30, 29. Juli 1926.
47 Ders., Das Ende eines Schwindels, in: SPW Nr. 27, 6. Juli 1928 [1928c].
48 Ders., Das große Rätsel, in: SPW Nr. 19, 11. Mai 1928 [1928b].
49 Ders. 1928c.

davon abrücke, umso mehr gewinne er an sittlicher Kraft, das zu tun, worin der Bolschewismus versagt habe: dem Schlechten etwas Besseres entgegen zu setzen.[50] Hören wir ein letztes Zitat:

„Jener Prozeß der Erstarrung, wie das, was 1917 war, zu dem ward, was 1927 ist, ist wie der Beginn das Wundervollste, so das Leidvollste, das die proletarische Geschichte kennt."[51]

Nochmals zusammengefasst: Ich halte Levis Einschätzungen zur sowjetrussischen Entwicklung in mancherlei Beziehung für zu schematisch, ziehe ihr die differenzierteren Betrachtungen der russischen Menschewiki wie der österreichischen Sozialdemokraten um Otto Bauer vor. An dieser Stelle kam es mir nur darauf an, etwas genauer darzulegen, dass es nicht angeht, Paul Levis Lebensweg, dazu noch bzgl. seiner Zeit als linker Flügelmann in der Weimarer Sozialdemokratie, dazu zu benutzen, ihn zum zeitlebenden Leninisten und unerschütterlichen Freund der Sowjetunion zu stilisieren, wie das bei Niemann geschieht, um damit letztlich die eigene unkritische Sicht auf die sowjetische Geschichte zu kaschieren.

Sicher: es lässt sich trefflich darüber streiten, was es heißt, zum „Feind der Sowjetunion [habe] er sich nicht machen lassen"[52]. Man kann ja auch der Sache und dem Anliegen verpflichtet bleiben, möglicherweise sogar authentischer als die Protagonisten selbst, ohne deren Wendungen mitzumachen bzw. weiter zu unterstützen. Der von Niemann suggerierte Eindruck, er könne sich mit seiner eigenen, bis heute eher apologetischen Haltung zum Bolschewismus und Leninismus auch auf Paul Levi als Kronzeugen berufen, muss jedoch mit Entschiedenheit zurückgewiesen werden.

Paul Levis Stellung in der intellektuellen Debatte um Demokratie und Diktatur

Obwohl zu vermuten steht, dass Paul Levi auch in den Kriegs- und Revolutionsjahren in seinen Grundauffassungen von Rosa Luxemburg geprägt gewesen sein dürfte (hierzu wären genauere Studien erforderlich),

---

50 Ders. 1928a; 1928b.
51 Ders. 1928b.
52 So Niemann 2004, S. 17.

so kann für seine publizistische Tätigkeit nach dem Ausscheiden aus der KPD zunächst noch gesagt werden, dass er sich um eine größtmögliche Übereinstimmung mit den Grundlinien des *bolschewistischen* Denkens bemühte. Es ging ihm darum, zu zeigen, dass sich die neue KPD-Führung auf putschistischen Abwegen befand. Zugleich stellte er sich aber noch hinter die Positionen Trotzkis und Radeks, wonach die Diktatur des Proletariats nur möglich sei als Diktatur seiner bewussten Vorderreihen, d.h. als Diktatur der Kommunistischen Partei. Er betonte die Notwendigkeit der organisatorischen und ideologischen Geschlossenheit der KP, wobei das Kernproblem der lebendige Zusammenhang mit der breiten Masse des Proletariats sei.[53] Zwar erinnert letztere Wendung an Formulierungen Rosa Luxemburgs, ansonsten hatte allerdings diese *bolschewistische* Positionierung weder mit ihrer, noch mit zeitgenössischen linkssozialdemokratischen Vorstellungen von einer *demokratisch verstandenen* Diktatur des Proletariats etwas zu tun, auch nicht mit den entsprechenden Auffassungen bei Marx und Engels.[54]

Aber selbst an dieser Stelle lässt er es an Kritik an der konkreten Politik der Bolschewiki nicht fehlen. Er moniert die verordnete allgemeine Versammlungspflicht, wo bei Strafe Leibes oder Lebens das verordnete Parteireferat zur Kenntnis genommen werde. Lediglich stürmischer Beifall und begeisterte Zwischenrufe seien bisher noch nicht verordnet. In gleicher Weise wendet er sich gegen die Abschaffung aller anderen Parteien. Dies sei deswegen falsch, weil die Massen in einem dialektischen Prozess nur dadurch lernten, dass auch die Fehler und Abirrungen in konkreter Form, parteimäßig, vor ihr Auge treten würden. Zugleich wendet er sich gegen den Gedanken einer Erziehungsdiktatur, wie sie im bolschewistischen Konzept angelegt war.[55]

Will man also im Umfeld der PDS von den kritischen Interventionen Paul Levis lernen, dann wird man sich auch diesen – noch unvollkommenen und widersprüchlichen – Positionierungen zuwenden müssen. Denn sie werfen – mit Blick auf die ersten Jahre der russischen Revolution –

53 Ders. 1921d, 108.
54 Vgl. dazu detailliert Schöler 1990, Bd. 1, S. 256 ff.
55 Levi 1921d, S. 116 ff.

drei kritische Fragen auf (die jeweils Grundfragen der russischen Revolution berühren). War es richtig – wie Lenin und seine Anhänger – auf ein politisches Bündnis nur mit den Linken Sozialrevolutionären zu setzen, statt – wie es eine Gruppe um Sinowjew, Kamenew und andere favorisierte – auf eine Koalitionsregierung aller sozialistisch orientieren Kräfte? War es richtig, die Konstituierende Nationalversammlung nach ihrem Zusammentreten auseinander zu jagen, statt – wie es Rosa Luxemburg gefordert hatte – Neuwahlen anzuberaumen? War es richtig, wie es Lenin vorzuwerfen ist, nach dem Ende des Bürgerkrieges sein Versprechen zu „vergessen", die anderen Parteien wieder zu legalisieren und den normalen Parteienwettbewerb zuzulassen, und stattdessen auch noch die letzte (neben der eigenen) verbliebene „halblegale" Partei, die Menschewiki, ins Exil zu treiben?

Die Art der Fragen legt *meine* Antworten nahe: Nein, alle diese Entscheidungen haben sich als für die russische wie die internationale Arbeiterbewegung verheerend ausgewirkt. Auch Paul Levi hat die Verbannung der anderen sozialistischen Parteien scharf kritisiert und sich zum konkreten Fall der menschewistischen, sozialdemokratischen Partei folgendermaßen geäußert: Gerade sie seien, trotz aller Fehler „… doch Teil der großen revolutionären Arbeitermasse gewesen …, die 1917 gegen den Zaren, die [im Bürgerkrieg] 1918 gegen die Tschechoslowaken, die 1919 gegen Koltschak und Judenitsch, die 1920 gegen Wrangel gestanden hat."[56] Statt einer produktiven Klärung, so Levi zwei Jahre später, habe die russische Revolution die schwierige Frage des Verhältnisses der verschiedenen Arbeiterschichten zueinander nur durch die Guillotine gelöst.[57] Wer über *demokratischen* Sozialismus sprechen möchte, wird diesen Fragen nicht ausweichen können. Während Schütrumpf diese Fragen nicht wirklich aufwirft, legt die Lektüre des Textes von Niemann die bis heute vertretene Auffassung nahe, unter meines Erachtens nicht zutreffender, diesen verkürzend wiedergebenden Berufung auf Paul Levi an der Option *sozialistischer Minderheitsherrschaften* festhalten zu wollen.[58]

---

56 Ders. 1921c, S. 131.
57 Ders., Zum 1. Mai, in: SPW Nr. 19 vom 27. April 1923.
58 Vgl. Niemann 2004, S. 19, 23 f.

Bereits in einem Text aus dem Oktober 1921 wird deutlich, dass Levi sich aufgrund der kritischen Auseinandersetzung mit der Haltung der KPD wie der KI von derartigen Auffassungen verabschiedet hatte. Seinem Bekenntnis zur Diktatur des Proletariats ließ er nun eine Abgrenzung zu all denjenigen folgen, die darunter das Kommando irgendeiner noch so energischen und klugen Minderheit verstanden. Und auch die junge Weimarer Republik stellte für ihn jetzt – ohne Ewigkeitswert zu besitzen – eine verteidigenswerte Regierungsform dar.[59] Dieser noch sehr situativ geprägten Positionsbestimmung folgte dann wenige Monate später die sehr viel detaillierter ausgearbeitete Neubestimmung seines Verhältnisses zu Demokratie und Diktatur in Vorwort und Einleitung zu Rosa Luxemburgs Schrift „Die russische Revolution", in denen er noch weit schonungsloser mit den Bolschewiki und den russischen Zuständen ins Gericht ging. Da Schütrumpf daraus ausgiebig und zustimmend zitiert hat, kann eine nochmalige detaillierte Wiedergabe und Wertung an dieser Stelle unterbleiben. Ich werde nur im konkreten Zusammenhang mit den Fragen der Parteitheorie und den 21 Aufnahmebedingungen der Kommunistischen Internationale nochmals darauf zurückkommen. Ein anderer Text aus dem Jahre 1927 zeigt allerdings nochmals, wie schonungslos später sein Fazit in diesem Zusammenhang ausfiel, und wie wenig Niemann recht hat, wenn er ihn weiter *bolschewistisch* zu interpretieren versucht: „Praktisch aber – und die Praxis ward bald Lehre – haben die Bolschewiken stets Diktatur und Aufhebung der Demokratie für identisch gehalten und niemals irgendwelche demokratische Anwandlung gezeigt." Die Diktatur aber, so fügte er an, die keine Demokratie als Mittel kenne, könne nur den Terror kennen.[60]

Die 21 Aufnahmebedingungen der Kommunistischen Internationale und die Spaltung der USPD

Lenins Parteitheorie spielte nicht nur eine bedeutende Rolle beim Parteibildungs- bzw. -spaltungsprozess innerhalb der russischen Sozialdemo-

---

59 Levi, Paul, Zum Mord an Erzberger. Aus einer Reichstagsrede vom 1. Oktober 1921 [1921e], in: Levi 1969, S. 230 f.
60 Ders., Der Terror in Rußland, in: Der Klassenkampf Nr. 3, 1. November 1927, S. 85 f. [1927b].

kratie, sondern auch im Prozess der Neuformierung der internationalen Arbeiterbewegung nach dem Ende des ersten Weltkriegs. Mit den 21 Aufnahmebedingungen reagierten Lenin und die Führung der KI[61] auf eine sich neu herausbildende *dritte Kraft* innerhalb der Arbeiterbewegung, zwischen einer stärker reformerisch agierenden klassischen Sozialdemokratie und den sich neu formierenden kommunistischen Parteien. Diese sich ebenfalls revolutionär verstehenden linkssozialistischen Parteien, in Deutschland verkörpert durch die USPD, verhehlten zwar nicht ihre Sympathie für die russische Revolution, lehnten aber die *bolschewistischen Methoden* für die anders gearteten west- und mitteleuropäischen Verhältnisse ab. Mit ihrem Massenanhang und ihrer Wählerunterstützung drohten sie, den kommunistischen Bewegungen den Rang abzulaufen. Darauf reagierte die KI mit Aufnahmebedingungen, die unter Zugrundelegung der bolschewistischen Organisationsprinzipien die Spreu vom Weizen trennen sollte.

Der Kongress der KI verabschiedete diese Bedingungen, die u.a. folgende Regelungen enthielten: völlige Unterstellung der Presse und

---

61 Ob nun diese Bedingungen, wie bislang in der Literatur ganz überwiegend angenommen, von Lenin oder – wie Ulla Plener im Anschluss an J. Wurche meint – Sinowjew formuliert wurden, scheint mir nicht entscheidend zu sein; vgl. Plener, Ulla, Lenin über Parteidisziplin, in: Beiträge zur Geschichte der Arbeiterbewegung H. 4/1998, S. 58. Mir ist nicht bekannt, dass Lenin ihren Inhalt jemals infrage gestellt bzw. die mit ihrer Anwendung intendierten Folgen bedauert hätte. Plener hat zwar Recht, wenn sie darauf hinweist, dass Lenins theoretisches Agieren immer situationsbedingt war. Gerade dagegen richtete sich ja die Kritik von Levi und anderen, dass er und die Bolschewiki dazu neigten, aus jeder taktischen Wendung nachträglich eine Theorie zu zimmern. Eine ernsthafte Auseinandersetzung über mögliche demokratische Anwandlungen Lenins im innerparteilichen Zusammenhang, wie sie Plener anstellt, erscheinen mir angesichts seines grundsätzlichen Verhältnisses zu den Aktionsmöglichkeiten konkurrierender sozialistischer Parteien (jenseits aller „Parteitheorie") im hier interessierenden Zeitraum doch ausgesprochen realitätsfern zu sein. Dies lässt sich nämlich für die Zeit nach dem Ende des Bürgerkrieges mit folgendem Zitat charakterisieren (das Paul Levis Einschätzung unterstreicht, der Bolschewismus habe das Verhältnis der sozialistischen Parteien zueinander durch die Guillotine „gelöst"): „Sowohl die Menschewiki als auch die Sozialrevolutionäre, die allesamt solche Dinge [letztlich *sozialdemokratische* Auffassungen, U.S.] predigen, wundern sich, wenn wir erklären, daß wir Leute, die so etwas sagen, erschießen werden … Wer den Menschewismus öffentlich manifestiert, den müssen unsere Revolutionsgerichte erschießen lassen, sonst sind das nicht unsere, sondern wer weiß was für Gerichte." (Lenin, Wladimir Iljitsch, Politischer Bericht des Zentralkomitees der KPR(B) an den XI. Parteitag, 17. März 1922, in: ders., Werke Bd. 33, Berlin 1971, S. 269) Angesichts derartiger Auslassungen erscheint es mir völlig inakzeptabel zu sein, wenn Plener in ihrem Aufsatz an verschiedenen Stellen den Versuch unternimmt, Lenins Parteiverständnis als eine lineare Fortentwicklung des Disziplinverständnisses in der deutschen Vorkriegssozialdemokratie zu klassifizieren; vgl. Plener 1998, S. 58, 62.

der Verlage unter den Parteivorstand (§ 1); regelrechte und planmäßige Entfernung von Reformisten und Zentrumsleuten aus allen mehr oder weniger verantwortlichen Posten der Arbeiterbewegung (§ 2); Schaffung eines parallelen illegalen Organisationsapparates (§ 3); Entlarvung von Sozialpatriotismus und -pazifismus (§ 6); Anerkennung und Propagierung des vollen Bruchs mit dem Reformismus und mit der Politik des „Zentrums" (bei Namensnennung von unter anderem Kautsky und Hilferding als „notorische Opportunisten", die nicht das Recht haben sollen, als Angehörige der KI zu gelten) (§ 7); Organisierung von der Partei vollständig untergeordneten kommunistischen Zellen in Gewerkschaften, Betriebsräten und Genossenschaften (§ 9); Bruch mit der Amsterdamer Gewerkschaftsinternationale (§ 10); Beseitigung aller unzuverlässigen Elemente aus den Parlamentsfraktionen, Unterordnung der Fraktionen unter die Parteivorstände (§ 11); Ausstattung der Parteivorstände mit der Fülle der Macht, Autorität und den weitestgehenden Befugnissen (§ 12); Säuberungen der Partei von Zeit zu Zeit zu ihrer systematischen Reinigung (§ 13).[62]

Man braucht schon ein gerüttelt Maß an Abstraktionsvermögen, um sich aus heutiger Sicht überhaupt vorstellen zu wollen, dass es über ein derartiges *despotisches*, von oben und außen diktiertes Parteikonzept überhaupt eine ernsthaft positive Auseinandersetzung gegeben hat. Ausgesprochen naheliegend erscheint mir hingegen eine Reaktion zu sein, wie sie in der von Rudolf Hilferding herausgegebenen USPD-Zeitschrift „Freiheit" erfolgte. Sie klassifizierte einzelne Paragraphen so: § 1: Diktatur der „Bonzen"; § 2: planmäßiger Hinauswurf; § 3: Zwang zur Geheimbündelei; § 9: die Sprengzellen:; § 11: die Blutprobe der Abgeordneten; § 13: planmäßiges Spitzeltum.[63]

Paul Levi hatte sich bereits auf diesem zweiten KI-Kongress, der schließlich die Bedingungen annahm, dagegen gewandt, eine Liste von *organisatorischen* Bedingungen für die Zulassung zur Komintern aufzustellen und stattdessen gefordert, die USPD mit eindeutigen *politischen*

---

62 Vgl. Die Kommunistische Internationale. Eine Dokumentation. Herausgegeben von Hermann Weber, Hannover 1966, S. 55 ff.
63 Zit. nach Klühs, Franz, Die Spaltung in der U.S.P.D., Berlin [1920], S. 5 ff.

Prinzipien zu konfrontieren.[64] Rückblickend sah er in ihnen verächtlich ein bloßes *Advokatenwerk*.[65] Levis Ausgangspunkt in der Beurteilung der Gründe für diesen Konflikt ist zunächst kulturhistorisch geprägt. In Russland sei die Arbeiterbewegung unter einem feudalistisch-mittelalterlichen, halbasiatischen Absolutismus geformt worden, in Deutschland unter den Verhältnissen einer bürgerlichen Demokratie. Das müsse auf die Organisationsform zurückwirken.[66] Entsprechend habe der Bolschewismus seit seiner Entstehung gewisse bakunistische Züge angenommen, etwas Sekten- und Verschwörerhaftes. Für ihn steht fest, dass sich in der Auseinandersetzung um die 21 Aufnahmebedingungen ein Konflikt wiederholt, wie er schon zu Beginn des Jahrhunderts zwischen Lenin und Rosa Luxemburg ausgetragen worden war: Es zeige sich erneut die unterschiedliche Sichtweise des Verhältnisses von Partei und Massen in der Trennung der Revolution in ein System von Vorhut, Vortrupp und Masse.[67] Seit dieser Zeit existiere in der Arbeiterbewegung zu dieser Frage eine *gegensätzliche Weltanschauung*.[68]

Von seiner zwischenzeitlichen, oben dargelegten Auffassung der Notwendigkeit einer ideologisch geschlossenen Partei verabschiedete sich Levi nach seiner Rückkehr in die Sozialdemokratie (über die Rest-USPD in die wiedervereinigte VSPD) bald. Nun spricht er davon, dass die ideologischen Gegensätze, die in der Arbeiterbewegung vorhanden seien und sein müssten, in den verschiedenen Massenorganisationen in Europa ihr Gefäß hätten.[69] Dass sich eine solche Sicht nicht mit einer ideologisch geschlossenen Partei verträgt, die zwar mit den Massen verbunden, aber *organisatorisch* von ihnen getrennt ist, liegt auf der Hand. Er spricht nun die Differenz auch offen aus: Lenins tiefster Irrtum liege in seiner Auf-

---

64 Levi, Paul, in: Der Zweite Kongreß der Kommunist. Internationale. Protokoll der Verhandlungen vom 19. Juli in Petrograd und vom 23. Juli bis 7. August 1920 in Moskau, Hamburg 1921, S. 361; vgl. dazu auch Wheeler 1975a, S. 224.

65 Ders., Warum gehen wir zur Vereinigten Sozialdemokratischen Partei?, in: Unser Weg H. 16/1922, in: Levi 1969, S. 182.

66 Ders., Taktische Fragen, in: Unser Weg (Sowjet) H. 1/2, 15. Januar 1922, S. 31.

67 Ders., Rosa Luxemburg und die russische Revolution, in: Leipziger Volkszeitung Nr. 24, 29. Januar 1923 [1923b].

68 Ebd. sowie ders., Brief an Clara Zetkin vom 23. September 1921, in: ders. 1969, S. 137.

69 Ders., Die Lage nach Rathenaus Tod, in: Unser Weg H. 12–13/1922, in: ders. 1969, S. 243.

fassung, man könne eine Partei absondern, sie in Reinkultur hegen wie im Laboratorium und sie durch „Reinigung" unverändert halten oder immer besser machen.[70]

Bezogen auf die 21 Bedingungen zieht er ein nüchtern-negatives Fazit. Seiner Auffassung nach waren sie zwar nicht alleine oder hauptverantwortlich für die Spaltung der USPD – eine aus meiner Sicht anfechtbare Position. Diese sei auch aufgrund ihrer inneren Heterogenität auseinandergefallen. Jedoch hätte nur eine Stärkung der sozialrevolutionären Tendenz als Ergebnis diese Spaltungsoperation rechtfertigen können. Weder sei aber eine einheitliche kommunistische Massenpartei gebildet worden, noch sei nach dem Hallenser Spaltungsparteitag der USPD überhaupt ein Zustand eingetreten, den man als Fortschritt gegenüber vorher bezeichnen könne.[71]

Diesen – meines Erachtens völlig zutreffenden – Befund möchte ich anhand einiger Fakten unterstreichen. So sehr sich die meisten herausragenden Führer der USPD-Linken für den Anschluss an die Komintern unter Akzeptierens all der genannten unwürdigen Bedingungen eingesetzt hatten, so sehr und schnell wurde ein großer Teil von ihnen in kürzester Zeit innerhalb der KPD und der KI zutiefst enttäuscht. Mit Ausnahme von Walter Stoecker und Wilhelm Koenen begegnen uns alle führenden Köpfe der Linken auf dem Weg über die KAG zurück in die USPD und dann in die vereinigte SPD: Ernst Däumig, Richard Müller, Curt Geyer, Otto Braß, Bernhard Düwell, Adolph Hoffmann und einige mehr waren nicht bereit, den von der Komintern forcierten putschistischen Putsch mitzumachen und verließen die Partei. Herausragende Bedeutung innerhalb der Arbeiterbewegung erlangte von diesen in der Revolutionsperiode führenden Vertretern der Arbeiterbewegung keiner mehr. Mit ihnen verschwand eine ungezählte Anzahl weiterer Arbeiterfunktionäre, die in den Jahren 1918 bis 1920 an der Spitze des deutschen Proletariats gestanden hatten, aufgrund der Spaltungsprozesse der Jahre 1920/21 resigniert von der Bühne des politischen Geschehens.

---

70 Ders. 1921c, S. 128. Man sieht, auch Levi schrieb die 21 Bedingungen Lenin zu.
71 Ders., Zum Stand der proletarischen Bewegung in Deutschland, in: Rote Revue H. 4, Dezember 1922, S. 129 f. [1922a]; ders., Die politische Lage und die Aufgabe der kommunistischen Arbeitsgemeinschaft, in: Sowjet, H. 15, Dezember 1921, S. 411.

Derartige Verluste gab es jedoch nicht nur bei den führenden Funktionären. Im Herbst 1920, d.h. zum Zeitpunkt der USPD-Spaltung, zählte die Partei knapp 900.000 Mitglieder, die KPD knapp 80.000. Nach der Spaltung, d.h. im April 1921, wurden noch 340.000 verbleibende USPD-Mitglieder gezählt. Die Angaben darüber, wie viele Mitglieder der Linken den Weg zur VKPD mitmachten, schwanken beträchtlich, zwischen 428.000[72] und 280.000.[73] In jedem Falle steht fest, dass nur ein Teil der Anhänger der USPD-Linken die Vereinigung mit der KPD mitvollzog, wobei sich die Schätzungen, wieviele Kräfte der revolutionären Arbeiterbewegung links von der MSPD verloren gingen, auf 20 Prozent[74] bzw. mindestens ein Drittel der Mitgliedschaft[75] belaufen. Die gleichen Effekte lassen sich anhand der Wahlergebnisse feststellen. Der Zusammenschluss zur VKPD führte nicht zu einem Aufschwung bei den Wahlen, vielmehr dürften 20 bis 30 Prozent der ehemaligen USPD-Wähler ihre Stimme nicht mehr an die Parteien links von der MSPD gegeben haben.[76]

Die mit der Spaltung beabsichtigte Zielsetzung, eine Spaltung des reformistischen Flügels der Arbeiterbewegung zu erreichen, schlug mittelfristig ins Gegenteil um. Nach der „Märzaktion" 1921 und der Abspaltung der KAG verlor die KPD nochmals fast 100.000 Mitglieder[77], wobei die Zahlen auch in den Folgejahren weiter rückläufig waren. Stattdessen war die existierende, an Mitgliedschaft wie bei Wahlen im Wachsen begriffene und im Frühsommer 1920 auch programmatisch relativ geschlossen dastehende linke Massenpartei des deutschen Proletariats, die USPD, zerschlagen worden. Ich kann mich nur dem Urteil von Wheeler anschließen, der feststellt, dass die mit den 21 Bedingungen betriebe-

---

72 Vgl. Wheeler 1975a, S. 62; 1975b, S. 148.
73 So Naumann, Horst, Der Kampf des revolutionären Flügels der USPD für den Anschluß an die Kommunistische Internationale und die Vereinigung mit der KPD. Unter besonderer Berücksichtigung der Hilfe durch die Kommunistische Internationale und die KPD, Diss., Berlin 1961, S. 309. Flechtheim nennt die Zahl 300.000 unter Berufung auf Angaben von Wilhelm Pieck aus den Jahren 1922/23; vgl. Flechtheim 1969, S. 157.
74 Wheeler 1975a, S. 264; 1975b, S. 148.
75 Krause 1975, S. 219.
76 Wheeler 1975a, S. 267; 1975b, S. 150.
77 Vgl. die unterschiedlichen Zahlen einerseits bei Wheeler 1975a, S. 263 und Flechtheim 1969, S. 168.

ne Spaltung nicht zur Klärung und Stärkung der revolutionären Linken, sondern zu einer anhaltenden Verwirrung und permanenten Schwächung des linken Flügels der deutschen Arbeiterbewegung geführt hat.[78]

Diesem Urteil dürfte sich Paul Levi rückblickend sicherlich angeschlossen haben.[79] Wer sich politisch wie wissenschaftlich mit Levi auseinandersetzt, kommt um diese Schnittstelle seines politischen Wirkens und seine Haltung dazu nicht herum. Während Schütrumpf sich diesen Fragen nicht wirklich stellt, wird in Niemanns Beitrag mehr als deutlich, dass er Levis Einschätzungen nicht wirklich teilt[80], seinen Weg zurück in die Sozialdemokratie für einen Fehler hält. Denn, so Niemann: „Eine linke Opposition innerhalb einer reformistischen Partei hat objektiv die Funktion des ‚nützlichen Idioten', sie verstellt den Blick auf den wahren Charakter der verfolgten Politik und hilft den Reformisten, ihren Einfluss zu behalten."[81] Es macht die Sache nicht besser, dass Niemann hier – welche Ironie – zugleich seinen eigenen Standort innerhalb der PDS beschreibt.

Levis Standort in der Sozialdemokratie der 20er Jahre

Paul Levis Weg zurück in die Sozialdemokratie – über die USPD in die 1922 wiedervereinigte Sozialdemokratische Partei – vollzog sich verständlicherweise mit Aspekten von Kontinuität wie von Positionsveränderungen. Avantgardistische Parteivorstellungen gehörten nun bei ihm der Vergangenheit an. Das hatte er aus seinen Auseinandersetzungen in der KPD und in und mit der Komintern gelernt. Spiegelbildlich zu seinen kritischer werdenden Stellungnahmen zur sowjetrussischen Entwicklung erfolgte auch eine Neubewertung des Verhältnisses von Arbeiterbe-

---

78 So Wheeler 1975b, S. 18 f.; ähnlich das Urteil bei Oertzen, Peter von, Arbeiterbewegung und Demokratie. Zu Heinrich August Winklers Werk über „Arbeiter und Arbeiterbewegung in der Weimarer Republik 1918 bis 1933", in: Archiv für Sozialgeschichte Bd. XXVIII, 1988, S. 501.

79 Dies lässt sich schon daraus ablesen, dass er rückblickend bereits das Ausscheiden der Spartakusgruppe aus der USPD für Ausdruck von Sektendenken hält, als den schwersten Fehler bezeichnet, den sie in der Revolution gemacht hätten; Levi 1922a, S. 131 f.

80 Anders wohl Weißbecker 1993, S. 6, der zudem auf den beschämenden Umstand hinweist, dass bei der üblichen Trauerehrung für den verstorbenen Reichstagsabgeordneten Levi nicht nur die nationalsozialistische Fraktion, sondern auch die kommunistische den Plenarsaal verließ; ebd., S. 8.

81 Niemann 2004, S. 22.

wegung und demokratischer Republik. Die junge Weimarer Republik hielt er nun – anders als die Mehrzahl der Kommunisten – für verteidigenswert, ohne ihr Ewigkeitswert zuzugestehen.[82] Das Bekenntnis zu dieser Regierungs- und Staatsform im Heidelberger Programm von 1925 ging ihm zwar zu weit. Er kritisierte, dass die dem bürgerlichen Staat gegenüber feindliche Stellung der Sozialdemokratie so nicht ausreichend zum Ausdruck gebracht worden sei. Er wollte dies aber zugleich nicht als Absage an die Demokratie verstanden wissen. Diese sei aber nur in einem anderen Staat zu verwirklichen als in dem, der vom Bürgertum beherrscht werde.[83]

Vom gegenüber der Mehrheitslinie der KPD kritischen „Rechtskommunisten" war er nun zum linksoppositionellen Sozialdemokraten geworden. Dabei verleugnete er nicht, wo er herkam. Trotz aller aktuell sich verschärfenden Kritik an den russischen Zuständen pochte er in den innersozialdemokratischen Programmdebatten darauf, dass man auch im Rückblick noch von den Bedingungen und Formen der russischen Revolution lernen könne und müsse. Dem Programmentwurf der österreichischen Partei gesteht er dieses Lernen zwar zu; es geht ihm aber nicht weit genug. Die Tatsache, dass Lenin im entscheidenden Augenblick mit den Sowjets die Form für die Idee der Revolution gefunden habe, sei nicht verarbeitet worden.[84]

Es mögen derartige Vorschläge gewesen sein, die Levi auch später erneut den Vorwurf eingehandelt haben, er sei ein Zeit seines Lebens kommunistisch argumentierender politischer Kopf geblieben.[85] Hinzu kommt der bei Niemann ausführlich beschriebene Gesichtspunkt, dass Levi derjenige war, der am intensivsten auf der sozialdemokratischen Linken die Koalitionspolitik der Mehrheit der Partei auch mit bürgerli-

82 Levi 1921e. Hier traf er sich im übrigen fast wortgleich in den Formulierungen mit Clara Zetkin, die ebenfalls kritisch zum aktuellen Kurs der KPD stand, sie anders als Levi aber nicht verließ; vgl. das Zitat bei Weißbecker 1993, S. 13 f.
83 Ders., Rede, in: Sozialdemokratischer Parteitag 1925 in Heidelberg. Protokoll mit dem Bericht der Frauenkonferenz, Berlin 1925, S. 286.
84 Ders., Das neue österreichische Parteiprogramm, in: SPW Nr. 33, 19. August 1926.
85 Vgl. nochmals Storm/Walter 1984, S. 6; kritisch dazu: Schöler 1985; Gransow/Krätke 1986, S. 147 f.

chen Parteien kritisierte.[86] Die genannte Charakterisierung geht jedoch fehl. Zwar blieb es dabei, dass Levi auch das mit Korrekturen *nach links* beschlossene Linzer Programm der österreichischen Sozialdemokraten als „brav demokratisches" Programm ironisierte, dem er – zu Unrecht – einen geradezu zwangsläufigen Optimismus vorwarf. Gewisse Zweifel an seinem demokratischen Bekenntnis nährte Levi im übrigen weiterhin selbst, und zwar dort, wo er formulierte, Herrschaft sei eben ein Gewaltverhältnis, und Gewalt könne sich selbst keine Grenzen setzen. Die einmal eroberte Staatsgewalt müsse das Proletariat mit allen Mitteln verteidigen.[87] Wer Levis Positionierungen in Auseinandersetzung mit den Bolschewiki und seine Kritik an der von ihnen aufrechterhaltenen Minderheitsdiktatur nicht zur Kenntnis nimmt, kann daraus natürlich folgern, darin stecke sein bedingungsloses Bekenntnis zur Minderheitsherrschaft.[88] Aber so – ich habe es ausführlich gezeigt – ist Levi wohl nicht zu verstehen. Im Rückblick fällt auch sein Urteil über die österreichische Schwesterpartei und ihr Programm deutlich positiver aus: Er lobt die Stärke und Geschlossenheit der SDAP und hebt hervor, dass sich in ihr die Doktrin des Marxismus in größerer Klarheit erhalten habe als anderswo; *austro* zwar, aber doch Marxismus.[89]

So bleibt Paul Levis Stellung in der Weimarer Sozialdemokratie eingeklemmt zwischen Kritik von links und rechts. Den einen ist er nicht sozialdemokratisch genug. Heinrich August Winkler wirft ihm in seiner großen Darstellung der zeitgenössischen Arbeiterbewegung vor, er sei auch nach seiner Trennung von der KPD „immer noch von vulgärdemokratischen Illusionen erfüllt" gewesen und habe als Quertreiber innerhalb der SPD agiert.[90] Spiegelbildlich die Kritik der späten DDR-Geschichtsschreibung, von der Niemann auch rückwirkend immer noch glaubt, sie sei Levi *besser gerecht* geworden. Levis Programmkritik in Heidelberg wie

---

86 Vgl. im einzelnen Niemann 2004, S. 21 f. Da dieser Gesichtspunkt dort näher ausgeführt wird, wird hier auf eine detaillierte Wiedergabe verzichtet.
87 Levi, Paul, Das österreichische Parteiprogramm, in: SPW Nr. 45, 11. November 1926.
88 So Niemann 2004, S. 19, 23 f.
89 Levi, Paul, Die Tragödie Österreichs, in: Der Klassenkampf Nr. 19, 1. Oktober 1929, S. 582.
90 Winkler, Heinrich August, Der Schein der Normalität. Arbeiter und Arbeiterbewegung in der Weimarer Republik 1924 bis 1930, Berlin/Bonn 1985, S. 555.

seine oppositionelle Haltung in der Weimarer Sozialdemokratie wurden darin nur insoweit gewürdigt, wie sich an ihnen die opportunistische Haltung der Sozialdemokratie als solcher „nachweisen" ließ. So hieß es angesichts seiner Parteitagsrede 1925, dass die Auseinandersetzung einige entscheidende Ursachen für die Schwäche der gesamten Linksopposition offenbart habe:

„Sie resultierte vornehmlich aus der zunehmenden Verschüttung marxistischen theoretischen Denkens bei großen Teilen der Mitgliedschaft einschließlich der linken Kräfte. Auch die führenden Köpfe wie Levi waren nicht zu einer prinzipiellen Auseinandersetzung mit dem Programm fähig ... Sie scheuten ... davor zurück, sich marxistisch-leninistische Positionen und Einschätzungen zu den jüngsten Entwicklungen zu eigen zu machen."[91]

Die Folie ist also klar: Die – heute mit Levi als putschistisch kritisierte – Politik der KPD war der Gradmesser ebenso wie die stalinistische Ideologie des Marxismus-Leninismus. Ähnlich verfuhr man mit Levis Kritik an der sozialdemokratischen Koalitionspolitik Ende der zwanziger Jahre. Seine Kritik war da „willkommen", wo sie die Schwächen dieser Politik vor Augen führte. Die reichlich platten Schlüsse dürfte Levi aber kaum geteilt haben: Erneut habe sich gezeigt, dass es keinen *dritten Weg* zwischen den Interessen der übergroßen Volksmehrheit und dem Häuflein monopolkapitalistischen Großaktionäre gegeben habe und habe geben können.[92] Die dürften wohl auch einer Partei zu weit gehen, die heute auf der neuen Suche nach einem dritten Weg zwischen Sozialdemokratie und Leninismus ist.

Paul Levi heute

Anders als Schütrumpf und Niemann glaube ich nicht, dass es die Realitäten am Beginn des 21. Jahrhunderts möglich machen, umstandslos aus Paul Levis Lebensweg und politisch-theoretischen Positionsbestimmungen lernen zu können. Zu deutlich unterscheiden sich die Herausforderungen,

91 Autorenkollektiv 1982, S. 169.
92 Ebd., S. 231.

denen sich linke Parteien heute gegenüber sehen von denen zu Beginn des 20. Jahrhunderts. Das heißt jedoch nicht, dass es ohne Erkenntnisgewinn bliebe, wenn man sich heute mit Paul Levi auseinandersetzt.

Wer dies tut, muss jedoch – anders als Schütrumpf – mit dem *ganzen* Levi beschäftigen, darf sich nicht – aus Unkenntnis oder Bequemlichkeit – die eine oder andere vermeintlich „demokratisch-sozialistische Geburtsurkunde" herauspicken wollen. Die sozialistische Arbeiterbewegung hat theoretisch ausgereiftere Denker und Köpfe zu bieten, die den Zusammenhang von Demokratie und Sozialismus – mit und ohne Auseinandersetzung mit dem sowjetischen Modell – differenzierter und klarsichtiger herausgearbeitet haben. Ferner ist der Paul Levi des Jahres 1921 – auch für die PDS – nicht ohne seine Auseinandersetzung mit dem Leninschen Parteikonzept zu haben, wie sie sich insbesondere in seiner Kritik an den 21 Aufnahmebedingungen der Komintern und ihren verheerenden Folgen ausdrückten.[93] Die Konsequenz, die Levi daraus zog, war die entschiedene Absage an die bolschewistische Parteitheorie und die Absonderung kommunistischer Parteien von der großen Masse der Arbeiter, die sich in der Sozialdemokratie organisierten. *Seine* Konsequenz war die Rückkehr in die Sozialdemokratie.

Gänzlich ungeeignet ist eine „Revitalisierung" Levis, die ihn wie Niemann – als angeblich immerwährenden Freund der Sowjetunion – seiner kritischen Position zur sowjetischen Entwicklung entkleidet. Nur so lässt er sich – nachdem aus dem M-L der „Marxismus" geworden ist – für angeblich „marxistische" Positionen in der PDS instrumentalisieren, hinter denen sich doch schlecht verhüllt weiterhin eher der Leninismus verbirgt. Ohne Levis kritische Absagen an die Behauptung der bolschewistischen diktatorischen Minderheitsherrschaft zur Kenntnis zu nehmen, wird er so zu einem angeblichen Kronzeugen für *despotische* Sozialismuskonzepte auch noch heute. Umstandslos und ohne nähere Analyse der Vergleichbarkeit historischer Situationen wird in dieser Betrachtung aus dem Kritiker der sozialdemokratischen Koalitionspolitik mit dem

---

93 So auch Weißbecker 1993, S. 11. Seiner Schlussfolgerung kann ich durchaus zustimmen: „Mehr Demokratie in den, mit den und durch die Parteien – das muß durchaus keine Utopie sein, an deren Unerfüllbarkeit künftig immer noch aufrechte Menschen zu zerbrechen drohen." (Ebd., S. 22).

katholischen Zentrum Ende der zwanziger Jahre ein Kronzeuge für eine zeitlos verstandene prinzipielle Oppositionshaltung sozialistischer Parteien in einem bürgerlich-kapitalistischen System. Ein Schelm, wer da vermutet, hier sei eine Grundsatzkritik an den Länderkoalitionen der PDS mit der SPD gemeint. Das ist schon eine tolle Volte: Paul Levi, der linke Sozialdemokrat der späten 20er Jahre als Bezugspunkt für die Kritik eines heutigen Leninisten daran, dass eine postkommunistische Partei mit Sozialdemokraten koaliert!

Totalitarismustheoretische Ansätze bei Alexander Schifrin. Ein Grenzgänger zwischen russischer und deutscher Sozialdemokratie

Es ist schon eine Reihe von Jahren her, dass ich mich erstmalig und intensiv mit Alexander Schifrin beschäftigt habe. Das erste Mal stieß ich auf ihn, als ich mich ab Mitte der achtziger Jahre im Rahmen meiner Dissertation damit zu beschäftigen begann, welchen Einfluss die russische Oktoberrevolution und die ihr folgenden Umwälzungen in Sowjetrussland auf die innersozialdemokratischen Politik- und Theoriedebatten in Deutschland und Österreich gewannen.[1] Natürlich standen dabei – neben den Analysen und Einschätzungen de Österreichers Otto Bauer – die prägenden Positionsbestimmungen Karl Kautskys im Mittelpunkt. Aber je länger ich mich mit dem Thema beschäftigte, umso deutlicher wurde mir, dass selbst für diese beiden wichtigsten Köpfe des *intellektuellen* demokratischen Sozialismus der Zwischenkriegsperiode in der genannten Frage andere Persönlichkeiten die eigentlichen Berater und Ideengeber im Hintergrund waren.

Ich stieß auf Namen wie Paul Axelrod, Julius Martow, Theodor Dan, Raphael Abramowitsch und andere, deren Schriften und Biographien mir zuvor nicht geläufig waren. Dies sind nur die Namen der wichtigsten, herausragenden Persönlichkeiten der Führung der russischen Sozialdemokratie, aus bekannten Gründen auch Menschewiki genannt. Ihre ab Anfang der zwanziger Jahre erzwungene Exilierung verbunden mit einer kontinuierlichen Verdrängung aus der Geschichtsschreibung im Osten wie im Westen hatte diese Namen über die Jahrzehnte hinweg verblassen lassen.[2] Noch heute stoßen wir noch hin und wieder bei durchaus re-

---

1   Vgl. Schöler, Uli, „Despotischer Sozialismus" oder „Staatssklaverei"? Die theoretische Verarbeitung der sowjetrussischen Entwicklung in Deutschland und Österreich (1917–1929), Hamburg/ Münster 1990, 2 Bde.
2   Vgl. u.a. Haimson, Leopold H. (Hrsg.), The Mensheviks. From the Revolution of 1917 to the Second Word War, Chicago/London 1976; Liebich, André, From the Other Shore. Russian Social Democracy after 1921, Cambridge/London 1997; Schöler, Uli, „Demokratische Liquidation der bolschewistischen Diktatur". Die Auslandsdelegation der russischen Sozialdemokratie im Berliner Exil. In: Internationale Wissenschaftliche Korrespondenz zur Geschichte der deutschen Arbeiterbewegung (IWK) 34 (1998), Heft 2, S. 157–170.

nommierten Historikerkollegen auf Einschätzungen wie die, es habe sich bei dieser Partei in den zwanziger Jahren um eine „Gruppe verbohrter Sektierer" gehandelt, um eine „politisch marginalisierte Sekte von Emigranten", die sich in der „Apologie des sowjetischen Sozialismus" geübt hätten.[3]

Ich teile diese Auffassung nicht. Vielmehr bin ich der Überzeugung, dass diese russische Sozialdemokratie einen (aufgrund ihrer verschiedenen politischen Flügel verständlicher Weise) breit gefächerten Fundus von Analysen und Einschätzungen hinterlassen hat, die für ein differenziertes Verständnis der sowjetischen Geschichte und der politischen Prozesse innerhalb der Arbeiterbewegung des zwanzigsten Jahrhunderts unerlässlich sind. Dies gilt – wie schon erwähnt – für ihre eigenen Schriften wie die derjenigen, denen sie mit ihren profunden Kenntnissen und ihrem Rat zur Seite standen.

Zurück zu Alexander Schifrin. Mitte der achtziger Jahre war es zwar aufgrund der bereits in den sechziger Jahren erfolgte Herausgabe von Schriften z.B. von Theodor Dan[4] und Raphael Abramowitsch[5] in deutscher Sprache sowie einer australischen Biographie über Julius Martow[6] möglich, wenigstens bzgl. der herausragenden menschewistischen Persönlichkeiten Näheres über deren persönlichen wie politischen Werdegang zu erfahren. Dies galt jedoch nicht für Alexander Schifrin. In einer 1978 herausgegebenen wichtigen Dokumentation sozialdemokratischer Debatten der Weimarer Periode heißt es über ihn recht lapidar: „Geboren in Russland, Anfang der zwanziger Jahre als Menschewik zur SPD gestoßen, Mitarbeiter an Hilferdings Zeitschrift *Die Gesellschaft*, 1933

---

3   Baberowski, Jörg, Das dumme Volk. Die Menschewiki in der Emigration [Rezension von Liebich, From the Other Shore]. In: FAZ vom 22.12.1998, S. 14; sehr viel positiver hingegen Henryk Skrzypczak, Menschewiki im Abseits. Ein wichtiges Buch zu einer gewichtigeren Sache. In: IWK 35 (1999), Heft 3, S. 388–393.

4   Dan, Theodor, Der Ursprung des Bolschewismus. Zur Geschichte der demokratischen und sozialistischen Idee in Russland nach der Bauernbefreiung, Hannover 1968; zu seiner Person vgl. jetzt Hartmut Peter, Theodor Dan (1871–1947). In: Otfried Dankelmann (Hrsg.), Lebensbilder europäischer Sozialdemokraten des 20. Jahrhunderts, Wien 1995, S. 161–174.

5   Abramowitsch, Raphael, Die Sowjetrevolution, Hannover 1963.

6   Getzler, Israel, Martow. A Political Biographie of a Russian Social Democrat, Cambridge/Melbourne 1967.

Emigration, 1940 USA".[7] Kein Geburtstag, kein Todesdatum. Das „Biographische Handbuch der deutschsprachigen Emigration nach 1933" gibt wenige Jahre später wenigstens Geburtsort (nämlich Charkow) und -datum (1901) an, ist sich aber unsicher bzgl. des Todesjahres (1950 bzw. 1951).[8] Ansonsten werden im Wesentlichen Mitteilungen über seinen Lebensweg in der Emigration nach 1933 gemacht.

Erst und insbesondere durch die 1997 erschienene hervorragende Arbeit von André Liebich über die Menschewiki in der Emigration erfahren wir etwas mehr über seine Herkunft: Er wurde 1901 in Charkov, in der heutigen Ukraine geboren, erwarb dort den Doktortitel in Sozialwissenschaften und unterrichtete Ökonomie. Er gehörte dem ukrainischen menschewistischen Parteikomitee an und betätigte sich in der illegalen Untergrundarbeit. 1922 wurde er inhaftiert und – wie nahezu alle Mitglieder des Parteivorstands der russischen Menschewiki – zur Ausreise gezwungen. Anders als letztere übersiedelt er nicht nach Berlin, sondern nach Württemberg. Dort erwirbt er die SPD-Mitgliedschaft, wird Mitarbeiter der *Mannheimer Volksstimme* und an Hilferdings *Gesellschaft*, schreibt aber auch Artikel im österreichischen Parteiorgan *Der Kampf*. Seine Artikel zeichnet er überwiegend mit dem Namen Max Werner, manchmal mit dem Zusatz *Heidelberg*.[9]

Nach 1933 gilt er als prominenter Vertreter des linken Flügels der deutschen sozialistischen Emigration, gehört zum Vorstand der Gruppe „Revolutionäre Sozialisten" in Paris, unterstützt aber gleichzeitig die Kartellbemühungen der SPD-Gruppe Paris um Siegfried Marck. Er tritt nach 1935 – nach der Wendung der Kommunistischen Internationale – für eine Politik der Einheitsfront ein, unterstützt die jeweiligen Aufrufe des Lutetia-Kreises. Er entwickelt sich nun – bezogen auf seine publizistischen Aktivitäten – zum Militärexperten.[10] Jetzt publiziert er auch unter

---

7 Luthardt, Wolfgang (Hrsg.), Sozialdemokratische Arbeiterbewegung und Weimarer Republik. Materialien zur gesellschaftlichen Entwicklung 1927–1933, 2. Bd., Frankfurt a.M. 1978, S. 420.
8 Biographisches Handbuch der deutschsprachigen Emigration nach 1933. Band I: Politik, Wirtschaft, Öffentliches Leben, München 1980, 1999², S. 646 f.
9 Liebich, From the Other Shore, S. 340; vgl. z.B. Max Werner (Heidelberg), Die Kolonialprobleme der Sowjetunion und die chinesische Revolution. In: Der Kampf 21 (1928), Nr. 8/9), S. 345–359, hier 345.
10 Vgl. z.B. den Aufsatz Alexander Schifrin, Die Wehrmacht der Sowjetunion. In: Der Kampf 28 (1935),

einem zweiten Pseudonym, Herbert Röhn. Seine Beiträge erscheinen in der *Zeitschrift für Sozialismus*, in *Deutsche Freiheit, Marxistische Tribüne, Die Zukunft* und *Die Neue Weltbühne*.[11] 1940 übersiedelt er – wie nahezu alle führenden Menschewiki – von Paris nach New York, wo er regelmäßig Beiträge u.a. für die *New Republic* schreibt. Er unterstützt Theodor Dan 1940 bei seiner Linksabspaltung in New York mit der Zeitschrift *Neuer Weg*, während die Mehrheitsgruppe weiter den schon in Berlin und Paris publizierten *Sozialistischen Weg* herausgibt. 1951 stirbt er an Herzversagen.[12] So viel als kurzer biographischer Hintergrund.

Schifrin galt vielen zeitgenössischen Beobachtern als das intellektuelle „Wunderkind"[13] der Exil-Menschewiki. Er ist noch nicht einmal 30 Jahre alt, als er 1928 – an einer Stelle heißt es zum Mitherausgeber[14], an anderer – zum fest angestellten Redakteur[15] der *Mannheimer Volksstimme* berufen wird. Wer heute noch einmal in seinen Aufsätzen liest, wird sich – unabhängig von der Zustimmung oder Ablehnung in der Sache – der präzisen Sprache und geschliffenen Argumentation kaum entziehen können. Sicherlich ist es auch seinem geringen Alter zuzuschreiben, dass er sich anders als viele andere seiner menschewistischen Parteikollegen ausgesprochen schnell sprachlich wie politisch in das deutsche sozialdemokratische Parteileben integrierte, von den Parteigenossen kaum noch als Ausländer wahrgenommen wurde[16]. Liebich gibt die schöne Anekdote aus einem Brief von Boris Sapir wieder, dass Rudolf Hilferding in den zwanziger Jahren den Saal eines SPD-Parteitages in Begleitung seiner bei-

---

Nr. 11, S. 493–500 sowie die Schrift Max Werner [d.i. Alexander Schifrin], Sozialismus, Krieg und Europa, Strasbourg 1938.

11 Biographisches Handbuch, ebd.; Jutta v. Freyberg, Sozialdemokraten und Kommunisten. Die Revolutionären Sozialisten Deutschlands vor dem Problem der Aktionseinheit 1934–1937, Köln 1973, S. 24.

12 Liebich, From the Other Shore, S. 340.

13 Ebd., S. 100.

14 Ders. Eine Emigration in der Emigration: Die Menschewiki in Deutschland 1921–1933. In: Karl Schlögel (Hrsg.), Russische Emigration in Deutschland 1918 bis 1941. Leben im europäischen Bürgerkrieg, Berlin 1995, S. 229–242, hier 235.

15 „Zu den beiden Redakteuren Oskar Geck und Emil Maier kamen 1906 Th. Huth und Emil Hauth … Den 1928 verstorbenen Oskar Geck ersetzte Alexander Schifrin." Vgl. Udo Leuschner, [Mannheimer] Volksstimme (1. Mai 1890–9. März 1933), S. 1–6, hier 5; http://www.udo-leuschner.de/zeitungsgeschichte/spd/vstimme.htm [download vom 8.11.2004].

16 Liebich, Eine Emigration, S. 235.

den engsten Mitarbeiter Georg Denicke (auch Georg Decker genannt)[17] und Alexander Schifrin betrat, was von Delegierten mit den Worten kommentiert wurde: „Das ist die *Gesellschaft.*" Denen sei sicher nicht bewusst gewesen, dass es sich bei den beiden Hilferding begleitenden perfekt bikulturellen jungen Intellektuellen um russische Menschewisten handelte[18].

Der Reiz von Schifrins Herangehensweise an die große Themen seiner Zeit zu Beginn der dreißiger Jahre schien mir bereits bei meiner ersten Lektüre (also in den achtziger Jahren) darin zu liegen, dass er sich auf den Vergleich des russischen Bolschewismus mit dem italienischen Faschismus und insbesondere ihrer jeweiligen Herrschaftspraxis einließ, ohne dabei bereits von vorneherein von einer völligen Gleichartigkeit oder gar Gleichsetzung auszugehen bzw. umgekehrt jedwede Vergleichbarkeit abzulehnen. Den Begriff „Totalitarismus" verwendet Schifrin selbst nicht. Unter anderem deshalb hielt ich es damals auch noch nicht für sinnvoll, seinen Zugriff unter dem Rubrum eines differenzierten *totalitarismustheoretischen* Ansatzes zu klassifizieren, war doch diese Zeit noch allzu sehr von vereinfachenden *Gleichsetzungen* geprägt. „Rot gleich braun", Stalin gleich Hitler, Nationalsozialismus gleich „DDR-Sozialismus" – das waren die zeitgenössischen Stichworte einer *vereinfachenden* und schematisierenden, *politisch* motivierten und weniger *wissenschaftlichen* Debatte in der weit in die achtziger Jahre hineinragenden Zeit des Kalten Krieges.

Dies ließ es auch mir damals noch angesagt erscheinen, den Begriff des Totalitarismus nicht nur nicht positiv konnotiert zu verwenden, sondern zugleich auch einen derartig ausgewiesenen wissenschaftlichen Zugang eher für verfehlt zu halten, die inneren Differenzierungen innerhalb dieses Theorems aber damit zugleich auszublenden. Erläuternd sei angefügt, dass auch die Renaissance etwa der Schriften Hannah Arendts aber auch von anderen differenzierenderen Ansätzen erst relativ spät einsetz-

---

17 Vgl. zu seiner Person Denicke, Georg, Erinnerungen und Aufsätze eines Menschewisten und Sozialdemokraten, Bonn 1995; Scholing, Michael, Georg Decker (1887–1964). Für eine marxistische Realpolitik. In: Peter Lösche/Michael Scholing/Franz Walter (Hrsg.), Vor dem Vergessen bewahren. Lebenswege Weimarer Sozialdemokraten, Berlin 1988, S. 57–80.
18 Liebich, From the Other Shore, S. 241.

te.[19] Dass ein Teil der politischen und wissenschaftlichen Linken mit der Absage an *jedwede* Vergleichbarkeit, die ja gerade nicht zwingend Gleichsetzung bedeutet, eine partielle Immunisierung des „realen Sozialismus" vor Kritik betrieb (und zum Teil bis heute betreibt), habe ich damals zwar durchaus kritisch gesehen, sah es aber stärker als heute vorrangig der Polarisierung des Kalten Krieges geschuldet.

Heute bin ich allerdings – wie bereits in Publikationen der neunziger Jahre[20] – der sicheren Überzeugung, dass sich bei Alexander Schifrin (aber auch bei anderen Theoretikern der menschewistischen Emigration wie Theodor Dan) ausgezeichnete Ansätze für die notwendige (und zugleich differenzierte) totalitarismustheoretische Betrachtung der prägenden Diktaturen des 20. Jahrhunderts finden lassen. Insofern bleibe ich bei dem Beharren auf der Notwendigkeit, bei einer vergleichenden Betrachtung *das Verbindende wie das Trennende* zu suchen und herauszuarbeiten. Nur in diesem Sinne, nicht in dem einer Gleichsetzung aufgrund von Oberflächenphänomenen, scheint mir ein totalitarismustheoretischer Ansatz fruchtbar gemacht werden zu können.

Bevor ich mich dafür Schifrin näher zuwende, ist es jedoch zunächst erforderlich, den Rahmen der zeitgenössischen Debatte abzustecken, innerhalb deren sich auch seine Beiträge bewegen. Denn entgegen mancher Betrachtungen, die die Vergleiche wie die wechselseitigen Faschismusvorwürfe auf den verschiedenen Flügeln der Arbeiterbewegung erst ab Ende der zwanziger Jahre ins Blickfeld nehmen, entwickeln sich diese Aspekte einer sich immer weiter verschärfenden Debatte weit früher.

Leonid Luks und Bernd Faulenbach habe ich folgende Hinweise zu verdanken, die den Problemkomplex zunächst in der kommunistischen

---

19 Vgl. die jeweiligen instruktiven Überblicke über die Entwicklung unterschiedlicher Ansätze innerhalb der Totalitarismustheorie und den – durchaus kontroversen – Stand der Forschung bei Eckard Jesse (Hrsg.): Totalitarismus im 20. Jahrhundert. Eine Bilanz der internationalen Forschung, Bonn 1996; Alfons Söllner/Rolf Walkenhausen/Karin Wieland (Hrsg.): Totalitarismus. Eine Ideengeschichte des 20. Jahrhunderts, Berlin 1997; Wolfgang Wippermann: Totalitarismustheorien. Die Entwicklung der Diskussion von den Anfängen bis heute, Darmstadt 1997; Achim Siegel (Hrsg.): Totalitarismustheorien nach dem Ende des Kommunismus, Köln/Weimar 1998.
20 Vgl. z.B. Schöler, Uli, Frühe totalitarismustheoretische Ansätze der Menschewiki im Exil. In: Beiträge zur Geschichte der Arbeiterbewegung (BzG) 38 (1996), Heft 2, S. 32–47.

Sicht beleuchten. Bereits im November 1922 schreibt ein anonymer Autor in der *Internationalen Pressekorrespondenz (Inprekorr)*: „Der Faschismus und der Bolschewismus haben gemeinsame Kampfmethoden. Beiden ist es gleichgültig, ob die eine oder andere Handlung gesetzlich oder ungesetzlich, demokratisch oder nicht demokratisch ... ist. Sie gehen auf ihr Ziel los, treten Gesetze mit Füßen ... und unterordnen alles ihrer Aufgabe ... Zweifellos schweben viele von den Bolschewiki eingeführten Neuerungen wie Bakterien in der Luft und werden willkürlich von den schlimmsten Feinden Russlands nachgeahmt."[21]

Ähnlich argumentierte Nikolai Bucharin: „Es ist charakteristisch für die Kampfmethoden der Faschisten, dass sie sich mehr als irgendeine andere Partei die Erfahrung der Russischen Revolution zunutze gemacht haben. Wenn man sie formal, das heißt vom Standpunkt der Technik ihres politischen Vorgehens, betrachtet, entdeckt man bei ihnen eine genaue Kopie der bolschewistischen Taktik, wie z.B. die schnelle Konzentrierung der Kräfte, die Schaffung einer kraftvollen Militärorganisation, die erbarmungslose Vernichtung des Gegners, sobald es nötig ist und die Umstände es erfordern."[22]

Ich habe hier nicht näher zu beurteilen, ob in diesen Worten auch Bewunderung für die Kopierenden mitschwingt. Jedenfalls ist diese Beschreibung frei von Kritik, wie sie sicherlich die meisten zeitgenössischen sozialdemokratischen Stellungnahmen begleitet hätte. Man geht also durchaus noch recht ungezwungen mit einer politischen Bewegung und ihrer politischen Praxis um, deren *gegenrevolutionärer* Impetus doch bald zum Gemeingut der Betrachtung zeitgenössischer Sozialisten und Kommunisten werden sollte. Es mag eine Rolle gespielt haben, dass ja auch Benito Mussolini seine politischen Anfänge innerhalb der italienischen sozialistischen Bewegung hatte.

---

21 P.O.-I. Der Faschismus. In: Kommunistische Internationale vom 1.11.1922, S. 88; zit. nach Leonid Luks, Einsichten und Fehleinschätzungen: Faschismusanalysen der Komintern 1921–1928. In: Claudia Keller/literaturWERKstatt Berlin (Hrsg.), Die Nacht hat zwölf Stunden, dann kommt schon der Tag. Antifaschismus. Geschichte und Neubewertung, Berlin 1996, S. 77–92, hier 98; vgl. auch Bernd Faulenbach, Zur Rolle von Totalitarismus- und Sozialfaschismus-„Theorien" im Verhältnis von Sozialdemokraten und Kommunisten in den zwanziger und frühen dreißiger Jahren. In: Jahrbuch für Historische Kommunismusforschung, Berlin 2004, S. 98–110.

22 Zit. nach Luks, Einsichten, S. 83, Anmerkung 14.

Während also hier bei einem Teil der bolschewistischen Intelligenz in dieser frühen Phase durchaus die strukturellen Ähnlichkeiten und Gemeinsamkeiten zwischen russischem Bolschewismus und italienischem Faschismus gesehen und beschrieben werden, wird nahezu zeitgleich eine andere Parallelisierung zum gängigen Vokabular kommunistischer Führungskräfte im politischen Kampf mit der Sozialdemokratie. Hören wir nur stellvertretend den Vorsitzenden der Komintern, Grigorij Sinowjew aus dem November 1923. Für ihn sind die Sozialdemokraten wie auch die anderen bürgerlich-demokratischen Parteien nur Teile des regierenden „faschistischen Blocks" in Deutschland: „Nicht nur Seeckt, sondern auch Ebert und Noske sind verschiedene Spielarten des Faschismus."[23] Wir wissen, dass aus diesem zunächst nur agitatorischen Ansatz später eine ganze „Theorie" des *Sozialfaschismus* geboren wurde.[24]

Allerdings – und dies gehört zur ganzen Wahrheit dazu: Auch auf sozialdemokratischer Seite ist man mit derartigen agitatorischen Vergleichen recht schnell und auch recht früh bei der Hand. Bereits im Mai 1922, also erst kurz nach der Machtübernahme der italienischen Faschisten, konstatiert das SPD-Theorieorgan „Die Neue Zeit" bereits reichlich lapidar in seiner außenpolitischen Rundschau, beim Faschismus handele es sich um lateinischen Bolschewismus. Bei seiner Machtübernahme in Italien sei er ganz nach bolschewistischen Rezepten vorgegangen. Auch er sei ein Verächter der Demokratie und ein Anhänger der Diktatur, habe gleich dem Bolschewismus imperialistischen Charakter. Im Bolschewismus sah der ungenannt bleibende Autor den geistigen Urheber des Faschismus.[25] Die analytische Tiefenschärfe ist hier verständlicherweise noch gering, unklar auch, was mit imperialistischem Charakter gemeint war. Offen bleibt ferner, ob mit der „geistigen Urheberschaft" schon eine

---

23 Sinowjew, Grigorij, Der Deutsche Koltschak. In: Inprekorr vom 20.2.1923, S. 1540; zit. nach Faulenbach, Zur Rolle, S. 104.
24 Vgl. hierzu Weber, Hermann „Hauptfeind Sozialdemokratie". Zur Politik der deutschen Kommunisten gegenüber den Sozialdemokraten zwischen 1930 und 1950. In: Rainer Eckert/Bernd Faulenbach, Halbherziger Revisionismus: Zum postkommunistischen Geschichtsbild, München 1996, S. 25–45.
25 Außenpolitische Rundschau. In: Die Neue Zeit 29 (1922), Nr. 6 vom 5. Mai, S. 141.

weitergehende Gleichstellung oder doch nur eine bloße Verursacherrolle gemeint war.

Es gab auf dem rechten Flügel der deutschen Sozialdemokraten sogar Stimmen, die dem italienischen Faschismus zunächst Positives abgewinnen konnten, gerade auch in Abgrenzung zum Bolschewismus. Zu dessen schärfsten Kritikern gehörte Wally Zepler, die im Bolschewismus den furchtbarsten Feind der Menschlichkeit sah, mit dem es keinerlei Gemeinsamkeit geben könne[26], zugleich aber ihrer Bewunderung für die – wie sie es nannte – „Faktizität der faschistischen Macht" Ausdruck verlieh. Mussolini – so meinte sie noch im September 1923 – habe durchaus achtbare Leistungen aufzuweisen. Zwar seien die Gewaltmaßnahmen des Faschismus zu verurteilen, aber es mache einen gewaltigen Unterschied, ob sie zu guten oder schlechten Zwecken angewandt würden. Darüber sei bezogen auf den italienischen Faschismus noch nicht das letzte Wort gesprochen.[27] Ähnlich argumentierten – mit Blick auf ihre eigenen Maßnahmen der Machterhaltung – natürlich auch die Bolschewiki, ohne dafür von Zepler Vertrauensvorschuss gewährt zu bekommen, ein Widerspruch, den sie selbst nicht zu sehen schien.

Gewissermaßen „höhere Weihen" erhielt die Gleichsetzung von Bolschewismus und Faschismus schon bald durch Karl Kautsky, die immer noch unbestrittene intellektuelle Autorität der internationalen Sozialdemokratie. Erstmalig am 1. Mai 1923 verwendet er diesen Vergleich im Sinne einer Gleichsetzung, wobei allerdings noch offen bleibt, auf welchen jeweils strukturellen Identitäten dies beruht (derartige differenzierte Betrachtungen holte er erst später in mehreren Publikationen nach[28]). Er schreibt nun: „Noch sind in Italien, Ungarn, Russland die arbeitenden Massen geknebelt durch eine unerhört brutale und willkürliche Diktatur einer Partei, durch weißen oder roten Facsismus."[29] Für

26 Vgl. z.B. neben zahlreichen Aufsätzen insbesondere in den Sozialistischen Monatsheften ihre kleine Schrift Wally Zepler, Der Weg zum Sozialismus, Berlin o.J.
27 Dies., Fascismus und Sozialismus. In: Sozialistische Monatshefte vom 18.9.1923, S. 560.
28 Vgl. aus der Vielzahl seiner einschlägigen Arbeiten nur Kautsky, Karl, Die Internationale und Sowjetrußland, Berlin 1925; ders., Der Bolschewismus in der Sachkasse, Berlin 1930. Eine genauere Auseinandersetzung mit dem Wandlungsprozess seiner Einschätzungen findet sich bei Schöler, „Despotischer Sozialismus".
29 Kautsky, Karl, Maifeier und Internationale. In: Vorwärts Nr. 201/202 vom 1.5.1923.

ihn hatten die Bolschewiki angesichts der überall in Europa bemerkbaren Zurückdrängung der Revolution aus Gründen der Machterhaltung selbst die Funktion der Gegenrevolution, der Niederwerfung der Demokratie übernommen.[30] Bereits 1925 sah er – ähnlich wie bereits Wally Zepler zwei Jahre zuvor – den Bolschewismus als den im Vergleich zum Faschismus schlimmeren Feind des Proletariats an: „… die Sowjetregierung … ist augenblicklich das stärkste Hindernis seines [des Proletariats, U.S.] Aufstiegs in der Welt – schlimmer sogar als das infame Regime Horthys in Ungarn oder Mussolinis in Italien, die doch nicht jede oppositionelle Regung des Proletariats so gänzlich unmöglich machen wie das Sowjetregime. Dieses Regime ist heute … zum gefährlichsten Feind des Proletariats selbst geworden."[31]

Kautskys intellektuelle Autorität in der deutschen und internationalen Sozialdemokratie legte es nahe, dass seine Einschätzungen im politischen Tagesgeschäft schnell Verwendung fanden. Artur Crispien etwa, wie Kautsky aus der USPD kommend und nun Kovorsitzender in der wiedervereinigten Partei neben Otto Wels, führte 1924 in einer Parteitagsrede aus: „Der Bolschewismus endet im Faschismus. Das sehen wir in Ungarn, in Bayern, in Italien und auch in Russland, wo im Grunde nichts anderes als der Faschismus wütet."[32] Hört man Otto Wels auf dem Parteitag 1931, zeigt sich, dass diese Sprachregelung geblieben war: Bolschewismus und Faschismus seien Brüder. Sie basierten beide auf der Gewalt, auf der Diktatur, egal wie sozialistisch und radikal sie sich auch gebärden würden.[33]

Genau diesen Zugang aber, der – aufgrund der vielfältigen unbestreitbaren Vergleichbarkeiten in der diktatorischen Praxis beider Systeme – zu ihrer *Gleichsetzung* gelangte, lehnte Alexander Schifrin ab. Hören wir ihn zunächst selbst: „Aber für den demokratischen Sozialismus

---

30 Ders., Wandlungen der Internationale. Zum 28. September. In: Der Kampf 17 (1924), Nr. 9, S. 345.
31 Ders., Die Internationale, S. 175.
32 Crispien, Artur, Parteitagsrede. In: Sozialdemokratischer Parteitag 1924 [Berlin]. Protokoll mit dem Bericht der Frauenkonferenz, Berlin 1924, S. 49.
33 Wels, Otto, Parteitagsrede zur Konstituierung. In: Sozialdemokratischer Parteitag in Leipzig 1931 vom 31. Mai bis 5. Juni im Volkshaus. Protokoll. Leipzig 1931, S. 19.

besteht eben deshalb, weil er diese zum Teil böswilligen, zum Teil faden Analogien ablehnt, die theoretische Möglichkeit und auch ein politischer Zwang, diese beiden Diktaturen in seinem Gesichtskreis gleichzeitig zu behalten und sie auf das ihnen Gemeinsame, auf ihre Widerstandskraft zu prüfen … Trotz völlig entgegengesetzten politischen Zielsetzungen und sozialem Inhalte [sic!] weisen die bolschewistische und die faschistische Staatsmacht erstaunliche Ähnlichkeit im Aufbau, in der Struktur und in der Technik der Diktaturen auf."[34]

Den Nichtgebrauch des Genitiv können wir dem jungen Exilukrainer schon durchgehen lassen, weniger die Tatsache, dass er für seine Sichtweise den *gesamten* demokratischen Sozialismus reklamierte. Die zuvor zitierten Personen waren ja nicht irgendwer, sondern die Vorsitzenden der Partei, der er angehörte, und mit Kautsky sprach – wie bereits erwähnt – *die* intellektuelle Autorität des internationalen demokratischen Sozialismus. Aber Schifrin konnte sich schon darauf berufen, dass seine Auffassung in diesem wesentlichen Punkt zumindest von der Mehrheit der russischen Sozialdemokraten unter der Führung Theodor Dans geteilt wurde, mit der Folge, dass die Positionen Kautskys aufgrund der starken Stellung der Menschewiki innerhalb der SAI auch in den Resolutionen der Sozialistischen Arbeiter-Internationale nicht mehrheitsfähig waren.[35]

Anders als Kautsky waren die Menschewiki nämlich der Auffassung, dass der Bolschewismus durch seine terroristische Machtausübung der faschistischen Konterrevolution erst den Boden bereite, also noch nicht selbst diese Konterrevolution darstelle.[36] An Kautskys Broschüre „Die Internationale und Sowjetrussland" aus dem Jahre 1925 kritisierte Theodor Dan: „Leider hat uns aber Kautsky bei Bearbeitung seines Hauptthemas nicht das gegeben, was wir gerade vom theoretischen Führer des Marxismus zu erwarten berechtigt waren: Er gab uns keine Analyse der mannigfachen Probleme der äußeren und inneren Politik des Bolschewismus,

---

34 Schifrin, Alexander, Die Widerstandskraft der Diktaturen. In: Der Kampf 24 (1931). Nr. 11, S. 494–501, hier 496.
35 Vgl. dazu näher Schöler, „Despotischer Sozialismus", S. 766 ff.
36 Aktionsprogramm der Sozialdemokratischen Arbeiterpartei Russlands. In: Der Kampf 18 (1925), Nr. 3, S. 103.

die [sic!] Wandlungen seiner Ideen und seiner praktischen Organisationstätigkeit in ihren Beziehungen zu den internationalen Problemen des Sozialismus."[37]

Während also Theodor Dan die inhaltlichen Differenzen mit seinem Freund Kautsky – wenigstens noch zu diesem Zeitpunkt – angemessen vorsichtig austrug (später wurde der Ton auch zwischen ihnen phasenweise schärfer), kritisierte der junge Schifrin einige Jahre später durchaus heftiger, wobei mangels Namensnennung offen bleibt, wen er genau meint, ob kritisierte Ansätze innerhalb oder außerhalb der Sozialdemokratie:

„Die vulgär demokratische Kritik an der bolschewistischen Diktatur, welche in ihr nur die Reaktion schlechthin, nur die Vernichtung der Demokratie sieht, übersieht vollständig die historische Stellung und die Funktion dieser Diktatur. Die Spannkraft der siegreichen Revolution, die die alte Ordnung stürzt, ist eine unvergleichlich größere, als die der kapitalistischen Gegenrevolution, die die bestehende Ordnung schützt. Die Widerstandskraft einer Diktatur wird nicht allein durch ihre Technik, sondern auch durch ihre historische Sendung bestimmt. Die bolschewistische Diktatur hat die alte politische und soziale Ordnung vernichtet, die bürgerlich-demokratische Revolution bis in die letzten Konsequenzen getrieben, um sie später in die sozialistische Revolution zu überführen. Die faschistische Diktatur war dagegen nur eine Form des politischen Überbaus des Kapitalismus, wenn auch mit einer besonderen Eigengesetzlichkeit. Daraus resultiert aber die für die Frage nach der Stabilität der beiden Diktaturen außerordentlich wichtige Unterscheidung ihrer Funktion in Wirtschaft und Gesellschaft."[38]

Durch die Fokussierung auf die Untersuchung der potentiellen Widerstandskraft der jeweiligen Diktaturen zeigt Schifrin, dass es durchaus um mehr geht als eine akademische Frage abstrakter Unterschiede. Denn

---

37 Dan, Theodor, Kautsky über den russischen Bolschewismus. In: Der Kampf 18 (1925), Nr. 7, S. 241. Im Angesicht des stalinistischen Terrors Ende der dreißiger Jahre ging auch Dan zu direkteren Vergleichen über: „[...] Stalin himself incarnates the Bonapartist-Nazi tendencies long carried by his autocracy [...]. Theodor Dan, Pad grom pushek. In: Sotsialisticheskii Vestnik Nr. 445 vom 29. September 1939; zit. nach André Liebich, The Mensheviks in the Face of Stalinism. In: Ripensare il 1956. Socialismo Storia. Annali della Fondazione Giacomo Brodolini, Rom 1987, S. 185–200, hier 99.

38 Schifrin, Die Widerstandskraft, S. 496.

natürlich war es für die Sozialdemokratie alles andere als ohne Belang, auf welche jeweilige Dauer diktatorischer Herrschaft sie sich bezogen auf Bolschewismus bzw. Faschismus einzustellen hatte. Sicherlich dürfte sich auch Schifrin nicht unbedingt vorgestellt haben, dass sich diese Frage auch in Deutschland bereits innerhalb von zwei Jahren nicht nur abstrakt, sondern ganz konkret und nicht minder brutal stellen würde. Dieser Hinweis auf den zeitlichen Horizont seines Aufsatzes macht es zugleich erforderlich, daran zu erinnern, dass er nur über den italienischen Faschismus bzw. den russischen Bolschewismus *an der Macht* schrieb, d.h. den Nationalsozialismus bislang *nur als Bewegung* wahrnehmen konnte. Zudem schrieb und argumentierte er noch auf einem Kenntnisstand über die Begleiterscheinungen und Folgen von forcierter Industrialisierung und Zwangskollektivierung in der Sowjetunion, bei dem noch nicht unbedingt unsere heutige Kenntnis vorausgesetzt werden darf.

Aber natürlich hatte sich Schifrin auch schon in den Jahren zuvor publizistisch mit den jeweiligen politischen Entwicklungen in der Sowjetunion bzw. dem aufkommenden Faschismus bzw. Nationalsozialismus auseinandergesetzt. Bzgl. der Sowjetunion kann ich hier nur darauf hinweisen, dass er 1928 eine kenntnisreiche Untersuchung über die Kolonialprobleme der Sowjetunion und ihre Beziehungen zur chinesischen Revolution vorlegt. Die besondere Pointe dieses Textes liegt darin, dass Schifrin darin die Sowjetunion selbst als großes Kolonialreich in der Nachfolge des Zarismus vorstellt, dem er aber zugleich konzediert, nach einigen Kurswechseln zu einem bedeutenden antiimperialistischen Faktor in der Weltpolitik geworden zu sein.[39] In einem weiteren Grundsatzartikel, auf den ich noch zurückkommen werde, hatte er sich ein Jahr zuvor so kritisch wie kenntnisreich mit dem theoretischen Gebäude des „Sowjetmarxismus" auseinander gesetzt.[40]

Wenn bzgl. des Faschismus bei ihm davon die Rede ist, dass er – wenn auch mit einer besonderen Eigengesetzlichkeit – nur eine besondere Form des kapitalistischen Überbaus darstelle, dann darf das nicht

39 Ders., Die Kolonialprobleme, S. 345.
40 Ders., Der Sowjetmarxismus. In: Die Gesellschaft 5 (1928) Bd. II, S. 42–67.

dahingehend missverstanden werden, als habe Schifrin zu den Anhängern ökonomistischer Ableitungen dieser Bewegung und Herrschaftsform gehört. Es war ja in zeitgenössischen kommunistischen Kreisen und auch bei Teilen der sozialdemokratischen Linken ein gängiger Topos, den Faschismus bzw. Nationalsozialismus durch seine finanzielle Abhängigkeit vom Groß- und Finanzkapital zu charakterisieren.[41] Dagegen wandte sich Schifrin scharf. Es sei falsch, den Faschismus als einen mechanischen Reflex irgendeines ökonomischen Tatbestandes zu betrachten.[42] Ein Jahr zuvor hatte er dies so begründet: „Man muß dieses Merkmal des Faschismus, sein Eigenleben besonders betonen. Wie wichtig die Verbindung des Faschismus mit dem auch ist, nicht der Auftrag des Großkapitals an sich, sondern das Eigenwesen des Faschismus macht ihn zu einem besonders gefährlichen Gegner des Proletariats.".[43]

Ich kann hier ebenfalls nur darauf hinweisen, dass Alexander Schifrin bei seiner Kategorisierung des Verhältnisses von kapitalistischer Produktionsweise und faschistischer bzw. nationalsozialistischer Bewegung nicht durchgehend stringent argumentiert, seine Argumentationslinien verändert, im Laufe der Jahre selbst eine Reihe immanenter Widersprüche produziert. Benno Fischer hat dies in seiner Untersuchung über die Theoriediskussion in der Weimarer SPD detailliert nachgezeichnet.[44]

Für unseren Zusammenhang reicht die Betrachtung, wie Schifrin – auch im Bereich der Ökonomie – die jeweiligen Unterschiede und Vergleichbarkeiten zwischen Bolschewismus und Faschismus an der Macht

---

41 Vgl. hierzu näher Heinemann-Grüder, Andreas, Untersuchung des Faschismusbildes von SPD und KPD anhand von Parteizeitschriften und Parteitagsprotokollen 1921–1929/30 unter theoriegeschichtlichen Aspekten, Berlin 1982 [Staatsexamensarbeit]; Saggau, Wolfgang, Faschismustheorien und antifaschistische Strategien in der SPD, Köln 1982; Sturm, Reinhard, Faschismusauffassungen der Sozialdemokratie in der Weimarer Republik. In: Richard Saage (Hrsg.), Solidargemeinschaft und Klassenkampf. Politische Konzeptionen der Sozialdemokratie zwischen den Weltkriegen, Frankfurt a.M. 1986, S. 302–330; Wippermann, Wolfgang, Zur Analyse des Faschismus. Die sozialistischen und kommunistischen Faschismustheorien 1921 bis 1945, Frankfurt a.M. 1981.

42 Schifrin, Alexander, Gegenrevolution in Europa. In: Die Gesellschaft 8 (1931) Bd. I, S. 1–21, hier 5.

43 Ders., Parteiprobleme nach den Wahlen. In: Die Gesellschaft 7 (1930), Bd. II, S. 395–412, hier 399.

44 Vgl. Fischer, Benno, Theoriediskussion der SPD in der Weimarer Republik, Frankfurt a.M./Bern/New York, 1987, S. 217 ff. mit weiteren Nachweisen.

charakterisiert. Hier sieht er mehr Differenzen als Gemeinsamkeiten: In der bolschewistischen Diktatur werde die Macht des Staates durch seine Wirtschaftsmacht potenziert. Dem Staat gehöre die ökonomische Verfügungsgewalt, Staatswirtschaft und Volkswirtschaft seien in weitem Maße Synonyme. Aber diese Verbindung zwischen Staat und Wirtschaft berge in sich auch die Gefahr, dass sich die Erschütterung der Wirtschaft unmittelbar in die Staatskrise umsetzen und die Diktatur sprengen könnte.

Als Wirtschaftsmacht sei dagegen die faschistische Diktatur – natürlich nur im Vergleich dazu – völlig einflusslos. In der Frage staatlicher Wirtschaftsbetätigung sei der Faschismus extrem liberalistisch. Er verzichte grundsätzlich auf die Wirtschaft der öffentlichen Hand und treibe konsequent eine Politik der Entstaatlichung und Entkommunalisierung. Seine Intervention beschränke sich auf gewöhnlichen Protektionismus und politische Kontrolle der Wirtschaft. Diese größere Unabhängigkeit sichere dem faschistischen Staat damit eine größere Stabilität als dem bolschewistischen. Ich kann hier nur den Zwischenkommentar einschieben, dass sich diese Beobachtung für die spätere nationalsozialistische Diktatur nicht so eindeutig aufrechterhalten ließe.

Die größere Widerstandskraft der bolschewistischen Diktatur resultiert deshalb aus seiner Sicht aus einem anderen Zusammenhang: Sie habe die soziale Pyramide des Landes gewaltig umgeformt und umgeschichtet. Ganze gesellschaftliche Klassen, und zwar dem Regime feindliche Klassen, seien sozial vernichtet, aufgelöst, durch die neue soziale Struktur des Landes absorbiert worden. Der Großgrundbesitz, das Großkapital seien nicht allein als soziale Verhältnisse, sondern auch als soziale Schichten verschwunden. Auf diese Weise sei die Gefahr der sozialen Restauration beseitigt worden, da ihre Träger, soweit die sie bildenden Menschen nicht physisch zugrunde gegangen oder emigriert seien, sozial deformiert und durch die neue Gesellschaft aufgesaugt wurden. Die Diktatur habe sich auf diese Weise klassenbildende Macht angemaßt. Ihre Widerstandskraft – so resümiert er diesen Gedankengang – sei auf diese Weise riesig gesteigert worden.[45]

45 Schifrin, Die Widerstandskraft, S. 496 f.

Anders also als viele andere zeitgenössische linke sozialdemokratische Theoretiker belässt es Schifrin nicht bei einer abstrakten Unterscheidung der beiden Diktaturen hinsichtlich ihrer ideologischen Zielsetzungen bzw. ihrer jeweiligen sozialen Verankerung. Diese Unterschiede sieht er auch, unterlegt sie aber mit einer genaueren Betrachtung ihrer unterschiedlichen ökonomischen Stabilitäten. Ich glaube, es lässt sich nicht bestreiten, dass Schifrin auf diese Weise gewichtige Gründe dafür liefern kann (die allerdings einiger weiterer Ergänzungen bedürften), warum sich die bolschewistische Diktatur immerhin über den Zeitraum von sieben Jahrzehnten hinweg als extrem widerstandsfähig erwiesen hat. Ich füge hinzu: zugleich aber auch als extrem unflexibel und damit veränderungsresistent, was zu *einer* Bedingung ihres Scheiterns im Wege nicht der Revolution, sondern der *Implosion* wurde.

Schifrin betont jedoch zugleich (und hier wiederum ohne Namensnennung gegen die Schönfärber der Sowjetunion), dass es ausgesprochen kurzsichtig sei, hinter den beschriebenen Unterschieden zugleich die Ähnlichkeit ihrer Machtstruktur und -technik nicht zu bemerken. *Erstes Charakteristikum* für beide und das, was er den „modernen Diktaturstaat" nennt – wir würden heute sagen: diese Form totalitärer Herrschaft, sei vor allem die ungeheure Anhäufung und Konzentration der Gewaltmittel. Schifrin arbeitet dabei den Unterschied zu früheren absolutistischen und halbabsolutistischen Staaten heraus, nämlich, dass deren Machtorgane noch nicht derart politisiert waren und zudem in keiner Beziehung zu irgendeiner massenhaften politischen Herrschaftsorganisation standen. Ein neues, wichtiges Element „totalitärer Herrschaft" ist hiermit benannt. Hören wir ihn dazu nochmals selbst:

„Die faschistische und die bolschewistische Diktatur politisieren ihre Wehrmacht und militarisieren die Diktaturparteien. Die faschistische Miliz ist eine den Staat beherrschende und das Regime sichernde Parteigarde. Die kommunistische Partei der Sowjetunion organisiert ihre militärischen ‚Formationen für besondere Bestimmungen', gibt der Roten Armee kommunistische Parteikaders und besorgt, dass in den Mannschaften der Bestand der Kommunisten nicht unter einem sehr bedeutenden Prozentsatz (35 bis 40 Prozent) steht. Ein mächtiger weitverzweigter Repressalienapparat, ein politischer Überwachungsdienst durchdringt, belauscht und belauert den ganzen Staat."[46] Ich glaube, diese zutreffenden Beobachtungen bedürfen keiner weiteren Erläuterungen und Illustration, sie sind durch die lange Geschichte beider Diktaturen vielfältig belegt.

Das *zweite Charakteristikum*, das er beschreibt, ist die moderne Diktatur als Parteistaat, und zwar als Einparteistaat. Sie vernichte ihre Gegner, löse sie auf. Umgekehrt werde in diesem Prozess auch die Diktaturpartei verstaatlicht – ein Hinweis, der die schon damals erkennbare langsame Umformung insbesondere der bolschewistischen Partei der Berufsrevolutionäre zutreffend charakterisiert, allerdings in ihren dramatisch lähmenden Auswirkungen sicherlich erst in der Spätphase vollends zutage trat. Beiden Diktaturen – so Schifrin weiter – sei die zentralistische und autoritäre Leitung von Staat und Partei gemeinsam. Die zentralistische Parteistruktur werde auf den Staat übertragen. Die weiter in diesen Zusammenhang gehörenden Gesichtspunkte können hier nur stichpunktartig genannt werden: der Grundsatz der Elite, der Hierarchie, des Korporativismus mit gegängelten sozialen Massenorganisationen, der nichts mit einer freien sozialen Organisation des Volkes zu tun habe, sondern der Verhinderung des Austragens sozialer und politischer Konflikte diene.

Als *drittes Charakteristikum* nennt Schifrin die Herstellung eines Monopols auf Kultur. Die Kultur wird verstaatlicht. Alle Apparate, die Presse, das Verlagswesen, die Schule usw. werden in den Dienst der regierenden Partei und des Parteistaates gestellt. Die Diktatur bestimmt selbst den materiellen Inhalt der Ideologie. Sie verwendet alle geistigen und psychologischen Beeinflussungsmittel, einschließlich der Massenpsychologie, um die Seele der Masse wie nie eine andere Diktatur zuvor in der Geschichte zu bearbeiten.[47]

Alle drei genannten Charakteristika lassen sich problemlos durch verschiedenste Herrschaftspraktiken *beider* Diktaturen illustrieren und unterstreichen. Schifrin hat allerdings – wie bereits erwähnt – gerade letzteren Gesichtspunkt mit besonderem Blick auf den sog. „Sowjetmar-

---

46 Ebd., S. 498.
47 Ebd., S. 498 ff.

xismus" in einem früheren Aufsatz erhellend etwas genauer untersucht. Darauf soll hier nochmals kurz eingegangen werden. Zunächst skizziert er den Prozess einer Umformung des zeitgenössischen Marxismus[48] hin zu einem falsifizierten und mystifizierenden Sowjetmarxismus, d.h. die Indienststellung als partei- und staatsoffizielle Ideologie. Diesem neuen Konstrukt misst er drei charakteristische Merkmale zu, die – sicherlich mit Modifikationen – auch für die faschistische bzw. nationalsozialistische Ideologie Aussagekraft besitzen. Er nennt als Merkmale, dass es sich um eine *universale*, eine *geschlossene* und eine *verbindliche* Ideologie handele.

Der Universalismus werde daraus ersichtlich, dass der Sowjetmarxismus enzyklopädisch-weltanschauliche Ansprüche erhebe, er wolle ein einheitliches Weltbild geben. Seine Geschlossenheit bestehe darin, dass man eine innere unmittelbare Verbundenheit zwischen den aktuellsten Teilen der Ideologie (der politischen Theorie und Taktik) und ihren philosophischen und soziologischen Voraussetzungen postuliere. Damit verwandelten sich derartige Kategorien in sakrale Formeln, die zur Stützung und theoretischen Heiligung jeder politischen Aktion in der Vergangenheit Gegenwart und Zukunft verwendet werden können. Sie würden damit zu reinen Zwecksymbolen. Besonders wichtig sei aber das dritte Merkmal, nämlich dass der Sowjetmarxismus eine verstaatlichte und verbindliche Ideologie sei. Der Staat bestimme, welche ideologischen Elemente notwendig und erwünscht, welche nur duldbar und bestenfalls zulässig und welche schädlich und unzulässig seien. Der Sowjetmarxismus sei damit eine *Zwangsideologie*. Sie gehöre in die Reihe der psychischen Zwangsmittel, über die der Sowjetstaat verfüge.[49]

An dieser Stelle fehlt der Raum, diese Betrachtungen Schifrins nochmals einer genaueren Würdigung und kritischen Prüfung zu unterziehen. Deshalb summarisch einige letzte Bemerkungen: Der besondere Wert der Untersuchungen Schifrins scheint mir in der Differenziertheit seiner

---

48 Vgl. kritisch zum Begriff aus heutiger Sicht Uli Schöler, Ein Gespenst verschwand in Europa. Über Marx und die sozialistische Idee nach dem Scheitern des sowjetischen Staatssozialismus, Bonn 1999, S. 81 ff.
49 Schifrin, Der Sowjetmarxismus, S. 45 ff.

Herangehensweise zu liegen. Seine Betonung der Unterschiede in den Entstehungsbedingen, sozialen Verwurzelungen und ideologischen Zielsetzungen beider Diktaturen und ihrer Träger verleiten ihn nicht dazu, die spezifischen Vergleichbarkeiten bzw. Gemeinsamkeiten in der Machtstruktur, -technik und -ausübung aus dem Blick zu verlieren. Er entgeht bei seinem Zugriff zudem der Gefahr ökonomistischer Vereinfachungen, was wiederum das Auge für die massenpsychologischen Aspekte dieser Herrschaftsformen schärft.

Schifrins Analysen sind es deshalb wert, bei künftigen Debatten über die frühe Entstehung differenzierter Formen totalitarismustheoretischer Erklärungsansätze stärkere Beachtung zu finden.

Wer kennt heute noch Max Seydewitz?

Im Februar dieses Jahres ist in Dresden Max Seydewitz gestorben. Für viele der Jüngeren wird noch nicht einmal sein Name bekannt sein. Nur wenige, wie etwa Walter Fabian, haben ihn noch als politischen Kampfgefährten erlebt. Warum also ist sein Tod Anlass, sich seiner zu erinnern? Die Antwort klingt recht allgemein und birgt doch eine Reihe von Problemen in sich: Max Seydewitz' Leben repräsentiert ein großes Stück der Geschichte der deutschen Arbeiterbewegung, begleitet von Widersprüchen, Irrtümern und Spaltungen, deren Erinnerung uns angesichts zweier wesentlicher Brüche heute immer noch schwerfällt. Zwölf Jahre Nazi-Faschismus haben vieles an Traditionsbewusstsein, an Überlieferung und Kontinuität in der deutschen Arbeiterbewegung zerstört. Die Teilung Deutschlands in zwei selbständige Staaten in den Jahren danach hat hierzulande all diejenigen in Vergessenheit geraten lassen, die sich – ob vorher Sozialdemokraten oder Kommunisten – wie Seydewitz bewusst dafür entschieden hatten, im östlichen Teil ein besseres, ein sozialistisches Deutschland aufbauen zu wollen. Und dennoch – der Name Seydewitz bleibt untrennbar insbesondere mit der Geschichte der ersten deutschen, der Weimarer Republik und ihrer Sozialdemokratie, insbesondere ihres linken Flügels, verknüpft.

Wer war nun dieser Max Seydewitz? Er wird als Sohn eines Gerbers am 19. Dezember 1892 in der Tuchmacherstadt Forst in der Lausitz geboren. Politisch sozialisiert wird er in der vom Stiefvater – einem sozialdemokratisch organisierten Zigarrenmacher, der Vater ist früh verstorben – und der Mutter gepachteten Kneipe des Arbeiterviertels, dem Stammlokal eines Arbeitergesangvereins. Die ersten politischen Versammlungen erlebt er als Junge unter dem Tisch sitzend, da bei der Entdeckung der Teilnahme von Jugendlichen an Parteiversammlungen der anwesende Polizeibeamte die Veranstaltung sofort aufzulösen hatte. Im Sommer 1907 ist er eines der Gründungsmitglieder der Forster Sozialistischen Arbeiterjugend. Die Arbeit in der Jugendorganisation weckt seine kulturellen und literarischen Interessen. Seine berufliche Ausbildung erhält er als Schriftsetzerlehrling am „Forster Tageblatt". An seinem 18. Geburtstag tritt er der SPD bei. Die Beendigung der Lehrzeit fällt zusammen mit dem Tod der Mutter. Seydewitz geht als Wandergeselle auf die Walz. 1914 zum Kriegsdienst eingezogen, gelingt es ihm, den untauglichen „Deppen" zu mimen und so dem Fronteinsatz zu entgehen. Noch in der Kriegszeit beginnt er, kleinere Artikel zu schreiben.

Als die MSPD in Halle 1918 per Inserat einen Redakteur für ihr dortiges Parteiblatt sucht, bewirbt er sich und bekommt die Stelle. Bei der gegenüber dem USPD-Organ „Volksblatt" viel kleineren „Volksstimme" wird er schon ein Jahr später Chefredakteur, weil sein Vorgänger in den Reichstag einzieht. Anfang 1920 wechselt er in die gleiche Funktion beim „Sächsischen Volksblatt" in Zwickau. Die Politik der Parteiführung in der Novemberrevolution und danach treibt ihn auf den linken Flügel der Partei, wobei er die Zeitung als Sprachrohr seiner Kritik benutzt. Als Vertreter der Opposition wird er auf dem Görlitzer Parteitag 1921 in die Programmkommission berufen und kurz darauf zum Bezirksvorsitzenden in Zwickau-Plauen gewählt. Dies blieb er auch nach der Vereinigung mit der Rest-USPD. Seydewitz gehörte nun auch zum linken Flügel der vereinigten Partei.

Seine kritische Haltung gegenüber der Politik der Parteiführung erhielt neue Nahrung, als die Reichsregierung mit der Billigung Eberts 1923 die Arbeiterregierungen in Sachsen und Thüringen unter Zuhilfenahme der Reichswehr absetzt. 1924 wird Seydewitz Reichstagsabgeordneter, 1927 verantwortlicher Redakteur des neugegründeten Organs der Linksopposition „Der Klassenkampf". Er kämpft an vorderster Stelle gegen die opportunistische Politik der Parteiführung in Sachen Panzerkreuzerbau und später gegen die Tolerierung der Brüningschen Notverordnungspolitik. Er gehört mit zu denjenigen, die ihrem „nein" in diesen Fragen auch ein fraktionsabweichendes Stimmverhalten im Reichstag folgen lassen. Die Partei reagiert zunächst mit Missbilligungsbeschlüssen. Als sich die Konflikte weiter zuspitzen, werden die Führer der Opposition, Max Seydewitz und Kurt Rosenfeld, 1931 mit der vorgeschobenen Begründung, „sonderorganisatorische" Bestrebungen verfolgt zu haben (der „Klassenkampf" hatte Adressen zum Aufbau eines Bücherdienstes gesammelt), aus der Partei hinausgeworfen.

Noch im gleichen Jahr gründen sie die Sozialistische Arbeiterpartei Deutschlands (SAP), die die Politik der Einheitsfront auf ihr Panier schreibt. Doch die kleine Partei, der sich bald eine Reihe anderer Splittergruppen anschließt, wird zwischen (der Brüning tolerierenden) SPD und (der starr an der Sozialfaschismustheorie festhaltenden) KPD zerrieben. Seydewitz und Rosenfeld geben 1933 auf, empfehlen die Auflösung der Partei. Seydewitz tritt 1934 der KPD bei, arbeitet aber verdeckt mit seinen früheren Weggefährten Aufhäuser und Böchel, die in der SPD geblieben waren, in der Gruppe Revolutionärer Sozialisten weiter, die in Opposition zum Prager Exilparteivorstand der SOPADE steht. Er muss selbst ins Exil, gelangt über Prag, Norwegen schließlich nach Schweden, wo er an der kommunistischen Wochenschrift „Die Welt" mitarbeitet. Hier entsteht auch – neben anderen Schriften – seine Untersuchung über den Weg der Sowjetunion mit dem Titel „Stalin oder Trotzki", eine reichlich unkritische Stalin-Apologie.

Im Dezember 1945 kehrt Max Seydewitz in seine Heimat zurück. In den Gründerjahren der SBZ bzw. DDR fungiert er einige Jahre als sächsischer Ministerpräsident. Später teilt er jedoch das Schicksal vieler SED-Funktionäre, die in der Zwischenkriegszeit Sozialdemokraten oder Mitglieder der kleinen Zwischenparteien in der Arbeiterbewegung waren. Er wird in unbedeutendere Funktionen abgeschoben, bleibt aber Mitglied der Volkskammer. Mit 75 Jahren scheidet er aus seiner letzten beruflichen Funktion als Generaldirektor der Staatlichen Kunstsammlungen Dresden aus.

Wer sich über seinen Werdegang in der Weimarer Republik informieren will, dem sei der erste Teil seiner Lebenserinnerungen empfohlen („Es hat sich gelohnt zu leben"), lebendig und anregend geschrieben. Es ist allerdings an wichtigen Weichenstellungen zu sehr von dem Bemühen des späteren Kommunisten geprägt, die Irrtümer des damaligen linken Sozialdemokraten zu beleuchten und zu korrigieren. Die oft spannende Schilderung der eigenen Rolle in politischen Konflikten tritt an diesen Stellen hinter die Anpassung an eine linienförmige Geschichtsbetrachtung zurück. Man spürt noch heute etwas von der geradezu übermenschlichen Selbstverleugnung, die die verschiedenen Phasen des Stalinismus weiten Teilen der Kader der Arbeiterbewegung aufnötigten, wenn man in Seydewitz' Erinnerungen die Beschreibung seines glühenden Bekenntnisses zur Sowjetunion der späten 30er Jahre liest und um das Schicksal seiner Söhne weiß, über das er kein Wort verliert. Sie wurden zur gleichen Zeit in Moskau wegen angeblicher antisowjetischer Sabotagetätigkeit verhaftet und verschwanden für einige Jahre, nachdem man sie zu Haftstrafen verurteilt hatte.

Max Seydewitz war nie ein großer Theoretiker. Seine linksoppositionelle Haltung in der Sozialdemokratie entwickelte er nicht aus abstrakten Marx-Studien, sondern in den tagespolitischen Konflikten. Den – aufgenötigten – Irrweg mit der SAP hat er selbst frühzeitig erkannt. Auch wer seinen späteren Entwicklungsweg in und mit der KPD bzw. SED in der Emigration und in der DDR für falsch hält, sollte sein weiteres Wirken in der Arbeiterbewegung respektieren. Ungeachtet dessen bleibt Seydewitz' unerschütterliches Wirken für eine sozialistische Neuorientierung der SPD, für die Überwindung der opportunistischen Anpassungspolitik auf der einen und des links-radikalen Voluntarismus auf der anderen Seite der Arbeiterbewegung und für das Zustandekommen der Einheitsfront gegen den Faschismus am Ende der Weimarer Republik. So kann er Leitbild für die Arbeit von Linkssozialisten und Marxisten in der heutigen Sozialdemokratie sein. Mit Max Seydewitz ist ein weiterer Veteran der Arbeiterbewegung von uns gegangen.

Eine europäische Sozialistin: Anna Siemsen

„Vor dem Vergessen bewahren", so lautete vor gut einem Vierteljahrhundert der programmatische Titel eines kleinen, von Peter Lösche, Michael Scholing und Franz Walter herausgegebenen Bändchens. Es versammelte „Lebensbilder Weimarer Sozialdemokraten", also von Personen, deren Wirken das Bild der Sozialdemokratie in der Weimarer Republik – manche entscheidend, andere eher nur am Rande – mitgeprägt haben. Zu Ihnen gehört die knappe Skizze von Ralf Schmölders über eine faszinierende Frau, Anna Siemsen, die bis heute nur einer allenfalls kleinen Zahl von Spezialisten im Bereich der Erziehungswissenschaften bzw. der Zeitgeschichte bekannt sein dürfte. Erst in der jüngeren Vergangenheit erinnern nun wieder einige erziehungswissenschaftliche Arbeiten an ihr Wirken.

Anna Siemsen wird 1882 als zweites Kind einer konservativen Pfarrersfamilie in Westfalen geboren. Sie studierte u.a. in München und Bonn, wo sie ihr Lehrerinnenexamen und die Promotion (über die Verstechnik Hartmann von Aues) abschloss. Entsprechend arbeitete sie einige Jahre an verschiedenen Standorten als Lehrerin, wie übrigens auch ihr Bruder August, den es später – seiner Schwester ähnlich – ebenfalls in die Politik zog. Beide sind wohl eines der frühesten Beispiele zweier Geschwister, die es beide zu Reichstagsmandaten brachten. Alle drei Brüder zogen in den ersten Weltkrieg und wandelten sich ob ihrer je individuellen Erlebnisse zu entschiedenen Kriegsgegnern, was nicht ohne Einfluss auf ihre Schwester Anna blieb.

Ihr jüngerer Bruder Hans, der sich früh zu einer Schriftstellerkarriere entschloss und der aus seiner Homosexualität keinen Hehl machte, betreute 1915/16 redaktionell die Berliner Literaturzeitschrift „Zeit-Echo" und eröffnete so seiner Schwester Anna die ersten Kontakte zur expressionistischen, linksintellektuellen und kriegskritischen Schriftstellerszene um Heinrich Mann und Kurt Hiller. Sie wird 1917 in Düsseldorf Mitglied in der Vorläuferorganisation der „Deutschen Liga für Menschenrechte", dem „Bund Neu Vaterland". Von dort ist es nicht mehr weit zu einem Engagement auch in der Sozialdemokratie. In der Endphase des Krieges und in den revolutionären Ereignissen am Ende des Jahres 1918 wirbt sie für eine gemeinsame Politik der auseinandergebrochenen sozialdemokratischen Parteien. Erst als sich im März 1919 die sozialdemokratische Reichsregierung dazu entscheidet, erste Freikorps gegen die revoltierenden Arbeiter nach Düsseldorf zu schicken, tritt sie der USPD bei. Dies verdient an dieser Stelle auch deshalb festgehalten zu werden, als Anna Siemsen auch in späteren Jahren immer mal wieder der Vorwurf mangelnder Parteidisziplin und Parteitreue begegnet. Dabei hat sie es sich Zeit ihres Lebens mit dem Thema der mangelnden Einheit in der Arbeiterbewegung gewiss nicht leicht gemacht.

1920 bekleidet sie eine neu geschaffene Beigeordnetenstelle für das Fach- und Berufsschulwesen der Stadt Düsseldorf, wechselt zunächst 1921 als Oberschulrätin und Dezernentin nach Berlin und 1923 weiter nach Thüringen, wo SPD und KPD für eine kurze Periode eine gemeinsame linke Regierung bilden. Dort übernimmt sie die Stelle einer Schulrätin für das mittlere Schulwesen und erhält zudem eine Honorarprofessur an der Universität Jena. Neben Kurt Löwenstein wird sie zur bildungspolitischen Expertin der USPD. Den verhängnisvollen Unterwerfungskurs der USPD-Mehrheit unter das Diktat der Anschlussbedingungen an die Kommunistische Internationale macht sie nicht mit und kehrt folgerichtig 1922 mit der verbliebenen Rest-USPD in die vereinigte Sozialdemokratische Partei zurück.

Ihre thüringer Tätigkeit legt es nahe, dass sie auch zu einer engagierten Referentin in der legendären Heimvolkshochschule Tinz wird, einem Hort jugendorientierter wie linkssozialistischer Theorievermittlung. Auch in dieser Periode bleibt sie bei ihrer Haltung eines „pädagogischen Eros" auch in schwierigen politischen Auseinandersetzungen. Sie ist strikt gegen die Linie des Parteivorstandes, die unbotmäßige Gruppe des „Internationalen Jugendbundes" innerhalb der Jungsozialisten und der SAJ, die sich an den Theorien des Göttinger Philosophen Leonard Nelson orientiert, aus der Partei hinauszuwerfen. Obwohl sie die politische Orientierung der „Nelsonianer" nicht teilt, plädiert sie – vergeblich – für Lösungen per Diskurs und nicht per Ausschluss. In diesen Jahren beginnt auch ihre Mitarbeit bei der Herausgabe der „Jungsozialistischen

Schriftenreihe" zusammen mit Georg Engelbert Graf und dem Österreicher Max Adler. Das hinderte sie nicht daran, gleichzeitig regelmäßig in den innerparteilich eher als „rechts" geltenden „Sozialistischen Monatsheften" Joseph Blochs zu publizieren, mit dem Sie eine solide geistige Freundschaft verband, die ihre Fundierung sicher u.a. in beider Orientierung auf eine europäische Perspektive sozialistischer Politik hatte.

1928 wird Anna Siemsen auf der Liste der Leipziger SPD in den Berliner Reichstag gewählt (und von ihrem weit bekannteren Fraktionskollegen und zeitweiligen Finanzminister Rudolf Hilferding als die „gescheiteste Studienrätin" der Republik begrüßt). Die Zuspitzung der innerparteilichen Auseinandersetzungen in der SPD über den politischen Kurs (Panzerkreuzerbau und Wehretat) sieht Anna Siemsen nun eindeutig auf dem linken Flügel der Partei. Ihre kleine Broschüre über „Parteidisziplin und sozialistische Überzeugung" ist mit das Klügste, was in dieser Krise zu jenem schwierigen Spannungsverhältnis verfasst wurde. Sie verficht weder den orthodoxen Standpunkt des unverrückbaren Primats der Parteieinheit und -disziplin um jeden Preis, noch räumt sie umgekehrt dissentierenden Standpunkten das unterschiedslose Recht auf jedwede individualistische Handlungsfreiheit ein. Sie enthält aber die kluge Suche nach einer Auflösung des Spannungsverhältnisses zwischen Überzeugungstreue des Einzelnen bei gleichzeitiger Bewahrung der notwendigen Geschlossenheit im Auftreten einer Partei bzw. Fraktion.

Sie hat dafür in der innerparteilichen Debatte nicht viel Zustimmung erhalten. Die Resultate sind bekannt. Abgeordnete wie Kurt Rosenfeld und Max Seydewitz müssen Partei und Fraktion verlassen, und auch Anna Siemsen schließt sich nach einigem Zögern der neuen Partei SAPD an, in der ja ebenso Willy Brandt für viele Jahre seine politische Heimat fand. Sie selbst stieß mit ihrer individuellen Position aber auch dort bald an Grenzen, die ihr nicht gefielen. Die innerparteilichen Richtungsauseinandersetzungen innerhalb der SAPD unterschieden sich in ihren Verlaufsformen nicht grundlegend von denen in der SPD, so dass Siemsen die Partei schon bald wieder verließ. Es dürfte nicht zu weit gehen zu behaupten, dass hier auch ihre realistischere Zeitdiagnose in Hinsicht auf die drohenden Gefahren zum Ausdruck kamen, die im Theorie- und Strategiegezänk der verschiedenen innerparteilichen Fraktionen einer Kleinstpartei aus dem Blick zu geraten drohten. Es gab nicht viele, die es 1932 bereits so klarsichtig formulierten: „Wir befinden uns ganz eindeutig in der letzten Phase vor der Machtergreifung der Nationalsozialisten. Aller Wahrscheinlichkeit nach wird diese nicht auf dem Weg des Putsches, sondern auf legale und sogar parlamentarische Weise erfolgen."

Die reale Machtübernahme schon wenige Monate später machte einen Verbleib der politisch engagierten Siemsen-Geschwister in Deutschland unmöglich. Anna und August flohen in die Schweiz, August von dort mit seiner Familie weiter nach Argentinien. Hans verschlug es in die USA. In Zürich war es der religiöse Sozialist Leonard Ragaz, der ihr die Integration in die Schweizer Sozialdemokratie erleichterte, wo sie ihre unermüdliche Publikations- und Bildungstätigkeit wieder aufnahm. Nach Kriegsende kehrte sie nach Deutschland, konkret nach Hamburg, zurück, wo ihr erneut eine Stelle im Bildungswesen angeboten worden war. Aber alle Versuche, sie in der Nach-NS-Periode ihrem Rang und ihrer Intellektualität angemessen zu beschäftigen, scheiterten an dem Unwillen der sich schnell wieder aus den früheren Mitläufern und Parteigängern rekrutierenden Bürokratie. Ein Neuanfang mit den unbelasteten Köpfen aus der Emigration war nicht das, was in der jungen Bundesrepublik auf der Tagesordnung stand. So starb Anna Siemsen Anfang 1951 nach zwei schweren Darmoperationen weitgehend unbeachtet und sicher auch erschöpft und enttäuscht in Hamburg.

Schaut man auf ihr Leben und ihr Werk zurück, so bleibt der Eindruck einer ungeheuer klugen und engagierten Frau, die ihr Leben ganz in der Arbeiterbewegung verbracht hat. Als ihr „Opus magnum" gilt die 1948 in Hamburg erschienene Schrift „Die gesellschaftlichen Grundlagen der Erziehung", die von ihr in wesentlichen Teilen bereits 1934 in ihrer Schweizer Exilzeit verfasst worden war. In der neueren Literatur sieht man darin mit guten Gründen eine kritisch-emanzipatorisch und historisch-materialistisch angelegte Allgemeine Pädagogik, in der sie die gesellschaftliche Bestimmtheit von Mensch und Erziehung nicht nur berücksichtigt, sondern systematisch aufarbeitet. Was Siemsens Ansatz dabei auszeichnet (und von den meisten zeitgenössischen Konzepten unterscheidet) ist ein Verständnis von „Bildung" als einem lebenslangen und somit nicht nur auf Heranwachsende zutreffenden komplexen und allseitigen Prozess der *Selbst*bildung und *Selbst*gestaltung, der immer einen reflexiven Charakter trägt: Bildung umschließt auf diese Weise existentielle Fragen der Selbstvergewisserung, Sinnkonstitution und zeitgeschichtlichen Ortsbestimmung. Ihre starke Orientierung auf selbstbestimmte Aktivitäten in den sozialistischen Jugendorganisationen wies ebenfalls signifikante Unterschiede zu den häufig paternalistischen Jugendpflegevorstellungen anderer sozialdemokratischer Autoritäten auf. Ihr Ansatz war von der Grundüberzeugung geprägt, dass sich demokratische Verantwortlichkeit des Einzelnen nicht ohne den Erwerb von Kritikfähigkeit sich selbst und seiner Umwelt gegenüber sowie das Vermögen herstellen lasse, sich sachlich mit anderen auseinanderzusetzen und zu selbständigen, auf Erkenntnis beruhenden Urteilen zu kommen.

Es dürfte nicht verwundern, dass dieser pädagogische Eros und das sich dahinter verbergende Menschenbild mit einem Sozialismusverständnis korrespondierte, das diesen durchaus als Erbe des Liberalismus verstand, indem er nämlich die gesellschaftlichen Bedingungen für die Einlösung der von der bürgerlichen Revolution erkämpften Werte zu schaffen sucht. Ebenso stellt der Marxismus für Siemsen eine praktisch-kritische Umsetzung des apolitischen deutschen Humanismus dar. Ihre Zukunftsperspektive einer auf Freiwilligkeit, Rechtsgleichheit und Solidarität beruhenden Gemeinschaft kann dementsprechend nur in einer Demokratie verwirklicht werden, da nur sie von der Freiheit und Gleichheit aller ausgeht. Diese ist aber für sie in letzter Konsequenz nur in einer sozialistischen Gesellschaft möglich, die sie – so Jungbluth in einer biographischen Annäherung – „entschieden und revolutionär, aber undogmatisch und selbstbestimmt auf dem Weg der politischen Demokratie anstrebt".

Linksintellektuelle in der Nachkriegsperiode

Die SPD sei das einzig verbliebene Sammelbecken für alle ehrlichen Sozialisten – so schrieb im Februar 1947 der spätere Vorsitzende der IG Metall Otto Brenner an seinen noch im US-amerikanischen Exil verweilenden ehemaligen SAP-Genossen Joseph Lang. Er drückte damit eine Grundüberzeugung und -entscheidung aus, die für viele derjenigen zutraf, die sich seit dem Ende der zwanziger Jahre und in den Jahren des Widerstands bzw. Exils so energisch, ermüdend wie erfolglos gegen den mörderischen „Bruderkampf" zwischen Sozialdemokraten und Kommunisten gestemmt hatten. Die dogmatischen Starrheiten der beiden großen Parteien der Arbeiterbewegung hatte sie in die Klein- oder Zwischengruppen, wie sie genannt wurden, getrieben: SAP, KPO, ISK, Leninbund, Rote Kämpfer, Revolutionäre Sozialisten, oder Neu Beginnen. Diese Zersplitterung sollte nun ein Ende haben, in der Nachkriegsgesellschaft nicht wieder aufleben. Die kurz blühenden Hoffnungen auf eine neue Einheit der Arbeiterbewegung waren 1947 allerdings bereits verflogen. Denn nun, so Brenner in seinem Brief, identifiziere sich die „Einheit" plötzlich als Ostorientierung, und damit, mit der dort zu beobachtenden Politik, habe sie zur Farce werden müssen.

Den hier beschriebenen Weg nahm auch eine ganze Reihe aus diesen Zwischengruppen stammender linker Intellektueller, deren Wege sich in den kommenden Jahrzehnten immer wieder und auf unterschiedlichste Weise kreuzen sollten. Wenn wir hier zunächst auf Richard Löwenthal verweisen, so hat dies zwei Gründe: Zum einen liefert er bereits 1947 mit seiner unter dem Pseudonym Paul Sering veröffentlichten Schrift „Jenseits des Kapitalismus. Ein Beitrag zur sozialistischen Neuorientierung" so etwas wie ein Gründungsdokument für einen erneuerten westdeutschen Linkssozialismus. Zum anderen ist Löwenthal jedoch derjenige am Rande der hier behandelten Gruppe, der sich später am weitesten von seinen kommunistischen und linkssozialistischen Wurzeln entfernen sollte. Gegengelesen wurde die genannte Schrift noch im Londoner Exil von Wolfgang Abendroth, der Löwenthal bereits aus der Kommunistischen Studentenfraktion der zwanziger Jahre kannte und wie dieser über KPO und Widerstandsarbeit bei Neu Beginnen zur SPD gestoßen war.

Während Löwenthal bis in die fünfziger Jahre in London verblieb, holte Abendroth in der SBZ seine juristischen Abschlüsse nach und musste schließlich – da er nicht der SED, sondern der SPD angehörte – vor dem Zugriff des sowjetischen Geheimdienstes in den Westen fliehen. Eine Professur an der FU Berlin schlug er aus, kehrte nach Marburg ins heimatliche Hessen zurück. Die Fluchterfahrung teilte er wiederum mit Leo Kofler. Der in der heutigen Ukraine gebürtige (Geschichts-)Philosoph, der seine politische Sozialisation im austromarxistischen Wien bei Max Adler genossen hatte, vertraute zunächst den Sirenenklängen der in der SED verwirklichten „Einheit" und schloss sich ihr an, erhielt eine Professur in Halle. Mit seinem undogmatischen Marxismus verfiel er allerdings bald bei den SED-Parteioberen in Ungnade und floh nach Köln, wo er sich ebenfalls der SPD anschloss. Anders als Abendroth, der sich mehrfach für ihn darum bemühte, war Kofler allerdings im Westen keine Universitätslaufbahn vergönnt. Von der KPD in die Gruppe Neu Beginnen – das war auch der Weg des jungen Ossip K. Flechtheim. Ins Exil gedrängt schlug er sich über Genf in die USA durch, wo er unter prekären Verhältnissen lehrend und forschend tätig werden konnte. Anfang der fünfziger Jahre gelang ihm die Rückkehr nach Deutschland auf eine Professur an der FU Berlin, an dessen Otto-Suhr-Institut Löwenthal später sein Kollege wurde.

Der jüngste (1911 geboren) in der hier beschriebenen Gruppe ist Fritz Lamm. Wenn man nach einem „Prototyp" des *organischen Intellektuellen* im Sinne Gramscis sucht, dann trifft es auf ihn sicherlich zu. Aus der jüdischen Jugendbewegung kommend schloss er sich 1930 der SPD an, wurde aber unter tätiger Mithilfe Erich Ollenhauers wegen „Radikalisierung der Jugend anhand der Schriften von Marx und Engels" schon bald wieder ausgeschlossen und anschließend Mitglied der SAP. Sein beschwerlicher Weg des Exils führte über die Schweiz, Österreich, Tschechoslowakei und Frankreich schließlich nach Kuba, wo er sich sein Geld als Diamantenschleifer verdiente. Sein berufliches Leben im Nachkriegsdeutschland verbrachte er als Angestellter und Betriebsrat bei der

Stuttgarter Zeitung. Als ihm, dem Nichtakademiker, die Debatten seiner Partei, der SPD, zu brav und eng wurden, gründete er mit den „Thomas-Münzer-Briefen" und den „Funken" die ersten Diskussionsorgane für eine kritische Linke in der Nachkriegssozialdemokratie.

Anhand der Lebenswege Abendroths, Flechtheims, Koflers und Lamms, zu denen jetzt eine Reihe äußert instruktiver Biographien vorliegt[1], lässt sich bei aller Unterschiedlichkeit ihrer Lebenswege geradezu paradigmatisch das Schicksal des „Linkssozialismus" in Deutschland nach dem zweiten Weltkrieg verfolgen. In der SBZ bzw. der DDR des parteioffiziellen Marxismus-Leninismus gab es für sie weder politisch noch intellektuell einen Platz. So setzten sie, der eine mit mehr, der andere mit weniger großen Hoffnungen, auf eine politische Perspektive in und mit der SPD. Mit dem offiziellen Kurs ihrer Partei gerieten sie in Fragen wie Wiederbewaffnung und Notstandsgesetze jedoch bereits in den fünfziger Jahren zunehmend in Konflikt. Über weitere Zeitschriftenprojekte wie u.a. die „Sozialistische Politik" (SoPo) oder die „Andere Zeitung" entstand so ein neues, durchaus heterogenes Geflecht linkssozialistischer Fraktionen und Gruppen, die sich um die verschiedenen Zeitschriftenprojekte scharten. Ihr mühseliger, manchmal verzweifelter und vielfach auch ans Sektiererische grenzende Kampf um politischen Einfluss in und außerhalb der SPD im restaurativen Klima der Adenauer-Ära wird jetzt erstmals in einer Monographie von Gregor Kritidis[2] kenntnisreich nachgezeichnet.

---

1   Heigl, Richard, Oppositionspolitik. Wolfgang Abendroth und die Entstehung der Neuen Linken (1950–1968), Argument Verlag, Hamburg 2008.
Schöler, Uli, Die DDR und Wolfgang Abendroth – Wolfgang Abendroth und die DDR. Kritik einer Kampagne, Offizin-Verlag, Hannover 2008.
Becker, Jens/Jentsch, Harald, Otto Brenner: eine Biographie, Verlag Steidl, Göttingen 2007.
Keßler, Mario, Ossip K. Flechtheim. Politischer Wissenschaftler und Zukunftsdenker (1909–1998), Böhlau-Verlag, Köln/Weimar/Wien 2007.
Jünke, Christoph, Sozialistisches Strandgut. Leo Kofler – Leben und Werk (1907–1995), VSA-Verlag, Hamburg 2007.
Benz, Michael, Der unbequeme Streiter Fritz Lamm. Jude. Linkssozialist. Emigrant 1911–1977. Eine politische Biographie, Klartext Verlag, Essen 2007.
Schmidt, Oliver, „Meine Heimat ist – die deutsche Arbeiterbewegung". Biographische Studien zu Richard Löwenthal im Übergang vom Exil zur frühen Bundesrepublik, Verlag Peter Lang, Frankfurt/M. 2007.
2   Kritidis, Gregor, Linkssozialistische Opposition in der Ära Adenauer. Ein Beitrag zur Frühgeschichte der Bundesrepublik Deutschland, Offizin-Verlag, Hannover 2008.

Die programmatische Neujustierung der SPD durch das Godesberger Programm von 1959 dürfte für alle vier Genannten eine dramatische Desillusionierung und Enttäuschung bedeutet haben – nicht so sehr wegen des Versuchs einer Neuausrichtung als Volkspartei zur Gewinnung neuer Anhänger- und Wählerschichten als wegen des Verzichts auf eine radikale, an Marx orientierte, die Krisenhaftigkeit einer kapitalistischen Ökonomie in Rechnung stellenden Wirklichkeitsanalyse als Grundlage der eigenen Politik. Den endgültigen Bruch markierte wenig später die Auseinandersetzung um den SDS, in dessen Folge Abendroth, Flechtheim und später auch Lamm aus der SPD ausgeschlossen wurden. Leo Kofler verhielt sich – zumindest nach außen – in dieser Auseinandersetzung eher indifferent. Politische Arbeit im Sinne von Parteiarbeit war aber auch nie wirklich seine Sache gewesen.

Dass man politische Probleme nicht durch Ausschlüsse „lösen" kann, sollte die SPD bald erfahren. Alle hier Genannten gehörten bald zu den wichtigsten intellektuellen Mentoren der sog. „Neuen Linken" und der Studentenbewegung der späten 60er Jahre. Längere Zeit wirkten sie noch gemeinsam im Umfeld des Offenbacher „Sozialistischen Büros", später sollten sich die Wege stärker trennen. Abendroth blieb seinem auf die Arbeiterbewegung zielenden Marxismusverständnis verhaftet, wurde zum intellektuellen Anreger für mehrere Generationen junger Gewerkschafter und Mitglieder von Jugend- und Studentenverbänden von SPD und DKP. Gewerkschafts- und Naturfreundejugend – das sind wiederum die Organisationen, auf die sich die unermüdliche Bildungsarbeit Fritz Lamms konzentrierte. Flechtheim öffnete sich stärker neuen Fragestellungen wie der Ökologie und der Zukunftsforschung, wurde auf seine „alten Tage" sogar noch einmal bei den Grün-Alternativen in Berlin politisch aktiv. Und Leo Kofler blieb das, was er am ehesten war: ein intellektueller Einzelgänger, der gleichwohl nie ganz die Beziehung zu den sozialen Bewegungen verlor.

Erst Ende der achtziger Jahre hat der Parteivorstand der SPD insbesondere aufgrund des beharrlichen Drängens von Tilman Fichter und Peter Glotz seinen Unvereinbarkeitsbeschluss in Sachen SDS und SDS-Fördererkreis aus dem Jahre 1961 revidiert und im Rückblick als Fehler gedeutet. Das konnte knapp dreißig Jahre später sicher nicht mehr als eine *symbolische* Geste verstanden werden. Die eigentlichen Folgen waren selbst schon Geschichte: Mit den späten sechziger Jahren hatte sich ein großer Teil der bislang kritischsten und widerständigsten Generation in der Geschichte der Bundesrepublik von der Sozialdemokratie abgewandt. Die Gründung und dauerhafte gesellschaftliche Verankerung der Partei „Die Grünen" ist nur eine späte Auswirkung davon. Zu diesen Spätfolgen durfte ebenso gehören, dass mit der Gründung der WASG ein Großteil derjenigen mittleren Gewerkschaftsfunktionäre, die bei Abendroth, Kofler oder Lamm sozialisiert wurden, eine neue politische Heimat links von der SPD fand.

Deshalb verwundert es sicher nicht, dass im intellektuellen Umfeld der fusionierten Partei „Die Linke" intensiv daran gearbeitet wird, sich der intellektuellen Traditionen des Linkssozialismus neu zu vergewissern. Dies ist schon deshalb sicher zu begrüßen, da die Beschäftigung mit den hier genannten intellektuellen Leitfiguren vor dem Rückfall in „marxistisch-leninistische" oder gar neostalinistische Flausen bewahren dürfte. Zugleich ist es interessant zu beobachten, dass man sich angesichts der globalen Krise des kapitalistischen Finanzmarktes nicht nur auf Seiten der politischen Linken, sondern auch auf christdemokratischer Seite neu des kapitalismuskritischen Teils der eigenen Traditionen zu erinnern sucht. Immerhin wurde die intellektuell anspruchsvollste Rede in der Debatte des Bundestages zur Finanzmarktkrise von Norbert Röttgen (CDU) gehalten – unter Berufung auf die Positionen des Linkskatholiken Friedhelm Hengsbach und die Wertbestände der katholischen Soziallehre.

Dabei hätte auch die SPD durchaus Anlass, sich ihrer eigenen verschiedenen Traditionsstränge neu zu vergewissern. Sie könnte aus der hier nur angedeuteten Geschichte einiger Linksintellektueller durchaus mehr lernen als nur die Tatsache, dass der Exorzismus nach links nicht mehrheitsfähig macht, sondern allenfalls die Parteienlandschaft erweitert. Sicher liefert ihr Ideenbestand keine fertigen Rezepte zur Bewältigung der aktuellen Finanzmarktkrise. Aber für alle Genannten gilt, dass sie ihre politischen Vorstellungen – an dem gerade wiederentdeckten Marx orientiert – auf der Basis eines Verständnisses von notwendig krisenbehafteten kapitalistischen Ökonomien entwickelten. Konkret ließe sich etwa von Abendroth lernen, dass und wie sich die auf formalen Regeln basierende Demokratie im Rahmen des Verfassungskompromisses des Grundgesetzes in Richtung auf eine „soziale Demokratie" weiterentwickeln lässt – und warum dies zur Erhaltung dieser Demokratie unerlässlich ist. Wer nach geeigneten Grundlagen für die Begründung der Notwendigkeit einer Transformation unseres Wirtschaftens hin zu einer ökologischen Marktwirtschaft sucht, wird sie bei Ossip Flechtheim finden. Der frühe Leo Kofler mit seiner scharfen kritischen Analyse des Stalinismus ist noch ebenso aktuell wie der späte mit seinen Untersuchungen zur Sozialpsychologie und Anthropologie. Und am Lebensweg Fritz Lamms ließe sich studieren, dass die Integrität der Persönlichkeit, die die politischen Prozesse nicht nur schulend vermitteln will, sondern die darin liegende solidarische Anforderung auch vorzuleben weiß, aktueller ist denn je – gerade in Zeiten, in denen das Managergebaren das Thema der *moralischen Persönlichkeit* drängender denn je auf die Tagesordnung setzt.

Wolfgang Abendroth
1906–1985

Er hat nie Politikwissenschaft studiert und das Fach doch gelehrt. Die Politik hat er *gelebt*, hat sich Zeit seines Lebens politisch engagiert. Gelegentlich wurde er deshalb auch mit dem ungewöhnlichen Begriff des *wissenschaftlichen Politikers* charakterisiert.[1] Sein akademischer Hintergrund ist hingegen der eines Juristen, der aber nicht die erhoffte Berufung auf einen Lehrstuhl als Staatsrechtslehrer erhielt. Sich selbst hat er häufig als *politischen Soziologen* bezeichnet.[2] Es fällt also schwer, den hier vorzustellenden Wolfgang Abendroth auf den *einen* Begriff zu bringen. Gleichwohl lässt sich für sein wissenschaftliches Werk ein Leitmotiv ausfindig machen, das zugleich auf die starke Verwurzelung seiner Gedankenwelt in den innersozialistischen Theoriedebatten der Weimarer Periode[3] verweist: das der *Erweiterung der politischen zur sozialen Demokratie.*

1. Vita

Wolf Abendroth, so der in der Jugendbewegung bekannte und gebräuchliche Name, der erst später Wolfgang Platz machte, wurde am 2. Mai 1906 in Wuppertal-Elberfeld geboren. Er stammte aus einem sozialdemokratisch geprägten kleinbürgerlichen Elternhaus. Die Familie zog aber bald nach Frankfurt am Main um. Die Eltern waren Lehrer. Politisch besonders beeinflusst haben dürfte ihn aber der Großvater. In den politischen Wirren des ersten Weltkriegs und der ihm folgenden revolutionären Ereignisse positionierten sich die Mitglieder der Familie Abendroth durchaus unterschiedlich, gehörten verschiedenen sozialdemokratischen Parteien an. Wolf Abendroths politische „Karriere" begann Ende 1920 im zarten Alter von 14 Jahren in der *Freien Sozialistischen*, später *Kommunistischen Jugend*. 1924 nahm er sein Jurastudium an der Frankfurter

---

1 Vgl. den Titel des Bandes: Balzer, Friedrich-Martin/Bock, Hans Manfred/Schöler, Uli (Hrsg.), Wolfgang Abendroth. Wissenschaftlicher Politiker. Bio-bibliographische Beiträge, Opladen 2001.
2 Vgl. den ebenfalls programmatischen Titel: Politische Wissenschaft als politische Soziologie (1967), in: Antagonistische Gesellschaft und politische Demokratie. Aufsätze zur politischen Soziologie, Neuwied/Berlin 1967, S. 9 ff.
3 Und hier insbesondere auf die beiden zeitweiligen Kontrahenten Hermann Heller und Max Adler.

Universität auf, wobei er in den Folgejahren mehrfach den Studienort wechselte. Nach Tübingen zog es ihn, um den Zivilrechtler Max von Rümelin zu hören, nach Münster, um bei Karl Vorländer seine philosophischen bzw. bei Karl Barth seine theologischen Kenntnisse zu erweitern.

Während er an der Universität seine politischen Aktivitäten in der überparteilich ausgerichteten *Freien Vereinigung Sozialistischer Studenten* entfalten konnte, wechselte er im Rahmen seiner jugendpolitischen (jugendbewegten) Aktivitäten häufiger seine Gruppenzugehörigkeit (Schöler 2013). Im links geprägten Frankfurter Milieu dürften ihn besonders die intellektuellen Debatten am von Carl Grünberg geleiteten „Institut für Sozialforschung" geprägt haben, an dem sich die geistigen Größen des deutschsprachigen Sozialismus wie Max 307,, Otto Bauer, Karl Korsch, Karl August Wittfogel und andere die Tür in die Hand gaben.

Abendroth legte 1930 in Frankfurt die erste juristische Staatsprüfung ab und begann sein Referendariat. Politisch hatte er sich 1929 der rechtskommunistischen KPD(O) zugewandt, in deren Reihen er allerdings auch nicht lange verblieb. Er gehörte zu denjenigen, die sich recht frühzeitig im Rahmen des Konzepts der „Neu-Beginnen-Gruppe" um Einfluss auf die mittleren Kader von SPD und KPD bemühten, trat sogar 1931 (allerdings nur für wenige Wochen, dann erfolgte bereits sein Ausschluss) der KPD bei. Die Machtergreifung der Nationalsozialisten 1933 unterbrach jäh den akademischen Werdegang des jungen Juristen. Durch die Exmatrikulation wurde ihm die Möglichkeit des Ablegens des zweiten Staatsexamens verwehrt. Durch den Verweis auch seines Betreuers Hugo Sinzheimer von der Universität blieb seine Dissertation zum Betriebsrätegesetz unvollendet, ging zudem in den Jahren der Illegalität verloren.

So verschlug es Abendroth in die Schweiz, wo er in Bern die Möglichkeit erhielt, bei Prof. Walther Burckhardt eine völkerrechtliche Promotion in Angriff zu nehmen. Er widmete sich dem völkerrechtlichen System der sog. B- und C-Mandate, mit denen seitens des Völkerbundes der Entkolonialisierungsprozess vorangebracht werden sollte. Die Arbeit konnte 1936 als Heft 54 der von Friedrich Giese in Frankfurt herausgegebenen „Abhandlungen aus dem Staats- und Verwaltungsrecht mit Einschluß des Völkerrechts" erscheinen, wurde aber schon bald beschlagnahmt (sie ist komplett wiedergegeben in Abendroth 2006). Abendroth, der während der dreißiger Jahre weiterhin illegal politisch tätig war, verdiente nun seinen Lebensunterhalt durch die Tätigkeit bei einer Bank in Berlin. 1937 wurde er aufgrund der Aussagen eines aufgeflogenen KPD(O)-Kuriers verhaftet, im berüchtigten Gestapo-Gefängnis in der Albrechtstraße verhört und gefoltert und schließlich wegen Hochverrats zu vier Jahren Zuchthaushaft verurteilt. Die Diskussionen der politischen Gefangenen währen ihrer Haft kreisten zentral um die Fragen des Spanischen Bürgerkriegs, die stalinistischen Verfolgungen und die Moskauer Prozesse sowie die Einschätzung des Hitler-Stalin-Pakts. Abendroth hat diese Debatten voller Tragik einmal als die schlimmste Zeit seines Lebens bezeichnet. Der Haft folgten die Überstellung in das Strafbataillon 999, ein Kriegseinsatz in Griechenland, das Überlaufen zu den griechischen Partisanen, britische Kriegsgefangenschaft, der Aufbau einer „Wüstenuniversität" in der Gefangenschaft in Ägypten, die Überstellung nach Wilton Park bei London und schließlich – Ende 1946 – die Rückkehr nach Deutschland (vgl. insgesamt Diers 2006).

Aufgrund des Ratschlags des späteren hessischen Ministerpräsidenten Georg August Zinn, der in Hessen größere Hürden befürchtete, und wegen des mittlerweile in Potsdam angesiedelten Wohnsitzes seiner Familie verlegte Abendroth auch seinen Standort in die SBZ und holte dort schnell die zweite juristische Staatsprüfung nach. Beruflich kam er zunächst in der Justizverwaltung Brandenburgs unter, wurde aber bald – aufgrund einer Habilitierung mit einem Teil der Dissertation an der Uni Halle-Wittenberg – auf juristische Professuren in Leipzig und später Jena (Lasch 2007) berufen. Bereits von dort aus entwickelte er intensive Vorbereitungen in Richtung auf eine Professur in Westdeutschland, da ihm aufgrund seiner – seit Anfang 1946 bestehenden – Mitgliedschaft in der SPD ein Verbleib in der SBZ unmöglich erschien. Ende 1948 floh die Familie (Abendroth hatte mittlerweile seine langjährige Verlobte Lisa Hörmeyer geheiratet) mit der ersten Tochter vor dem Zugriff des NKWD über Westberlin in den Westen. In Wilhelmshaven bot sich ihm die Möglichkeit der Übernahme eines politikwissenschaftlichen Lehrstuhls sowie zugleich der Leitung des Aufbaus der neuen „Hochschule für Arbeit, Politik und Wirtschaft" (vgl. Diers 1972; Schael 2009), die er mit enormer Energie in Angriff nahm. Mit diesem Reformprojekt – dass er später aufgrund der bürokratischen Widerstände als weitgehend gescheitert betrachtete – sollte zugleich die Durchlässigkeit der Hochschule mit Blick auf junge Berufstätige und Aufsteiger aus den unteren Gesellschaftsschichten ermöglicht werden.[4]

Einem ebenfalls Ende 1948 erfolgenden Ruf auf eine juristische Professur an der Berliner Freien Universität folgte Abendroth nicht. Ausschlaggebend dürfte die Sorge seiner Frau vor einer neuerlichen Lebenssituation in der räumlichen Nähe der erlebten stalinistischen Verfolgung gewesen sein. So entschied er sich Ende 1950 für den Wechsel auf den politikwissenschaftlichen Lehrstuhl an der Universität Marburg im Folgejahr, den er bis zu seiner Emeritierung 1972 innehatte. Lange galt er auf diesem Posten als eine Art Solitär, als der einzige in der politikwissenschaftlichen Zunft der westdeutschen Nachkriegsperiode, der sich ganz offen zu einer Position des Marxismus bekannte, was ihm die vielzitierte Charakterisierung als „Partisanenprofessor im Lande der Mitläufer" einbrachte.[5] Seine durchgehend enge Verbindung zu den Organisationen der Arbeiterbewegung fand ihren späten Niederschlag auch darin, dass er – sicher erleichtert durch den nach der Emeritierung erfolgten erneuten Umzug nach Frankfurt – eine nichtuniversitäre Lehrtätigkeit an der dortigen gewerkschaftlichen „Akademie der Arbeit" aufnahm. Die Folgen von Haft, Folter und Krieg hatten seiner Gesundheit allerdings arg zugesetzt und beeinträchtigen seine Arbeitsmöglichkeiten. Insbesondere eine fortschreitende Erblindung machte ihm zu schaffen, die zugleich erforderte, dass seine Ehefrau Lisa immer mehr und intensiver in seinen wissenschaftlichen Arbeitsprozess bzw. in seine Vortragstätigkeit eingebunden wurde. Sie wurde auf diese Weise – bis zu seinem Tod 1985 – gewissermaßen zu seinem unersetzlichen Bindeglied zur Außenwelt.

---

4   Vgl. zu Abendroths immenser Aufbauarbeit an dieser Hochschule die Einleitung der Herausgeber in: Gesammelte Schriften, Bd. 2: 1949–1955, hrsg. von Michael Buckmiller, Joachim Perels und Uli Schöler, Hannover 2008.

5   Habermas, Jürgen, Partisanenprofessor im Lande der Mitläufer, in: ders., Philosophisch-politische Profile, Frankfurt/M., S. 249 ff.

Da die Gründungsgeschichte der Politikwissenschaft in der Bundesrepublik mittlerweile bestens erforscht ist, kann zweifellos festgestellt werden, dass Abendroth in ihrer Frühphase, insbesondere auf den zunächst seitens der hessischen Staatsregierung, dann der Berliner Hochschule eingeladenen Gründungskonferenzen, eine ganz wesentliche Rolle gespielt hat.[6] Eine Reihe von wissenschaftspolitischen Institutionen sind untrennbar mit seiner Initiative verbunden bzw. entstanden, so vor allem die 1951 gegründete „Vereinigung für die Wissenschaft von der Politik", deren Vorstandsmitglied er wurde, aber auch die 1954 gegründete „Kommission für die Geschichte des Parlamentarismus und der politischen Parteien". Zugleich ist Abendroths wissenschaftliches Wirken während der gesamten Periode seines Schaffens immer wieder mit politischen Aktivitäten verschränkt. In den fünfziger Jahren ist er Mitglied verschiedener Kommissionen der SPD auf Bundesebene, ein ihm angetragenes Bundestagsmandat lehnt er ab. Anfang des Jahrzehnts schlägt ihn die Partei als Richter für das Bundesverfassungsgericht vor, wo er jedoch letztlich nicht zum Zuge kommt. Allerdings wirkt er auf Landesebene an den Verfassungsgerichtshöfen in Bremen und Hessen mit. Auch die Gründung einer theoretisch ausgerichteten Zeitschrift der Sozialdemokratie, die „Neue Gesellschaft", geht mit auf seine Initiative zurück. An wichtiger Stelle beteiligt ist er zudem an den Aktivitäten des Königsteiner Kreises, eines u.a. von Hermann Brill, dem ehemaligen Ministerpräsidenten Thüringens und späteren Bundestagsabgeordneten der SPD gegründeten Zusammenschlusses von Wissenschaftlern, die aus der SBZ/DDR in den Westen geflohen oder übergesiedelt waren und an Konzepten für eine deutsche Wiedervereinigung arbeiteten.

Aber auch den gewerkschaftlichen und außerparlamentarischen Bewegungen ist Abendroths Wirken verpflichtet. So unterstützt er die Gewerkschaften gelegentlich mit juristischen Gutachten, etwa in Fragen der Mitbestimmung oder der Zulässigkeit politischer Streiks. Er engagiert sich in den Bewegungen gegen die Wiederbewaffnung und die nukleare Aufrüstung, später gegen die Pläne zu einer Notstandsgesetz-

6   Vgl. nochmals die eingehende Darstellung in der Einleitung der Herausgeber, a.a.O.

gebung. Sowohl diese Aktivitäten wie seine Unterstützung für den sich zunehmend radikalisierenden Sozialistischen Deutschen Studentenbund (SDS) entfremden ihn mehr und mehr von seiner Partei. Der Konflikt um den SDS führt schließlich 1961 zu seinem Parteiausschluss aus der SPD (mit vielen weiteren prominenten SDS-Unterstützern wie Ossip K. Flechtheim, Heinz-Joachim Heydorn oder Heinrich Düker). Seit diesem Zeitpunkt versteht sich Abendroth als unabhängiger Intellektueller in den Reihen der Arbeiterbewegung. Er intensiviert seine Beziehungen in den gewerkschaftlichen Bereich hinein, insbesondere zur IG Metall Otto Brenners. Zugleich bleibt er ein Mentor der Studentenbewegung (vor ihrem Zerfall in die verschiedenen kommunistischen Sekten der 70er Jahre), unterstützt mit seinen kritischen Interventionen die Aktivitäten der neu entstehenden Friedens- und Umweltbewegung sowie der Initiativen gegen die Berufsverbote (die durch Beschluss der Ministerpräsidenten 1972 erfolgte Durchsetzung eines Einstellungsverbots gegenüber Kommunisten im Öffentlichen Dienst).

2. Forschungsschwerpunkte

Wenngleich Abendroth sich selbst in allen Phasen seines Schaffens wissenschaftlich in der Tradition eines kritischen Marxismus sah[7], lässt sich eine derartige Positionierung in den ersten Jahren seines Wirkens als Hochschullehrer nicht immer ausmachen. Dies liegt allerdings auch daran, dass es ihm angesichts der konkreten Arbeitssituationen – Aufbau einer neuen Hochschule in Wilhelmshaven, Aufbau eines neuen Lehrstuhls in Marburg – kaum vergönnt war, sich konzentriert einem bestimmten Forschungsfeld bzw. Wissenschaftsprogramm zuzuwenden. Hinzu kommt, dass seine zunächst häufig noch juristisch geprägten Arbeiten von einem auf Hans Kelsen zurückgehenden normativ geprägten Rechtspositivismus beeinflusst sind (was ihnen nicht schlecht bekommen ist). Es sind diese *juristischen* Traditionslinien, die auch zunächst das publizistische Schaffen Abendroths in den fünfziger Jahren prägen

---

7 Als theoretische Bezugspunkt nannte er 1967 die „Theorie des sozialistischen und demokratischen Humanismus" bzw. „eines kritisch erneuerten Marxismus"; Politische Wissenschaft als politische Soziologie, a.a.O., S. 12.

sollten. Es überrascht nicht, dass es wiederum Hans Kelsen ist, an dessen Herleitung der These vom Untergang des Deutschen Reiches Abendroth anknüpft (und damit mit Kelsen in der juristischen Zunft in einer kleinen Minderheitsgruppe verbleibt) und daraus in verschiedenen Aufsätzen Konsequenzen für die Nachkriegssituation beider Teile Deutschlands zu entwickeln versucht.[8] Neben den Völkerrechtler tritt nun der Staatsrechtler, der sich mit den Verfassungstexten der beiden deutschen Staatsfragmente auseinandersetzt und zugleich – im Rahmen des Königsteiner Kreises – einen damals durchaus viel beachteten Entwurfstext für ein Wahlgesetz zu einer Verfassungsgebenden Deutschen Nationalversammlung vorlegt.[9]

Im Sinne dieser frühen Schwerpunktsetzungen versteht es sich von selbst, dass Abendroth aktiv in der deutschen Staatsrechtslehrervereinigung wirkte, dass er sich sicherlich ebenso gerne auf einem staatsrechtlichen Lehrstuhl gesehen hätte. Insofern verwundert es nicht, wenn er nun – als Inhaber einer politikwissenschaftlichen Professur – deren Wirkungsbereich nicht mehr nur im Sinne der Politik- als Demokratie-, sondern auch als *Integrations*wissenschaft[10] programmatisch ausgesprochen weit definiert: „Ein vereinzelter Lehrstuhl für Politik, der an einer Universität besteht, wird das geistige Leben der Universität nur dann erheblich zu beeinflussen vermögen, wenn er sich auf die Arbeit von wissenschaftlichen Zentren stützen kann, die die ganze Fülle der Wissenschaftsbereiche vom Moment des Soziologischen und Politischen her zu sehen vermögen, die sich mit der modernen Massengesellschaft, ihrer Wirtschaft, ihrem Recht und ihrem Staat beschäftigen."[11] Wenn man so will ist damit der Rahmen umrissen, innerhalb dessen sich Abendroth in den kommenden Jahrzehnten publizierend bewegte. Zugleich macht diese programmatische

---

8 Vgl. dazu schon die in Band 1 der Gesammelten Schriften dokumentierten Aufsätze aus den späten vierziger Jahren, in: Gesammelte Schriften, Bd. 1: 1926–1948, hrsg. von Michael Buckmiller, Joachim Perels und Uli Schöler, Hannover 2006.
9 Vgl. die jeweiligen Texte der Jahre 1950 bis 1952, in: ebd.
10 Grundlinien und Ziele wissenschaftlicher Politik (1953), in: Gesammelte Schriften, Bd. 2, a.a.O., S. 280; zur Demokratiewissenschaft: ebd., S. 284.
11 Das Problem der Politischen Wissenschaft (1950), in: ebd., S. 67 f. In dem zuvor bereits zitierten Text fügt er ausdrücklich die Disziplin der Sozialpsychologie hinzu; vgl. Grundlinien und Ziele wissenschaftlicher Politik (1953), in: ebd., S. 282.

Setzung aber auch schon ein Dilemma deutlich: Da es zu einer derartigen interdisziplinären Zentrumsbildung weder in Wilhelmshaven noch in Marburg kam, blieb diese programmatische Überlegung eben doch vielfach ein uneingelöster Anspruch.

Es sollte dauern, bis sich dieser wissenschaftliche bzw. forschungsorientierte Ansatz in monographischen Arbeiten materialisierte. Die politischen, wissenschaftspolitischen wie -organisatorischen Aufgaben ließen offenbar in den frühen fünfziger Jahren kaum eigenständige Forschungstätigkeit zu. Gleichwohl publizierte Abendroth auch in diesen Jahren so häufig wie unentwegt, wobei eine ganze Reihe dieser Publikationen aus Vortragstätigkeit hervorging. In diesem Zusammenhang ist auf seine wohl erste wesentliche *politikwissenschaftliche* Leistung hinzuweisen, die mit dem Namen „Abendroth-Forsthoff-Kontroverse" (Huster 1985; Perels 2006) verknüpft ist. Beide trafen 1953 auf der Tagung der Staatsrechtslehrervereinigung in fulminanten Vorträgen aufeinander, deren Polarität bis heute Einfluss auf das jeweilige Demokratie- und Sozialstaatsverständnis unterschiedlicher wissenschaftlicher wie politischer Kräfte mit Blick auf das Bonner Grundgesetz hat. Während Forsthoff, dessen Auffassung lange den herrschenden Konsens des politikwissenschaftlichen „mainstreams" repräsentierte, dem Grundgesetz jedwede sozialstaatliche Grundierung rundweg absprach, interpretierte Abendroth eine Reihe zentralen Normen des Grundrechteteils im Sinne einer Sozialstaatsklausel, die die staatlichen Akteure zur Durchsetzung demokratischer wie sozialstaatlicher Standards anhalte, womit das Grundgesetz auch für sozialistisch-transformatorische Lösungen offen sei. In seinem Vortrag[12] wie in einer Reihe weiterer Aufsätze dieser Jahre entwickelte er – dabei insbesondere anknüpfend an theoretische Vorarbeiten der für die Weimarer Sozialdemokratie bedeutsamen Theoretiker Max Adler und Hermann Heller – sein neues Verständnis einer „sozialen Demokratie".

Sein theoretischer Bezugsrahmen liegt damit in diesen Jahren – anders noch als in frühen Aufsätzen der zwanziger Jahre (und manchen

---

12 Er erschien als Aufsatz unter dem Titel: Zum Begriff des demokratischen und sozialen Rechtsstaats im Grundgesetz der Bundesrepublik Deutschland (1954), jetzt in: ebd., S. 338 ff.

Texten aus seinen letzten beiden Jahrzehnten) – weit jenseits kommunistischer Theorieansätze, wobei die Bezugnahme auf die organisierte Arbeitnehmerschaft zentral bleibt. 1955 hält er den ihn nun leitenden Gesichtspunkt fest, dass „die Demokratie die Vorbedingung für die soziale Emanzipation der Arbeitnehmer darstellt".[13] Demokratie, so formuliert er verallgemeinernd, ist – wenn sie lebensfähig bleiben will – „die lebendige Teilhabe aller an der gemeinsamen Regelung ihrer gemeinsamen und das heißt aller öffentlichen Aufgaben. Demokratie ist also der ständige Prozess der Umwandlung von Staat und Gesellschaft aus einem System von Herrschaftsformen über die Menschen in ein System von der Selbstverwaltung der Gesellschaft, an der sich alle lebendigen sozialen Kräfte der Gesellschaft beteiligt fühlen."[14] Nur „durch ihre *Erweiterung von der bloß politischen Demokratie zur sozialen*, durch Unterwerfung der bisher – solange die privatkapitalistische Struktur der Wirtschaft unangetastet bleibt – keiner gesellschaftlichen Kontrolle eingeordneten Kommandostellen des ökonomischen Lebens unter die Bedürfnisse und den Willen der Gesellschaft, kann die Demokratie realen Inhalt gewinnen und ihre inneren Widersprüche überwinden."[15]

Anhand der Entstehungsgeschichte des Begriffs „sozialer Rechtsstaat" und seiner Übernahme in das Grundgesetz aufgrund eines Vorschlages von Carlo Schmid – der sich wiederum auf Hermann Heller bezogen habe – zeigt Abendroth das Neue an dieser Verfassungskonstruktion der Sozialstaatlichkeit: Der Glaube an die immanente Gerechtigkeit der bestehenden Wirtschafts- und Gesellschaftsordnung ist jetzt aufgehoben und deren Gestaltung durch diejenigen Staatsorgane unterworfen, in denen sich die demokratische Selbstbestimmung des Volkes repräsentiert. Damit ist auch ein Gegengewicht gegen eine starre, die bestehende Wirtschafts- und Gesellschaftsordnung schützende Interpretation des Grundrechtekatalogs geschaffen, der hingegen zweierlei Funktion habe: polemische Abgrenzung gegen alle „totalitären Bestrebungen"

---

13 Wer schützt die Demokratie? (1955), in: ebd., S. 534.
14 Die Verwirklichung des Mitbestimmungsrechts als Voraussetzung einer demokratischen Staatsordnung (1954), in: ebd., S. 360.
15 Demokratie als Institution und Aufgabe (1954), in: ebd., S. 409.

und Schutz davor, „dass der Mensch zur bloßen Funktion eines politisch-sozialen Systems ohne eigenen Wert absinkt".[16]

Sozialismus ist ihm selbst nun „nichts anderes als die allseitige Verwirklichung dieses Gedankens der Demokratie, der aus einem System politischer Spielregeln zum inhaltlichen Prinzip der gesamten Gesellschaft, zur sozialen Demokratie erweitert wird."[17] Das bisher Dargelegte lässt bereits erkennen, dass Abendroth dem Gesichtspunkt *demokratisch* zustande gekommener, *demokratisch* legitimierter Prozesse einen hohen Stellenwert zumisst. Deshalb gilt auch: „In der modernen Welt gibt es keine auf längere Sicht wirksame Rechtfertigung politischer Herrschaft mehr als die Idee der demokratischen Legitimität."[18] Aus dieser grundsätzlichen Sicht leiten sich notwendigerweise auch diejenigen Überlegungen ab, die Abendroth über den Staat DDR anstellt, wie er sich nach seiner Flucht aus der SBZ – per Verfassung – 1949 neu konstituiert. *Wirklich* demokratisch legitimiert kann für ihn nur ein deutscher Gesamtstaat sein, der auf der gemeinsamen demokratischen Entscheidung der Nation beruht, solange der Wille zur politischen Einheit in dieser Nation enthalten ist. Unter *staatsrechtlichen* Gesichtspunkten ist für ihn unbestreitbar, dass die eine, die „Sowjetzonen-Republik und ihre Regierung der demokratischen Legitimation entbehrt".[19]

Diese eindeutig antitotalitären und scharf antistalinistische geprägten Abgrenzungen gegenüber dem sowjetischen Modell in Abendroths Konzept der „sozialen Demokratie" bestimmten seine wissenschaftliche wie politische Publizistik bis weit in die sechziger Jahre hinein. Erst ab Mitte der sechziger Jahre wurden sie – parallel zu einer in den wissenschaftlichen wie politischen Debatten der Zeit breiter festzustellenden Ablösung des Totalitarismusdiskurses durch faschismustheoretische Ansätze (Kraushaar 1997) unschärfer und zunächst zugunsten eines stärker historisch erklärenden, ab Ende der sechziger Jahre zugunsten einer partiell apologetischen Sichtweise auf die innere Entwicklung der sowjetischen Systeme abgelöst (Schöler 2008, 2012).

---

16 Zum Begriff … (1954), in: ebd., S. 343.
17 Demokratie als Institution und Aufgabe (1954), in: ebd., S. 416.
18 Ebd., S. 407.
19 Die völkerrechtliche Situation Deutschlands (1953), in: ebd., S. 323.

Der Konzentration auf das Forschungsfeld Geschichte und Theorie der Arbeiterbewegung folgend legt Abendroth im Abstand von zwanzig Jahren nach Veröffentlichung seiner Dissertation seine erste kleinere Monographie zur Geschichte der deutschen Gewerkschaftsbewegung vor.[20] Die Vorarbeiten der fünfziger Jahre zur Theorie der „sozialen Demokratie" und zur Sozialstaatsinterpretation des Grundgesetzes münden 1966 in eine eigenständige Publikation über das Grundgesetz. Sicher nicht zuletzt seine persönlichen Erfahrungen mit einer fünfzehnjährigen Mitgliedschaft in der Sozialdemokratischen Partei und sein 1961 erfolgter Ausschluss dürften ihn dazu motiviert haben, 1964 eine Arbeit über „Aufstieg und Krise der deutschen Sozialdemokratie" zu präsentieren, die jedoch – anders als vielleicht zu vermuten oder befürchten gewesen wäre – nicht zur Kategorie der „Abrechnungsschriften" zu zählen ist, sich gleichwohl darum bemüht, auf zwar kritische, aber doch sachlich-faire Weise den Entwicklungsweg der deutschen Sozialdemokratie nachzuzeichnen.

Mit diesem Jahr 1964 beginnt eine Phase, die bis zum Ende des Jahrzehnts dauert, die sich im Rückblick als die produktivste im Schaffen des Wissenschaftlers Abendroth darstellt. 1965 erscheint das Werk, das man mit Fug und Recht als sein *Opus magnum* bezeichnen kann, die „Sozialgeschichte der europäischen Arbeiterbewegung", 1966 der Band zum Grundgesetz, 1967 ein viel beachteter Aufsatzband, der verschiedene juristische wie politikwissenschaftliche Texte systematisierend unter dem Titel „Antagonistische Gesellschaft und politische Demokratie" zusammenfasst, im selben Jahr ein Diskussionsband mit dem ungarischen Philosophen Georg Lukács und schließlich 1968 die von Abendroth gemeinsam mit Kurt Lenk herausgegebene „Einführung in die politische Wissenschaft".

Nach dieser Phase hat Abendroth keine eigenständige Monographie mehr vorgelegt, was sicher seinen wachsenden gesundheitlichen Problemen und seinem schwindenden Augenlicht geschuldet gewesen sein

---

20 Die deutschen Gewerkschaften. Weg demokratischer Integration, Heidelberg 1954; wieder abgedruckt in: ebd., S. 419 ff.

dürfte. Mitte der siebziger Jahre erscheint eine nochmalige Aufsatzsammlung mit verfassungstheoretischem bzw. -geschichtlichem Hintergrund, ein Jahr später flankiert durch einen von Barbara Dittrich und Joachim Perels herausgegebenen autobiographischen Interviewband. Auf seinem zentralen Forschungsfeld, der Geschichte der Arbeiterbewegung, folgen nochmals ein Aufsatzsammelband der achtziger Jahre („Die Aktualität der Arbeiterbewegung" 1984) sowie eine posthum herausgegebene, bis 1933 reichende „Einführung in die Geschichte der Arbeiterbewegung" im Jahre 1985, die auf der Transkription von Bandmitschnitten seiner Vorlesungen an der Akademie der Arbeit in Frankfurt beruht.

Auch wenn also für seine Spätphase festzuhalten ist, dass der eigentliche *Forschungs*ertrag seines Werkes geringer zu veranschlagen ist, ist Abendroth auch in diesen Jahren publizistisch ungeheuer produktiv geblieben. Das mittlerweile bibliographisch recht gut erschlossene publizistische Gesamtwerk weist immerhin für den Zeitraum zwischen 1926 und 1985 weit über 1.000 Einzeltitel auf, und auch die Zahlen der Titel pro Jahr bleiben bis zum Ende unverändert hoch (vgl. Balzer 2005).

3. Schulgründung und Wissenschaftsmanagement

Noch während seiner Wilhelmshavener Zeit ist Abendroth außerordentlich daran gelegen, die durch die Zeit der NS-Herrschaft unterbrochene Tradition kritisch-wissenschaftlichen Denkens unter Einschluss marxistischer Strömungen an einer solchen neuen Universität etablieren zu helfen. Er bemüht sich um die Rückkehr exilierter Wissenschaftler wie Richard Loewenthal, Kurt Mandelbaum oder Karl Korsch und unterstützt Kollegen wie Leo Kofler in Berufungsverfahren. Mit dem Wechsel nach Marburg ist ein Perspektivenwechsel verbunden. Hier geht es nun um den Aufbau des eigenen Lehrstuhls und eines Instituts. Wie „breit" Abendroth dabei zunächst „aufgestellt" ist, lässt sich auch daran ablesen, dass als einer seiner ersten Assistenten Rüdiger Altmann tätig wird, der später zu einem wichtigen Berater Bundeskanzler Erhards werden sollte und in dieser Zeit den Begriff der „formierten Gesellschaft" prägte (und nach seinem Abschied aus Marburg mit einer nicht sehr freundlichen Kritik Abendroths auf sich aufmerksam machte).

Das wissenschaftliche Umfeld, das sich an diesem Institut zu entwickeln begann, kann inzwischen aufgrund insbesondere der Arbeiten von Hans Manfred Bock (Bock 2001; Bock/Klein 2001) als glänzend erforscht und aufgearbeitet bezeichnet werden. Das Ergebnis ist mehr als beachtlich: Zwischen 1953 und 1974 hat Abendroth nicht weniger als 74 Doktoranden als Hauptbetreuer (Erstgutachter) zum erfolgreichen Abschluss ihres Promotionsverfahrens geführt. Eine nicht unwesentliche Teilgruppe (17) bildeten dabei Dissertationen von Sekundarschullehrern. Ferner gibt es einen signifikanten Anteil von Doktoranden, die aus dem Bereich der gewerkschaftlichen, kirchlich-protestantischen sowie öffentlichen Verwaltungs- und Bildungs-Tätigkeit kamen. Ein sich mit dieser Gruppe überschneidender Teil von Studierenden war zugleich zuvor in Gruppen des SDS politisch tätig gewesen. Eine weitere Teilgruppe rekrutierte sich aus Studierenden ausländischer Herkunft, insbes. aus Ländern der sog. Dritten Welt.

Aufgrund von Bocks Zusammenstellungen können wir auch genau die Forschungsschwerpunkte identifizieren, die bei der Vergabe der Dissertationsthemen eine Rolle spielten: in den fünfziger Jahren die politische Soziologie des Dritten Reichs und die politisch-soziologische lokale Wahlforschung; in den sechziger Jahren die politische Soziologie und Sozialgeschichte der Arbeiterbewegung und des Arbeiterwiderstandes im Nationalsozialismus. Will man den Versuch unternehmen, aus dieser breiteren Auffächerung nochmals einen Bereich als besonders signifikant im Sinne eines Alleinstellungsmerkmals herauszuheben, so wären wohl die im Rahmen der Reihe „Marburger Abhandlungen zur politischen Wissenschaft" erschienenen Arbeiten über die sog. Zwischengruppen der Arbeiterbewegung zwischen den Weltkriegen zu nennen. Während sich nämlich die zeitgeschichtliche Forschung (in West- wie Ostdeutschland) bis dato – und in ihrer Konzentration bis heute – auf die beiden großen Strömungen oder „Parteifamilien" der Sozialdemokraten und Kommunisten konzentriert, entstanden nun unter Abendroths Anleitung die bis heute wegweisenden Arbeiten u. a. über die Sozialistische Arbeiterpartei Deutschlands (SAPD), die KPD(O), den Internationalen Sozialistischen Kampfbund (ISK), die Widerstandstätigkeit der Gruppe „Neu Beginnen" und die Roten Kämpfer. Dass Abendroths persönlicher Werdegang, der ihn sich immer neu in dieser Zwischenzone zwischen den beiden großen Parteilagern verorten ließ, hier als anregender Faktor eine wesentliche Rolle gespielt hat, dürfte auf der Hand liegen.

Diejenigen, die als Doktoranden von Abendroth ihre Betreuung erhielten, schwärmen noch heute von der offenen, toleranten und diskursiven Atmosphäre des Oberseminars, das der Ordinarius seit 1957 meist bei sich zu Hause abhielt, zu dem man nur aufgrund einer persönlichen Einladung Zugang hatte, und an dessen Debatten auch die promovierte Historikerin Lisa Abendroth regen Anteil nahm. Hier wurden untereinander die laufenden Arbeiten vorgestellt und damit verbundene inhaltlich-theoretische wie methodologische Fragen diskutiert. Jürgen Habermas, der als Abendroths Habilitand daran teilnahm, hat den jeweiligen Einstieg so beschrieben: „Jeden Donnerstagabend beginnt sein Oberseminar stets mit dem gleichen Ritual: Aus dem Kreis der Teilnehmer wird ein Diskussionsleiter gewählt, der auch den Professor in die Schranken weisen kann."[21]

Immerhin 27 der 74 Doktoranden Abendroths wurden später auf politikwissenschaftliche oder soziologische Professuren in verschiedenen (allerdings ausnahmslos zur jeweiligen Zeit sozialdemokratisch regierten) Bundesländern berufen. Diese Liste (hier nur teilweise in alphabetischer Reihenfolge wiedergegeben) liest sich doch recht eindrucksvoll: Hans Manfred Bock, Frank Deppe, Rüdiger Griepenburg, Heiko Haumann, Eike Hennig, Jörg Kammler, Kurt Kliem, Arno Klönne, Werner Link, Franz Neumann, Eberhard Schmidt, Ursula Schmiederer, Karl Theodor Schuon, Karl-Hermann Tjaden und andere.

In Überblicksdarstellungen über die Geschichte der Politikwissenschaften in der Bundesrepublik ist im Zusammenhang mit dem Wirken Abendroths in Marburg immer wieder von der „Abendroth-Schule" bzw. der „Marburger Schule" die Rede. Ersterer Begriff erscheint insofern weniger problematisch, als einer seiner Schüler schreibt: Seine „Doktoranden (und nicht nur sie) verdanken dem Marburger Politikwissenschaftler

---

21 Habermas, Jürgen, Partisanenprofessor ..., a.a.O., S. 251.

entscheidende intellektuelle Anstöße und Anregungen, die auch dann individuell entschieden fortwirken, wenn man sich seinen politischen Lagebeurteilungen und Handlungsanleitungen nicht anschließen konnte oder wollte."[22] Umstrittener sind beide Begriffe allerdings dadurch, dass sie gelegentlich für eine „Traditionslinie" Verwendung finden, die sich im engeren Sinne auf das Marburger Institut und insbesondere die Nachfolger Abendroths auf politikwissenschaftlichen und verwandten Lehrstühlen in Marburg beziehen (Jung 1994). In diesem Sinne würde die „Abendroth- oder Marburger Schule" dann nur im engeren Sinne von denjenigen Schülern Abendroths repräsentiert, deren Marxismusinterpretation sich ab Ende der sechziger, Anfang der siebziger Jahre durch eine gewisse Renaissance des Leninismus auszeichnete. Bereits die vorstehend aufgeführte Liste derjenigen, die aus seinem Forschungszusammenhang auf Professuren berufen wurden, dokumentiert jedoch, dass diese „Schulbildung" den Gesamtzusammenhang der in Marburg betriebenen (bzw. von Marburg ausgehenden) Forschung und Lehre sicher nur unzureichend abzubilden in der Lage wäre. Gelegentlich ist deshalb auch – im Rahmen einer gewissen Periodisierung der Schülergenerationen – von „Abendroth-Schulen" (Hüttig/Raphael 1999) die Rede.

Jörg Kammler hat in einer aufschlussreichen Rückbetrachtung gezeigt, dass es sich bei dem einzigen Text, bei dem ein erklärtermaßen „schulprogrammatischer"[23] Anspruch verfolgt wurde, um die von einer breiten Autorenschaft getragene „Einführung in die politische Wissenschaft" aus dem Jahre 1968 gehandelt hat, deren Anfänge in das Jahr 1965 zurückreichen (und bei der er als Mitautor beteiligt war). Für ihn machen die bereits zitierten theoretischen Bezugspunkte Abendroths – die „Theorie des sozialistischen und demokratischen Humanismus" bzw. „eines kritisch erneuerten Marxismus" auch den allgemeinen Orientierungsrahmen für das Selbstverständnis des Schülerkreises aus, aus dem die „Einführung" hervorgegangen sei. Abendroths Analysen und Enga-

---

22 Bock, Hans Manfred, Akademische Innovation in der Ordinarien-Universität. Elemente einer Gruppenbiographie der Abendroth-Doktoranden; in: Balzer/Bock/Schöler 2001, S. 288.
23 Kammler, Jörg, Abendroth, Abendroth-Schule und die Marburger „Einführung in die Politische Wissenschaft", in: Balzer/Bock/Schöler 2001, S. 145.

gements hätten dabei weniger ein theoretisch-methodisch ausgearbeitetes, kohärentes Bezugssystem als vielmehr ein faszinierend persönliches Exempel für die Verbindung von unangepasster kritischer Wissenschaft und mutigem, nichtopportunistischem praktischen Engagement, auf eine unter bundesdeutschen Wissenschaftlern höchst seltene Weise durch Widerstand und Haft im „Dritten Reich" beglaubigt, geliefert.[24] Summarisch sieht er deshalb das inhaltliche Konzept dieser „Einführung" am besten in Grevens Begriff der „kritisch-emanzipatorischen Politikwissenschaft" aufgehoben (Greven 1991). Schon die Tatsache allerdings, dass die „Einführung" trotz ihres beachtlichen Erfolges keinerlei Weiter- oder Neubearbeitung erfahren hat, macht die Fragwürdigkeit des Begriffs von der „Marburger Schule" sinnfällig. Bock lehnt es deshalb mit guten Gründen auch rundherum ab, im Singular wie im Plural von „Marburger Schule(n)" zu sprechen (Bock 2001).

4. Kritische Würdigung

Nimmt man den Zeitraum von fast sechzig Jahren in den Blick, so hat Wolfgang Abendroth in seiner Breite und Vielfalt eine geradezu atemberaubende Publikationstätigkeit entwickelt. Die Spannbreite reicht von kurzen Aufrufen und Interventionen bin hin zu Monographien, die zu Standardwerken geworden sind, sie schließen tagespolitische Kommentare wie arbeitsrechtliche Gutachten, völker- und staatsrechtliche Traktate wie historisch-theoretische Analysen, Rundfunkbeiträge wie Rezensionen in Fachzeitschriften ein. Da er sich selbst immer im Sinne eines „intervenierenden Wissenschaftlers" verstanden hat, für den die politische Theorie nicht ohne den Test auf die Praxistauglichkeit denkbar war, lässt sich im Rahmen seines publizistischen Wirkens nicht immer scharf die Trennlinie zwischen wissenschaftlichem Text und politischer Intervention ziehen. Dabei hat er Parteilichkeit keineswegs im engen parteilichen Sinne verstanden, sie vielmehr auf die Emanzipationsinteressen subalterner Klassen und Gruppen bezogen, wobei für ihn die Arbeiterklasse immer im Zentrum des Interesses stand (auch dann noch, als sich die

---

24 Vgl. ebd., S. 147.

Erosion der klassenantagonistischen Prägungen – objektiv wie subjektiv –
überdeutlich abzuzeichnen begannen).

In diesem Verständnis Abendroths war der Klassenantagonismus
jedoch *vorausgesetzt*, nicht zugleich selbst Gegenstand des eigenen wissenschaftlichen Forschens. Auf diese Weise ist in seinem Wirken der In-
tegrationsgedanke als Forschungsansatz zwar durchgängig als Postulat
vorhanden, bleibt aber allzu oft doch mehr Programm als eingelöster
Anspruch. Diese Stärken und Schwächen des Abendrothschen wissenschaftlichen Wirkens lassen sich auch anhand seiner „Sozialgeschichte",
seinem zugleich wichtigsten wissenschaftlichem Werk, zeigen. Zunächst:
Sie kann zweifellos bis heute beanspruchen, zu den anspruchsvollsten
Überblicksdarstellungen zu diesem Thema zu gehören. Abendroth gelingt es, in gut lesbarer Form die großen Linien sozialhistorischer Entwicklungen zu skizzieren und darin das Agieren der verschiedenen Parteien und Bewegungen einzubetten. Er schreibt auch in ihr insofern von
einem „parteiischen" Standpunkt, als er einen verallgemeinernden Inter-
essenstandpunkt aus Sicht der Arbeiterklasse einnimmt, ohne dabei dem
Fehler zu verfallen, im jeweils engeren Sinne den Standpunkt einer Partei
oder Strömung einzunehmen und von diesem aus die jeweils anderen zu
kritisieren. Das gelingt sicher nicht durchgehend, gleichwohl wird die je
eigene Rationalität des Handelns unterschiedlicher Akteure und Parteig-
ruppierungen durchaus kenntlich. Der hoch gesteckte Anspruch, wie er
in dem bereits beschriebenen Paradigma der Politikwissenschaft als In-
tegrationswissenschaft entwickelt wurde, wird von ihm aber auch innerhalb dieses Werkes nur in Grenzen eingelöst. Zwar gelingt die Einbettung
der politischen Ereignisse und Handlungen in die jeweiligen sozialhis-
torischen Rahmenbedingungen, von einer Einbeziehung neuerer, etwa
mentalitätsgeschichtlicher Forschungsansätze sowie der Rückbeziehung
auf sozialpsychologische Erklärungszusammenhänge kann aber nicht
wirklich die Rede sein.

Bereits mit der „Sozialgeschichte" beginnt eine Entwicklung im
Abendrothschen Denken und Schreiben, die mit Blick auf den „verstaat-
lichten" Strang der ehemaligen Arbeiterbewegung, sprich die sowjetischen Systeme und ihre Wandlungsprozesse, Stück für Stück von einer

Darstellungsweise der „erklärenden Interpretation", die problematische Stufen, Handlungen oder Entscheidungen historisch einordnet, aber damit nicht zwingend legitimiert oder gar entschuldigt, zu der einer nachträglichen „Rationalisierung" übergeht. In späteren Texten entfaltet Abendroth zunehmend eine Sichtweise, die dazu neigt, im größeren historischen Abstand früher von ihm selbst aufgrund einer uneingeschränkt demokratischen Wertehaltung als inakzeptabel kritisierte autoritäre bzw. repressive Maßnahmen im Rahmen eines „Unvermeidlichkeitsparadigmas" für letztlich historisch unausweichlich zu erklären. Das gilt beispielsweise für das Menetekel des „Hitler-Stalin-Paktes" ebenso wie für neuralgische Ereignisse der DDR-Geschichte wie den 17. Juni 1953 bzw. den Mauerbau im August 1961. Er gelangt auf diese Weise – insbesondere in einer längeren Phase seines Alterswerks – zu Positionierungen, die sowohl normativ wie hinsichtlich ihrer zeithistorischen Erklärungskraft als problematisch zu beurteilen sind. Damit geht ein partieller Wandel nicht nur der politischen Positionierung, sondern auch des eigenen Wissenschaftsverständnisses einher. Hatte er in den fünfziger und sechziger Jahren den Topos des „kritisch erneuerten Marxismus" zu einem Leitbild seines Selbstverständnisses erhoben, so wendet er sich später, an der Wende der sechziger zu den siebziger Jahren, phasenweise einer stärker leninistisch geprägten Deutung des Marxismus zu. Es muss aber festgehalten werden, dass er sie gegen Ende seines Lebens im Kontext der Debatten um die eurokommunistischen Wandlungen der westlichen kommunistischen Parteien bzw. im Rahmen der austromarxistischen Renaissance in Teilen der Sozialdemokratie nochmals relativieren bzw. revidieren wird (Schöler 2012).

5. Rezeption im Fach und in der Öffentlichkeit

An Abendroth schieden sich schon immer die Geister. Für diejenigen, die – ungeachtet aller Differenzen in politischen oder wissenschaftlichen Teilfragen – durch seine Lehre und sein universitäres Wirken geprägt wurden, behielt er immer eine herausragende Vorbildfunktion aufgrund seiner brillanten fachlichen wie historischen Kenntnisse, seiner unbestechlichen Integrität sowie seiner menschlichen Wärme und Toleranz.

Das gilt für so unterschiedliche Persönlichkeiten wie den zeitgenössisch wohl bedeutendsten deutschen Philosophen Jürgen Habermas, den seine Frankfurter „Lehrmeister" Adorno und Horkheimer nicht zu habilitieren wagten und der deshalb zu Abendroth nach Marburg ausweichen musste. Es gilt ebenso für den ehemaligen Bundesfinanzminister Hans Eichel, der bis heute von der Debattenkultur in Abendroths Seminaren schwärmt. Für andere ist Abendroth (spätestens seit Ende der sechziger Jahre) eher ein verknöcherter Dogmatiker, dem – ohne viel Federlesen oder gar überzeugende Belege – eine politische Steuerung durch die SED unterstellt wurde (vgl. zur Kritik Schöler 2008). So bleibt ein zwangsläufig widersprüchliches Bild öffentlicher Wahrnehmung. Ohne jeden Zweifel jedoch hat er mehrere Generationen kritischer Studierender nachhaltig geprägt, die im Gefolge seines Wirkens ihren beruflichen Weg an Universitäten, Bildungseinrichtungen, in unterschiedlichen politischen Parteien und Gewerkschaften gemacht haben.

In der „scientific community" ist ebenfalls ein langsamer Wandel mit Blick auf seine Person feststellbar. Dem Ordinarius der frühen fünfziger Jahren galt durchaus ein breit entgegen gebrachter Respekt. Immerhin verkörperte er geradezu paradigmatisch den Typus des von den Nazis geschundenen und verfolgten Wissenschaftlers, den man in der bundesrepublikanischen Nachkriegsszenerie, in der allzu viele NS-Belastete allzu schnell wieder in universitäre Lehrstühle einrückten, kaum direkt zu attackieren wagte. Sicher lässt sich auch feststellen, dass die erste Phase der unmittelbaren Nachkriegsperiode noch von einer offeneren, diskursiveren Aufbruchstimmung geprägt war, die erst langsam durch den sich verschärfenden Kalten Krieg im Sinne von Freund-Feind-Dichotomien abgelöst wurde. Im Zuge dieser Entwicklung sieht sich Abendroth auch bald heftigen Angriffen aus dem politischen Raum ausgesetzt (vgl. Schöler 1985).

Gewisse Unterschiede im Umgang mit und in Wahrnehmung seiner Person lassen sich vielleicht auch anhand von Veränderungen mit Blick auf für ihn dargebrachte Festschriften zeigen. Versammelt die Festgabe zum 60. Geburtstag noch eine Art „who is who" der bundesrepublikanischen linksliberalen bzw. linken Intelligenz (so steuerten u.a. Theodor

Adorno, Rudolf Augstein, Ernst Bloch, Karl Dietrich Bracher, Lucien Goldmann und Jürgen Habermas Beiträge bei – vgl. Maus 1968), so repräsentiert die Festschrift zu seinem 65. nur noch eine – im politischen Sinne – deutlich verengte Schülergemeinde. Gleichwohl ist der Rang des Marburger Politikwissenschaftlers als einer der Pioniere bundesrepublikanischer Politikwissenschaft unbestritten. Seine Rolle für die Gründung des Faches und sein Wirken finden sich in allen einschlägigen Überblicksdarstellungen über die Geschichte der Politikwissenschaft der zweiten Hälfte des zwanzigsten Jahrhunderts in Deutschland (u.a. Bleek 2001; Mohr 1988).

Die Reichweite seines wissenschaftlichen Wirkens lässt sich schließlich auch anhand durchaus beeindruckender Verbreitungszahlen einiger seiner Werke sowie an der Zahl von Übersetzungen ablesen. Der Band „Aufstieg und Krise der Sozialdemokratie" wurde ins Japanische und Italienische übersetzt. Die ein Jahr später erschienene „Sozialgeschichte" erlebte immerhin 14 Auflagen mit einer Verbreitungszahl von über 80.000 Exemplaren. Sie wurde in 14 Sprachen übersetzt. Der 1966 erschienene kleine Band zum Grundgesetz brachte es auf sieben Auflagen und eine japanische Übersetzung. Der Sammelband „Antagonistische Gesellschaft" aus dem Folgejahr ging in eine zweite Auflage, Übersetzungen erfolgten in die spanische und italienische Sprache. Der im gleichen Jahr erschienene Gesprächsband mit Georg Lukács hat sogar Übersetzungen in sieben Sprachen aufzuweisen. Und schließlich die „Einführung in die politische Wissenschaft" aus 1968: Mit der 8. Auflage wurden etwa 36.000 verkaufte Exemplare gezählt, dazu wurde der Band im Spanischen aufgelegt. Die Zahlen sprechen für sich und zeugen von einer – zumindest für die sechziger und siebziger Jahre – enormen nationalen wie internationalen Reichweite des Abendrothschen wissenschaftlichen Wirkens.

Nachdem es – angesichts der Umbrüche der Jahre 1989 folgende nicht verwunderlich – eine ganze Reihe von Jahren ausgesprochen ruhig um Abendroth bestellt war, kann man für die 2000er Jahre von einer gewissen Wiederentdeckung seines Werkes sprechen (vgl. Balzer/Bock/Schöler 2001; Urbahn/Buckmiller/Deppe 2006; Diers 2006; Heigl 2008; Schöler 2008, 2012; Fischer-Lescano/Perels/Scholle 2012). Hierzu dürfte positiv beigetragen haben, dass mittlerweile die ersten beiden Bände (Abendroth 2006, 2008) einer achtbändig geplanten Werkausgabe erschienen sind. Deren Fortsetzung ist allerdings gefährdet. Es bleibt zu hoffen, dass die Ausgabe kein Torso bleibt.

Literaturverzeichnis

Primärliteratur:

Aufstieg und Krise der deutschen Sozialdemokratie. Das Problem der Zweckentfremdung einer politischen Partei durch die Anpassungstendenz von Institutionen an vorgegebene Machtverhältnisse, Frankfurt/M. 1964.

Sozialgeschichte der europäischen Arbeiterbewegung, Frankfurt am Main 1965.

Das Grundgesetz, Eine Einführung in seine politischen Probleme, Pfullingen 1966.

Antagonistische Gesellschaft und politische Demokratie. Aufsätze zur politischen Soziologie, Neuwied/Berlin 1967.

Einführung in die politische Wissenschaft, München 1968 [hrsg. mit Kurt Lenk].

Arbeiterklasse, Staat und Verfassung. Materialien zur Verfassungstheorie und Verfassungsgeschichte der Bundesrepublik, hrsg. von Joachim Perels, Frankfurt/M. 1975.

Ein Leben in der Arbeiterbewegung, hrsg. von Barbara Dietrich und Joachim Perels, Frankfurt 1976.

Die Aktualität der Arbeiterbewegung. Beiträge zu ihrer Theorie und Geschichte, hrsg. von Joachim Perels, Frankfurt/M. 1985.

Einführung in die Geschichte der Arbeiterbewegung. Band 1: Von den Anfängen bis 1933 [1976–1978], Heilbronn 1985.

Gesammelte Schriften, Bd. 1: 1926–1948, hrsg. von Michael Buckmiller, Joachim Perels und Uli Schöler, Hannover 2006.

Gesammelte Schriften, Bd. 2: 1949–1955, hrsg. von Michael Buckmiller, Joachim Perels und Uli Schöler, Hannover 2008.

Sekundärliteratur:

Balzer, Friedrich-Martin/Bock, Hans Manfred/Schöler, Uli (Hrsg.), Wolfgang Abendroth. Wissenschaftlicher Politiker. Bio-bibliographische Beiträge, Opladen 2001.

Balzer, Friedrich-Martin (Hrsg.), Wolfgang Abendroth. Für Einsteiger und Fortgeschrittene. Gesamtbibliographie der Veröffentlichungen. Texte von, über und zu Wolfgang Abendroth [CD-Rom], Marburg 2005.

Bleek, Wilhelm, Geschichte der Politikwissenschaft in Deutschland, München 2001.

Bock, Hans Manfred, Akademische Innovation in der Ordinarien-Universität. Elemente einer Gruppenbiographie der Abendroth-Doktoranden; in: Balzer/Bock/Schöler 2001, S. 271 ff.

Bock, Hans Manfred, „Frankfurter Schule" und „Marburger Schule". Intellektuellengeschichtliche Anmerkungen zum Verhältnis von zwei epistic communities, in: Richard Faber/Eva-Maria Ziege (Hrsg.), Das Feld der Frankfurter Kultur- und Sozialwissenschaften vor 1945, Würzburg 2007, S. 211 ff.

Bock, Hans Manfred/Klein, Joachim, Karrieremuster und Praxisfelder der von Wolfgang Abendroth promovierten Politikwissenschaftler, in: Balzer/Bock/Schöler 2001, 289 ff.

Deppe, Frank (Hrsg.), Abendroth-Forum. Marburger Gespräche aus Anlaß des 70. Geburtstags von Wolfgang Abendroth, Marburg/Lahn 1977.

Deppe, Frank, Politisches Denken im Kalten Krieg. Teil 2: Systemkonfrontation, Golden Age, antiimperialistische Befreiungsbewegungen, Hamburg 2008.

Diers, Andreas, Arbeiterbewegung – Demokratie – Staat. Wolfgang Abendroth. Leben und Werk 1906–1948, Hamburg 2006.

Diers, Gerd, Die Hochschule für Arbeit, Politik und Wirtschaft (Hochschule für Sozialwissen-schaften) in Wilhelmshaven-Rüstersiel. Darstellung und Deutung der Bemühungen um die Durchsetzung des Studiengangs Sozialwissenschaften und um die Anerkennung als wissen-schaftliche Hochschule, Diss., Göttingen 1972.

Fischer-Lescano, Andreas/Perels, Joachim/Scholle, Thilo (Hrsg.), Der Staat der Klassengesellschaft. Rechts- und Sozialstaatlichkeit bei Wolfgang Abendroth, Baden-Baden 2012.

Greven, Michael Th., Was ist aus den Ansprüchen einer kritisch-emanzipatorischen Politik-wissenschaft vom Ende der 60er Jahre geworden? Eine Skizze des Paradigmas und seines Scheiterns, in: Gerhard Göhler/Bodo Zeuner (Hrsg.), Kontinuitäten und Brüche in der deutschen Politikwissenschaft, Opladen 1991, S. 221 ff.

Habermas, Jürgen, Partisanenprofessor im Lande der Mitläufer, in: ders., Philosophisch-politische Profile, Frankfurt/M., S. 249 ff.

Hecker, Wolfgang/Klein, Joachim/Rupp, Hans Karl (Hrsg.), Politik und Wissenschaft. 50 Jahre Politikwissenschaft in Marburg, Münster 2001.

Heigl, Richard, Oppositionspolitik. Wolfgang Abendroth und die Entstehung der Neuen Linken (1950–1968), Hamburg 2008.

Heß, Gerhard, [redaktionelle Bearbeitung], BRD-DDR. Vergleich der Gesellschaftssysteme, Wolfgang Abendroth zum 65. Geburtstag gewidmet, Köln 1971.

Hüttig, Christoph/Raphael, Lutz, Die „Marburger Schule(n)" im Umfeld der westdeutschen Politikwissenschaft 1951–1975, in: Wilhelm Bleek/Hans J. Lietzmann (Hrsg.), Schulen in der deutschen Politikwissenschaft, Opladen 1999, S. 293 ff.

Huster, Ernst-Ulrich, Das Sozialstaatsprinzip des Grundgesetzes: eine Kontroverse. Wolfgang Abendroth versus Ernst Forsthoff, in: Franz Neumann (Hrsg.), Politische Ethik. Handbuch, Baden-Baden 1985, S. 83 ff.

Jung, Heinz, Abendroth-Schule, in: Historisch-kritisches Wörterbuch des Marxismus, hrsg. von Wolfgang Fritz Haug, Bd. 1, Hamburg 1994, Sp. 21 ff.

Kammler, Jörg, Abendroth, Abendroth-Schule und die Marburger „Einführung in die Politische Wissenschaft", in: Balzer/Bock/Schöler 2001, S. 144 ff.

Lasch, Sebastian, Bürgerliche Wissenschaft und demokratische Politik. Martin Draht und Wolfgang Abendroth an der Universität Jena, in: Uwe Hoßfeld/Tobias Kaiser/Heinz Mestrup (Hrsg.), Hochschule im Sozialismus. Studien zur Geschichte der Friedrich-Schiller-Universität Jena (1945–1990), Bd. 2, Köln/Weimar/Wien 2007.

Maus, Heinz (Hrsg.), Gesellschaft, Recht, Politik. Wolfgang Abendroth zum 60. Geburtstag, Neuwied 1968.

Mohr, Arno, Politikwissenschaft als Alternative. Stationen einer wissenschaftlichen Disziplin auf dem Weg zu ihrer Selbständigkeit in der Bundesrepublik Deutschland 1945–1965, Bochum 1988.

Perels, Joachim, Zur Aktualität der Sozialstaatsinterpretation von Wolfgang Abendroth, in: Urban/Buckmiller/Deppe 2006, S. 101 ff.

Pinkus, Theo (Hrsg.), Gespräche mit Georg Lukács, Hans Heinz Holz, Leo Kofler, Wolfgang Abendroth, Reinbek bei Hamburg 1967.

Rupp, Hans Karl/Noetzel, Thomas (Hrsg.), Macht, Freiheit, Demokratie. Anfänge der westdeutschen Politikwissenschaft. Biographische Annäherungen, Marburg 1991.

Schael, Oliver, Mandarine zwischen Tradition und Reform. Hochschulreformpolitik in Niedersachsen in den fünfziger und sechziger Jahren, Diss. Phil., Göttingen 2009.

Schöler, Uli, „Rote Blüte im kapitalistischen Sumpf …" Abendroth, SPD und Presse in der Nachkriegsära, in: SPW 8 (1985), H. 29, S. 430 ff.

Schöler, Uli, Wolfgang Abendroth – Fragen an einen politischen Lebensweg, in: Friedrich-Martin Balzer/Hans Manfred Bock/Uli Schöler (Hrsg.), Wolfgang Abendroth. Wissenschaftlicher Politiker. Bio-bibliographische Beiträge, Opladen 2001, S. 11 ff.

Schöler, Uli, Die DDR und Wolfgang Abendroth. Wolfgang Abendroth und die DDR, Hannover 2008.

Schöler, Uli, Erweiterung der politischen zur sozialen Demokratie. Wolfgang Abendroths programmatische Neuorientierung der frühen fünfziger Jahre, in: Klaus Kinner (Hrsg.), Die Linke – Erbe und Tradition. Teil 2: Wurzeln des Linkssozialismus, Berlin 2010, S. 113 ff.

Schöler, Uli, Wolfgang Abendroth und der „reale Sozialismus". Ein Balanceakt, Berlin 2012.

Schöler, Uli, Arbeiterbewegung oder Jugendbewegung? Nein: beides! Wolf(gang) Abendroth, in: Barbara Stambolis (Hrsg.), Jugendbewegt geprägt. Essays zu autobiographischen Texten von Werner Heisenberg, Robert Jungk und vielen anderen, Göttingen 2013.

Urban, Hans-Jürgen/Buckmiller, Michael/Deppe, Frank (Hrsg.), „Antagonistische Gesellschaft und politische Demokratie". Zur Aktualität von Wolfgang Abendroth, Hamburg 2006.

Susanne Miller: Vom Großbürgertum zur Arbeiterbewegung

Ein Bekenntnis vorweg: Mein Blick auf die zu Portraitierende ist von Freundschaft und Verehrung geprägt, was vorliegenden Text sicherlich angreifbar macht.

Dass Susanne Miller wie viele andere ihre Lebenserinnerungen nicht aufgeschrieben hat, hat einen einfachen wie traurigen Grund: Seit Jahren lässt die Kraft ihrer Augen nach, ein belastender Prozess für jemanden wie sie, für die Lesen und Schreiben einen wichtigen Teil des Lebensinhalts ausgemacht hat. Aber vielleicht liegt in diesem Handicap auch etwas Positives im Sinne der so häufig verwendeten Metapher von der *Ironie der Geschichte*. Ich bin mir nicht sicher, ob unter „normalen" Umständen ein Buch dieses Inhalts[1] überhaupt entstanden wäre. Viel eher hätte sie sich – in der Tradition ihrer großen Monographien und Dokumentationen über die Sozialdemokratie in der zweiten Hälfte des 19. und der Frühphase des 20. Jahrhunderts – einem anderen historisch interessanten Thema zugewandt, als über sich selbst zu schreiben – getreu dem Lebensmotto, sich selbst nicht so wichtig zu nehmen.

So aber ist ein Erzählband entstanden, aufgezeichnet, redigiert und eingeleitet von Antje Dertinger (die auf diese Weise bereits andere Persönlichkeiten der Arbeiterbewegung einfühlsam präsentiert hat), der all denjenigen zur Lektüre zu empfehlen ist, die ernsthaft wissen möchten, warum ein „Leben in der Arbeiterbewegung" durchaus etwas Faszinierendes, Anziehendes haben konnte.

Susanne Miller, im Frühjahr 2005 neunzig Jahre alt geworden, wird mitten im Weltkrieg in Sofia geboren, lebt zunächst mit ihrer durchaus wohlhabenden Familie in Wien, verbringt ihre Jugendjahre erneut in Bulgarien, kehrt aber zum Studium nach Wien zurück. Die Mutter stirbt kurz vor ihrem vierten Geburtstag an der Spanischen Grippe, der Vater – Ende der zwanziger Jahre Direktor einer internationalen Bank in Sofia – heiratet bald wieder. Die Tochter wächst mit Dienstmädchen,

---

1   Miller, Susanne, „So würde ich noch einmal leben". Erinnerungen, aufgezeichnet und eingeleitet von Antje Dertinger, Verlag J.H.W. Dietz Nachfolger, Bonn 2005.

Hauslehrern und Gouvernanten auf. Die Armut der Suppenküchen nach Kriegsende nimmt sie schon bewusst wahr, aber das ist – noch – nicht ihre Welt. Zu ihrer wichtigsten Begegnung als Schülerin wird die mit ihrem neuen Philosophielehrer in Bulgarien Zeko Torhoff. Durch ihn bekommt sie Zugang zur Gedankenwelt des Göttinger Philosophen Leonhard Nelson, ein „Neukantianer", der mit seinen Anhängern auf ein Engagement in der Sozialdemokratie setzt, die aber Mitte der zwanziger Jahre aus der SPD ausgeschlossen werden. Aus der von ihm geleiteten Jugendorganisation „Internationaler Sozialistischer Jugendbund", zeitweilig durchaus mit Einfluss innerhalb der Weimarer Jungsozialisten, formiert sich nun eine neue Partei, der „Internationale Sozialistische Kampfbund".

Aus heutiger Sicht würden wir ihn mit guten Gründen eine Splitterpartei nennen, die ohne parlamentarischen Einfluss blieb. Einfluss besaß der ISK jedoch aufgrund seiner intellektuellen Kapazitäten im heiklen Zwischenfeld zwischen den beiden „feindlichen Brüdern" SPD und KPD, ferner aufgrund seiner umsichtigen Vorbereitung der und Widerstandsarbeit in der Illegalität nach 1933 sowie aufgrund der politischen Persönlichkeiten, die aus ihm hervorgegangen sind und die in der Nachkriegs-SPD (und z. T. auch in den Gewerkschaften) wichtige Rollen spielen sollten. Es ist ausgesprochen bedauerlich, dass Susanne Miller nahezu nichts darüber erzählt, was es denn eigentlich war, was die besondere Faszination des Gedankenguts von Nelson und des ISK für sie ausgemacht hat. Sicher: Auch über diese Person wie die Organisation gibt es eine Menge Literatur, aber eben mit dem Blick von außen und nicht von innen geschrieben.

Erste praktisch-politische Erfahrungen sammelt die junge Studentin 1934 anlässlich des Aufstandes der österreichischen Arbeiter gegen den Austrofaschismus. Sie packt mit an, als helfende Hände gebraucht werden, um die Gelder und Hilfsgüter angelsächsischer Organisationen an die Familien der Opfer des Aufstandes zu verteilen. Zu ihren bleibenden und prägenden Erfahrungen dürfte sicher die Zeit im Londoner Exil gehören. Susanne Miller bricht ihr Geschichtsstudium ab, jobbt in einem von ISK-Leuten betriebenen vegetarischen Restaurant und beteiligt sich an der sozialistischen Bildungsarbeit wie an den Debatten innerhalb der Exilgruppen. In diesem Teil des Bandes entstehen bewegende Porträts von Freundinnen und Mitstreitern. Aber auch hier hätte man sich etwas mehr gewünscht – nicht nur, was den Inhalt der politischen Debatten betrifft und die Sicht der einzelnen Personen und Gruppen auf Nazi-Deutschland und die Perspektiven für die Nachkriegszeit.

Es wird nur angedeutet, was *auch* das Besondere am ISK gegenüber anderen politischen Gruppen und Parteien dieser Periode ausmachte: seine Mitglieder lebten nach einem eigenen Verhaltenskodex, zu dem u.a. Vegetarismus und Alkoholabstinenz gehörten. Auch war die Gruppe streng zentralistisch, also nicht im heutigen Sinne „basisdemokratisch" organisiert. Was diese Selbstverpflichtungen bedeuteten, wie sie das Alltagsleben strukturierten und was davon lebensprägend geblieben ist, davon hätte man in dieser Schilderung gerne mehr gelesen, denn gerade diese Gesichtspunkte erschließen sich nicht aus theoretischen und organisationsgeschichtlichen Zugängen. Hier habe ich es am schmerzlichsten vermisst, dass Susanne Millers Neigung, die eigene Person zurückzustellen, ausgesprochen ausgeprägt entwickelt ist.

Im Londoner Exil „erwirbt" sie auch ihren Namen Miller, durch eine Scheinehe mit einem britischen Genossen aus aufenthaltsrechtlichen Gründen. Ihr eigentlicher Lebenspartner wird jedoch Willi Eichler, nach Nelsons Tod die unbestrittene politische wie intellektuelle Führungspersönlichkeit des ISK, mit dem sie nach dem Krieg nach Köln (und später Bonn) zieht und dessen Ehefrau sie wird. Zu den eindringlichsten Passagen des Buches gehören die Schilderungen der Alltagsnöte der unmittelbaren Nachkriegsperiode im völlig zerstörten Köln, die ihre Prägnanz gerade dadurch gewinnen, dass sie auf eine ganz unaufgeregte und selbstverständliche Weise (schließlich ging es ja jedem so) dargeboten werden. In dieser Zeit bekommt sie Möbel geschenkt, die auch noch heute ihre unmittelbare Lebensumgebung ausmachen.

Und von hier aus entwickeln sich auch alle die politischen wie beruflichen Perspektiven, die hier nur stichwortartig genannt werden können, die aber auch zu dem eher Bekannten aus Susanne Millers Leben gehören: politische Funktionen in der Kölner und mittelrheinischen SPD insbesondere in der Frauenarbeit, Arbeit als Sekretärin der Programm-kommission zum Godesberger Programm beim Parteivorstand der SPD, Nachholen des Geschichtsstudiums mit Promotion, Tätigkeit bei der „Parlamentarismuskommission", Vorsitz der spät gegründeten Histori-schen Kommission der SPD, Mitarbeit in der Grundwertekommission, Tätigkeit für die Friedrich-Ebert-Stiftung usw. usw.

Zurück zu unserem Ausgangspunkt: Im Sommer erscheint in der *Frankfurter Rundschau* eine erste Besprechung ihres Buches, die ich in ihrer „Grundintonierung" nicht für möglich gehalten hätte. Ihr Autor, *Wolfgang Kruse*, fasst seinen Grundeindruck des Bandes so zusammen: „Vor allem aber entsteht das Bild einer Persönlichkeit, die mit ihrem Le-ben sehr zufrieden ist – mit guten Gründen zwar, aber doch so sehr, dass vieles an einem Maß gemessen wird. Menschen, die Susanne Miller nicht gefallen haben, werden geradezu programmatisch ausgeblendet …" Aber nicht nur in dieser Passage entsteht das Bild einer Persönlichkeit, die für sich das Feld glänzend bestellt hat und von der erreichten Höhe auf an-dere herabschaut. Von einem „fulminanten Aufstieg in der deutschen So-zialdemokratie" ist da die Rede – angesichts der politischen Ämter, die sie zu ihren beruflich aktiven Zeiten bekleidet hat, eine reichlich abstruse Überzeichnung. Den ehrenamtlichen Vorsitz der Historischen Kommis-sion übernahm sie im Rentnerinnenalter. Am schlimmsten aber: *Kruse* zeichnet das Bild einer Persönlichkeit, die es wohl verstanden hat, die schwierige Situation der Nachkriegswirren für den beschriebenen Auf-stieg zu eigenem Vorteil zu nutzen: „Man war selbstlos engagiert, doch das Engagement wurde auch zu einer guten Lebensgrundlage, ohne dass man dafür zur Karrieristin werden musste. Und manches war vielleicht doch ein wenig problematisch."

Man reibt sich die Augen. Wer dieses Buch mit wachem Verstand liest, müsste eigentlich schon davor geschützt sein, derartige Werturtei-le zu Papier zu bringen. Hätte der Rezensent aber nur ein einziges Mal Susanne Miller zu einem auch nur fünfminütigen Gespräch gegenüber gesessen, würde er sich für diese Passage schämen. Wie gesagt: Zu große Nähe bei Rezensionen macht angreifbar. Zu große Unkenntnis kann zu geradezu lächerlichen Urteilen führen.

Peter von Oertzen: Unerschütterliches Festhalten am „Marxismus"

Gesundheitlichen Problemen war es geschuldet, dass nun doch schon seit einiger Zeit von Peter von Oertzen nur noch wenig zu hören war. Nun ist er – was ich sehr bedauere – vor wenigen Monaten aus der SPD aus- und in die neu gegründete „Wahlalternative" übergetreten. Aber das ändert sicherlich nichts daran, dass er mit seinen politischen wie wissenschaftlichen Interventionen über Jahrzehnte hinweg Politik und Programmatik der Sozialdemokratie mitgeprägt hat. Zu seinem 80. Geburtstag haben ihn befreundete Wissenschaftler mit der Herausgabe einer Sammelschrift[1] beschenkt, in der dies im Detail nachvollzogen wird. Sie vereint die Vorzüge und Nachteile letztlich aller Sammelbände eines oder verschiedener Autoren. Ihr Vorzug: Dem Leser wird für ein bestimmtes Thema ein breites Spektrum von Meinungen und wissenschaftlich unterschiedlichen Zugriffen bzw. für einen konkreten Autor ein weit gefächerter Überblick über sein politisches oder wissenschaftliches Schaffen dargeboten. Der Nachteil: Die Besprechung eines derartigen Bandes wird Autor bzw. Herausgebern kaum gerecht werden können, bedürfte doch jeder einzelne Beitrag (oder wenigstens nur die wichtigsten unter ihnen) einer angemessenen Würdigung). Ich werde mich also auch hier auf eine summarische Besprechung beschränken müssen.

Peter von Oertzen gehört zu den letzten Vertretern einer aussterbenden Spezies, die für die historische sozialistische Bewegung einmal eine herausragende Bedeutung gehabt hat: den Intellektuellen mit oder ohne akademische Ausbildung, der es bis in höchste Parteifunktionen und Ministerämter brachte, ggf. aber auch wieder den Weg zurück in die Wissenschaft fand. Dazu zählte selbst der gelernte Handwerker August Bebel, dessen popularisierende Überlegungen zur Verknüpfung der Geschlechterfrage mit den ökonomischen Analysen Marxens und Engels' unter dem Titel „Die Frau und der Sozialismus" Massenauflagen erreichten. In diese Reihe gehören auch unermüdliche Bücher-, Broschüren-

---

1 Oertzen, Peter von, Demokratie und Sozialismus zwischen Politik und Wissenschaft. Hrsg. von Michael Buckmiller, Gregor Kritidis und Michael Vester, Offizin-Verlag, Hannover 2003.

und Aufsatzschreiber wie Eduard Bernstein und Rosa Luxemburg, die zeitweilig gleichwohl die praktische Aufgabe eines Unterstaatssekretärs bzw. einer Mitgliedschaft im Parteivorstand übernahmen. Ungeachtet ihrer zeitweilig durchaus scharfen Differenzen einte sie eben doch die gemeinsame Auffassung, dass nur der immer neu zu unternehmende ernsthafte Versuch einer wissenschaftlichen Durchdringung wirtschafts- und gesellschaftspolitischer Zusammenhänge die Voraussetzungen für eine erfolgreiche sozialdemokratische Praxis schaffe. Darin, in dieser methodischen, auch heute noch „marxistisch" zu nennenden Sicht bestand ihre große Gemeinsamkeit.

In diese Tradition gehört geradezu paradigmatisch Rudolf Hilferding, ein zunächst in Wien ausgebildeter und praktizierender Arzt, der gleichwohl mit einer Bahn brechenden Arbeit über das „Finanzkapital" im Rahmen der Reihe „Marxismusstudien" das zeitgenössische sozialistische Denken aufrüttelte und in den zwanziger Jahren in Berlin zum Reichsfinanzminister der deutschen Sozialdemokraten aufstieg. Diesem Typus des „organischen Intellektuellen" bzw. Akademikers in der frühen bzw. Weimarer Sozialdemokratie hat Mitte der achtziger Jahre Gustav Auernheimer unter dem Titel „Genosse Herr Doktor" eine leider allzu wenig beachtete Untersuchung gewidmet.

Und heute? Heute gibt es sicherlich eine Vielzahl von (guten wie schlechten) Gründen dafür, dass dieser Typus des Politikers, der sein eigenes Wirken wissenschaftlich zu reflektieren vermag und dies auch für notwendig hält, kaum mehr existent zu sein scheint. Nach Willy Brandt, Carlo Schmid, Erhard Eppler, Peter Glotz und eben Peter von Oertzen wären es wohl nur noch wenige sozialdemokratische Köpfe aus der Führungsriege, die man sich ebenso gut an einer Universität wie in einem Landes- oder Bundeskabinett vorstellen könnte. Das bedeutet auch, dass durchaus mit gemischten Gefühlen auf das zu schauen sein wird, was binnen Jahresfrist an neuem *programmatischem* Entwurfstext vorgelegt werden wird. Dies gilt zumal in einer Zeit einerseits tief greifender innergesellschaftlicher wie weltweiter Umbrüche, deren Verlaufsformen wie Orientierungspunkte mir noch arg im Dunkeln zu liegen scheinen, andererseits einer sich verbreiternden „Gewissheit", dass sich die Rationalität politischer Entscheidungen bereits mit ausreichender Sicherheit aus den konkreten Anforderungen der Tagesaktualität entwickeln lasse.

Wenn Peter von Oertzen gelernt hatte, einen derartigen Zugriff als unzureichend (er würde wahrscheinlich sagen: untauglich) zu begreifen und wissenschaftlich nach sozialistischen Lösungen zu suchen, dann war ihm dies sicherlich nicht in die Wiege gelegt worden. Sein Elternhaus war sozial-konservativ geprägt, sein Vater als Redakteur der *Vossischen Zeitung* „Organisationsleiter" des auf eine *konservative Revolution* hinarbeitenden „Tat-Kreises" um Hans Zehrer. Als Peter von Oertzen desillusioniert als junger Mann aus dem 2. Weltkrieg zurückkehrt, beginnt er, sich mit einem Selbststudium eine eigene Sicht auf die Entwicklungsprozesse der Weimarer Republik zu erarbeiten und gelangt dabei erstmals zu demokratisch-sozialistischen Positionen. Im November 1946 immatrikuliert er sich an der Universität Göttingen und tritt gleichzeitig in die SPD und in den SDS ein, wobei letzterer zu diesem Zeitpunkt noch in keinerlei Oppositionshaltung zur „Mutterpartei" stand.

Seine Dissertation 1953 beschäftigt sich mit der „sozialen Funktion des staatsrechtlichen Positivismus", einem Grenzbereich zwischen Staatstheorie und Politischer Wissenschaft, eine Verortung, die ihm zeit seines Lebens erhalten bleiben wird. Bereits in dieser Arbeit wird sein Versuch der Rekonstruktion eines kritischen Marxismus erkennbar, den er künftig engagiert gegen den ideologischen Herrschaftsanspruch des „Marxismus-Leninismus" wie gegen diejenigen Sozialdemokraten verteidigt, die mit zunehmender Vehemenz für eine Verabschiedung vom Marschen Erbe eintreten. Weit größeres Aufsehen erregt er allerdings mit seiner Habilitationsschrift über die „Arbeiterräte in der deutschen Novemberrevolution von 1918", ein Meilenstein der Forschung zu dieser Periode, der als Ausgangspunkt einer ganzen Reihe von weiteren wissenschaftlichen Arbeiten über diesen historischen Zusammenhang in den Folgejahrzehnten gelten kann.

Neben seiner aktiven Arbeit innerhalb der SPD, die ihn 1955 zunächst nur für eine Legislaturperiode in den Niedersächsischen Landtag führt, beteiligt er sich organisierend wie debattierend an kleinen Projekten linkssozialistischer Intellektueller um Zeitschriften wie die „Sozialistische

Politik" oder die von ihm selbst mit herausgegeben „Arbeitshefte". Seine inhaltliche Positionierung legt es nahe, dass er 1959 zur kleinen Gruppe derjenigen gehört, die dem neuen „Godesberger Programm" der SPD ihre Zustimmung verweigern. Eine solche Haltung hat Peter von Oertzen jedoch nicht dazu verleitet, in sektiererische Positionen abzugleiten. Er behielt seine Verankerung in der Sozialdemokratischen Partei und in der Wissenschaft sowie als Berater der Gewerkschaften bei. Bereits 1963 erhält er einen Ruf als ordentlicher Professor für Politische Wissenschaften an der Technischen Hochschule Hannover. Nach seiner Rückkehr in den Landtag wird er 1970 als Kultusminister ins Landeskabinett berufen, übernimmt im selben Jahr auch den Vorsitz im SPD-Bezirk Hannover, der ihn 1973 in den Vorstand der Gesamtpartei nach Bonn schickt.

In der Spitze der Partei wird er zum intellektuellen Sprecher der Linken, koordiniert deren Mitarbeit am Erarbeitungsprozess des 1989 verabschiedeten „Berliner Programms". Man wird wohl ohne zu übertreiben behaupten können, dass die Formulierung und Einbeziehung einer zeithistorischen Einleitung in dieses Programm (und damit, wenn man so will, die Wiederanknüpfung an ein wesentliches Element marxistisches Denken im Programmkontext der Sozialdemokratie) der zähen und unermüdlichen Arbeit Peter von Oertzens geschuldet ist. Dieses deutliche Zusammenrücken von Gesamtpartei und einem ihrer profundesten internen Kritiker sollte allerdings nicht allzu lange dauern. Die Entwicklungen der neunziger Jahre, wahrscheinlich mehr noch die Phase seit der Regierungsübernahme, haben Peter von Oertzen und die SPD erneut voneinander entfremdet. Er hatte zwar im Auftrag des Parteivorstands den Vorsitz der Parteischule übernommen und dort – gemeinsam mit Tilman Fichter – wichtige Grundlagen für die Schulung und Ausbildung hauptamtlicher sozialdemokratischer Funktionäre gelegt. Finanzielle Engpässe schränkten diese Arbeit allerdings bald mehr und mehr ein und ließen ihn wohl auch an dieser Stelle resigniert zurücktreten. Zwischenzeitlich war er an die Juristische Fakultät der Universität Hannover zurückgekehrt und beteiligte sich an einem von Michael Vester geleiteten wissenschaftlichen Forschungsprojekt über den Wandel der Arbeiter- und Arbeitnehmermilieus und ihrer Bewegungen.

Darüber und über die vielen anderen Schwerpunkte seines intellektuellen und politischen Wirkens gibt der Sammelband mit seinen Aufsätzen und Beiträgen einen exzellenten Überblick: das Spannungsverhältnis von Demokratie und Sozialismus, seinen Blick auf Marx, sein Verständnis von Wirtschaftsdemokratie, Mitbestimmung und Rätesystem, seine Verortung des Verhältnisses von Rechtsstaat und sozialistischer Bewegung.

Anders als viele andere sozialistische Intellektuelle haben das Scheitern des „Sowjetsozialismus" und die Implosion der Sowjetunion Peter von Oertzen nicht in seiner Überzeugung erschüttern können, dass es einen *wahren Kern* „marxistischer Analyse/Prognose" gibt, der in die Behauptung mündet, „dass eine Gesellschaft ohne Ausbeutung, Unterdrückung und kulturelle Unmündigkeit möglich sei". Über diesen Kern, seine wissenschaftstheoretische Begründung und darüber, ob heute sinnvoller- und zutreffender Weise noch von *Marxismus* als einer wissenschaftlichen Theorie wie politischen Bewegung gesprochen werden kann und soll, haben wir zuletzt vor fünf Jahren produktiv gestritten. Ich würde mir sehr wünschen, wenn Kraft und Gesundheit es Peter von Oertzen erlauben würden, diesen und anderen intellektuellen Streit auch über Parteigrenzen hinweg künftig produktiv fortführen zu können.

VI Herkunft und Zukunft der Sozialdemokratie

Demokratische Massenpartei – „Bürokratischer Zentralismus" – Parlamentarisierung
Über die Bedeutung von Organisationsfragen in der Geschichte der Sozialdemokratie[1]

„… wenn unbegriffen bleibt, dass die Art der Politik, die Parteien machen, unmittelbar zusammenhängt mit der Organisation dieser Parteien, dann fahren die verehrten Beobachter der politischen Szene mit der Stange im Nebel herum."

(Peter Glotz 1988)

Von Parteiverdrossenheit, ja, Verachtung der politischen Parteien in den achtziger Jahren ist die Rede. Und es ist kein Zufall, dass das Theorieorgan der ältesten Partei Deutschlands das Jubiläumsjahr (125 Jahre nach der Gründung des Allgemeinen Deutschen Arbeitervereins (ADAV)) ausgerechnet mit dem Schwerpunktthema „Organisationsprobleme der Sozialdemokratie" beginnt. Unübersehbar ist der Zerfall der politischen Kultur im letzten Jahrzehnt, der auch an der Sozialdemokratie nicht spurlos vorübergegangen ist. Aber darf die Linke den Ansatz mitmachen, diese Probleme von der organisatorischen Seite her zu diskutieren? Stecken nicht hinter der schnöden Form doch eher „inhaltliche" „theoretische" Probleme, die sich schließlich auch in organisatorischen Zersetzungserscheinungen niederschlagen?

Schon das Jubiläumsdatum der deutschen Sozialdemokratie, 1863, fällt mit einem unschönen Organisationsproblem zusammen. Lassalle, unbestrittene Autorität des Allgemeinen Deutschen Arbeitervereins

---

1 Der Aufsatz wurde zuerst veröffentlicht in spw Nr. 40, Berlin (West) 1988, S. 168 ff.; dies ist eine überarbeitete Fassung.

(ADAV), verordnete seinem „Verein" ein Statut, das dem Präsidenten quasi-diktatorische Befugnisse verlieh. Sein Nachfolger von Schweitzer nutzte das weidlich aus. Erst durch die Vereinigung von Eisenachern und Lassalleanern in Gotha 1875 verschwand endgültig das diktatorische Organisationsstatut.

Londoner Parteitag 1903: Ausgangspunkt der Spaltung der Arbeiterbewegung

Zu einer für die Zukunft sehr viel bedeutsameren Auseinandersetzung um die Organisationsfrage kam es in der russischen Sozialdemokratie. Der Londoner Exilparteitag von 1903 hatte über verschiedene Vorlagen für ein Organisationsstatut der illegalen Partei zu beraten. Die eine stammte von Lenin und enthielt im ersten Artikel die Formulierung, dass nur aktive Revolutionäre, Mitglieder der illegalen Parteiorganisation, als Parteimitglieder betrachtet werden sollten. Die Opposition um Martow fasste diesen Teil des Statuts etwas weiter. Arbeit unter der Kontrolle der Parteiorganisation sollte danach für die Mitgliedschaft ausreichen (vgl. Martow 1926, 84). Die Auseinandersetzungen der Parteikonferenz um diese Frage erreichte eine aus den Formulierungen alleine nicht begründete Schärfe, schieden die Partei in Mehrheit und Minderheit, Bolschewiki und Menschewiki. Der Hintergrund war jedoch von grundsätzlicher Bedeutung. Letztlich ging es – unabhängig von den konkreten Bedingungen der Illegalität – um völlig unterschiedliche Vorstellungen darüber, wie der organisatorische Aufbau einer proletarischen Partei auszusehen habe. Martow und seine Anhänger orientierten sich am Modell der europäischen demokratischen Massenpartei der Arbeiterklasse. Lenin verfocht ein anderes Konzept (vgl. Lenin 1902/1904). Er war der Auffassung, die Arbeiterklasse könne aus eigenen Kräften nur ein trade-unionistisches (gewerkschaftliches) Bewusstsein ausbilden. Politisches Klassenbewusstsein könne deshalb nur von außen in den Arbeiter hineingetragen werden. Konsequenterweise trat er für eine strenge Trennung der Vorhut von Berufsrevolutionären, die die eigentliche Partei bilden sollten, und der Masse der Arbeiter ein. Für den Parteiaufbau empfahl Lenin einen strengen Zentralismus mit weitgehenden Direktions- und Eingriffsbefugnissen der übergeordneten Partei-Instanz. Seine schärfste Kritikerin fand Lenin in Rosa Luxemburg, die seine Konzeption verwarf, vor allem seine Auffassung der Notwendigkeit des Herantragens des Klassenbewusstseins von außen. Nach ihrer Auffassung war es vielmehr so, dass sich die sozialdemokratische Aktion in dem dialektischen Widerspruch bewege, dass sich die „proletarische Armee" erst im Kampfe selbst rekrutiere und erst im Kampfe auch über die Aufgaben des Kampfes klar werde. Zusammengefasst lautet ihr Urteil über Lenins „ultrazentralistisches" Modell:

„Draus ergibt sich schon, dass die sozialdemokratische Zentralisation nicht auf blindem Gehorsam, nicht auf der mechanischen Unterordnung der Parteikämpfer ihrer Zentralgewalt basieren kann und dass andererseits zwischen dem bereits in feste Parteikaders organisierten Kern des klassenbewussten Proletariats und dem vom Klassenkampf bereits ergriffenen, im Prozess der Klassenaufklärung befindlichen umliegenden Schicht nie eine absolute Scheidewand aufgerichtet werden kann." (Luxemburg 1904, 28)

Revisionismus und Organisationsstruktur in Deutschland

Im gleichen Zeitraum, in dem die russische Debatte von der Organisationsfrage bestimmt wird, stehen in der deutschen Sozialdemokratie zunächst zwei andere Fragen im Vordergrund: Bernsteins revisionistische Theorien und der Massenstreik. Doch auch sie werden nicht unabhängig davon diskutiert, welchen organisationspolitischen Hintergrund etwa das Aufkommen des Revisionismus und Reformismus innerhalb der Partei hat. Unbestritten ist, dass das Anwachsen der Sozialdemokratie zu einer Massenorganisation notwendig zur Entstehung einer „Bürokratie" innerhalb der Arbeiterbewegung selbst führen musste. Daraus ergeben sich unmittelbare soziale Veränderungen für einen großen Teil ehemaliger Arbeiter, die nun einer Tätigkeit als Partei- oder Gewerkschaftssekretär bzw. Redakteur nachgehen. Eine erste Studie über die Parteistruktur kommt zu dem Ergebnis, dass in der Mitgliedschaft die männlichen Lohnarbeiter bei weitem überwiegen (Michels 1906, 504 ff.). Die Partei war ihrer sozialen Zusammensetzung nach ganz überwiegend proletarisch geblieben, mit dem Schwerpunkt bei gelernten Industriearbeitern. Selbst in der Reichs-

tagsfraktion spiegelt sich das noch wider: Von den 91 im Jahre 1903 gewählten Abgeordneten stammten 13 aus der Bourgeoisie, 15 aus mehr
oder minder proletarisierten Schichten der Kleinbourgeoisie, dagegen waren 53 ehemalige Lohnarbeiter (ebd. S. 527). Schaut man genauer hin, so
handelt es sich bei 35 aus der letzten Gruppe um sogenannte „Arbeiterbe-
amte", also solche, die als Redakteure bzw. Sekretäre schon früher in den
bezahlten Dienst der Partei getreten waren (ebd., S. 552). Michels sieht
bereits zu diesem Zeitpunkt einen solchen Prozess der „Verkleinbürge-
rung" in der Partei, und zwar dadurch, dass eine proletarische Elite durch
den Prozess einer Art natürlicher Selektion zu einer ziemlich radikalen
Wandlung ihrer gesellschaftlichen Funktion gelangt. Aus Handarbeitern
werden Kopfarbeiter, die (sozial gesehen) ins Kleinbürgertum aufsteigen.
Hinsichtlich eines Zusammenhangs dieses Prozesses mit der wachsenden
Verbreitung revisionistischen und reformistischen Gedankenguts in der
Partei ist Michels in seiner Wertung allerdings noch betont vorsichtig.

Die Parteilinke am Ausgang der Weimarer Republik sieht hier (rück-
betrachtend) einen unmittelbaren Zusammenhang. Man könne nicht
leugnen, dass der Reformismus gerade aus dieser Schicht der Parteibe-
amten die größte Schar an Anhängern gewonnen habe (Bieligk 1931,
S. 38). Der Organisationsbeamte betrachte den Klassenkampf wesentlich
nur noch von seinem, dem Produktionsprozess entrückten Standort. In
den Vordergrund rücke sowohl der Gedanke der Erhaltung der Organisation als auch die Erhaltung bestimmter Organisationsformen: „So wird
die Bürokratie in der Arbeiterbewegung organisatorisch zu einem konservativen und politisch zu einem opportunistischen und reformistischen
Element." (Wagner 1931, S. 95).

Spaltung der USPD und
21 Bedingungen der Kommunistischen Internationale

Doch zunächst hat ein Teil der deutschen Sozialdemokratie an einem
historischen Wendepunkt, kurz nach der deutschen Revolution, eine
ausgiebige Debatte um Fragen der Parteistruktur und -organisation
durchzustehen. Entstanden war die USPD aus den Differenzen um die
Kriegspolitik der Sozialdemokratie. Den äußeren Anlass ihrer Ausgren-

zung bildete die unnachgiebige Haltung der Partei- und Fraktionsmehrheit in Sachen Fraktionsdisziplin im Reichstag. Mit den 21 Bedingungen der Kommunistischen Internationale liegen nun 1920 in modifizierter Form die alten Leninschen Organisationsvorstellungen der Jahre 1902 bis 1904 (Abendroth 1987, S. 72) der USPD, die sich der Kommunistischen Internationale anschließen möchte, zur Beschlussfassung vor. Die Parteilinke akzeptiert die Bedingungen als richtige Prinzipien einer kommunistischen Organisation. Alle anderen Fraktionen lehnen insbesondere folgende hier interessierende Punkte ab: völlige Unterstellung der Presse und der Verlage unter den Parteivorstand, Entfernung von Reformisten und Zentrumsleuten aus der Partei, Zellenarbeit in den Gewerkschaften, Ausstattung der Parteizentrale mit „der Fülle der Macht, Autorität und den weitestgehenden Befugnissen", systematische Säuberungen der Partei (vgl. Weber 1966, S. 56 ff.).

Die Debatte darüber nimmt einen ähnlichen Verlauf wie 1903/04, auch die Argumente sind dieselben. So, wie der Londoner Parteitag letztlich die Spaltung in Bolschewiki und Menschewiki besiegelte, war mit dem Hallenser USPD-Parteitag von 1920 der Spaltungsprozess der deutschen Arbeiterbewegung in nur noch zwei Hauptströmungen so gut wie abgeschlossen.

Eher zu einem Nachhutgefecht gerät der Weg der Gruppe um Paul Levi aus der KPD in die USPD bzw. SPD 1922. Zwar steht auch hier die Kritik an politisch-strategischen Dingen im Vordergrund (putschistische Märzaktion der KPD 1921), doch parallel zur Wiederannäherung an die Sozialdemokratie verändert sich zugleich Levis Verhältnis zur Organisationsfrage. Noch 1921 teilte er im wesentlichen Lenins Vorstellungen von einer organisatorisch und ideologisch geschlossenen Kaderpartei. Dies wandelt sich nun dahingehend, dass er zwar dessen Konzeption für die besonderen russischen Bedingungen weiter eine gewisse Berechtigung zuspricht, sich für West- und Mitteleuropa aber eindeutig dafür ausspricht, dass in den verschiedenen Massenorganisationen Raum für ideologische Gegensätze sein müsse (Levi 1922a, S. 243). Auch bei Levi wird also die organisationspolitische Parteikonzeption zu einer wichtigen Scheidelinie gegenüber den Bolschewiki bzw. der KPD.

Panzerkreuzer, Disziplinbruch und Parteifrage

Erst gegen Ende der zwanziger / Anfang der dreißiger Jahre werden Organisationsfragen in der Sozialdemokratie wieder virulent. Die Gründe sind offensichtlich: Die Weltwirtschaftskrise spitzt die Gegensätze zwischen rechter und linker Sozialdemokratie zu. Der Aufstieg der faschistischen Massenbewegung zwingt zu eindeutigen Antworten in der bündnispolitischen Orientierung. Während die Parteimehrheit auf eine Zusammenarbeit mit bürgerlichen Kräften setzt, orientiert die Parteilinke auf konsequente Oppositionspolitik und eine Einheitsfront mit der KPD. Der Wahlkampf der SPD 1928 wird unter dem Motto „Kinderspeisung statt Panzerkreuzer" geführt. In der folgenden Koalitionsregierung lassen die SPD-Minister die Fortsetzung des Panzerkreuzerbaus zu. Nach dem Bruch der großen Koalition toleriert die Parteimehrheit die Regierung Brüning. Erstmalig brechen im März 1931 neun Abgeordnete die Fraktionsdisziplin im Reichstag und stimmen offen gegen die erste Rate des zweiten Panzerkreuzermodells (vgl. zur Gesamtentwicklung der Linken Rengstorf 1978, Klenke 1983, Wolowicz 1983).

Das Dilemma der Parteilinken lag auf der Hand. Man verfügte auf den Parteitagen 1924 bis 1929 jeweils über etwa ein knappes Drittel der Stimmen, hatte aber ansonsten wenig Möglichkeiten, die eigenen Auffassungen in der Partei reichsweit zu verbreiten. Die eigene Basis lag hauptsächlich in Sachsen und Mitteldeutschland, von den über 150 sozialdemokratischen Tageszeitungen beeinflusste die Linke bestenfalls sechs (Rengstorf 1978, S. 114). In dem Parteiorgan „Gesellschaft" kam sie kaum zu Wort, war so gut wie nicht im Parteivorstand vertreten, Referententätigkeit in anderen Bezirken wurde behindert. Die Probleme wurden dadurch verschärft, dass das Einhalten der Fraktionsdisziplin zuvor in der sozialdemokratischen Presse als volle Einmütigkeit und Geschlossenheit beim Tolerierungskurs gewertet wurde. So wurde der erstmalige Disziplinbruch als Warnung an die Fraktion, als Mahnung an die wankenden Anhänger und als Signal zum Kampf gegen den Faschismus gerechtfertigt (ebd., S. 95 f.).

Es wurde schon gezeigt, dass die Linke einen engen Zusammenhang zwischen der unvermeidlichen inneren Bürokratisierung beim Aufstieg zur Massenpartei und der Verfestigung reformistischer Ideologie sah. Letztere finde ihre Ansatzpunkte in den Anforderungen des Kampfes um die Tagesinteressen der Arbeiter und werde vertieft und gefestigt durch die Herausbildung der Organisationsbürokratie (Wagner 1931, S. 98). Veränderungen wurden einmal dadurch erwartet, dass die kapitalistische Umschichtung in der Krise die Existenzbasis des Reformismus vernichte. Gleichzeitig müsse aber auch die Arbeiterbewegung ihre Organisationsarbeit überprüfen (ebd. S. 101 f.). Erforderlich sei die Herstellung wirklicher Parteidemokratie als funktioneller Demokratie (in Anlehnung an den Begriff Otto Bauers), d.h. die Verlegung der Aktivität der Gesamtbewegung vom organisatorischen Apparat in die proletarische Masse, nicht aufgefasst als zielloser Spontaneismus, sondern mit der Aufgabe der organisatorischen und politischen Führung der Partei, diese Willensbildung zu leiten (Laumann 1931, S. 146 f.).

Die Linke präsentierte einen Vorschlag zur Abänderung des Organisationsstatus, der ihrem Anliegen Rechnung tragen sollte. Gefordert wurden: Bindung der Arbeiterschaft der einzelnen Betriebe, der Angestellten und Beamten durch besondere Vertrauensleute an die Partei; Reduzierung des Stimmrechts auf Parteitagen auf die gewählten Delegierten (nur noch beratende Stimmen für Parteivorstand und Fraktion); Begrenzung der Mitglieder des Parteivorstandes, die einem Parlament angehören können, auf ein Drittel; Bindung der Parlamentskandidaten an die Abberufungsmöglichkeit durch die entsendende Parteiorganisation; Möglichkeit der Abweichung von der Fraktionsdisziplin in wichtigen Fragen von prinzipieller Bedeutung bei Einverständnis des mandatgebenden Unterbezirks; Unzulässigkeit von Doppelmandaten und Funktionsüberlastung; Festsetzung von Höchstgehälter der Mandatsträger der Partei durch den Parteitag (bei Abführung des überschüssigen Teils an Wohlfahrts- oder Bildungseinrichtungen der Arbeiterbewegung); Offenhaltung der Parteipresse für innerparteiliche Kritik; zeitlich befristete Wahl der Parteisekretäre (vgl. Eckstein 1931, S. 166 ff.). – Die Begrenzung der Zahl der Parlamentarier im Parteivorstand sollte dazu dienen, eine wirkliche Kontrolle der Fraktionspolitik durch die Parteiorganisation zu ermöglichen. Die Grenzen für abweichendes Stimmverhalten im Parlament sollten durch

Parteiprogramm und Parteitagsbeschlüsse gezogen bleiben (ebd., S. 163). Das Übergewicht des Apparats und das Primat der parlamentarischen „Notwendigkeiten" über den politischen Willen der Partei wäre so ein Stück zurückgedrängt worden.

Die Realität ließ die Vorstellungen der Parteilinken schnell zur Illusion werden. Der Parteiführung gelang es, den Disziplinbruch in den Mittelpunkt zu rücken und damit die Linke zu spalten und zu marginalisieren. Versuche, nach dem Parteitag mit einem „Mahnruf an die Partei" für Zustimmung zu werben und durch die Gründung einer „Freien Verlagsgesellschaft" die eigene Publizität zu verbessern, waren schon in der Linken selbst umstritten und wurden schließlich von der Parteiführung zum Anlass für die Parteiausschlüsse von Seydewitz und Rosenfeld genommen. Ein Teil der Linken gründete die SAPD, ein kleinerer verblieb – bedeutungslos – in der SPD.

Mehrere Broschüren machen deutlich, dass es gerade auch Differenzen in der Beantwortung organisationspolitischer Fragen waren, die – trotz gleicher politischer Grundauffassungen in den Streitfragen der Zeit – zur Entscheidung für oder gegen den Verbleib in der SPD führten. Für Anna Siemsen, die die SAPD mitgründete, war Handeln gegen die Mehrheit dann geboten, wenn man zu der Überzeugung komme, dass die von ihr vertretene Politik die Arbeiterschaft in eine Katastrophe führe, dass der Sozialismus selber dadurch gefährdet werde (Siemsen 1931, S. 5 ff.). Das Vorgehen der Parteimehrheit bedeute insofern eine funktionelle Entartung der Organisation, als sie Gewissensbedenken und Überzeugung unter Disziplin stelle. Stattdessen sei es nötig, Parteiströmungen als Ausdruck gesellschaftlicher Kräfte, als Wirkung gesellschaftlicher Tatsachen zu sehen, also nicht als Krankheitszeichen, sondern als Bedingung der Weiterentwicklung, Voraussetzung des Lebens der Partei (ebd., S. 31). Da diese Voraussetzungen für die SPD nicht mehr gegeben waren, war ihr Ausscheiden nur konsequent.

Die Kritik an der Parteimehrheit teilte auch der Teil der Linken, der in der SPD verblieb. Zur innerparteilichen Demokratie gehöre nicht nur Aussprache, sondern auch Verständigung mit der Minderheit. Die Minderheit müsse aber – und darin besteht die Kritik an Siemsen – die

Folge einer Spaltung bedenken, dürfe insbesondere das Recht des Parteitages, die innere Verfassung und die Grundlinien der Politik der Partei festzulegen, nicht antasten. Der einzige Ausweg in Gewissensnot sei die Rückgabe des Mandats an die Partei (Düwell, 1931). Ihre Kritik an den SAPD-Gründern ging dahin, nicht genügend um die Organisationsform gekämpft sowie den Disziplinbruch vor der Entscheidung des Parteitages begangen zu haben (Gurland/Laumann 1931, S. 18 f.). Es bleibe die Aufgabe, als marxistische Opposition auf dem Boden einer einheitlichen Organisation in Richtung Demokratisierung, Aktivierung und Revolutionierung zu wirken (ebd., S. 32).

Wiederbeginn nach 1945

Die SPD in der Bundesrepublik hatte insofern von Anfang an ein anderes Gesicht als die Weimarer Partei, als sich in ihr ein Großteil der Kader der Zwischengruppen und -parteien (SAPD, Neu Beginnen, ISK, KPDO usw.) wiederfand, die in der Zeit ab Ende der zwanziger Jahre ein organisatorisch selbständiges Dasein geführt hatten. Die Partei entstand in der Legalität der neuen Republik als demokratisch strukturierte, aber dennoch zunächst „weltanschaulich geschlossene, zentralistisch geführte Arbeiterfunktionärspartei" (von Oertzen 1984, S. 13). Ihr Funktionärskörper rekrutierte sich mehrheitlich aus der Arbeiterklasse. Der Parteiaufbau war dem der Weimarer SPD durchaus ähnlich. Peter von Oertzen sieht als Schattenseiten dieser Situation: Abkapselung gegen andere soziale Schichten oder Gruppen, autoritären Führungsstil, skeptische Zurückhaltung gegenüber Neuerungen, strikte Unterordnung der Kommunal- und Parlamentsfraktionen unter die Autorität der Parteivorstände und eine für heute unvorstellbare Machtstellung der besoldeten Sekretäre und gewählten Vorsitzenden der Parteiorganisation (ebd., S. 18).

Die eigentliche Änderung der Organisationsstruktur der Partei erfolgte erst mit dem Stuttgarter Parteitag 1958, der letztlich der inhaltlichen Neubestimmung der Parteiprogrammatik in Godesberg den Weg ebnete. Die entscheidende Wende bestand in folgendem: Das bisherige besoldete Parteisekretariat als eigentliche Führungsspitze wurde (mit knapper Abstimmungsmehrheit) abgeschafft. Die operative Parteiführung wurde einem (unbesoldeten) Parteipräsidium übertragen, in dem nach der Wahl die Vertreter der Bundestagsfraktion dominierten (vgl. näher von Oertzen 1984, S. 20 ff.; Schöler 1985, S. 88 f.). Letztlich verband sich mit diesen Änderungen ein Austausch zweier „Eliten": Die Männer des Apparats um Ollenhauer wurden durch die „Neuerer" aus der Bundestagsfraktion um Brandt, Schmidt u.a. ersetzt (Köser 1971, S. 106 ff.). In der Hoffnung auf stärkere Demokratisierung der Partei durch Entmachtung des besoldeten Sekretariats wurde sie dabei von der Parteilinken unterstützt. Deren Erwartung trog allerdings. Folge war nämlich nicht eine stärkere innerparteiliche Demokratie (man denke nur an die SDS-Ausschlüsse 1961), sondern der Übergang der Führung der Partei in die Hände der Mandatsträger, die „Parlamentarisierung" der Partei. Die innerparteiliche Rangordnung zwischen Parteivorständen und Fraktionen begann sich umzukehren. Die SPD wird so allmählich zu einer Partei, in der nur noch der auf Dauer Politik machen kann, dem ein Parlamentsmandat die Existenz sichert. Das Streben nach einem solchen Mandat sowie das Trachten nach Mandatserhaltung (mit allen daraus folgenden Notwendigkeiten) werden so zu einem wesentlichen Moment sozialdemokratischer Politik.

Innerparteiliche Repression in den siebziger Jahren: der Weg zur Grünen Partei

Die „Parlamentarisierung" der SPD ermöglichte auch die relativ reibungslose innerparteiliche Durchsetzung der Großen Koalition. Der Wechsel hin zur sozialliberalen Koalition, zu Willy Brandts „mehr Demokratie wagen", machte es jedoch für viele von der Studentenbewegung Beeinflusste Anfang der siebziger Jahre möglich, den „Marsch durch die Institution" SPD zu erproben. Schon 1972 wurde den Erwartungen auf eine innenpolitische Fortführung der Entspannungs- und Ostpolitik mit den Berufsverboten ein Riegel vorgeschoben. Der Wechsel von Brandt zu Schmidt, augenfälliger Ausdruck des Übergangs zur Politik des Verwaltens der ausbrechenden ökonomischen Krise, leitet auch zu einer repressiveren Form des Umgangs mit innerparteilicher Kritik über.

Mit den „Einvernehmensrichtlinien" wird der kritischen Parteijugend der Maulkorb angelegt. Die heute in ihrer Selbstverständlichkeit fast lächerlich anmutende Aussage, dass die Parteimitgliedschaft in der SPD kein Dogma sein kann, wird zum Anlass, um unbequeme Spitzenfunktionäre der Jusos loszuwerden. Innerlich zerstritten, von der Partei repressiv eingeengt, mit dem Makel der „Schmidt-Jugend" behaftet und damit gegenüber der kritischen Jugend voller Glaubwürdigkeitsprobleme, lässt die Bedeutung der Jusos kontinuierlich nach. In der Bundestagsfraktion und der Partei verkommt die Diskussionsfreiheit zu einer Farce. Die Partei und ihre Publikationen werden in dieser Phase zu bloßen Exekutoren einer Regierungspolitik degradiert, die innerparteilich nur mit Murren hingenommen wird. Jede Kritik in der Fraktion wird zum potentiellen Kanzlersturz hochstilisiert. Abweichler wie Hansen, Coppik und Meinicke werden zu notorischen Nörglern abgestempelt, abgedrängt oder ausgeschlossen.

Die Parallelentwicklungen sind bekannt: Entwicklung der außerparlamentarischen Bewegung (Frauen, Ökologie, Frieden) zunächst ohne bzw. gegen die SPD; Entstehung der Grünen Partei. Diese Prozesse sind nicht denkbar ohne die innerparteiliche Friedhofsruhe in der SPD. Es ist deshalb nicht verwunderlich, wenn gerade die Grüne Partei seit ihrer Existenz eine ständige Debatte um Bedingungen innerparteilicher Demokratie bzw. die Verhinderung einer verselbständigten Machtelite in der Partei führt. Rotation, Begrenzung der Mandatsgehälter, Trennung von Parteifunktion und Mandat sind die bekannten Stichworte eines neuen Verständnisses politischer Kultur, die – wie wir gesehen haben – durchaus auf Anstöße in der alten Sozialdemokratie zurückgehen.

Organisationsfragen und programmatische Veränderung

Am Ende dieses Streifzugs durch die sozialdemokratische Geschichte dürfte eines deutlich geworden sein. Jede politische Umbruchsituation, in der sich die Sozialdemokratie befunden hat, fand auch ihren Niederschlag in organisationspolitischen Veränderungen, Krisen, Neuorientierungen. Wir hatten bereits vor zwei Jahren darauf hingewiesen, dass dies auch in der jetzigen Umbruchsituation, der Neuorientierung der Partei in ihrer Programmdebatte von der Linken aufgegriffen werden muss (Schöler 1984, S. 88 f.). Von zwei Ausnahmen abgesehen (Günther 1986; Conradi 1987), ist dies bisher noch nicht geschehen. Dabei ist es augenfällig, dass die Partei (trotz einiger wichtiger Ansätze zur inhaltlichen Neuorientierung in den Nürnberger Parteibeschlüssen) in vielerlei Hinsicht nicht so recht vom Fleck kommt.

Die vielbeschworene Kampagnenfähigkeit ist noch nicht wieder hergestellt. Trotz „neuer sozialer Bewegungen" dominieren weiterhin ritualisierte Tagesordnungen, Kungeleien, Selbstbeschäftigung, patriarchalische Strukturen und Multifunktionärs(un)wesen das Innenleben der Partei (Günther 1986, S. 324). Der Wechsel von Brandt/Glotz auf Vogel/Fuchs veranschaulicht, wie weit die SPD mit ihrer personellen Erneuerung vorangekommen ist. Die Kontinuität zur Schmidt-Ära ist ungebrochen, wir erleben gerade – im Angesicht einer die CDU rechts überholenden FDP – die Renaissance der sozialliberalen Idee. Die innerparteiliche Führung durch die Bundestagsfraktion (Conradi 1987, S. 16) ist unangetastet, und das bei einer Struktur, in der die Politik der Mandatssicherung in den Abgeordnetenbüros allemal den Vorrang vor innovatorischem, geschweige denn strategischem Denken genießt.

Es hilft nichts. Will die Partei ihre Handlungsfähigkeit wiedergewinnen, soll in ihr eine neue, lebendige politische Kultur des produktiven Streits und der Weiterentwicklung entstehen, muss sie von ihrer „Parlamentarisierung" Abschied nehmen. Schauen wir uns das politische Leitungsgremium, den Parteivorstand an: 40 Mitglieder, die einmal im Monat für ein paar Stunden tagen, mehr ergebnislos diskutieren als (kontrovers) entscheiden. 31 davon sind Europa-, Bundes- und Landtagsabgeordnete, zehn Fraktions- und stellvertretende Fraktionsvorsitzende, fünf Landes- oder Bezirksvorsitzende, zwei Vorsitzende von SPD-Arbeitsgemeinschaften, drei Länderregierungschefs, fünf Landesminister, einer Oberbürgermeister. Wie sollen in diesem „Haufen" überlasteter Multifunktionäre die innovatorischen Impulse entstehen, deren die Partei dringend bedarf?

Vorschläge

Im Bewusstsein, dass einige der hier gemachten Vorschläge noch unausgereift sind und intensiver Diskussion bedürfen, soll dennoch abschließend ein Katalog von Vorschlägen für eine Organisationsreform vorgelegt werden, der bewusst insbesondere an das anknüpft, was die Parteilinke schon 1931 an Vorstellungen entwickelt hatte.

1. *„Entparlamentarisierung"*
- Wiedereinführung eines besoldeten Sekretariats im Parteivorstand (mit Einzelwahl auf dem Parteitag)
- Begrenzung der PV-Mitglieder mit Parlamentsmandat auf maximal die Hälfte
- Verbindliche Regelung zur Begrenzung von „Ämterhäufung"
- Einführung der Rotation für Parlamentsmandate nach zwei Legislaturperioden (bei Schaffung einer Wiedereinstellungsgarantie auch in Privatbetrieben)
- Festsetzung einer Verdiensthöchstgrenze für Vertreter in öffentlichen Ämtern durch den Parteitag (Abführung des Überschusses an einen Sozial- oder Bildungsfond)
- Verpflichtung der Fraktion zur Einholung der Zustimmung des zuständigen Organisationsparteitags (oder -vorstands) vor grundsätzlichen Entscheidungen
- Einführung der Möglichkeit der Abberufung von Mandataren durch die entsendende Parteigliederung
- Einführung der Möglichkeit der Abweichung von der Fraktionsdisziplin bei wichtigen Fragen von prinzipieller Bedeutung bei Einverständnis der mandatgebenden Parteigliederung
- Verwandlung des „Sozialdemokrat-Magazins" in ein innerparteiliches Diskussionsorgan zur Austragung kontroverser Streitfragen

2. *Politisierung der Parteidiskussion und breite Qualifizierung der Mitgliedschaft*

3. *„Befreiung" der Ortsvereinsarbeit von Fremdbestimmung durch Parteihierarchie und Verwaltungszwänge*
    (vgl. zu Punkt 2 und 3 die Vorschläge bei Günther 1986)

4. Reorganisation des sozialdemokratischen „Vorfeldes" durch die Schaffung parteiunabhängiger sozialdemokratischer Zielgruppen-Organisationen, d.h.

- Unabhängigkeit nach außen
- Fester innerparteilicher Status als Teil des Willensbildungsprozesses (Delegiertenanteil, Antragstellungsrecht, Einbeziehung in Vorstände)

Literaturverzeichnis

Abendroth, Wolfgang, 1987: Russische Revolution und europäische Arbeiterbewegung, in: Uli Schöler, Otto Bauer und Sowjetrussland, Berlin (West) S. 69 ff.

Bauer, Otto, 1939: Die illegale Partei, Paris.

Bebel, August 1964: Aus meinem Leben, Berlin (DDR).

Bieligk, Fritz, Ernst Eckstein, Otto Jenssen, Kurt Laumann und Helmut Wagner, 1931: Die Organisation im Klassenkampf. Die Probleme der politischen Organisation der Arbeiterklasse, Berlin.

Conradi, Peter, 1987: Wie wird die SPD geführt? In: Vorwärts 22 v. 30.5., S. 16 f.

Düwell, Bernhard, 1931: Einheit der Aktion und Parteidisziplin, Berlin.

Glotz, Peter, 188: Zum Inhalt, in: Die Neue Gesellschaft/Frankfurter Hefte (NG/FH), H. 1, S. 2.

Gurland, Arkadij und Kurt Laumann, 1931: Spaltung oder Aktivität, Berlin.

Günther, Joachim 1986: Amerikanisierung oder Parteiidentität? Zur Organisationskultur der SPD, in: spw 32, S. 324 ff.

Hansen, Karl Heinz, 1978: Was dürfen Abgeordnete dürfen?, o.O. (Bonn), hekt. Ms.

Herner Beschlüsse 1952: Arbeitsaufgaben der Sozialdemokratischen Partei Deutschlands, hrsg. vom Vorstand der Sozialdemokratischen Partei Deutschlands, Bonn (beschlossen im November 1949).

Hilferding, Rudolf, 1920: Revolutionäre Politik oder Machtillusionen? In: Cora Stephan (Hrsg.), Zwischen den Stühlen oder über die Unvereinbarkeit von Theorie und Praxis. Schriften Rudolf Hilferdings 1904 bis 1940, Berlin (West), Bonn 1982, S. 133 ff.

Klenke, Dietmar, 1983: Die SPD-Linke in der Weimarer Republik, 2 Bde., Münster.

Köser, Helmut, 1971: Die Grundsatzdebatte in der SPD von 1945/46 bis 1958/59, Freiburg, Phil. Diss.

Lenin, W. I., 1902: Was tun?, in: ders., Ausgewählte Werke, Bd. 1, Berlin/DDR 1976, S. 139 ff.

Ders., 1904: Ein Schritt vorwärts, zwei Schritte zurück, in: ders., Ausgewählte Werke, Bd. 1, Berlin/DDR 1976, S. 315 ff.

Levi, Paul, 1922a: Die Lage nach Rathenaus Tod, in: ders., Zwischen Spartakus und Sozialdemokratie. Schriften, Aufsätze, Reden und Briefe. Frankfurt/M. 1969, S. 241 ff.

Ders., 1922b: Einleitung zu Rosa Luxemburg „Die russische Revolution", in: ebd., S. 96 ff.

Luxemburg, Rosa, 1904: Organisationsfragen der russischen Sozialdemokratie, in: dies., Die russische Revolution, Frankfurt/M. 1967, S. 22 ff.

Martow, Julius, 1926: Geschichte der russischen Sozialdemokratie, Berlin.

Michels, Robert, 1906: Die deutsche Sozialdemokratie, in: Archiv für Sozialwissenschaft und Sozialpolitik, Bd. 23, Tübingen, S. 471 ff.

Miles (d. i. Walter Loewenheim), 1933: Neu beginnen! Faschismus oder Sozialismus, o.O. (Karlsbad).

Oertzen, Peter von, 1984: Ein Vierteljahrhundert nach Godesberg, Bonn, hekt. Ms.

Schöler, Ulrich 1985: „Grundannahme von Godesberg ... eine Illusion" (Willy Brandt). Veranstaltung des SPD-Parteivorstandes zum 25. Jahrestag des Godesberger Programms in Bonn, 12.11.1984, in: spw 26, S. 86 ff.

Schonauer, Karlheinz, 1988: Zerronnene Träume. Die Jusos seit 1945, in: Sozialistische Praxis, Sonderheft, S. 32 f.

Siemsen, Anna, 1931: Parteidisziplin und sozialistische Überzeugung, Berlin.

Weber, Hermann, 1966: Die Kommunistische Internationale. Eine Dokumentation, Hannover.

Wheeler, Robert F., 1975: USPD und Internationale. Sozialistischer Internationalismus in der Zeit der Revolution, Frankfurt/M., Berlin (West), Wien.

Wolowicz, Ernst, 1983: Linksopposition in der SPD der Weimarer Zeit, 2 Bde., Bonn.

Politische Antworten auf die Globalisierung –
Bedingungen und Chancen für Solidarität im 21. Jahrhundert[1]

Heute, in den ersten Jahren des 21. Jahrhunderts, geht uns der Begriff der „Globalisierung" merkwürdig leicht über die Lippen.[2] Das war nicht immer so. Noch in den neunziger Jahren wogte innerhalb der europäischen Linken ein erbitterter Streit, ob es sich hierbei nicht um einen primär ideologischen Begriff handele, dem vor allem eine Verschleierungsfunktion zukomme: Das, was bereits von Marx und Engels in ihrem „Kommunistischen Manifest" Mitte des 19. Jahrhunderts als fortschreitende Ausdehnung eines kapitalistischen Weltmarks beschrieben worden sei, werde nunmehr begrifflich überhöht und diene zur Legitimation eines Ohnmachtsdiskurses politischer Akteure im Verhältnis zu einer alles dominierenden Ökonomie.[3]

Mittlerweile hat sich die Einsicht durchgesetzt, dass mit dem Begriff der „Globalisierung" doch ein seit dem ausgehenden 20. Jahrhundert auftretendes neues Phänomen beschrieben wird. Und ein Zitat des ehemaligen sozialdemokratischen deutschen Bundeskanzlers Helmut Schmidt, der niemals „linksradikalen" Gedankenguts verdächtigt worden ist, mag verdeutlichen, dass die in weiten Teilen der Politik lange gängige Lobpreisung nur der Segnungen der Globalisierung ein Ende findet: „Die hohe Geschwindigkeit der Übermittlung von Verfügungen, Daten und Nachrichten sowie deren massenhafte Verbreitung können binnen sehr kurzer Zeit enorme Dominoeffekte auslösen. Wo Spekulation und Leichtfertigkeit Unternehmen oder Banken in Gefahr gebracht haben, wo deshalb die Versuchung zum Verbergen und Vertuschen, zur Täuschung und zum Betrug sich ausbreitet, dort stehen wir am *Rande des*

---

1   Der Text beruht auf einem Vortrag, der im September 2003 auf der 39. Linzer Konferenz der „Internationalen Tagung der HistorikerInnen der Arbeiter- und anderer sozialen Bewegungen" (ITH) gehalten wurde.
2   Dürrschmidt meint, er habe, was Popularität und inflationäre Verwendung betreffe, als geflügeltes Wort mittlerweile der Postmoderne den Rang abgelaufen; Jörg Dürrschmidt, Globalisierungsforschung im Strudel sozialer Verwerfungen, in: Das Parlament (Berlin) Nr. 1/2 vom 12. Januar 2004, S. 17.
3   Auf der 39. Linzer Konferenz wurde eine solche Position nur noch in einem von Henryk Skrzypczak vorgetragenen Thesenpapier vertreten.

Verfalls. Wo Kapitalismus und Moral sich gegenseitig ausschließen, dort *stecken wir bereits tief im Sumpf.*"[4] Schmidt fasst dieses Phänomen unter den – nicht ganz neuen Begriff des *Raubtierkapitalismus.*

Obwohl die „Globalisierungs-Literatur" mittlerweile ganze Regale füllt, unterziehen sich nur wenige im politischen Diskurs der Mühe eines definitorischen Zugangs. Zu „offenkundig" scheint für viele mittlerweile zu sein, was mit diesem Phänomen umschrieben werden soll. Überwiegend wird dabei ein Phänomen ins Auge gefasst, dass sich zeitlich auf das vergangene Vierteljahrhundert bezieht. Richard Sennet etwa versteht darunter den sich innerhalb dieses Zeitraums vollziehenden Vorgang, dass sich das *wirtschaftliche Phänomen Globalisierung* in die Soziologie des Kapitalismus übersetze.[5] Ein anderer Definitionsversuch nimmt eher eine Negativbestimmung vor: „Im Kern bedeutet Globalisierung also das Ende der Einheit von Territorium, Staat, Gesellschaft und Nation."[6]

Mir scheint es – auch angesichts solcher recht abstrakter wie zugleich einengender („wirtschaftlich") Definitionsversuche – unerlässlich zu sein, zunächst genauer zu umreißen, in welchen Feldern Globalisierungsprozesse aufzuspüren sind, was wirklich das Neue an dieser Globalisierung ausmacht[7], ihre Differenzierungen und Ungleichzeitigkeiten zu bestimmen, bevor sich die Anstrengung lohnt, nach den Bedingungen und Chancen für Solidarisierungsprozesse zu suchen. Da sich der Begriff „Globalisierung" sprachlich durchgesetzt hat, wird er auch im Fol-

---

4 Schmidt, Helmut, Das Gesetz des Dschungels. Manche Topmanager vergessen allen Anstand. Der Raubtierkapitalismus bedroht die offene Gesellschaft. Ein Plädoyer für mehr Moral, in: Die Zeit Nr. 50 vom 4. Dezember 2003, S. 21 [Hervorhebungen von mir, US].
5 Sennet, Richard, Das neue „eherne Gehäuse". Die Globalisierung, die neue Marktwirtschaft und der fatale Versuch, ihre Werte und Organisationsformen auf Sozialsysteme zu übertragen, in: Frankfurter Rundschau (FR) vom 2. September 2003.
6 Dürrschmidt, Globalisierungsforschung, 2004.
7 Eine sich auf die Untersuchungen von Immanuel Wallerstein beziehende neuere Arbeit fasst – anders als ich dies im Folgenden darlege – den Prozess der Globalisierung stärker historisch, beginnend mit dem frühneuzeitlichen Zeitalter der Entdeckungen, des Sklavenhandels und des ökologischen Imperialismus, plädiert allerdings ebenfalls dafür, den Begriff in seine verschiedenen Teilaspekte zu zerlegen; vgl. Jürgen Osterhammel/ Niels P. Petersson, Geschichte der Globalisierung. Dimensionen – Prozesse – Epochen, München 2003; zur Kritik vgl. Sebastian Conrad, Große Löcher. Eine kleine Geschichte der Globalisierung – seit dem 16. Jahrhundert, in: Berliner Zeitung vom 15. Dezember 2003; Andreas Eckert, Vom Urknall bis Genua. Zwei Bücher versuchen, die Globalisierung zur Weltgeschichte ins Verhältnis zu setzen, in: FR vom 8. Januar 2004.

genden weiter Verwendung finden[8]. Da sich – anknüpfend an meinen sich anschließenden Definitionsversuch – aber auch bereits früher als im 20. Jahrhundert Prozesse von Globalisierung ausmachen ließen, wäre es genauer, würde man von einem neuen, komplexen und mehrgestaltigen *Globalisierungsschub* sprechen.

Im Sinne einer allgemeinen Definition möchte ich folgende Überlegung voranstellen: Unter Globalisierung verstehe ich eine im historischen Prozess auszumachende *revolutionäre Neuerung*, einen *revolutionären Schub*, der sich in einem bestimmten Feld gesellschaftlicher Wirklichkeit durchsetzt bzw. durchzusetzen beginnt, und zwar in *globalem Maßstab*, d.h. auf dem ganzen Globus, im umgangssprachlichen Sinne weltweit. Auf diese Weise lassen sich aus meiner Sicht sieben Bereiche ausmachen, in denen in den vergangenen Jahrzehnten Globalisierungsschübe vonstatten gegangen sind.[9] Dabei wird sich zeigen lassen, dass diese verschiedenen Bereiche auf unterschiedliche Weise miteinander verwoben sind, während wir es zugleich mit einer Reihe von Ungleichzeitigkeiten zu tun haben.

Sieben Felder von Globalisierung

Atomare Massenvernichtungswaffen: Ich nenne hier – *erstens* – die Entwicklung und (nicht nur testweise) Zündung der atomaren Wasserstoffbombe in der Mitte des vorigen Jahrhunderts. Niemand hat zu jenem Zeitpunkt bereits von Globalisierung gesprochen. Dennoch scheint mir hier ein Markierungspunkt gesetzt, der in unserem Zusammenhang nicht ausgeblendet bleiben darf. Zum ersten Mal in der Geschichte der menschlichen Kriegstechnik ist eine Technologie entwickelt worden, die

---

8   Die an anderer Stelle hin und wieder vorgenommene Unterscheidung zwischen Globalität, Globalisierung und Globalismus bleibt hier außer Betracht; vgl. dazu u.a. Dürrschmidt, Globalisierungsforschung, 2004.

9   Vgl. im einzelnen genauer Uli Schöler, Ein Gespenst verschwand in Europa. Über Marx und die sozialistische Idee nach dem Scheitern des sowjetischen Staatssozialismus, Bonn 1999, S. 294 ff., wo ich allerdings noch glaubte, mit fünf derartigen Aspekten auszukommen. Es sei an dieser Stelle darauf hingewiesen, dass sich auch im Bereich der Bio- und Gentechnologien in den letzten Jahren revolutionäre Veränderungen vollziehen, deren mögliche Auswirkungen – von der genetischen Veränderung des Erbguts bis zum vorgestellten Klonen eines Menschen – wohl nicht mehr nur global, sondern epochal, die gesamte Menschheitsgeschichte verändernd zu nennen wären.

es möglich macht, mit einem einzigen Schlag das gesamte natürliche Leben auf diesem Planeten auszuradieren. Es kann keinerlei Zweifel unterliegen, dass dieser Wendepunkt auf dramatische Weise die Bedingungen für politisches Handeln aller Akteure verändert hat. Die Bedrohung für den Weltfrieden und das Überleben der Menschheit als Ganzes ist eine totale. Eine der wichtigen Neuerungen des Gorbatschowschen Denkens ab Mitte der achtziger Jahre des vorigen Jahrhunderts war im Übrigen die Tatsache, dass er den Diskurs um *Menschheitsfragen*, wie er sich in der westlichen Linken entwickelte, aufnahm und zugestand, dass es überwölbende Problemkomplexe gebe, die die Reduktion jedes analytischen Zugriffs auf Klassenfragen und -strukturen verböten. Von „Globalisierung" war in diesem Diskurs allerdings noch nicht die Rede.

Globale ökologische Gefährdungen: Erstmals von globalen Bedrohungen, aber noch nicht von Globalisierung, spricht man – *zweitens* – seit den siebziger Jahren des 20. Jahrhunderts im Zusammenhang mit ökologischen Gefährdungen. Der direkte Zusammenhang mit erstgenanntem Komplex ist unübersehbar. So viel auch die beiden Hauptströmungen der klassischen Arbeiterbewegung trennte und auseinander riss: Beide waren sich über lange Jahrzehnte einig in ihrem Fortschrittsoptimismus, der hinsichtlich der energetischen Zukunft vor allem auf die friedliche Nutzung der Kernspaltung setzte.[10] Weder wurde die bedrohliche Möglichkeit einkalkuliert, dass militärische Angriffe auf Kernkraftwerke unkalkulier- wie unkontrollierbare Mengen verstrahlter Energie freisetzen können, noch wurde in der Tatsache eine Gefahr gesehen, dass wir über einige hunderttausend Jahre unseren Nachkommen verstrahlten Restmüll aus Atomkraftwerken zur Lagerung und Bewachung hinterlassen. Im Westen (immerhin von wachsenden Protesten nicht etwa der Orga-

---

10 Vgl. nur für die SPD die aus heutiger Sicht ausgesprochen zwiespältige Gefühle auslösende Passage aus dem Vorspann zu ihrem Godesberger Programm von 1959: „Aber das ist auch die Hoffnung dieser Zeit, daß der Mensch im atomaren Zeitalter sein Leben erleichtern, von Sorgen befreien und Wohlstand für alle schaffen kann, wenn er seine täglich wachsende Macht über die Naturkräfte nur für friedliche Zwecke einsetzt ..."; in: Dieter Dowe, Kurt Klotzbach, (Hrsg.), Programmatische Dokumente der deutschen Sozialdemokratie, Bonn-Bad-Godesberg 1973, S. 351.

nisationen der Arbeiterbewegung, sondern von Umweltschutzgruppen begleitet) wie im Osten schossen diese Atomkraftwerke wie monströse Pilze aus dem Boden. Erst der nicht mehr zu vertuschende GAU im sowjetischen Kraftwerk Tschernobyl Mitte der achtziger Jahre rüttelte die Weltöffentlichkeit auf und bremste den weiteren Anstieg dieser unkalkulierbaren Variante der Energieerzeugung.

Aber ökologische Gefährdung heißt seit den genannten Jahren beileibe nicht mehr nur Kernkraft, sondern ist mit einer ganzen Reihe weiterer Phänomene verknüpft. Der durch Emissionen in einzelnen Ländern verursachte saure Regen macht an keiner Grenze halt, regnet sich an den Hügeln und Bergen auch der Nachbarländer ab. Waldsterben kennt keine nationalen Grenzen. Auch FCKW-Emissionen aus dem Betrieb von Kühlaggregaten sind zwar über den Globus sehr ungleich verteilt (gewesen), die Auswirkungen durch sich ausdehnende Ozonlöcher in unserer Atmosphäre hat jedoch die gesamte Bewohnerschaft der Erde zu tragen. Vergleichbar sind die Entstehungsgründe des sog. Treibhauseffekts, der globalen Erwärmung durch ständig steigende CO_2 –Emissionen und ihre entsprechenden Folgen, die sich allerdings ebenfalls recht ungleich (um nicht zu sagen: ungerecht) über diesen Globus verteilen[11]. Bodenerosion, Ausdehnung von Wüstengebieten, Zunahme von Hurricanes und Tornados, Überschwemmungen usw. treffen die verschiedenen Regionen unserer Erde zudem auf durchaus unterschiedliche Weise. Ich halte es für eine zutreffende Charakterisierung, die unseren Zusammenhang unterstreicht, wenn ein britischer Klimaforscher, Sir John Houghton, die globale Erwärmung in ihren Auswirkungen mit einer Massenvernichtungswaffe vergleicht.[12] Die Agenda des Politischen hat sich allerdings in den vergangenen Jahren aufgrund neuer Kriegsgefahren, terroristischer Bedrohung und dramatischer regionaler Finanzkrisen so verändert, dass kaum noch jemand über diesen Teil der „Globalisierung" spricht, obwohl

---

11 Von den weltweit mehr als 24,1 Millionen Tonnen des Treibhausgases Kohlendioxid (CO_2), die als Verbrennungsprodukt fossiler Kraftstoffe 2002 emittiert wurden, stammte allein ein Viertel aus den USA; vgl. Michael Odenwald, Die Folgen der Pyromanie, in: Focus (München) Nr. 44 vom 27. Oktober 2003, S. 95.

12 Zit. nach Odenwald, Pyromanie.

z.B. die Klimaänderung schneller und stärker fortschreitet als bislang angenommen.[13]

Neue Informations- und Kommunikationstechnologien: Von einem wahrhaft revolutionären Schub innerhalb der vergangenen beiden Jahrzehnte muss man – *drittens* – im Zusammenhang mit den neuen Informations- und Kommunikationstechnologien sprechen. Waren bereits Telefon, Radio und Fernsehen jeweils revolutionäre Neuerungen, so hat sich die Beschleunigung der Kommunikation durch die neuen Computertechnologien, durch Internet, E-Mail und SMS nochmals radikalisiert. Sie verändern unser Berufs- wie Alltagsleben in einer Geschwindigkeit, wie es wahrscheinlich erst spätere Generationen im Rückblick zu analysieren in der Lage sein werden. Einen allenfalls kleinen Eindruck davon bekommt meine Generation dann, wenn man noch einmal einen Film der noch selbst erlebten fünfziger Jahre anschaut. Lebensgefühl und Kommunikationsmethoden dieser Zeit scheinen Lichtjahre entfernt. Was diesen Schub so bedeutsam macht, ist die Tatsache, dass es mit diesen Technologien heute möglich geworden ist, jedwede Information in *Echtzeit* an jedem Ort dieser Welt verfügbar zu haben bzw. an einen solchen Ort übermitteln zu können. Während dies sicherlich eher auf der positiven Seite zu verbuchen ist (allerdings nicht nur, wie wir noch sehen werden), muss mit Sennet konstatiert werden, dass zugleich Zentralisierung und Entpersönlichung zu den institutionellen Begleiterscheinungen dieses Prozesses gehören.[14]

Globalisierte Märkte für Waren, Dienstleistungen und Arbeitskräfte: Erst im Zusammenhang mit dieser *technologischen* Entwicklung bzw. Neuerung

---

13 Vgl. Odenwald, Pyromanie. Das wird ansonsten in den Medien nur selten kritisch beleuchtet. Eine Ausnahme: „Wenn die Industriegesellschaft zu Ende geht, steht auch nicht mehr der Widerspruch von Kapital und Arbeit im Zentrum. Und dann kann es nicht mehr um Neoliberalismus oder Keynesianismus, nicht einmal um New Economy gegen Old Economy gehen. In den Mittelpunkt der Politik müssen dann Fragen der Energie- und Naturressourcen, des Zugangs zu Patenten in den Naturwissenschaften, der gesellschaftlichen Folgen der biomedizinischen Revolution, der ökologischen Nachhaltigkeit, des Interessenausgleichs zwischen Nord und Süd rücken. Die Moderne von gestern, der Rot-Grün zum Teil noch verhaftet ist, lässt sich nicht in die Zukunft extrapolieren." (Gunter Hofmann, Der kurze Marsch, in: Die Zeit vom 2. Mai 2002).
14 Vgl. Sennet, „Gehäuse", 2003.

wird es auch verständlich, warum selbst bei einem Phänomen, das – wie eingangs angedeutet – tatsächlich nicht so neu ist, der Ausdehnung eines kapitalistischen Weltmarkts, von einem neuem Sprung im Sinne von Globalisierung gesprochen werden kann. Es ist also nicht so sehr das weitere, fortschreitende Fallen von Schranken für den Produkt- und Warenverkehr über Kontinente hinweg, warum ich – *viertens* – von einem Globalisierungsschub auch auf diesen Weltmärkten spreche. Zunächst ein wichtiger Vergleich: „Angetrieben von dramatisch sinkenden Transportkosten, dem Wegfall vieler Handelsschranken und dem Vormarsch moderner Informations- und Kommunikationstechnik stieg der Weltexport von 1.930 Milliarden US-Dollar (1980) um mehr als das Dreifache auf 6.436 Milliarden Dollar im Jahr 2000."[15] Dies ist sicher ein enormer Zuwachs, aber noch kein Quantensprung. Das Neue hat also vor allem mit der beschriebenen technologischen Entwicklung zu tun: die macht es möglich, dass nunmehr alte Schranken für den Verkehr *auch von Dienstleistungen und Arbeitskräften* nicht mehr existieren.

Beginnen wir mit letzteren. Früher war es mit vielfältigen Schwierigkeiten und Risiken verbunden, Arbeitsplätze zu „exportieren". Fehlende Infrastruktur, mangelnde Ausbildung, lange Transportwege – all dies waren Gründe, warum Produktionen nur dann in Drittwelt- oder Billiglohnländer verlagert wurden, wenn dies zugleich mit der Erschließung neuer Absatzmärkte einherging. Es war – allerdings auch das meist in periodischen Schüben – eher an der Tagesordnung, dass Wanderarbeitskräfte, Migranten, dorthin zogen, wo sich bereits Industrie angesiedelt und ausgebreitet hatte. Die (billige) Arbeit folgte dem Produktionsstandort. Heute werden Produktionsstandorte dorthin verlagert, wo Arbeit billig oder billiger ist, insbesondere aber wird *Arbeit* dorthin verlagert, weil sie nicht mehr – wie in den Jahrhunderten zuvor – an den konkreten Ort im Sinne eines Produktionsstandortes gebunden ist.

Arbeit findet heute zu einem erheblichen Teil am Bildschirm statt, und diese Art von Arbeit lässt sich nahezu beliebig auslagern. Die auf diesem Wege erbrachten Arbeits- und Dienstleistungen lassen sich über-

---

15 Gersemann, Olaf u.a., Kettenreaktion, in: Wirtschaftswoche Nr. 16 vom 10. April 2003, S. 29.

all dort ausführen, wo die entsprechende Hard- und Software sowie entsprechend ausgebildete Fachkräfte vorhanden sind, was in zunehmendem Maße in ehemaligen Drittwelt- und sog. Schwellenländern wie Indien und China der Fall ist. Experten sprechen davon, dass hier die *nächste Welle der Globalisierung* bevorsteht: in großem Umfang stehe die Verlagerung der Software-Entwicklung speziell nach Indien an. Auf diese Weise werde der Dienstleistungssektor in den USA – so eine Studie – bis zum Jahr 2015 3,3 Millionen Arbeitsplätze verlieren. Bei den europäischen Finanzdienstleistern ist von der Verlagerung von 700.000 Arbeitsplätzen in den nächsten 15 Jahren die Rede, das sind 15 Prozent aller IT-Arbeitsplätze,[16] andere sprechen sogar von zwei Millionen.[17]

Altvater/Mahnkopf stellen zu diesen Trends verallgemeinernd fest: „Nicht dass die so in weltweit operierenden Unternehmen integrierten Arbeitskräfte besonders ausgebeutet würden. Gemessen an lokalen und nationalen Standards werden sie in der Regel gut bezahlt. Aber im Vergleich mit Arbeitern aus den westlichen Industriegesellschaften ist dies so wenig, dass sich die Auslagerung von qualifizierten Dienstleistungen und deren Streuung über den gesamten Globus lohnt. Auf der Strecke der ökonomischen Globalisierung bleiben politische und soziale Errungenschaften, die in den Grenzen nationaler Räume durchgesetzt worden sind. Die Herstellung des raum- und zeitkompakten Globus mit einem Zeit- und Raumregime der Geoökonomie bedingt Erosion und Verschwinden lokaler, regionaler und nationaler Raum-Zeiten."[18]

Die damit einher gehende Gleichzeitigkeit der räumlich-zeitlichen Flexibilisierung von Produktionsprozessen und -kreisläufen einerseits und andererseits einer Konzentration von globaler Organisation und Steuerung eben dieser Entwicklung in bestimmten „Metropolenstädten" führt zu einer bemerkenswerten *ungleichzeitigen* Entwicklung. Die sich

---

16 Alle Zahlen und Angaben nach Wolfgang Müller, Am Ganges und am Jangtse sprießen IT-Jobs. Viele Konzerne verlagern nun auch qualifizierte Arbeitsplätze aus den Industrieländern in so genannte Niedriglohn-Länder, in: FR vom 4. September 2003. Dort auch weitere nach Branchen und Ländern aufgeschlüsselte Daten; vgl. einzelne Daten ebenso bei Gersemann, Kettenreaktion.

17 Die Zahl von zwei Millionen wird genannt bei Stephanie Heise, u.a., Büros in aller Welt, in: Wirtschaftswoche Nr. 16 vom 10. April 2003, S. 55.

18 Altvater, Elmar/Mahnkopf, Birgit, Grenzen der Globalisierung. Ökonomie, Ökologie und Politik in der Weltgesellschaft, Münster 1997, S. 41 f.

so entfaltenden „neuen industriellen Räume" (Manuel Castells) sind zugleich konfrontiert mit neuen industriellen und lebensweltlichen Brachlandschaften, deren eine sich im deutsch-polnischen Grenzraum abzuzeichnen scheint. Arm und Reich finden sich auf diese Weise in einem neuen Näheverhältnis innerhalb desselben Landes, derselben Stadt.[19]

Entfesselte Finanzmärkte: Wenn heute von Globalisierung die Rede ist, dann ist – *fünftens* – neben den gerade beschriebenen Entwicklungen vor allem der Sektor des Finanzkapitals gemeint. Er steht heute geradezu im Mittelpunkt des Interesses der Globalisierungskritik – mit gutem Grund. Die vergangenen Jahrzehnte haben einen enormen Zuwachs an sog. Derivaten mit sich gebracht, wobei insbesondere das Volumen der damit getätigten finanziellen Transaktionen geradezu explodiert ist. Auch dies ist nicht denkbar ohne die neuen Kommunikationstechniken, die gigantische Finanztransaktionen „auf Mausklick" möglich machen. Der Finanzsektor ist damit im Verhältnis zum produzierenden Sektor auf eine bislang nicht gekannte Weise ausgedehnt worden. Anders ausgedrückt: Während eine beständig weiter steigende Zahl an Produkten, Waren und Dienstleistungen von einer sinkenden Zahl von Produzenten hergestellt bzw. angeboten wird, hat sich parallel dazu ein riesiger Anlagesektor spekulativen Charakters entwickelt, dessen „Wertbestände" zwar periodisch durch Börsencrashs entwertet werden, dessen Anlageformen über lange Perioden aber gleichwohl weit größeren Profit boten bzw. zu bieten schienen als der produzierende Sektor. Wie sehr sich diese „spekulative Blase", zu der auch die Geschäfte mit Devisentransaktionen gehören, von ihrer eigentlichen Funktion, der Absicherung von *realen Warengeschäften* entfernt hat bzw. hatte, sollen einige Zahlen aus der Endphase der neunziger Jahre (also vor dem letzten Crash) illustrieren:

Zur Abwicklung des Welthandels reichten bei einem Weltexportvolumen von 3.688 Mrd. US-Dollar im gesamten Jahr 1973 täglich etwa 10 Mrd. US-Dollar. Seit den achtziger Jahren jedoch wechselten in den globalen, computerisierten Finanznetzen tagtäglich mehr als 1.000 Mrd.

---

19 Vgl. Dürrschmidt, Globalisierungsforschung.

US-Dollar den (Geldvermögens-)Besitzer. Im April 1995 wurden täglich 1.572 Milliarden US-Dollar an den Devisenbörsen umgesetzt, davon 42 Prozent in US-Dollar, 35 Prozent in Euro-Währungen, 12 Prozent in Yen und 12 Prozent in anderen Währungen. Bei 250 Börsentagen im Jahr werden täglich rund 56 Milliarden US-Dollar für *reale* Geschäfte (also Handel mit Waren) umgesetzt. Das sind etwa *vier Prozent* der Devisentransfers im selben Zeitraum. Der große „Rest" von *96 Prozent* dient offensichtlich der kurzfristigen Spekulation.[20] Ende 2000 betrug die Höhe der Umsätze an den Derivatenmärkten 80 Billionen US-Dollar, deren größter Teil zur Absicherung von Risikopositionen eingesetzt wird. Zwar ist der hohe Integrationsstand der globalen Finanzmärkte als solcher nicht neu (die Kapitalmobilität erreichte erst 2000 wieder den Stand von 1914). Neu aber ist die heute einbezogene Zahl der in die internationalen Finanzströme einbezogenen Länder sowie die breite Produktpalette aus Krediten, Aktien, Anleihen, Devisen und Derivaten und die Geschwindigkeit, mit der die Kapitaltransaktionen abgewickelt werden.[21]

Wenn man diesen Zusammenhang zu Recht als den eigentlichen Kern der Globalisierung beschreibt und begreift, so ist damit nicht gesagt, dass es sich um eine gleichsam naturwüchsige, durch den politischen Raum unbeeinflusste Entwicklung gehandelt hätte. Ein wesentliches Moment dieses Prozesses war die 1972 erfolgte Aufkündigung des Systems von Bretton Woods, mit dem feste Wechselkurse vereinbart worden waren. Die seitdem erfolgte Explosion des Weltfinanzsektors ist der Politik in Riesenmeilenschritten vorausgeeilt, auch für 2004 rechnen Ökonomen damit, dass es wieder zu erheblichen Turbulenzen an den Devisenmärkten kommen kann.[22] Bislang reicht die Phantasie noch nicht, um die Bedingungen und die Schritte zu markieren, die die jeweiligen

---

20 Vgl. Dürrschmidt, Jörg, Wer reitet den Tiger der Weltfinanzen? In: Freitag vom 16. Januar 1998; Schöler, Gespenst, S. 296.
21 Alle Angaben nach: Entwurf des Ständigen Arbeitskreises im Sachbereich 3 „Gesellschaftliche Grundfragen", Vollversammlung des Zentralkomitees der deutschen Katholiken am 14. März 2003, S. 3.
22 Deutsches Institut für Wirtschaftsforschung, Die Lage der Weltwirtschaft und der deutschen Wirtschaft im Herbst 2003, in: DIW-Wochenbericht Nr. 43 vom 23. Oktober 2003, S. 646.

Räume des Politischen wie des Finanzkapitals in ihrer Reichweite auch nur annähernd wieder zur Deckung bringen könnten.

„Mc-Donaldisierung" des Globus: Bereits mit dem Radio, dem Telefon und dem Fernsehen sind globale Verknüpfungsmöglichkeiten geschaffen worden, die ich bereits als revolutionär bezeichnet hatte. Sie werden nunmehr ersetzt und ergänzt durch Handys, das Internet und den kommunikativen Austausch per E-Mail. Zusammengenommen haben alle diese – technologischen – Neuerungen Bedingungen geschaffen, die mich – *sechstens* – davon sprechen lassen, dass wir es heute zunehmend auch mit einer *kulturellen* Globalisierung zu tun haben. Die genannten Kommunikationsmedien machen es möglich, dass die dominierenden Muster des Lifestyle und der Konsumwelt, der Soap-Operas und der Videoclips, wie sie insbesondere durch den US-amerikanischen Markt geprägt werden, den ganzen Globus überschwemmen und auch die letzten, noch so abgeschotteten Regionalkulturen erreichen und – wenn nicht zu verdrängen, so doch – zu überformen vermögen. Dies vollzieht sich im Übrigen keineswegs eindimensional. In jeder Regionalkultur werden – selbstverständlich – fremde Einflüsse aufgenommen und übernommen. Aber diese unterliegen damit zugleich selbst einer Transformation, wodurch in den neuen Mischformen durchaus erneut eigenständige, sich störrisch selbst behauptende kulturelle Ausprägungen entstehen können.[23]

Global agierender internationaler Terrorismus: Das letzte, *siebte* „Feld" der Globalisierung ist noch relativ jungen Datums: Auch die terroristische Bedrohung hat globale (und multimediale) Dimensionen angenommen.[24] Nun wird man vielleicht einwenden, dass es bereits in den vergangenen Jahrhunderten immer wieder terroristische Aktivitäten in den unterschiedlichsten Ländern, verstreut über den ganzen Globus ge-

---

23 Dürrschmidt meint im Anschluss an den Begriff des schwedischen Kulturantropologen Ulf Hannerz, man könne deshalb noch nicht von einer „Cocacolonisation" sprechen; vgl. Dürrschmidt, Globalisierungsforschung.

24 So auch Sandberg, Britta, „Affen und Schweine". In einem Propaganda-Video feiert al-Quaida die Attentäter – und ködert so neues Personal, in: Der Spiegel Nr. 44 vom 27. Oktober 2003, S. 123.

geben hat. Die Geschichte der revolutionären Erhebungen im russischen Zarenreich ist zugleich eine Geschichte terroristischer Erhebungen und Attentate. So zutreffend diese historische Erinnerung ist, so wenig sagt sie über den uns hier interessierenden Unterschied. Der Terrorismus der Vergangenheit war nämlich – ganz überwiegend – national bzw. regional organisiert wie orientiert. Der 11. September 2001 markiert sichtbar den Wendepunkt: International vernetzte terroristische Gruppen, finanziert u.a. aus Saudi-Arabien, lange staatlich geduldet und gefördert in Afghanistan, mit politischen Zielen, die sich auf den Nahen Osten beziehen, schleusten über Hamburg Selbstmordattentäter in die USA ein, ließen sie dort zu Piloten ausbilden und schafften es, die globale Weltmacht USA in ihren jeweiligen Zentren des Militärischen (Pentagon) wie des Finanzkapitals (World Trade Center) zu treffen. Nur der Anschlag auf das politische Zentrum, das Washingtoner Kapitol scheiterte buchstäblich in letzter Minute. Sender wie CNN versorgten die Wohnzimmer rund um den Globus mit den entsprechenden Bildern, allenfalls unterbrochen von Werbepausen. Die Instrumente moderner Vernetzung und Kommunikation, die Entgrenzung jedweder ökonomischer wie politischer Aktivitäten verschaffen heute auch terroristisch agierenden Gruppen eine globale Dimension.

Bedingungen, Grenzen und Akteure von Solidarität

Meines Erachtens ist es erforderlich, diese je unterschiedlichen Felder der Globalisierung auseinander zu halten, je einzeln im Bewusstsein ihrer Vernetzung miteinander in den Blick zu nehmen, um eine Vorstellung davon zu bekommen, welche unterschiedlichen gesellschaftlichen Akteure auf diesen Feldern agieren, Träger von Veränderungen in Richtung auf gerechtere und solidarischere Verhältnisse sein können. Zu beachten ist ferner, dass die Globalisierungsprozesse selbst für den Einzelnen zu Veränderungen führen, die die Bedingungen für Solidarität auch subjektiv verschlechtern. Solidarität setzt das Denken und Agieren in größeren – räumlichen wie zeitlichen – Zusammenhängen voraus. Die Beschleunigungsprozesse der Globalisierung zwingen den Einzelnen allerdings zu kurzfristigem Agieren und Denken, analog zu den kurzen Zyklen von

Produkten, Waren und Jobs: „Je mehr sich dieser neue Typ von Kapitalismus durchgesetzt hat, desto stärker hat die Fähigkeit der breiten Masse abgenommen, langfristig zu denken."[25]

Es ist heutzutage nicht mehr als ein Gemeinplatz, festzustellen, dass diese Akteure nicht mehr mit der klassischen Arbeiterbewegung und ihren verbliebenen Organisationen gleichzusetzen sind. Zugleich wird man festhalten müssen, dass die jeweiligen Veränderungsrichtungen in den verschiedenen Feldern durchaus unterschiedlich ausfallen können und vielleicht sogar müssen, also miteinander konkurrieren. Und schließlich wird zu konstatieren sein, dass der Epochenwechsel am Ende des vergangenen Jahrhunderts für diejenigen politischen Kräfte, die sich – sei es mit oder ohne Marx – an sozialistischen Vorstellungen orientierten, mit einem Verlust des *Subjekts* (der klassischen Arbeiterbewegung als Träger gesellschaftlicher Transformation) wie ihres *Projekts* (der konkreten Utopie einer sozialistischen Zukunftsgesellschaft) einherging.[26] Selbst dort, wo dies im Sinne einer „kommunistischen Utopie" etwas optimistischer gesehen wird, heißt es einschränkend, dass es sich angesichts der Erfahrungen des 20. Jahrhunderts verbiete so zu tun, als gebe es ein alternatives Gesellschaftsmodell, das nur noch realisiert werden müsse.[27] Allgemeiner wird man jedoch festhalten können: „Dem ökonomischen Gehäuse ist nicht zu entkommen. Auch die Organisationen der politischen Linken, Parteien oder NGO's, kranken ja daran, das System nur noch als Teil desselben kritisieren zu können."[28]

Akteure: Sucht man nach politischen Akteuren, die sich mit dem Projekt der Globalisierung als Gegenkräfte ausfindig machen lassen, fällt sofort die Antiglobalisierungsbewegung Attac ins Auge. Ihr Vorteil liegt darin, dass sie im Gegensatz zu vielen anderen Bewegungen bereits global vernetzt agiert und auftritt, den ernsthaften Versuch unternimmt, den Kräften des global agierenden Kapitals angemessen, d.h. ebenfalls global

---

25 Sennet, Gehäuse.
26 Vgl. Schöler, Gespenst, S. 253 ff.
27 Hirsch, Joachim, Vom Veralten des Kapitalismus und der Notwendigkeit einer anderen Gesellschaft, in: Joachim Bischoff/Joachim Hirsch/Karl Georg Zinn, Globalisierung. Neoliberalismus. Alternativen, Supplement der Zeitschrift Sozialismus 12/2003, Hamburg, S. 36.
28 Schmidt, Thomas E., Wenn das goldene Kalb bockt, in: Die Zeit vom 4. Juli 2002.

gegenüber- bzw. entgegenzutreten. Wiewohl in ihr auch Akteure aus der klassischen Arbeiterbewegung vertreten sind, u.a. verschiedene Gewerkschaftsgruppen im nationalen Maßstab, ist diese Bewegung keineswegs als Fortsetzung dieser Arbeiterbewegung aufzufassen. Vielmehr sind in ihr die unterschiedlichsten Gruppen und Akteure anzutreffen, auch aus dem Bereich der großen Umweltschutzorganisationen[29] – sicherlich ein Vor- und kein Nachteil. Wenn ich hier – allerdings ohne gründliches Studium der vielfach verstreuten Schriften und Verlautbarungen – auf ein oberflächlich wahrnehmbares Defizit dieser Bewegung in ihrem öffentlichen Auftreten zu sprechen komme, dann sei vorab darauf hingewiesen, dass es sich hier bei einer noch relativ jungen, sich in Entwicklung befindlichen Bewegung um ein fast unabwendbares Defizit handelt.

Schon der Begriff *Anti*globalisierungsbewegung macht auf ein Dilemma aufmerksam: In der öffentlichen Wahrnehmung wird vielfach allenfalls kenntlich, wogegen man sich wendet. In den öffentlichen Darstellungs- und Agitationsformen – insbesondere auf Transparenten und in Parolen bei Demonstrationen – erscheint die Globalisierung meist als etwas Übermächtiges und zugleich Einheitliches, was sie nach meiner Auffassung nicht ist[30]. Auch wenn zugestanden werden muss, dass bei derartigen Aktionsformen die Vereinfachung und Zuspitzung unvermeidlich ist, wird dennoch nicht genauer kenntlich, gegen welche Formen und Auswüchse der Globalisierung man sich im Einzelnen wendet. Auch wird nicht erkennbar, ob möglicherweise in Teilen dieses Prozesses auch Chancen und positive Entwicklungen gesehen werden könnten, die es zu bewahren und auszubauen gälte. Vielmehr wird häufig der – aus meiner Sicht illusionäre – Eindruck erweckt, das eigentliche Ziel müsse das Zurückschrauben verschiedener Entwicklungsstränge der Globalisierung sein[31], anstatt deren *politische Gestaltung* einzufordern. Schließlich

---

29 Vgl. zur jeweils unterschiedlichen Mitgliedschafts- und Arbeitsstruktur von Umweltbewegung und Globalisierungskritikern Felix Kolb, Protest, Öffentlichkeitsarbeit und Lobbying schließen sich nicht aus, in: FR vom 14. August 2003.

30 Ich bin mir sicher, dass sich dies in den im Umfeld von Attac in den letzten Jahren entstandenen Publikationen differenzierter darstellt.

31 Verständlicherweise wird auf wirtschaftsliberaler Seite eher das Gegenteil beschworen: „Ein Globalisierungsstopp wäre fatal und würde zu enormen Wohlstandseinbußen rund um den Globus führen," (Gersemann u.a., Kettenreaktion, S. 22).

bleibt in der öffentlichen Wahrnehmung weitgehend im Dunkeln (auch das in einer Übergangsperiode wie der gegenwärtigen durchaus verständlich), auf welche gesellschaftlichen Zielvorstellungen die eigene Perspektive hinauslaufen soll – überzogen formuliert: Die Tobinsteuer alleine schafft noch kein neues Gesellschaftsmodell. Gleichwohl: Attac hat in den vergangenen Jahren sowohl auf der Ebene der Bewusstseinsbildung über Auswüchse der Globalisierung wie in Bezug auf die Organisierung von Gegenwehr eine Menge geleistet, die Zukunft dieser Bewegung ist durchaus offen.

Schauen wir uns nun noch einmal die beschriebenen einzelnen Felder der Globalisierung an, so ergibt sich ein überaus vermischtes Bild. Angesichts des nicht verhinderten Irak-Krieges mag es fast vermessen klingen, wenn ich bezüglich der globalen Friedensbedrohung ein vorsichtig positives Bild zeichne. Mit dem Ende der bipolaren Weltordnung ist zwar die Geruhsamkeit des „Gleichgewichts des Schreckens" vorbei, zugleich sind aber in den neunziger Jahren auch in erheblichem Umfang atomare Waffen abgebaut worden. Natürlich müssen die verschiedenen Krisenherde (Irak, Israel/Palästina, Kaschmir, Kosovo usw.) beunruhigen, insbesondere angesichts einer verbliebenen Weltsupermacht USA, die den Krieg als „normales" Mittel der Politik wieder entdeckt hat. Zugleich hat aber die Vorphase des Irak-Krieges gezeigt, dass – auch jenseits der Initiierung durch die Organisationen der klassischen Arbeiterbewegung – gesellschaftliche Mehrheiten in den meisten Ländern der Kriegspropaganda (die auch in den meisten Massenmedien in Europa die kritische Berichterstattung überwog) widerstehen und sich zudem in beeindruckenden Massendemonstrationen weltweit organisieren lassen.

Noch stärker jenseits der Arbeiterbewegung vollzieht sich der Kampf um andere Bedingungen des gesellschaftlichen Umgangs mit der Natur. Zum einen haben sich – mitte-links im politischen Spektrum – „grüne" Parteien gebildet, die dieses Anliegen lange vertraten (wie in Deutschland zu beobachten mit nachlassendem Elan). Es ist zum anderen eher das breite Feld der so genannten Nichtregierungsorganisationen, von Umweltgruppen wie Greenpeace, WWF und anderen, die unser Bewusstsein dafür wach halten, dass die gegenwärtige Form des Produzierens und

Konsumierens, wie sie die westlichen (post-)industriellen Staaten weiter „vorbildhaft" vorexerzieren, den Globus dem Kollaps näher bringt. Notwendig wäre der Abschied von einer Produktionsweise, die immer noch in ihrer Ressourcenbasis wie ihrer Energiezufuhr primär auf der Vernutzung fossiler Energieträger beruht (Öl, Kohle, Holz usw.), und damit das ökologische Gleichgewicht wie (aufgrund des zunehmenden Kampfes um den ungehinderten Zugang) den Weltfrieden bedroht.

Hatte es noch bei Rosa Luxemburg geheißen, dass die Alternative zwischen dem Sozialismus oder dem Untergang in der Barbarei bestünde, wird man heute die Prioritäten realistischerweise anders setzen müssen. Vorrangig dürfte es heute sein, ob die Umsteuerung hin zu einer solaren bzw. einer Effizienzrevolution[32] gelingt, mit der der Abschied sowohl von der klimatisch bedrohlich werdenden Verbrennung fossiler Energieträger wie von einer Produktionsweise eingeleitet würde, deren Rationalisierungseffekte immer noch primär zu Lasten lebendiger Arbeit, nicht aber des Material- und Energieeinsatzes gehen.

Die positivsten Effekte scheint mir die Globalisierung im technologischen Bereich zu zeitigen, bei den beschriebenen neuen Informations- und Kommunikationstechnologien. Selbstverständlich sind auch derartige Technologien nicht „neutral", zeitigen in ihren Folgewirkungen positive und negative Effekte. Negativ ist sicherlich die Beschleunigung der Zirkulationsmöglichkeiten des Finanzkapitals, von Währungen und Derivaten. Sie birgt ein ungeheures Bedrohungspotential aufgrund der Nicht-Rückholbarkeit der verschiedenen Entscheidungen. Und negativ sind sicherlich auch die „Vision" einer McDonaldisierung der verschiedenen regionalen Weltkulturen und deren Überflutung mit westlicher Soap-Opera-Ersatzkultur. Die Alternative besteht allerdings nicht im Zurückschrauben der technologisch-kommunikativen Möglichkeiten – die ja auch von den Gegenbewegungen wie selbstverständlich zur eigenen

---

32 Vgl. dazu jeweils näher Scheer, Hermann, Solare Weltwirtschaft: Strategie für die ökologische Moderne, München 1999 [3. Aufl.]; Weizsäcker, Ernst Ulrich von/Lovins, Amory/Lovins, Hunter L., Faktor vier. Doppelter Wohlstand – halbierter Naturverbrauch. Der neue Bericht an den Club of Rome, München 1995; Grundwertekommission beim Parteivorstand der SPD, Dem Fortschritt eine neue Richtung geben. Ökologische Solidarität und dauerhafte Entwicklung, Bonn 1994.

Vernetzung genutzt werden, sondern in der Aufnahme des Kampfes um die *kulturelle Hegemonie*, d.h. die Ausfüllung der Grenzen und Regeln für diese wie der transportierten Inhalte in diesen neuen Informations- und Kommunikationsmitteln. Damit sind auch zugleich die Aufgaben für das beschriebene fünfte Feld der Globalisierung, das der kulturellen Überformung, benannt.

Solidarität beim Kampf um Arbeitsplätze? Die wohl schwierigste Herausforderung stellt sich den verbliebenen Organisationen der Arbeiterbewegung, insbesondere den Gewerkschaften, auf dem Feld der globalisierten Weltmärkte, namentlich dem des Arbeitsmarkts. Für die Organisationen des späten 19. wie des 20. Jahrhunderts war die viel beschworene internationale Solidarität zumindest theoretisch einfacher (praktisch fiel sie häufig ebenso den „näher liegenden" Interessen zum Opfer). Der Kampf gegen die eigene nationale Bourgeoisie wie die Vertreter des nationalen Kapitals wurde als Teil dieser Solidarität verstanden. Der Export von Arbeitsplätzen in heutiger Form wie heutigem Umfang war schlichtweg unbekannt, weil technisch unmöglich. Die Entmachtung bzw. Einhegung des Kapitals in den westlich-kolonialen Zentren hatte sehr praktische Auswirkungen auf die Bewegungsmöglichkeiten der Arbeiterbewegung in den Ländern der Dritten Welt.

Heute konkurrieren weltweit Staaten und Regionen um Standorte, niedrige Lohn-, Sozial-, Steuer-[33] und Umweltschutzstandards sind Teil dieses Konkurrenzkampfs. In den Ländern Asiens, Lateinamerikas oder Afrikas werden die von den Gewerkschaften der „ersten" Welt weltweit eingeforderten Sozialstandards (Arbeitszeitgrenzen, Arbeitsschutzvorschriften, Verbot von Kinderarbeit, Mindestlöhne usw.) vielfach auch bei den dortigen Arbeiterorganisationen als protektionistische Maßnahmen betrachtet, die der Verlagerung von Arbeitsplätzen in ihre Regionen vorbeugen sollen. Sie wollen die Standort*vorteile* dieser Situation im Wege der nachholenden Entwicklung nutzen können, um so aus Armut und

---

33 Der vielfach beschworene Wettlauf des „neoliberalen Steuerdumpings" scheint nach neueren vergleichenden Untersuchungen aber doch nicht stattgefunden zu haben, wohl aber eine „spürbare, relative Umverteilung der Steuerlast auf den Faktor Arbeit"; vgl. Martin Höpner, Druck auf die mittleren Arbeitseinkommen, in: Mitbestimmung Heft 6/2003, S. 54.

Abhängigkeit herauskommen zu können. Wie schwierig in dieser Hinsicht die Bedingungen geworden sind, lässt sich schon anhand von Beispielen aus Europa und Deutschland selbst zeigen.

Die Furcht vor billigen Arbeitskräften aus Polen führt dazu, dass mittels Übergangsvorschriften die Freizügigkeit der Arbeitsplatzwahl für die Angehörigen des EU-Beitrittslands Polen noch auf einige Jahre reglementiert wird. Und innerhalb Deutschlands scheiterte 2003 ein ostdeutscher Streik in der Metallindustrie, mit dem die Angleichung an die Lohnentwicklung im Westen vorangebracht werden sollte, an der mangelnden Unterstützung aus dem Westen. Innerstaatliche regionale Standorte (d.h. Kommunen oder Landkreise) konkurrieren mit Unterstützung von Parteien und Gewerkschaften vor Ort mit günstigen Ansiedlungsangeboten, Fördermitteln und Steuernachlassangeboten um industrielle Ansiedlungen. Die Debatte um Umfang und Grenzen von Solidarität hat sich auch innerstaatlich erheblich verschoben. Sie wird heute – im Angesicht knapper öffentlicher Kassen und vielfach fehlgeschlagener Anstrengungen zum Abbau von Arbeitslosigkeit in Deutschland – u.a. so gestellt: „Inzwischen fragen sich immer mehr Menschen, wie gerecht es ist, etwa den Kündigungsschutz, wie es die rot-grüne Regierung 1998 getan hat, zu verschärfen – und damit die Sicherheit der Jobbesitzer zu erhöhen, für die Arbeit Suchenden aber die Rückkehrchancen zu verringern. Wäre es nicht sozialer, den Arbeitsplatzbesitzern etwas mehr Unsicherheit zuzumuten, um im Gegenzug für mehr Gleichheit beim Zugang zur Arbeit zu sorgen?"[34]

Wenn also, was hier in der Frage stillschweigend vorausgesetzt ist, die Konkurrenz um den Arbeitsplatz in den westlichen Industrieländern einer verstärkten Konkurrenz unterliegt, kann es dann unter diesen Bedingungen noch die viel beschworene internationale Solidarität der arbeitenden Menschen geben, wie sie die sozialistische Bewegung immer als eine Antriebskraft ihres Handels gesehen hat? Anders ausgedrückt: Müsste nicht der im Vergleich zu seinem indischen Kollegen hochabgesi-

---

34 Niejahr, Elisabeth/Ulrich, Bernd, In jedem von uns steckt ein Sozi, in: Die Zeit vom 24. April 2003.

cherte und weit besser bezahlte deutsche Programmierer mit diesem ein Stück des Risikos wie der sozialen Standards teilen, wenn beide ähnliche Chancen haben sollen?

Entstehungsbedingungen zweier Formen von Solidarität: Die Antwort darauf fällt nicht leicht. Sie lässt sich aber schon gar nicht geben, ohne dass ein kurzer Blick auf die *Entstehungsbedingungen* und die verschiedenen Formen von Solidarität geworfen wird. Meines Erachtens lassen sich hier zwei verschiedene Ausprägungen unterscheiden. Zum einen gibt es die Form der Solidarität unter *Gleichen.* Sie ist möglich aufgrund gleicher *Interessen*lagen und hat die Grundlage für das Entstehen und den Aufstieg der Arbeiterbewegung gebildet. Das Zusammenschließen von Unterprivilegierten, Ausgebeuteten und Unterdrückten, die sich in vergleichbaren, ähnlichen sozialen Lagen befinden, ist der Ausdruck dieser gegenseitigen Solidarität und Selbsthilfe, wie sie die moderne Arbeiterbewegung kannte. Daneben gab es schon immer die *asymmetrische* Form der Solidarität. Sie ist allerdings nicht – oder zumindest nicht primär – interessengeleitet. Diese Form der Solidarität findet sich im Näheverhältnis als eine solche mit den Armen und Schwachen, für die man Mitgefühl bzw. Mitleid entwickelt, also als ein *ethischer* Impuls zur Hilfe, der sich allenfalls mittelbar auf das eigene Interesse zurückführen ließe im Sinne der Vorstellung, dass man auch selbst unverschuldet in eine solche Lage gelangen könnte.

In dieser Weise ethisch fundiert und asymmetrisch war auch immer die internationale Solidarität der sozialistischen Bewegung der Ersten mit der der Dritten Welt, denn auch hier war die soziale Lage des Einzelnen schon immer so verschieden, dass von „gleicher Augenhöhe" nicht ernsthaft gesprochen werden konnte. Diese Form der Solidarität wird heute unter dem Gesichtspunkt des Interessenstandpunkts auf eine völlig neue Bewährungsprobe gestellt – und droht zu scheitern, was nicht weiter verwundern darf. Denn Anfang der neunziger Jahre nach der Wende in der DDR vor die Wahl gestellt, ob er seinen Arbeitsplatz zugunsten eines ostdeutschen Kollegen im Standortwettbewerb zu verlieren bereit war, war schon dem westdeutschen Metaller verständlicherweise das Hemd näher als der Rock. Warum sollte es dem Programmierer bei Siemens in München heute anders gehen, dem die Arbeitslosigkeit droht, wenn aufgrund der Auslagerung von Teilen der Programmentwicklung nach Bombay der Verlust seines Arbeitsplatzes droht?[35]

Codes of conduct, internationale Sozialstandards und nationale Aufgaben: Wie bereits angedeutet bietet hier der beschworene gemeinsame Kampf für so genannte *codes of conduct* für multinational operierende Unternehmen nur einen begrenzten Ausweg. So notwendig sie sind, können sie nur dann als wirklicher Fortschritt beschrieben werden, wenn sie unter Beteiligung und mit Zustimmung der Arbeitnehmervertretungen in den Drittweltländern zustande kommen und von ihnen nicht als diskriminierend (im Sinne der Beschränkung ihrer Standortvorteile) empfunden werden. Den Gewerkschaften (und politischen Parteien der Linken) der ersten Welt wird deshalb nichts anders übrig bleiben, als vorrangig aktiv an einer Umformung ihrer *eigenen* Produktions- und Sozialsysteme mitzuarbeiten, die hilft, die enormen Kosten, die dem *Faktor Arbeit* in den vergangenen gut hundert Jahren aufgebürdet wurden, herunter zu fahren und den technologischen Vorsprung in eine bessere Ausnutzung des Material- und Energieeinsatzes umzulenken.

Um es konkreter zu sagen: Im eigenen Interesse steht hier für die Organisationen der Arbeit als erstes die Abkopplung der sozialen Sicherungssysteme von der tendenziell weiter schrumpfenden „lebendigen Arbeit" an und deren Finanzierung z.B. über Steuern. Sie müssten mit für eine Verteuerung von Energie- und Transportkosten kämpfen, für *reale* Preise auf diesen Sektoren, damit heimische Produktion in den einzelnen Regionen dieses Globus wieder möglich und rentabel wird. Und – welche Ironie der Geschichte – sie müssten an vorderster Front mit bei denjenigen stehen, die für einen Abbau von Handels- und Zollschranken in den USA wie Europa eintreten, damit die Länder der armen Kontinente

---

35 Es ist charakteristisch, dass auch der Leiter des Siemens Teams der IG Metall auf diese Entwicklung keine (andere) Antwort weiß. Er fordert – berechtigterweise – die internationale Vernetzung der Gewerkschaften ein, denn den Gewerkschaften z.B. in Indien könne das Interesse unterstellt werden, dass die Verlagerung von Arbeitsplätzen aus den USA oder aus Deutschland nach Indien weitergeht. Die Gewerkschaften hier müssten die Diskussion über diesen Prozess lostreten „und Handeln von der Politik, etwa der EU, einfordern". Wie dieses Handeln aussehen könnte, sagt er in dem Aufsatz nicht; vgl. Müller, IT-Jobs.

endlich gleichwertige Handelsbedingungen vorfinden, die den Export ihrer Produkte ermöglichen. Dies ist deshalb *ironisch* zu nennen, weil auf diese Weise die politische Linke unter den heutigen Bedingungen zur Beförderin eines *echten* liberalisierten Welthandels würde, der von den Ländern der ersten Welt und Organisationen wie der Weltbank und dem IWF zwar beständig ideologisch eingefordert, aber in den eigenen Strukturen nicht wirklich durchgehalten wird, insbesondere zur Abschottung der eigenen Agrar- (EU) bzw. Textilproduktion (USA) zu Lasten von Ländern der Dritten Welt.[36]

Um den ausufernden Finanzmärkten ein Gegengewicht entgegen zu setzen, muss auch in diesen Organisationen weltweiter ökonomischer Regulierung und Finanzierung (Weltbank, IWF, WTO, UNCTAD, ILO usw.) für die genannten Ziele gerungen werden, denn die Perspektive scheint mir nicht mehr darin liegen zu können, diesen Grad an internationaler politischer Vernetzung wieder zurückzuschrauben, es würde die Ohnmacht der Politik gegenüber dem unbegrenzt weltweit agierenden (Finanz-)Kapital endgültig zementieren. Anders als einige Protagonisten innerhalb der Antiglobalisierungsbewegung setzen auch die Regierungen der armen Staaten innerhalb der Welthandelsorganisation (WTO) nicht auf deren Abschaffung, sondern auf Erhalt und mehr Einfluss in ihren Strukturen.[37] Darüber hinaus stünde wohl eher die Schaffung neuer, regulierend eingreifender Institutionen wie einer Weltkredit- und einer Weltkartellbehörde auf der Tagesordnung.[38] Auch die Tobinsteuer, so schwierig ihre tatsächliche Umsetzung angesichts weiter bestehender steuerlicher „Anlageparadiese" sein dürfte, bleibt ein denkbares Instrument internationaler Spekulationskontrolle und -abschöpfung.

Nicht in allen Facetten ihrer Politik, aber in dem zugrunde liegenden Modell friedlicher, zivilisatorischer und ökonomisch wie währungspolitischer Vernetzung ist schließlich die Europäische Union als Projekt bereits

---

36 Näheres bei Schumann, Harald, Globalisierung. Der Gipfel der Heuchelei., in: Der Spiegel Nr. 37 vom 8. September 2003, S. 82 ff. Eine Kritik an den protektionistischen Tendenzen der USA findet sich verständlicherweise auch in deutschen Wirtschaftskreisen; vgl. Gersemann u.a., Kettenreaktion, S. 27.
37 Gersemann u.a., Kettenreaktion, S. 86.
38 Vgl. näher Schöler, Gespenst, S. 300 f.

jetzt ein Modell für Regionalentwicklung auf dem ganzen Globus, das zudem eine andere Entwicklungsperspektive bietet als die weitere alleinige Dominanz des Supermachtmodells USA.

Dialog statt Kampf der Kulturen und Religionen: Mit letzterem ist auch unser siebtes Feld globaler Entwicklungen wie Bedrohungen angesprochen. Die ersten Reaktionen der USA auf die fürchterlichen Anschläge vom 11. September 2001 waren noch von großer Besonnenheit geprägt. Das Schmieden einer weltweiten Koalition der Vernunft gegen den international operierenden Terrorismus, die die meisten islamisch geprägten Staaten mit einschloss, hätte eine wirkliche Perspektive geboten, dem Terrorismus den Nährboden zu entziehen. Auch schienen die USA begriffen zu haben, dass ohne substantielle Veränderungen in der Palästina-Frage langfristig keine Besserungen zu erreichen sein würden. Das Umschwenken auf den Vorrang kriegerischer Lösungen hat diese Koalition auseinander brechen lassen. Es wird Jahre brauchen, bis neue Verständigungen möglich werden. Die Arbeiterbewegung hat den individuellen Terror stets abgelehnt und bekämpft. Ihre Spaltung nach dem Ersten Weltkrieg ist auch durch die unterschiedlich beantwortete Frage geprägt gewesen, inwieweit staatlich ausgeübter Terror ein legitimes Mittel von Politik sein kann und darf (und sei es auch nur in Verteidigungssituationen).[39]

Diese Konflikte gehören mit dem Verschwinden der Sowjetunion und des weltweiten Systems kommunistischer Parteien der Vergangenheit an. Ideologische Debatten, die den Terror als Mittel der Politik rechtfertigen würden, sind aus dem relevanten Spektrum linker Politik verschwunden. Die Aufgabe ist deshalb heute eine andere. Die Koalition der Vernunft gegen den Terror schien diejenigen Lügen zu strafen, die glaubten, dass die Periode nach dem Ende des Ost-West-Konflikts durch einen neuen globalen Konflikt zwischen westlicher Moderne und „rückständigem Islam" abgelöst werde.[40] Die Politik der Bush-Administration

---

39 Vgl. Schöler, Uli, „Despotischer Sozialismus" oder „Staatssklaverei"? Die theoretische Verarbeitung der sowjetrussischen Entwicklung in der Sozialdemokratie Deutschlands und Österreichs (1917 bis 1929), Münster/Hamburg 1989, Bd. 1, S. 444 ff.
40 Vgl. Huntington, Samuel Philipp, Kampf der Kulturen: the clash of civilisations. Die Neugestaltung der Weltpolitik im 21. Jahrhundert, München 1997 [6. Aufl.].

betreibt nun geradezu eine Strategie der selffulfilling prophecy. Aus einer Auseinandersetzung, die auch ein erbittertes Gefecht *innerhalb* des Islam um seine künftige – friedliche oder gewaltsame – Perspektive ist, wird mit ideologischer Überhöhung nun doch ein Konflikt des christlichen Westens mit dem Islam produziert. Solidarische Anstrengungen, dies zu verhindern, stattdessen einen konstruktiven weltweiten Dialog der Kulturen und Religionen zu befördern, das wird die nächste und aktuellste Aufgabe all derjenigen sein, die für die Erhaltung des Weltfriedens eintreten und sich dem Erbe (sei es bezogen auf die Ideen, sei es bezogen auf die Organisationen) der Arbeiterbewegungen der vergangenen beiden Jahrhunderte verpflichtet fühlen.

„Den Kapitalismus zähmen" –
Was von der sozialistischen Utopie geblieben ist

„Welle der Empörung über Deutsche Bank", – das ist nur eine von vielen ähnlich lautenden Überschriften der Tagespresse aus dem Februar 2005. Deutsche Bank-Chef Ackermann nutzt die frohe Botschaft steigender Gewinne zur Ankündigung zweier Unternehmensziele: Steigerung der Eigenkapitalrendite auf 25 Prozent bei gleichzeitiger Entlassung von 6.400 Mitarbeitern. Während Ex-BDI-Chef Hans-Olaf Henkel wenige Tage später endlich die Zeit gekom-men sieht, nach dem Sozialismus in der DDR nun auch den „westdeutschen Sozialismus" zu überwinden, warnt sein Nachfolger Jürgen Thumann: „Wir können als Unternehmen nicht immer nur über maximale Eigenkapitalverzinsung reden und uns am Ende noch mit Extra-Boni belohnen lassen, wenn wir möglichst viele Menschen entlassen." Er finde es nicht gut, wenn Unternehmen alles im Sinne der Gewinnmaximierung zurück stellten. Als Manager müsse man auch Verantwortung für Staat, Gesellschaft und Mitarbeiter zeigen.

Durchaus also Zeit und Anlass für grundsätzlichere Debatten. Die sozialdemokratischen wie die gewerkschaftlichen Reaktionen erfolgten jedoch mehr auf dem Gebiet der Moral als auf dem grundsätzlicher Alternativen. Von „Schweinerei" und „Unverschämtheit" sprach der stellvertretende Fraktionsvorsitzende Michael Müller. IG-Metall-Chef Peters regte eine neue Debatte über Moral und Ethik in der deutschen Wirtschaft an. Von Sozialismus hingegen war nur bei Henkel die Rede, während in früheren Zeiten Sozialdemokraten wie Gewerkschafter diesem Vorgang weniger Verwunderung als die Gewissheit entgegen gesetzt hätten, dass sich damit erneut die hässliche Fratze des Raubtierkapitalismus zeige, dem die konkrete Utopie einer grundsätzlich anderen, sozialistisch geprägten Wirtschafts- und Gesellschaftsordnung entgegen gesetzt werden müsse – wie sie ja selbst das noch aktuell gültige Berliner Programm der Sozialdemokraten postuliert.

Aber derartige Utopien stehen zurzeit nicht sehr hoch im Kurs. Mit der Epochenwende nach 1989 waren sich die Philosophen weitgehend einig: Das Zeitalter der „großen Erzählungen" hat sein Ende gefunden.

Wie sollte da etwa ein Pragmatiker wie der sozialdemokratische Partei-vorsitzende widersprechen? „Die Fundamentalisten links und rechts, die vom Paradies auf Erden oder den neuen Menschen schwärmten – alles Unsinn", so war Franz Müntefering in einem Interview ebenfalls im Feb-ruar zu vernehmen. An pauschalierende Absagen an Zukunftsträume war man bislang sicher eher von jemandem wie Helmut Schmidt gewöhnt, der Politiker auf der Suche nach *Visionen* schon immer gerne an die Zunft der Psychiater verwies. Immerhin: Nochmals Ende Februar berichtete die FAZ in ihrem Wirtschaftsteil über pro-grammatische Überlegungen Münteferings unter der Überschrift: „Die SPD will den ‚Kapitalismus zähmen‘". Dies bleibe eine Aufgabe der Sozialdemokratie weltweit. Das hört sich schon wieder ganz schön nach *Utopie* an, auch wenn das ge-nannte Ziel nicht im Gewande dieses Begriffs daherkommt.

Grund genug also, etwas genauer der Frage nachzugehen, was denn eigentlich in der Geschichte der Sozialdemokratie und der Arbeiterbewe-gung das Utopische, Visionäre, Zukunftsorientierte ausgemacht hat und was davon noch übrig ist, ob es heute wirklich noch zeitgemäße Utopien geben kann.

Engels und Kautsky:
Die Entwicklung des Sozialismus von der Utopie zur Wissenschaft

Dem an Marx geschulten Sozialwissenschaftler fällt bei derartigen Stich-punkten natürlich sofort eine Schrift von Friedrich Engels ein – „Die Ent-wicklung des Sozialismus von der Utopie zur Wissenschaft" – die durch ein Vorwort an ihre französischen Leserinnen und Leser von Karl Marx persönlich gleichsam die höheren Weihen erhielt, indem er ihr zubilligte, „gewissermaßen eine Einführung in den wissenschaftlichen Sozialismus" darzustellen. War aber darin nicht zugleich, wie es der Titel schon aus-drückt, die Absage an jedwede Art des Utopischen geradezu programma-tisch angelegt, der utopische durch den wissenschaftlichen Sozialismus abgelöst worden? In dieser Gewissheit sind Generationen von „Marxis-ten" im Osten wie im Westen erzogen worden, denen deshalb nach dem vielfältigen Scheitern des „wissenschaftlichen Sozialismus" die Wahl zwi-schen Anpassung an das Bestehende, Resignation oder Zynismus blieb.

In einer solchen Dichotomie „Utopie" oder „Wissenschaft" steckt natürlich die vereinfachende Vorstellung, als könne es nur das eine oder das andere geben: den großen utopischen Gesamtentwurf einer gedanklich vorweggenommenen Gegengesellschaft oder deren Herleitung mit den Mitteln eines wissenschaftlichen Instrumentenkastens zur Analyse der konkreten gesellschaftlichen bzw. ökonomischen Realität. Ich halte diese Entgegensetzung für falsch. Sie blendet zudem alle diejenigen kleineren oder größeren Utopien aus, die sich unterhalb eines gesellschaftlichen Gesamtgebildes entwerfen lassen, oder solche, die sich – um zunächst nur diese beispielhaft zu nennen – etwa aus den Leitmaximen der französischen Revolution ergeben, dem fanfarenhaften Ruf nach den Chancen für *freiere* Individuen, nach gleichen Lebensbedingungen für alle und *brüderlichen*, heute würden wir sagen *geschwisterlichen* oder *solidarischen* Lebensformen.

Aber, wenn man bei Engels genauer hinschaut, wird man feststellen, dass die Absagen an das Utopische bei seinen Epigonen weit drastischer ausfallen als bei ihm selbst. Bei ihm heißt es: „Wir deutsche Sozialisten sind stolz darauf, dass wir abstammen nicht nur von Saint-Simon, Fourier und Owen, sondern auch von Kant, Fichte und Hegel." Er erinnert daran, dass sich die Französische Revolution große Ziele gesetzt hatte: die ewige Wahrheit, die ewige Gerechtigkeit, die in der Natur (des Menschen) begründete Gleichheit und die unveräußerlichen Menschenrechte. Aber anders als viele ihn missverstehen denunziert Engels nicht etwa diese Ziele, sondern zeigt, dass ihre Verwirklichung an den harten Bedingungen der Realität scheitert, dass im Frühkapitalismus aus proklamierten Menschenrechten Privilegien der Bourgeoisie wurden.

Bei den utopisch-sozialistischen Köpfen sieht Engels allerdings die ersten genialen Gedanken sprießen, diese Bedingungen zu überwinden. Saint-Simons geniale Weite des Blicks enthalte bereits fast alle nicht streng ökonomische Gedanken der späteren Sozialisten im Keime. Bei Fourier finde man nicht nur bereits eine tief eindringende Kritik der bestehenden Gesellschaftszustände, sondern auch das erste Aussprechen der Wahrheit, dass in einer gegebenen Gesellschaft der Grad der weiblichen Emanzipation das natürlich Maß der allgemeinen Emanzipation sei. Und gegen Robert Owens Detailberechnungen für eine kommunistische Musterkolonie lasse sich selbst vom fachmännischen Standpunkt wenig sagen. Seine Kooperativgesellschaften hätten seitdem immerhin den praktischen Beweis geliefert, dass sowohl der Kaufmann wie der Fabrikant entbehrliche Personen seien. Entsprechend hatte schon Marx 1864 in seiner Inauguraladresse der Internationalen Arbeiterassoziation formuliert, dass in diesen Gesellschaften der bislang größte Sieg der politischen Ökonomie der Arbeit über die des Kapitals bestanden habe. Der Wert dieses großen sozialen Experiments der Kooperativfabriken könne gar nicht überschätzt werden.

Einige Jahre später als Engels seine Utopieschrift veröffentlichte Karl Kautsky seine große Auseinandersetzung mit dem mittelalterlichen Denker „Thomas More und seine(r) Utopie", dem – wie er es nannte, Vater des utopistischen Sozialismus. Engels Herangehensweise ähnlich versuchte auch er ihn aus seiner Zeit heraus zu verstehen, würdigt ihn als großen Humanisten, Politiker und Sozialisten. Was das Verhältnis von gesellschaftlicher Realität und Idee, von Wirklichkeit und Utopie angeht, schreibt er, sei dieser Sozialismus weniger utopistisch wegen der Unerreichbarkeit seiner Ziele als wegen der Unzulänglichkeit der Mittel, was aber angesichts der Zeitumstände unvermeidlich gewesen sei. Bald vier Jahrhunderte, so schloss Kautskys Schrift, sei die „Utopia" alt, aber noch seien ihre Ideale nicht überwunden, lägen noch vor der strebenden Menschheit.

Halten wir zunächst fest: Die Scheidung des wissenschaftlichem Sozialismus vom utopischem wurde von denjenigen, die für seine Konzipierung und Verbreitung verantwortlich waren, weit weniger scharf gesehen wie von ihren Nachfolgern, z.B. gerade auch den späteren Parteikommunisten. Von der Utopie zur Wissenschaft zur Tat – so lautete deren Devise, mit der sie nicht nur den Weg der Oktoberrevolution heroisierten, sondern zugleich auch jedwede Variante „utopischer Vorstellungen" als schädlichen Rückfall in vorrevolutionäre Zeiten denunzierten. Engels' Schrift wurde 1924 mit Radeks Pamphlet „Die Entwicklung des Sozialismus von der Wissenschaft zur Tat" zusammen publiziert, und Hermann Duncker zeigt im Vorwort, warum. Der Sozialismus in Westeuropa sei von der Wissenschaft des revolutionären Marxismus wieder in den menschewistischen Utopismus zurückgefallen, zur Utopie der langsamen Aushöhlung der Macht des Kapitals. Utopie wurde so zum Synonym des Illusionären wie des verräterischen Renegatentums, zum denunziatorischen Begriff zwischen den verfeindeten Flügeln der Arbeiterbewegung.

Aber ein weiteres fällt auf: Im Mittelpunkt dieser Debatten steht die Frage des Vorrangs von Wille und Vorstellung oder Wirklichkeitsanalyse, nahezu kein Gedanke wird an die Frage verschwendet, ob es nicht *konkreter Utopien* bedarf, übersetzt in Bilder, Metaphern und Symbole, um erfolgreich für die eigenen Ziele und Vorstellungen werben zu können.

Utopien und Zukunftsvorstellungen in sozialdemokratischen Programmen

Wenn wir uns das bislang Dargelegte vor Augen führen, dürfte es nicht überraschen, dass es in der langen Geschichte sozialdemokratischer Programmschriften nicht üblich war, umfassendere Vorstellungen einer künftigen, neuen Gesellschaft zu beschreiben. Lange dominiert eine klassisch zu nennende Mischung aus Wirtschafts- und Gesellschaftsanalyse und einer Liste von konkret anzupackenden Einzelforderungen. Im „Kommunistischen Manifest" von 1848 heben Marx und Engels die Eigentumsfrage als die Grundfrage der Bewegung hervor, stellen dabei aber klar, dass der Kommunismus keinem die Macht nehme, sich gesellschaftliche Produkte anzueignen, vielmehr nur die, sich durch diese Aneignung fremde Arbeit zu unterjochen. Gleichwohl: bei genauerem Hinsehen wird dennoch die *gesellschaftliche Utopie* einer klassenlosen Gesellschaft, in der umfassend die Menschenrechte verwirklicht sind, durchaus kenntlich.

Im Erfurter Programm von 1891 lesen sich die Ziele so: Verwandlung des kapitalistischen Privateigentums an Produktionsmitteln in gesellschaftliches Eigentum und Umwandlung der Warenproduktion in sozialistische, dadurch Befreiung nicht nur des Proletariats, sondern des ganzen Menschengeschlechts. Und der folgende, wirklich programmatisch-visionäre Satz durchzieht in jeweils leicht abgewandelter bzw. aktualisierter Form die verschiedenen Programme über Görlitz 1921, Heidelberg 1925, Godesberg 1959 bis hin zum Berliner Programm 1989:

„Die Sozialdemokratische Partei Deutschlands kämpft … nicht für neue Klassenprivilegien und Vorrechte, sondern für die Abschaffung der Klassenherrschaft und der Klassen selbst und für gleiche Rechte und gleiche Pflichten aller ohne Unterschied des Geschlechts und der Abstammung. Von diesen Anschauungen ausgehend bekämpft sie in der heutigen Gesellschaft nicht bloß die Ausbeutung und Unterdrückung der Lohnarbeiter, sondern jede Art der Ausbeutung und Unterdrückung, richte sie sich gegen eine Klasse, eine Partei, ein Geschlecht oder eine Rasse." Die Aktualisierung im Berliner Programm liest sich so: „Wir erstreben eine solidarische Gesellschaft der Freien und Gleichen ohne Klassenvorrechte, in der alle Menschen gleichberechtigt über ihr Leben und ihre Arbeit entscheiden. Die neue und bessere Ordnung, die der Demokratische Sozialismus erstrebt, ist eine von Klassenschranken befreite Gesellschaft. Wir wollen sie durch Abbau von Privilegien und Vollendung der Demokratie erreichen."

Nun müssen wir allerdings festhalten, dass all diesen Programmen zweierlei gemeinsam war: Die Sozialdemokraten der verschiedenen Perioden hatten jeweils eine Vorstellung davon, in welcher Art ökonomischer Periode sie lebten (Früh-, Konkurrenz- oder Monopolkapitalismus, Fordismus) und wohin sich dieser Kapitalismus zu bewegen schien. Und ungeachtet ihres Verständnisses als internationaler Bewegung und der bereits 1925 programmatisch festgehaltenen Orientierung auf Vereinigte Staaten von Europa entwickelten sie ihre jeweiligen Transformationsvorstellungen im Wesentlichen auf nationalstaatlichem Niveau. Beides ist heute an sein Ende gekommen. Zum einen verfügt die heutige Sozialdemokratie und mit ihr die gesamte Linke über kein gesichertes Verständnis der aktuellen Periode – und kann es auch nicht. Der Begriff der Globalisierung ist so treffend wie vielschichtig zugleich, lässt zudem noch kaum erkennen, in welche Richtung die augenblicklichen Transformationsprozesse verlaufen. Ökonomen wie Altvater und Mahnkopf halten es deshalb auch vernünftiger Weise für verfrüht, bereits jetzt von einem neuen, nachfordistischen Akkumulationsregime zu reden und plädieren dafür, alle intellektuellen Ressourcen auf das Verständnis der neuen Informalisierungstendenzen in den Bereichen von Arbeit, Geld und Politik zu konzentrieren.

Zum anderen steckt aber im Begriff der Globalisierung eine zentrale, unabweisbare Erkenntnis: In einer vielfältig vernetzten Welt, in der Geld, Währungen, Waren und auch Arbeitsplätze weltweit getauscht und transferiert werden können, gibt es keinerlei erfolgreiche nationale Transformationskonzepte mehr. Und der Zusammenbruch der sowjetischen Gesellschaften und Ökonomien hat zudem nachhaltig bewiesen, dass die „Utopie" einer Staatsökonomie ohne Prozesse der Konkurrenz und des Wettbewerbs der kapitalistischen Ökonomie gnadenlos unterlegen war.

Konkrete Utopien, Leitbilder und Fortschritt im Zeitalter der Globalisierung

Kehren wir zum Ausgangspunkt zurück. Ende Dezember 2004 titelte die Berliner Zeitung im Wirtschaftsteil: „Ein großartiges Jahr. Deutsche Unternehmen erzielten 2004 enorme Überschüsse". Gleichzeitig überbieten sich Firmen wie Opel, Siemens, Deutsche Bank und andere mit Ankündigungen von Massenentlassungen und Arbeitsplatzverlagerungen an billigere Standorte. Die Reaktion des Christdemokraten Heiner Geißler in der „Zeit" lautet: „Wo bleibt Euer Aufschrei?", eingeleitet mit einem Satz aus dem Marxschen „Kommunistischen Manifest" und dem Bekenntnis: „In der globalen Wirtschaft herrscht die pure Anarchie. Die Gier zerfrisst den Herrschenden ihre Gehirne". Den Menschen zeige sich die hässliche Fratze eines unsittlichen und auch ökonomisch falschen Kapitalismus, wenn der Börsenwert und die Managergehälter an den Aktienkurs gekoppelt umso höher steigen, je mehr Menschen wegrationalisiert werden. Ungeachtet dessen verkündet Franz Müntefering tapfer, die SPD wolle weiter Arbeit für alle: „Die SPD will, dass Unternehmen erfolgreich sind und Gewinn machen, denn das ist die Voraussetzung für Arbeit und Wohlstand." Verkehrte Welt?

Beiden Statements ist eines gemeinsam: Sie wirken zugleich hilflos und unrealistisch. Während Geißler auch keine Lösungen für die genannte „Zähmung" des globalen Kapitalismus geschweige denn ein ausgearbeitetes globales „Alternativmodell" anzubieten hat (auch wenn er von der totgeschwiegenen Alternative einer „internationalen sozial-ökologischen Marktwirtschaft mit geordnetem Wettbewerb" spricht), werden Münteferings Hoffnungen auf den allenfalls für die Nachkriegsperiode gültigen Zusammenhang von expansiven Wachstumszyklen und einer Zunahme von Arbeitsplätzen Jahr für Jahr durch die ökonomischen Daten widerlegt. Bleibt wirklich nur Gürtel enger Schnallen, Resignation oder Zynismus?

Meine Antwort mag sich paradox anhören: Wir leben in einer Zeit dramatischer Veränderungen, und keiner hat eine klare Vorstellung davon, wohin die Reise geht (ein Problem, das den aktuellen sozialdemokratischen Programmschreibern mehr Probleme machen dürfte, als ihnen lieb sein kann). Kein Wunder, dass bei vielen Menschen zurzeit die Ängste die Hoffnungen überwiegen. Gerade in solchen Zeiten kann aber Politik auf gar keinen Fall *ohne konkrete Utopien* auskommen, allerdings realistischer Weise nicht im Sinne von gesellschaftlichen Gesamtentwürfen, sondern von *Leitbildern* mittlerer Reichweite für eine *soziale Demokratie*, umgesetzt in vermittlungsfähige Metaphern und Bilder, anhand derer auch nachvollzogen werden kann, wohin bestimmte Reformprozesse zielen. Der zunächst enorme Widerstand etwa gegen die Hartz-Gesetze beruhte ja auf einer solchen diffusen Angst der Menschen, auf eine Rutschbahn zu geraten, bei der das Ende, geschweige denn das Ziel nicht wirklich erkennbar war.

Was damit gemeint ist, kann hier nur stichpunktartig und ausgewählt beispielhaft angerissen werden.

- Es bedarf eines neuen Leitbildes für ein gesellschaftliches Normalarbeitsverhältnis jenseits des immer noch das heutige Bild wie die Tarifverträge prägenden männlichen Familienernährers mit Hausfrauenehe. Unter den bisherigen Bedingungen wird es keine Vollbeschäftigung mehr geben. Kürzere Gesamtarbeitszeiten für Paare müssten neben auskömmlichen Arbeitsformen für Singles und Alleinerziehende treten.
- Es bedarf eines neuen Leitbildes für den Sozialstaat. Die bisherige paritätische Finanzierung angekoppelt an das Arbeitsverhältnis stößt an seine Grenzen und verschärft unablässig den Rationalisierungsdruck auf lebendige Arbeit.
- Es bedarf eines neuen Leitbildes für einen neuen ressourcenschonenden Produktionszyklus. Dauerhaft sind unter globalisierten Be-

dingungen Arbeitsplätze nur dann zu generieren und mittelfristig zu halten, wenn ein Staat und seine Ökonomie an den technologischen Entwicklungen im Rahmen eines neuen Kondratieff-Zyklus führend mit beteiligt ist.

- Es bedarf eines neuen Leitbildes für ein ökologisch verträgliches, „gutes" Leben – darin stecken Anforderungen an unsere Art zu Produzieren wie zu Konsumieren, zu Reisen wie zu Transportieren.
- Es bedarf eines neuen Leitbildes für Europa. Nur wenn die Dimensionen eines sozialen Europa und die Handlungsspielräume demokratisch legitimierter Akteure erkennbar und fassbar werden, werden die Menschen auch die Angst verlieren, dass das Projekt Europa nur Teil einer Entwicklung ist, die ihre Arbeitsplätze und ihren Wohlstand bedroht, während es den Gestaltungsspielraum der Konzerne und Aktionäre verbreitert.
- Es bedarf eines neuen Leitbildes für eine globalisierte Welt, in der Armut und Terrorismus wirksam bekämpft und Frieden hergestellt werden kann. Dies ist die schwierigste Aufgabe. Denn sie verlangt, dass wir, die Bewohner des immer noch reichen Nordens und Westens, unseren Reichtum, unser Lebensmodell und unser Verständnis von Fortschritt radikal werden in Frage stellen und in Frage stellen lassen müssen. Denn es ist immer noch die überwiegende Zahl der Menschen auf diesem Globus, die auf den drei Kontinenten Asien, Lateinamerika und Afrika unter vielfach menschenunwürdigen Verhältnissen lebt.

Die Kehrseite dieses *unseres Fortschritts* hat uns jüngst der südafrikanische Schriftsteller Breyten Breytenbach so kritisch wie selbstkritisch (gegenüber Korruption und selbst verschuldeter Armut in Afrika) in einem fulminanten Vortrag vor dem Berliner Goethe-Institut wie einen Spiegel vor Augen gehalten, und ich möchte mit einer unkommentierten Passage daraus meine Überlegungen über Utopie und Fortschritt beschließen:

„In den meisten Ländern wird die Todesstrafe nur noch selten verhängt, und doch gibt es mehr offiziell vertuschte ‚Todesschüsse' und wahllose Ausmerzungen von Widersachern als je zuvor. International hat man sich darauf geeinigt, die Folter abzuschaffen, doch vermutlich sind noch nie so viele Menschen zu dem Zweck gequält worden, Informationen aus ihnen herauszupressen. Wir hielten die Vereinten Nationen für einen angemessenen internationalen Kompromiss, um Hoffnung zu bündeln und in Konflikten zu vermitteln, doch dann wurden sie von der einzigen Supermacht dieses Planeten entmachtet, die ihre eigenen Interessen wichtiger fand ... Bald besaß beinahe jeder ein Auto oder träumte davon – sodass es plötzlich Millionen zweifelhafter Gründe gab, Straßen und Autobahnen zu verstopfen. Wir legten uns ein Handy zu, und heute gleichen wir Scharen pausenlos schnarrender Individuen, die sich nichts zu sagen haben und wie taube Vögel vereinsamen. Wir alle gewöhnten uns an das Fernsehen wie Fische ans trübe Wasser, und jetzt haben wir abgedroschene Fantasien, die davon infiziert sind, ständig Lügen und dem Reiz von Wünschen ausgesetzt zu sein, die niemals befriedigt werden können ... Wir werden reich und fett durch abertausend gezüchtete Schweine und können das Wasser unserer Erde nicht mehr trinken. Wir konsumieren nach Herzenslust und ersticken an Abfall und Müll. Wir zerstören die Erde in einer Orgie der Umweltverschmutzung. Selbst die Armen haben Zugang zu Hamburgern und Fritten und werden fettleibig. Wir kurbeln unsere Wirtschaft mit der Produktion und dem Verkauf von Waffen an, und dreizehnjährige Killer mit Perücke und mit Kalaschnikow, die billiger als eine Tüte Reis sind, sehen keinen anderen Weg mehr, zum Mann zu werden, als dass sie Amok laufen. Durch all das zog und zieht sich der goldene Faden der Globalisierung, der Deckname für weltweite kapitalistische Ausbeutung. Wir wurden darauf abgerichtet, zu kaufen, zu kaufen und nochmals zu kaufen, und die Armen werden ärmer."

Die Herausforderung des Islam –
Karikaturen als Medium im Kampf der Kulturen und Religionen
Wenn der Zauberlehrling am Pfropfen spielt ...

Seit Monaten tobt der Streit um die von der dänischen Zeitung *Jyllands-Posten* im September 2005 veröffentlichten „Mohammed-Karikaturen": Dutzende von Menschen haben aus diesem Anlass ihr Leben gelassen; Brandsätze und Molotow-Cocktails setzten Botschaften europäischer Staaten in arabischen Ländern in Brand; bis zu 700.000 Menschen (alleine in Beirut) nahmen an zahllosen Massendemonstrationen teil, deren Parolen und hasserfüllte Gesichter in unsere wohligen Fernsehstuben übertragen wurden; Zeitungen, die die Karikaturen nachdruckten, wurden geschlossen oder ihre Chefredakteure gefeuert; Karikaturisten und verantwortliche Redakteure werden mit dem Leben bedroht; international tätige Konzerne sehen sich veranlasst zu vermelden, dass sie keine dänischen Produkte vertreiben. Die Liste der so unerwarteten wie beängstigenden Folgen ließe sich fortsetzen. Zunächst herrscht überall grenzloses Erstaunen, dass kleine Zeichnungen, Karikaturen, die in unseren Breitengraden allenfalls noch gelangweiltes Amusement erzeugen, derartige Folgen auslösen können. Die *Süddeutsche* meint: „Die westliche und die orientalische Kultur scheinen entschlossener denn je, die Linie zwischen Satire und Kriegserklärung neu zu ziehen." Und fast ungläubig ob des in der eigenen Aussage steckenden Inhalts notiert der Kommentator der *taz*, es scheine heute so, als ob jeder Karikaturist in seiner kleinen Zeichenstube mit einem Strich Weltpolitik machen könne. Diejenigen aber, die sich schon länger mit dem Genre der Karikatur beschäftigt haben, dürften einem neuerlichen Bedeutungszuwachs dieses vielfach unterschätzten Mediums subtiler Kommunikation sicherlich grundsätzlich Positives abgewinnen können, allerdings sind die geschilderten Folgen keineswegs die, die man sich eigentlich erhofft hätte.

Immerhin liegt der große Vorteil einer gelungenen Karikatur (oder anders ausgedrückt: einer Bildsatire) darin, dass sie auf den ersten – und dann auf den zweiten und dritten – Blick Zusammenhänge eines Sachverhalts beschreiben kann, für die der Schreibende ganze Seiten braucht. Sie kann dabei, wenn sie gut ist, Personen und ihre Schwächen entlarven ohne zu verletzen, komplizierte Zusammenhänge vereinfachend zuspitzen ohne sie zu banalisieren. Darin steckt ein ungeheures Potential, das zum differenzierenden Weiterdenken Anregungen gibt, denn die Karikatur lebt von ihrer Spannung zwischen verzerrter bildhafter Darstellung und Realität. Darin verbirgt sich aber auch eine große Gefahr – die der *demagogischen* Verzerrung, Vereinfachung und Denunziation. *Was* sie, die Karikatur, also ist, was sie darf und worauf sie zielt, bedarf jeweils der Entschlüsselung, die nicht immer leicht fällt, und in die ihr Kontext und ihre Intention neben dem zeichnerischen Gehalt einzubeziehen sind. Eigentlich liegt es auf der Hand, dass eine derartige *bildhafte* Darstellung mindestens genauso verletzend wirken und empfunden werden kann wie ein Textdokument, bei dem – sei es als Resolution, Aufsatz oder Schmähschrift – diese Wirkung bislang weit weniger bezweifelt wurde.

Dennoch meint der *Spiegel*, provinzieller und hinterwäldlerischer habe eine Weltkrise wohl kaum einmal angefangen. Nun wissen und beschreiben die Autoren selbst, dass es in einer globalisierten Massen- und Mediengesellschaft belanglos geworden ist, ob ein Konflikt seinen Ausgang in Jütland oder Washington DC nimmt. Fernseher und Internet transportieren Bilder in jeden Winkel dieses Globus. Aber, das scheint sich *auch* in dieser Beurteilung zu verbergen, ein paar unbedeutende Karikaturen können doch für all diese Folgen nicht wirklich der Anlass sein! Sprich: die Muslime sollen sich mal nicht so anstellen. Daraus folgt die – nicht völlig falsche, aber dennoch zu einfache – Antwort: Es geht ja gar nicht (mehr) um die Karikaturen, sondern um ganz andere Konflikte. Aus diesem Subtext spricht nicht nur ein eher arrogantes, westlich fixiertes Weltbild, sondern auch eine Unkenntnis anderer Kulturen wie der eigenen Geschichte.

Noch halbwegs bekannt ist die Tatsache, dass – angesichts einer weitgehend nicht lesekundigen Bevölkerung – der Reformationsstreit im 16. Jahrhundert in starkem Maße mit den Waffen der Spottbilder ausgetragen wurde. Weniger geläufig ist, dass es erst knapp dreihundertfünfzig Jahre her ist, ein welthistorisch betrachtet relativ *kurzer* Zeitraum, dass auch in Europa *Karikaturen* noch den Anlass für Kriege geliefert haben. In der großen europäischen Auseinandersetzung des 17. Jahrhunderts zwischen dem aristokratischen Frankreich des Sonnenkönigs Ludwigs XIV. und den republikanischen Niederlanden bekommt der „Krieg der Bilder" im mehrfachen Sinne eine ganz besondere Bedeutung. Die Kontrahenten kämpfen auch vermittels der satirischen Bilder um die Legitimation ihrer Sache vor den Augen Europas. Die gewachsene Bedeutung der politischen Karikatur findet ihren Höhepunkt in der für heute doch erstaunlichen Tatsache, dass sich die Kriegserklärung des englischen Königs Karl des II. an die Vereinigten Provinzen der Niederlande vom 7. April 1672 neben anderen Gründen ausdrücklich auf die herabwürdigenden Darstellungen der eigenen Person wie Nation in holländischen Bildsatiren berief. Ludwig XIV. hatte es noch bei der allgemeinen Klage über den „grossen Schimpff und [die] Unehre", die ihm angetan worden seien, belassen. Sicher, das alles liegt vor der Aufklärung, aber was sagt uns diese Kenntnis für den Umgang mit dem Islam, wenn wir auch dort eine Aufklärung mit der Trennung von Kirche und Staat für erforderlich oder gar überfällig halten? Aufklärung durch Provokation war auch in Europa ein langer und blutiger Weg, wobei sich gezeigt hat, dass die Anstöße im Übrigen, sollen sie nachhaltig wirksam sein, aus dem Inneren der jeweiligen Gesellschaften selbst kommen müssen.

Worum aber geht es nun in dem aktuellen Konflikt? Vereinfacht lässt sich die Debatte der vergangenen Woche so zusammenfassen: Kunst- und Pressefreiheit versus Verletzung religiöser Gefühle. In diesem Kontext ist manches komplizierter als es scheint. Wer widerspricht schon gerne Kurt Tucholsky, der 1919 auf die selbst gestellte Frage „Was darf Satire?" die unmissverständliche Antwort gab: „Alles". Selbstverständlich schloss dies für ihn die Bildsatire ein. So mancher Kommentator der jüngsten Ereignisse dürfte sich bei seinem vehementen Einsatz für schrankenlose Kunst- und Pressefreiheit durch Tucholsky und andere Autoritäten inspiriert und bestätigt gesehen haben. Seine späte Entschuldigung gegenüber den Muslimen verband z.B. der Chefredakteur des dänischen Blattes mit der Bemerkung, man habe wohl den Kampf um die Meinungsfreiheit verloren. In der *FAZ* lautete der Kommentar Anfang Februar: „Eine Karikatur darf alles, nur nicht lügen. Das ist die Grenze aller Pressefreiheit." Ähnlich wie der *Spiegel* sah man den Anlass als banal an, anders jedoch die erforderlichen Konsequenzen: „Es steht mehr auf dem Prüfstand. An diesem anfangs so harmlos erscheinenden Fall der zwölf dänischen Karikaturen wird die Bereitschaft des Westens gemessen werden, seine eigenen Ideale zu verteidigen."

Man muss (und sollte) diese Einschätzung nicht teilen, um zunächst aber folgendes festzustellen: Der vermeintlich lächerliche Anlass zwingt auch unsere Gesellschaften dazu, uns neu über die Grenzen von Kunst- und Pressefreiheit zu verständigen. Unbestritten hatte die Ausschreibung von *Jyllands Posten* (von einem Konkurrenzblatt als „morgenfaschistische Jyllands-Pest" bezeichnet) den Zweck, die muslimische Minderheit *im eigenen Land* herauszufordern, zu provozieren. Wer dazu auffordert, Mohammed zu karikieren, der weiß, dass er gegen das Bildnisverbot des Islam verstößt. Das provinzielle an diesem Vorgang liegt sicherlich darin, dass die Akteure geglaubt haben, dieser gewollte Konflikt ließe sich einhegen, lokal begrenzt halten. Das ist wie der Zauberlehrling, der ein bisschen am Pfropfen der Flasche spielt und anschließend von der tatsächlichen Explosion überwältigt wird. Die Einschüchterung und Demütigung der muslimischen Minderheit im Lande sollte schon sein, die internationale Folgeexplosion natürlich nicht. Der Kommentator der *Berliner Zeitung* hat den Vorgang treffend als „Erziehung durch Verhöhnung" charakterisiert: Die Moslems müssten lernen, sich mit Verhöhnung, mit Spott und mit Lächerlichmachung abzufinden – so hieß es sogar ausdrücklich im Begleittext der dänischen Publikation. Und mit diesem rechtspopulistischen Zündeln soll sich „der Westen" solidarisieren, dadurch soll die Bereitschaft zur Verteidigung seiner Ideale auf dem Prüfstand stehen?

Das darf man getrost bezweifeln. Aber auch die Tatsache, dass es mit der Grenzenlosigkeit der Kunst- und Pressefreiheit nicht so weit her ist, hat erst der Fortgang der innenpolitischen Debatte so allmählich ins Bewusstsein zurückgeholt. Dazu bedurfte es unter anderem einer ausgesprochen unappetitlichen Reaktion auf der anderen Seite. Die gestellte Frage nämlich, ob westliche Zeitungen bereit wären, die Ergebnisse eines iranischen Wettbewerbs über Karikaturen zum Holocaust zu veröffentlichen, hat das eigene Dilemma schonungslos offen gelegt. Die Empörung auf westlicher Seite auf *diese* Provokation ist – aus guten Gründen – einhellig und gewaltig. Aber für viele unbewusst und ungewollt zeigt sie doch die *double standards*: Im Nahen Osten weiß man, dass Karikaturen über die christliche Religion oder Jesus im Westen keinerlei Empörungswelle mehr auslösen würden. Anders der Holocaust – also wählt man diese Art der Gegenprovokation. Zu Recht hieß es dazu in der *Berliner Zeitung*, dass auf diese Weise die Juden „die Spesen der europäischen Meinungstapferkeit" tragen. *Spätestens* seit dem nazistischen Blatt „Stürmer" mit seinen antisemitischen Karikaturen, die anders als Günther Grass glaubt, das niederträchtige Niveau der Mohammed-Karikaturen weit übertrafen, sollte es sich niemand mit der *grenzenlosen* Kunstfreiheit mehr so einfach machen. Wie ein bereits 1926 von Eduard Fuchs edierter und kommentierter Band über „Die Juden in der Karikatur" (im doppelten Sinne) illustriert, reicht diese unselige Tradition erheblich weiter zurück.

Heißt das also (wie vielfach beklagt), nun beginne die Ära der Selbstzensur? Immerhin pochen ja die Karikaturisten zu Recht darauf (in ihrem Solidaritätsbrief zum späteren *Tagesspiegel*-Fall), dass ihr Medium *per definitionem* die Kritik, die Polemik, die Übertreibung, die Ironie – und ich füge hinzu – auch die Provokation einschließt. Da könnte zunächst der Hinweis auf den *rechtlichen* Rahmen helfen. Auch für Karikaturisten gelten das Grundgesetz, das Strafgesetzbuch und der Kodex des Presserats. Aber eben nicht, so ist der Einwand zu hören, der Koran mit seinem Bildnisverbot. Man sieht: Auch rechtlich bewegen wir uns auf unsicherem Terrain. § 166 unseres StGB stellt eine Beschimpfung des Inhalts des religiösen oder weltanschaulichen Bekenntnisses anderer dann unter Strafe, wenn sie geeignet ist, den öffentlichen Frieden zu stören. Ein weites Feld für juristische Kommentatoren, insbesondere auch bzgl. der Frage, welche Bedeutung *in diesem Kontext* ein religiöser Kodex wie der Koran besitzt. Dass sich die Reichweite einer Störung des öffentlichen Friedens gewaltig verschoben hat, durfte unlängst das Amtsgericht Lüdinghausen erörtern und entscheiden. Es verurteilte einen Frührentner aus dem Münsterland, der im Juli 2005 Koranverse auf Toilettenpapier gedruckt und an islamische Einrichtungen in Deutschland, an Fernsehsender und Nachrichtenmagazine verschickt hatte. Im Prozess hatte auch er sich auf

„Kunstfreiheit" berufen. Ob er auch im August 2005, also vor dem Karikaturenstreit, in gleicher Schärfe verurteilt worden wäre? Immerhin hatte die Zeitschrift *Titanic* Mitte der neunziger Jahre einen Prozess wegen eines Titelblatts unbeschadet überstanden, das den Gekreuzigten als Halterung für Klopapierrollen zeigte. Wohl kaum. Der Karikaturenstreit hat global nicht nur das Beurteilungsraster für das Medium Karikatur verändert, es hat sogar – wie die *Zeit* jüngst detailliert beschrieb – die politischen Fronten innerhalb der westlichen Welt verschoben.

Jenseits der Frage aber, ob einzelne dieser Karikaturen in Deutschland unter das Verbot des § 166 StGB fielen und wem dabei geholfen wäre, wenn dies nach einem langen Verfahren letztinstanzlich festgestellt würde, bedarf das Spannungsfeld dieses Konflikts jedenfalls eines anderen Rahmens für Antworten. Man wird dabei nicht ohne den Begriff der *Verantwortung* auskommen können. Der verknüpft sich im übrigen mit einer notwendigen *Wertedebatte*, die das hinterfragt, was Thomas Assheuer in unserem Kontext den „fundamentalistischen Liberalismus" genannt hat, dessen negative Freiheit des Marktliberalismus leer und vom Ressentiment (hier gegen Minderheiten im eigenen Land) vergiftet sei. Es ist diese Haltung des *anything goes*, sei es in der Publizistik, in Filmen, in der Werbung wie in der Satire, die in unseren Breitengraden zu einer sich immer weiter beschleunigenden Eskalation der Provokation und der Enttabuisierung geführt hat, an deren Ende nichts mehr zu Provozierendes übrig geblieben ist, und die deshalb auch zu einer lethargischen Erschöpfung geführt hat, als deren Ergebnis auch eine noch so subtil-kritische Karikatur niemanden mehr vom Hocker zu reißen vermag.

Dies ist zum einen *auch* ein Grund dafür, dass sich die Bildsatire, will sie noch wirklich provozieren, *nach außen,* über den eigenen Kulturkreis hinaus richten muss. Zum anderen wird sie aber umgekehrt dort, in der muslimischen Welt, als Teil einer globalen Bedrohung von Seiten des Westens empfunden. Dessen werteentleerter Liberalismus, wie er auf den Wegen der elektronischen Medien die dortigen Gesellschaften erreicht und in Werbung und „Soaps" als Vorbild gepriesen wird, droht die eigenen kulturellen und religiösen Traditionen nicht zu ersetzen, sondern einfach zu beseitigen, geradezu hinwegzufegen für eine kapitalistische

Konsumkultur, „die Gott in Geld und das ‚Heilige' in Reklame verwandelt" (Assheuer). In diesem Zusammenhang ist der parallele, der andere „Bilderstreit" von nicht zu unterschätzender Bedeutung. Nicht der Denkmalsturz Saddam Hussein hat sich tief in das Alltagsbewusstsein der Menschen im Nahen Osten eingegraben, vielmehr sind es die Folterbilder aus Abu Ghraih und Guantanamo, die dem amerikanischen Kreuzzug für Demokratie und Menschenrechte so offensichtlich die Glaubwürdigkeit entziehen und in der ganzen Region als kulturelle Demütigung empfunden werden. Dabei ist auf eine wesentliche Parallele hinzuweisen: In den Foltermethoden spielt die Herabwürdigung der religiösen Riten eine zentrale Rolle.

Verantwortung in den Mittelpunkt zu stellen heißt – um Missverständnissen vorzubeugen – keineswegs, für Selbstzensur oder gar die Relativierung von Presse- oder Kunstfreiheit zu plädieren. Dafür sind dies zu hohe Güter, die auch in Europa auf einem langen Weg nur gegen den erbitterten Widerstand der Herrschenden erkämpft wurden. Und für die Satire wie die Karikatur muss gelten, dass ihre Grenzen nur mit größter Sorgfalt zu ziehen sind – der Kampf gegen „autoritäres Gehabe, ideologische Bevormundung und gedankliche Verkrustung" (Uwe Vorkötter) mit diesen Waffen der Respektlosigkeit sollte in seiner Bedeutung niemals unterschätzt werden. Aber dennoch gilt für Kunstwerke, für Karikaturen wie für andere Presseerzeugnisse zunächst auch die Selbstverständlichkeit, dass der Künstler oder Autor die eigene Verantwortung für sein Werk übernehmen und seine Wirkungen einzuschätzen versuchen muss. Ging es den Karikaturisten darum, den „Kampf der Kulturen" anzuheizen? Man muss darauf hinweisen, dass Satire im neunzehnten und zwanzigsten Jahrhundert auch in Europa noch vielfach Einkerkerung, Lebensbedrohung oder Folter nach sich ziehen konnte. Es ist eine große Errungenschaft, die es zu bewahren gilt, dass diese Zeiten hier nun – hoffentlich – vorüber sind. Die Periode des *anything goes* im Westen hat jedoch zu der Illusion geführt, dass derartige „idyllische" Zustände der Normalfall seien.

Deshalb gilt es festzuhalten: Zunächst ist es ein Unterschied, ob sich die Mehrheit über sich selbst lustig macht, oder ob eine Minderheit mutwillig provoziert wird. Und es gilt die – durchaus schmerzliche – Feststellung: Wer aber in einer medial globalisierten Welt andere Menschen, Kulturen und Religionen satirisch oder gar blasphemisch aufs Korn nimmt, wird sich heute sorgfältigere Gedanken über Wirkungen und Konsequenzen machen müssen. Hier geht es zum einen um einen Wert wie *Toleranz,* der in liberalen Gesellschaften einen zentralen Stellenwert haben sollte, zum anderen schlicht um die Verantwortlichkeit auch gegenüber sich selbst und seiner Familie. Es ist – wie der Fall Salman Rushdie bereits gezeigt hat – für nicht Betroffene nämlich wohlfeil, Solidaritätsadressen abzugeben und dazu aufzufordern, nicht zurückzuweichen, wenn man selbst nicht unter den praktischen und psychischen Konsequenzen jahrelanger Mordbedrohung zu leben hat. Was das heißt, zeigt nochmals der Karikaturenstreit: Einzelne Zeichner, die ihre Wohnungen verlassen mussten und nun unter Polizeischutz stehen, haben darüber Klage geführt, dass ihre Karikaturen überall in Europa nachgedruckt wurden, *ohne* dass man sie vorher gefragt hätte, ob diese Solidarisierung von ihnen gewünscht sei. So sind ihr jeweiliger Bekanntheitsgrad und das Gefühl, ungewollt vogelfrei geworden zu sein, gestiegen.

Dieser Aspekt zeigt einen anderen Teil der Verantwortung: den derjenigen, die Solidarität üben wollen. Sie geht nicht ohne und gegen den Wunsch von Betroffenen oder gar über deren Köpfe hinweg. Ähnliches gilt für die Redaktionen, die problematische Karikaturen angeboten bekommen oder gar bestellen, wie im Fall der *Jyllands Posten.* Wer derartig bewusst an der Lunte zündelt, wer so mit dem Pfropfen auf der Flasche spielt, der arbeitet aktiv an der Stärkung der *fundamentalistischen* Kräfte auf *beiden* Seiten des Konflikts, und der verdient deshalb auch keinerlei Solidarität im vermeintlich gemeinsamen Interesse des Westens. Das, was Samuel Huntington als nahezu unvermeidlichen „Clash of Civilisations" (herbei)geschrieben hat, wird hier im Wege einer *selffulfilling prophecy* in Gang gesetzt. Wenn man dies kritisiert, bedeutet das keineswegs, die zumeist aus wohlkalkulierten *anderen* Gründen in der arabischen Welt angeheizten Gewaltexzesse entschuldigen oder gar rechtfertigen zu wollen, im Gegenteil.

Der Konflikt lädt jedoch geradezu zu gefährlichen Vereinfachungen ein, wie die Abwandlung der berühmten Lessing-Parabel durch einen *FAZ*-Kommentator zeigt: „Wenn aber die Anhänger des dritten Rings Bomben schmeißen, Geiseln nehmen und töten, Flugzeuge in Hochhäuser stürzen lassen, Kirchen und Botschaften anzünden, Terror verbreiten und also zeigen, dass ihr Ring sie keineswegs angenehm vor Gott und den Menschen macht – was ist dann schon eine Karikatur: vor so viel Praxis?" Gegen eine solche polarisierende Kalte-Kriegs-Weltsicht hat dankenswerterweise der des Antiliberalismus unverdächtige Hans Dietrich Genscher seine Intervention zu diesem Thema unter die Überschrift „Die Arroganz des Westens" gestellt. Und er hat an eine Zeit erinnert, in der der Westen mit der Ostvertragspolitik und der KSZE mehr aus einer jahrzehntelangen internationalen Blockade gelernt hatte, als es augenblicklich erkennbar ist. Darin steckt nicht gleich ein nachzuahmendes Schema für heute, aber doch eine Grundorientierung, wie aus dem drohenden „Kampf der Kulturen" wieder ein Dialog der Kulturen und Religionen zwischen christlich geprägtem Westen und den Ländern und Gesellschaften des Islam werden kann, der das Leben auf diesem Globus für alle Beteiligten wieder friedlicher und lebenswerter gestalten könnte.

Das Internet – Segen oder Fluch?

Haben nicht gerade in den ersten Monaten dieses Jahres die Ereignisse in den Staaten des arabisch-sprachigen Raums geradezu schlagend gezeigt, welch enorme demokratiefördernden Prozesse durch die neuen internetgestützten Medien in Bewegung gesetzt werden können? Was bezweckt also diese Frage im Titel? Beginnen wir mit den Segnungen.

Segensreiche Neuerungen durch das Internet

Erstens: Wer sich wie ich früher als Wissenschaftler mühselig an den verschiedensten Orten durch Bibliothekskataloge, Enzyklopädien und Archivbestandsverzeichnisse hindurcharbeiten musste, findet heute im Internet einen Informationsreichtum auf kurzen Wegen, der seinesgleichen sucht. Manchmal frage ich mich, wie man früher zu mehreren mit und an Texten ohne Internetkommunikation und E-mail gearbeitet hat. *Zweitens:* Welch gigantischen Aufwand kostete es früher, die Aktivitäten politischer Gruppen oder Bürgerinitiativen zu koordinieren. Heute dagegen lassen sich binnen weniger Tage Hunderte, manchmal Tausende zu spontanen Demonstrationen mobilisieren. *Drittens:* Es kann ebenso keinen ernsthaften Zweifel daran geben, dass die von mittlerweile weit über 30 deutschen Städten geübte Praxis der Einstellung ihrer Haushaltsentwürfe ins Netz, um sie dort transparent und diskutabel zu machen, einen enormen Fortschritt im Sinne *demokratisch transparenter* Verfahren ausmacht. Stuttgart 21 zeigt das parallele Szenario, wo lange intransparent, hinter verschlossenen Türen und mit überlangen Zeiten geplant und entschieden wurde. Das ist die wirkliche „schöne neue Welt". Und nur wenige durchaus beliebig ausgewählte Zahlen belegen, dass sich die Überformung unserer gesamten Lebenswelt durch den Parallelkosmos des Internet beschleunigt fortsetzt. Dazu nur zwei Zahlen: 1999 wurde bei der Suche nach Informationen von 9% der Bundesbürger das Internet konsultiert, zehn Jahre später sind es 55%. Und noch wichtiger: Bislang ist – auf die Gesamtbevölkerung bezogen – immer noch das Fernsehen Informationsmedium Nr. 1. Aber bei den 20- bis 29-Jährigen ist es längst vom Internet abgelöst worden.

Schöne neue Welt oder Müllhalde für Datenschrott?

Schauen wir uns nun die Kehrseite an. Jugendliche können sich aufgrund ihrer permanenten Kommunikation im Internet schlechter konzentrieren – so die Forscher der Harvard Medical School in Boston. Na und, wird man antworten, jede Zeit hat halt ihre eigenen Lern- wie Kommunikationsbedingungen. Aber können wir es uns so einfach machen? Der italienische Medientheoretiker Franco Berardi bringt die *psychopathischen Störungen*, die mit dem Leben im Netz einhergehen, so auf den Punkt: „Wer überleben will, muss konkurrenzfähig sein, und wer konkurrenzfähig sein will, muss vernetzt sein, eine riesige und ständig wachsende Datenflut aufnehmen und verarbeiten. Das führt zu permanentem Aufmerksamkeitsstress, für Affektivität bleibt immer weniger Zeit." Aber nicht nur das – denn es verändern sich auch auf einschneidende Weise fundamentale Dinge wie etwa das sprachliche Lernen des jungen Menschen. Statt Mutterbindung und väterlicher Stimme – so meint Berardi – wird mehr und mehr die Maschinenwelt des Web die wichtigste Quelle für Spracherwerb. Und das heißt: Das Heranwachsen in einer alles beherrschenden Medienwelt verändert zugleich in noch kaum erforschter Weise das Verhältnis zwischen Körper und Psyche.

Ähnlich besorgniserregend klingen neuere Befunde der Hirnforschung. Bereits nach wenigen Tagen, so der amerikanische Neurowissenschaftler Gary Small von der University of California in Los Angeles, nähern sich die Aktivitätsmuster von Anfängern der Internetnutzung (bei vorgegebenem gleichem Arbeitsplan) denen von erfahrenen Nutzern an. Das bedeutet zunächst, dass die Fähigkeit zum sog. Multitasking und die Geschwindigkeit der Bildverarbeitung in unserem Gehirn verbessert werden. Was zunächst also durchaus positiv klingt, hat aber einen Haken: Wer sich auf Multitasking konditioniert, zahlt den hohen Preis der zunehmenden Fehleranfälligkeit seines Denkens und Handelns, der Verkürzung der Konzentrationsspannen. Anders ausgedrückt: Wer an etwas arbeitet und ständig durch eintreffende Nachrichten abgelenkt wird, der arbeitet deutlich weniger effektiv als jemand, der seine Tätigkeiten nacheinander ohne Störung abarbeitet. Schlimmer noch: Der Informationsüberfluss des Internets befördert zwar das Multitasking, aber nicht unser Wissen, er verhindert es sogar (so der Braunschweiger Neurobiologe Martin Korte). Der befürchtet zudem, dass durch den fortschreitenden Ersatz von realer, also face-to-face-Kommunikation durch Internetkommunikation unsere empathischen Fähigkeiten leiden werden.

Das Internet und die Ausbildung demokratischer Kompetenzen

Kann das einer sozialdemokratischen Partei oder Bewegung, deren einer Grundwert, die Solidarität, geradezu lebensnotwendig auf der Fähigkeit zur *Empathie* gründet, gleichgültig sein? Wohl kaum. Aber die schöne neue Netzwelt verändert nicht nur die *Voraussetzungen* für Solidarität, sie hat auch ganz unmittelbare Auswirkungen auf die *Demokratiefähigkeit* der Individuen (ein paradoxes Ergebnis, wenn man die bereits beschriebene potentiell demokratiefördernde Tendenz verschiedener Web-Kommunikationsforen in Rechnung stellt). Mit Blick auf den Versuch eines „demokratisierten" und zugleich niedrigschwelligen Wissenschaftsbetriebs (wie bei Wikipedia) beschreibt der amerikanische Informatiker Jaron Lanier dessen Kehrseite: die Marginalisierung der Einzelstimme und die Vergötzung des Kollektivs, die mit dem Konzept der „Schwarmintelligenz" einhergehe. So drohe nichts weniger als eine Art *digitaler Maoismus,* ein Begriff, mit dem er Aspekte wie die Geringschätzung von geistiger Urheberschaft und die Diktatur der Gratiskultur umschreibt (vgl. FAZ vom 2. Oktober 2010). Nun hat die Schwarmintelligenz in Zeiten von *Guttenplag* und *Vroniplag,* der Entzauberung vermeintlich wissenschaftlicher Leistungen medial hochgeschätzter Politstars wie zu Guttenberg oder Koch-Mehrin, bei uns gerade eher eine Hochkonjunktur in *positiver* Reputation. Aber auch hier liegen Glanz und Elend der internetgestützten „neuen demokratischen Öffentlichkeit", wie es der Journalist Hajo Schumacher nennt, eng beieinander. Denn *beides* war und ist internetgestützt: das Plagiat im Wege des *copy and paste* wie seine Enthüllung und Entzauberung durch eine jagdaffine Internetgemeinde.

Hinzu kommt: Schriftlichkeit ist – so anknüpfend an Foucault der Philosoph Charles Ess (Drury University Springfield/Missouri) – nicht nur eine zentrale Bedingung des kritischen Denkens und der Logik, sondern auch für die Ausbildung der Individualität und insofern Entstehungsbedingung für Wissenschaft und Demokratie. Mit deren Erosion bringe uns das Netz am Ende gerade nicht die Demokratisierung von Wissen, flache Hierarchien und interkulturellen Austausch, sondern ertränke uns in irrelevanten Informationsmassen, mache uns passiv und unreflektiert und ruiniere so die Art von Individuen, die liberale Demokratien für ihr Fortbestehen benötigen (vgl. FAZ vom 16. Juni 2010). Eine solche Sichtweise zielt natürlich primär auf den bereits erwachsenen Internetnutzer. Nun wissen wir aber auch, dass die Häufigkeit der Internet-Nutzung von Generation zu Generation weiter zunimmt. Hierzu existieren neuere Daten (aus 2010), die zugleich eine interessante – und noch junge – Geschichte der Internetnutzung widerspiegeln. Standen nämlich zunächst noch vor allem die informierenden Funktionen im Vordergrund, sind an deren Stelle mittlerweile die unterhaltenden sowie die kommunikativen getreten. In einer Untersuchung des Nutzungsverhaltens von 12- bis 19-Jährigen wurde ermittelt, dass 46 Prozent der Nutzung sich auf Kommunikation beziehen, 23 Prozent auf Unterhaltung (Musik, Videos, Bilder), 17 Prozent auf Spiele und nur noch 14 Prozent auf Information. Anders ausgedrückt: Facebook, StudiVZ und Twitter laufen so langsam den Suchmaschinen wie Google den Rang ab. Was bedeutet das auf lange Sicht? Ist es übertrieben, darin die Gefahr eines Trends zu kognitiver, sprachlicher wie kommunikativer Verarmung zu sehen, auch wenn (oder gerade weil) sich in dieser Hinsicht kein signifikanter Unterschied zwischen Schülerinnen und Schülern verschiedener Schultypen erkennen lässt?

Die hier vorgestellten kritischen Befunde werden summarisch zugespitzt durch die verallgemeinernde Besorgnis eines der Berater von US-Präsident Barack Obama, des Juristen Cass Sunstein. Mit den Möglichkeiten individuell zugeschnittener Nachrichtenzufuhr bis hin zum Design von personalisierten Suchmaschinen, die das Gesichtsfeld auf Vertrautes eingrenzen, drohe – so meint er – das Internet langfristig in Aufmerksamkeitsinseln zu zerfallen und damit (worin die eigentliche Bedrohung liege) den Nährboden der Demokratie, den *Raum geteilter Erfahrung*, zu zerfressen. Die Personalisierung verpuppe so immer mehr Menschen in widerspruchslose Informationskokons, wo sie nur die ihnen genehmen

Bruchstücke der Realität wahrnehmen und Fremdes bald nicht mehr integrieren können. Lebendige Demokratie setze aber zwei Dinge essentiell voraus: den Raum gemeinsamer Erfahrung, damit der politische Diskurs überhaupt entstehen könne, und ungeplante Begegnungen, d. h. das Ausgesetztsein gegenüber nicht ausgewählten – anders ausgedrückt – *fremden* Einflüssen (vgl. FAZ vom 19. Oktober 2010).

Die Rückgewinnung der Zeitautonomie

Das Internet – Segen oder Fluch? Die Antwort fällt nicht leicht, es bleibt bei einem Sowohl-als-auch. Was also tun? Festzustellen ist zunächst, dass uns – d.h. die Individuen jeder Generation, die Kinder wie die Eltern, die Schulen wie die Politiker – die Netzwirklichkeit in einer Beschleunigung überrollt hat, mit der weder der rechtliche Schutzrahmen, noch vor allem der Lernzusammenhang eines eigenverantwortlichen wie gemeinschaftsverträglichen Umgehens mit dem Internet angemessen Schritt gehalten hätte. Wir stehen deshalb vor der gigantischen Aufgabe, Lernprogramme, Curricula, Schulungsangebote zu entwickeln, die neben der Vermittlung der technischen Fähigkeiten das Erlernen eines solchen verantwortlichen Umgangs vermitteln können. Der Hinweis auf die Generationen ist dabei Ernst gemeint. Ein derartiges Programm wird nur dann erfolgreich sein können, wenn es sich auf unterschiedliche Weise an Kinder und Eltern, an Schüler und Lehrer, an Studierende und Hochschullehrer richtet. Das klingt so einfach, und ist es doch nicht. Denn wie sollen Generationen von digital immigrants, die sich auf vielfältige Weise erst die technischen Möglichkeiten neuer Medien anzueignen haben (deren Veränderung dabei noch beschleunigt voranschreitet), zugleich Lerninhalte für diejenigen entwickeln, die als digital natives bereits ganz anders mit den Lerngegenständen, den tools und ihrem Funktionieren wie ihren Inhalten vertraut sind? Die neue Herausforderung wird also auch eine des neuen generationsübergreifenden wechselseitigen Lehrens und Lernens sein, die darin angelegten Akzeptanz- und Autoritätsprobleme eingeschlossen. Bei den Lerninhalten wird die Orientierung auf ein Ziel aber nicht verzichtbar sein: das Einüben von Verhaltensweisen und Umgangsformen mit dem Web, die die (Wieder-)Herstellung von Zeitautonomie eines verantwortlichen Individuums ermöglichen, das sich u. a. auch dadurch die Fähigkeiten und Kompetenzen erhält, Empathie für seine Mitmenschen zu entwickeln und als gemeinwohlorientierter Staatsbürger an einer demokratisch organisierten Streit- und Entscheidungskultur mitzuwirken.

Politik und das Elend der Demoskopie

„Wenn man die Kurven der Demoskopie anschaut, entscheidet ein Zeit-raum von nur 14 Tagen über das Schicksal eines 80-Millionen-Volkes"[1], so beklagte sich der Wahlkampfmanager der Union, der ehemalige Chef-redakteur von „Bild", Michael Spreng, im Januar 2003, nur wenige Mo-nate nach der verlorenen Bundestagswahl. Schlimmer noch. Die Schuld, so Spreng, lag eindeutig bei dem die Union beratenden Meinungsfor-schungsinstitut: „Allensbach war ein Verhängnis. Die unrealistischen Pro-gnosen haben einen Teil der CDU in einer falschen Sicherheit gewiegt."[2] Bernd Faulenbach wird sich nicht nur als Vorsitzender der Historischen Kommission beim Parteivorstand der SPD mit Blick auf ein derartiges *kurzes Gedächtnis* der Politik angesichts früherer Erfahrungen verwun-dert die Augen reiben, schließlich ist er als Historiker das Denken in den Kategorien der *langen Dauer* gewöhnt. Immerhin ist und war er ja selbst auch Wahlkämpfer, in früheren Jahren als SPD-Kandidat für den Deut-schen Bundestag und 2002 als verantwortlicher Vorsitzender seines Un-terbezirks Bochum. Angesichts der zitierten Äußerungen würde er sicher der Beurteilung zustimmen, dass das Verhältnis von Politik, Demoskopie und historischer Wahlforschung kräftig im Argen liegt, forschender Un-tersuchung und im Binnenverhältnis einer Neujustierung bedarf.

Wir haben es mit einem nahezu wöchentlich neu reproduzierten Missverständnis zu tun. Ein gutes halbes Dutzend demoskopisch tätiger Institute erhebt im Auftrag von Fernsehsendern, Tages- und Wochenzei-tungen, Verbänden und Parteien Daten, die sie – teils ungefiltert, teils „ge-wichtet" – dem geneigten Publikum präsentieren. Aktuell – im Juni 2003 – kann man daraus entnehmen, dass der Wahlsieger SPD dramatisch auf eher unter 30 Prozent abgefallen ist, während die Union sich auf satte 46–49 Prozent gesteigert hat. So liegt es nahe, dass die Unterlegenen der Bundestagswahl alle Mühe daran setzen, den Charakter einer *Zufallswahl*

---

1   Spreng, Michael, Entscheidend ist ein Zeitraum von nur 14 Tagen., in: Frankfurter Rundschau (FR) vom 28. Januar 2003.
2   Ders., zit. nach: Spiegel-Streitgespräch „Sündenbock und ‚IM Cohiba'", in: Der Spiegel vom 30.12. 2002.

bzw. eines durch *Wahlbetrug* erschlichenen Ergebnisses (Verschweigen der realen schlechten Wirtschaftsdaten durch Mitglieder der Bundesregierung) anzuprangern, und konsequenterweise Neuwahlen fordern. Man könnte es auch so formulieren: In dieser Wahrnehmung bildet sich die *Realität* in den wöchentlichen Umfragewerten vor und nach einer Wahl ab, die Wahl 2002 selber war hingegen nur der zufällige oder manipulierte Unfall, der dem Bevölkerungswillen eigentlich nicht gerecht wurde.

Es ist noch verständlich, dass diejenigen es so sehen, die mit viel Herzblut und Engagement eine Wahlkampagne betrieben haben, sich auf der Siegerstraße sahen und schließlich doch die Früchte ihrer Arbeit nicht ernten konnten. Ein Mitarbeiter des Stoiber-Teams ist sich auch Monate später noch ganz sicher: „Die Kampagne der Union war so gut und so erfolgreich, dass nur höhere Gewalt (nämlich die Flutkatastrophe vor allem in Ostdeutschland) und ein brutaler Bruch mit der politischen Vernunft (nämlich Schröders unverantwortliches Wandeln auf dem ,Deutschen Weg') sie noch stoppen konnte."[3] Bedenklicher wird es, wenn auch diejenigen, die die Zahlen erheben, ihren Umfragewerten einen höheren Realitätsgehalt beimessen als den bei den Wahlen real abgegebenen Stimmen. Dies wird auch nicht dadurch legitimer, dass sich die – im Folgenden wiedergegeben Institutsvertreter – aufgrund der erheblichen Abweichung der von ihnen ermittelten Daten vom Wahlergebnis (und entsprechend unvorsichtiger Voraussagen) kräftiger Kritik aus der Politik und Häme von Seiten der Medien und der Konkurrenz ausgesetzt sahen.

Die Selbstrechtfertigung der Demoskopen

Für das Institut Allensbach, das am deutlichsten daneben gelegen hatte, erklärte jüngst die Geschäftsführerin Renate Köcher auf die Frage, was man aus der Bundestagswahl 2002 gelernt habe: Man beschäftige sich nach den Erfahrungen des Wahljahres noch wesentlich intensiver mit

---

3   Müller, Jan-Dietrich, Marathonlauf ins Fotofinish. Strategie und Praxis der CDU im Bundestagswahlkampf 2002, in: Forschungsjournal Neue Soziale Bewegungen (FNSB) 16 (2003), H. 1, S. 79; zur Kritik vgl. auch Buss, Anna Maike, Sieger durch Zufall. War der Ausgang der Bundestagswahl diesmal Glückssache?, in: Süddeutsche Zeitung vom 31. März 2003.

dem Phänomen *Aufregungszyklen*, mit Themen und Ereignissen, die die Bevölkerung kurzfristig absorbieren und *ablenken* und damit auch die politische Agenda für die Wähler oft gravierend verändern.[4] Das Agieren der Bundesregierung in einer realen Krisensituation wie der Flutkatastrophe (und die Versäumnisse der Union im Umgehen damit) sowie die gleichermaßen *reale* und nicht bloß beschworene oder herbeigeredete Kriegsgefahr im Irak (mit wiederum einer unglaubwürdig taktierenden Union) werden so zu „Aufregungsphänomenen" degradiert, die die Wählerinnen und Wähler von den *eigentlichen* Problemen „ablenken". Auf den Punkt gebracht: Nicht Allensbach hat falsch gelegen, sondern der wahre Wählerwille wurde manipulativ in die falsche Richtung gelenkt. Wahlkampfmanager Spreng ist da selbstkritischer: Er gesteht zutreffender Weise zu, dass die Union zu beiden Problemen keine kommunizierbaren Positionen gehabt habe.[5]

Nicht bei den Demoskopen, sondern ebenfalls bei den Wählerinnen und Wählern selbst sieht Frau Köchers Kollege Klaus-Peter Schöppner von Emnid, der – wie Allensbach – ebenfalls lange Wochen vor den Wahlen einen Erfolg für Rot-Grün für unmöglich erklärt hatte, das Problem bzw. den Fehler: „Für uns hat sich der Eindruck von 1998 bestätigt, dass nicht mehr über Politik und deren Inhalte, sondern über Stimmungen und die bessere Kommunikationsstrategie abgestimmt wird. Schuld daran ist der Vertrauensverlust der Wähler in die Politik und die Politiker."[6] Und wenn überhaupt irgendwo sonst die Schuld zu suchen ist, dann liegt es nicht an falschen Umfragedaten oder mangelnder Vermittlung ihrer begrenzten Aussagekraft durch die Demoskopie, sondern es sind allenfalls wiederum die Politiker selbst, die mit den Zahlen der Demoskopen nur bedingt etwas anfangen können.[7]

So viel zur „Selbstkritik" eines Teils einer Branche, die viel an, von und mit der Politik verdient, aber seit Monaten munter so weitermacht,

---

4 Köcher, Renate, zit. nach: Wahlen nach Zahlen. Wo steht die Demoskopie? Eine Bestandsaufnahme, in: politik & kommunikation (p&k) 2 (2003), H. 7, S. 21.
5 Spreng 2003.
6 Schöppner, Klaus-Peter, zit. nach Wahlen nach Zahlen, ebd.
7 Ebd., S. 20.

als sei nichts geschehen. Wenn ich dies das *Elend der Demoskopie* nenne, dann meint dies den Teil der Institute, der es aufgrund einer kaum verhüllten Nähe zu *einer* Partei (und das gibt es in den verschiedenen politischen „Lagern") für angemessen hält, nicht nur die erhobenen Daten (nach einem öffentlich nicht kenntlich gemachten Raster) zu *gewichten*, sondern daraus zugleich strategische Handlungsempfehlungen für die zu beratende Partei abzuleiten bzw. Prognosen für erwartete Wahlausgänge abzugeben.

Verblüffende Parallelen: 1994 und 2002

Dies ist kein Phänomen, das nur die Union schmerzlich getroffen hätte. Deutlich zurückhaltender als früher formuliert Horst Becker für das SPD-nahe Polis-Institut, man liefere den Politikern eine Seekarte, die sie über Strömungen und Hindernisse in der öffentlichen Meinung informiere. Im übrigen habe man gelernt, dass der Wählermarkt höchst mobil geworden sei und deshalb präzise analysiert werden müsse und: dass Institute mit Voraussagen zum Wahlausgang sehr vorsichtig sein sollten.[8] Er spricht aus Erfahrung und mit hoffentlich gelernten Lektionen. Sein Institut hatte nämlich 1994 die SPD im Bundestagswahlkampf nicht nur mit Daten versorgt, sondern auch Prognosen über nicht mehr mögliche Wählerwanderungen mit klaren Handlungsempfehlungen verknüpft. Die SPD lag zu diesem Zeitpunkt (im Frühjahr 1994) in allen Umfragen klar vor der Union. Die Union, so Polis damals in einem Schlüsseldokument dieses Wahlkampfs, könne die weggebrochenen Wählerschichten nicht mehr an sich binden. Dagegen spreche die *Langfristigkeit* (!) solcher Prozesse. Was 2002 Flut und Irak hieß (sprich: die unwägbaren Faktoren), nannte Polis damals als abstraktes Unsicherheitsmoment „externe Faktoren", allerdings wegen des aufgebrauchten Regierungsbonus Helmut Kohls eher unwahrscheinlich. Die Empfehlung hieß: Keine Polarisierungsthemen, nicht mehr angreifen,

---

8 Becker, Horst, ebd., S. 20 f. Erstgenannte Erkenntnis ist im übrigen auch für Polis so neu nicht; vgl. das fast wörtlich gleiche Zitat aus einem veröffentlichten Arbeitspapier des Instituts bei Schöler, Uli, Demoskopie und Wahlkampfstrategie, in: Die Neue Gesellschaft/Frankfurter Hefte (NG/FH) 44 (1997), H. 8, S. 683.

das vermeintlich Gesicherte mit einem eher „Mitte-Rechts" orientierten Wahlkampf sichern und erhalten. Der Katzenjammer folgte auf dem Fuße. Binnen zweier Monate hatte sich der vermeintlich unaufholbare Vorsprung in eine deftige Niederlage der SPD bei der Europawahl verwandelt. Vielsagender Kommentar des Instituts: Es habe wohl einen „Stimmungsumschwung" gegeben.[9]

Wie sich die Bilder gleichen: Auch damals glaubte die Führungsspitze der Oppositionspartei, der SPD, sie könne durch ein „In-die-Mitte-Rücken" das in den Umfragen Erreichte sichern, hielt die Umfragedaten bereits für eine vorweggenommene Wahlprognose. Einer in der Endphase des Bundestagswahlkampfs selbst polarisierenden Regierungspartei, der am Schluss selbstverständlich erneut – vielleicht nicht der Kanzlerbonus, aber doch – der Regierungsbonus[10] zugute kam, hatte sie nichts mehr entgegenzusetzen. Der vermeintliche Vorsprung (der nur einer der Umfragen war) zerrann wie Sand zwischen den Fingern.

Ähnlich ging es der Union im Wahljahr 2002, wobei es lohnt, den Betrachtungszeitraum etwas auszuweiten, denn wahrscheinlich ist selten eine Wahlperiode – demoskopisch betrachtet – zugleich so atypisch verlaufen wie die letzte, war von so heftigen „Ausschlägen" gekennzeichnet. Dem strahlenden Wahlsieg von Rot-Grün 1998 folgte schnell die Ernüchterung. Es ist nicht neu, dass eine heterogen zusammengesetzte Wahlklientel wenigstens in Teilen mit den ersten Schritten des Regierungshandels fast notwendig enttäuscht werden muss. Der Absturz der SPD mit einer ganzen Serie von Niederlagen in Landtagswahlen 1999 war allerdings dramatisch und wurde erst durch Bekanntwerden des CDU-Parteispendenskandals gestoppt.[11] Danach sauste die CDU so weit in den Keller der Demoskopie, dass noch Ende 2001 niemand auch nur einen Pfifferling auf *jedweden* Kanzlerkandidaten der Union gegen den

---

9   Siehe zur Kritik im einzelnen Thierse, Wolfgang, Die Schwäche eines Wahlkampfes. Eine kritische Nachbetrachtung '94, in: NG/FH 42 (1995), H. 1, S. 59 ff. Die kritisch-selbstkritische Bilanz lautet: „Die SPD hat ihre Wahlkampfstrategie zu stark an – wie sich herausstellte – eher fragwürdigen demoskopischen Erkenntnissen ausgerichtet." (S. 59).

10   Vgl. zu diesem Phänomen Roth, Dieter, Strategien und Praxis in Wahlkampagnen aus der Sicht der Wahlforschung, in: FNSB 16 (2003), H. 1, S. 27.

11   Vgl. näher Mielke, Gerd, Wahlsieger ohne Kompass? Zur politischen Rhetorik der SPD im Wahljahr 2002, ebd., S. 39.

gerade auch in der Folge des 11. September immer souveräner agierenden Amtsinhaber Schröder gewettet hätte.

Wie trügerisch die Lage für die Regierung gleichwohl war, erwies sich bereits unmittelbar nach der Kandidatenkür Stoibers, obwohl die Medien die „K-Frage" der Union lange ausschließlich hämisch kommentiert hatten (um den Platzhalter für den Kandidaten 2006 gehe es, nicht mehr). Denn sofort schnellten die Umfragewerte der Union nach oben und die der SPD sanken, obwohl das *politische Alternativprogramm* Stoibers noch gar nicht bekannt war. Man kann also – auch das keine wirklich bahnbrechend neue Erkenntnis – alleine aufgrund der bloßen Schwäche des politischen Kontrahenten in Umfragen stark sein. Mit der Fokussierung auf Schröders Versprechen zur Reduzierung der Arbeitslosigkeit auf einen Wert unter 3,5 Millionen und die schlechte Wirtschaftslage legten Union und ihr Kandidat den Finger in die richtige Wunde. Obwohl es sich hierbei zunächst im wesentlichen um eine *Negativkampagne* handelte[12], verfehlte sie ihre Wirkung nicht. Die strukturelle Schwäche der SPD und der von ihr gestellten Regierung trat offen zutage: Ihr Konzept zur Förderung der Wirtschaft und Bekämpfung der Arbeitslosigkeit war sehr traditionell nahezu ausschließlich auf Wachstumsprozesse ausgerichtet[13] – damit war man allerdings in Zeiten „öffentlicher Armut" und anhaltender internationaler Wachstumsschwäche (auch in den USA) an einen Punkt unverkennbarer Ratlosigkeit angekommen. Weder aus der eigenen Partei noch von Seiten der Grünen gab es ernsthafte und handhabbare Vorschläge für ein weiter greifendes Projekt eines wirklichen sozial-ökologischen Umbaus.

Mehrheiten gruppieren sich thematisch unterschiedlich

In den Umfragewerten monatelang nahezu uneinholbar vorne liegend, mit einem Kandidaten, der wohl kalkuliert daran gearbeitet hatte, sein

---

12 Vgl. dazu Perger, Werner A., Schröder mies machen! Ein internes Papier verrät: Größtes Augenmerk will die CDU auf die „Negativkampagne" richten, in: Die Zeit vom 11. April 2002; zur Kritik vgl. Helle, Andreas, Kampa 02. Die Strategie der kulturellen Differenz, in: FNSB 16 (2003), H. 1, S. 35: „Die Konzentration auf Negativbotschaften war der schwerste strategische Fehler der Unionsparteien."

13 Vgl. zur Kritik eines derartigen Ansatzes u.a. Schöler, Uli, Ein Gespenst verschwand in Europa. Über Marx und die sozialistische Idee nach dem Scheitern des sowjetischen Staatssozialismus, Bonn 1999, S. 311 ff.

authentischeres rechts-konservatives Image abzustreifen und in die liberale Mitte zu rücken[14], glaubte sich die Union (wie die SPD 1994) auf einem sicheren Weg mit einer Strategie, die den erreichten Stand nur noch über die Runden bringen sollte. Die Strategie hieß: „Demobilisierung der SPD-Wähler". „Wir wollten also nicht mit einem als rechts zu denunzierenden Kanzlerkandidaten und einem konservativen Gesinnungswahlkampf die Mobilisierung der SPD übernehmen."[15] Nicht nur die Politiker und die Demoskopen, auch die meisten Journalisten vertrauten den Umfragedaten und hielten bis weit in den Sommer einen Wahlsieg von Rot-Grün für faktisch ausgeschlossen.[16] Wen wundert's da, dass innerhalb der Union bereits Ende Juli für manche bereits die Postenverteilung der künftigen Regierung an erster Stelle auf der Tagesordnung stand.[17] Bei genauerer Betrachtung hatte aber die Union zu diesem Zeitpunkt nur ihre eigene Klientel, ihre Stammwählerschaft, gut mobilisiert; ansonsten war bei dem „sympathisierenden" Teil der Anteil der Unentschlossenen noch beträchtlich, so dass auch aus der Sicht eines Wahlforschers noch kein Anlass zur Postenverteilung bestand.[18]

Wir wissen, dass es schief ging, allerdings glauben die Akteure bis heute, dass nur Zufälle (die Flut) und die Bösartigkeit des politischen Gegners (Schröders „Instrumentalisierung" des Irak-Themas) den eigentlich sicheren Wahlsieg vereitelt haben.[19] Dazu passt – und auch dies ist eine traurig-tragische Parallele zur SPD-Situation 1994 –, dass die Verantwortlichen alles dafür tun, möglichst keinerlei Aufarbeitung der erlittenen Wahlniederlage zuzulassen.[20] Stattdessen flüchtete man sich in einen

---

14 Spreng 2003.
15 Ebd. Kritische Beobachter sehen genau darin den entscheidenden Fehler der Unionsstrategie, weil sie zugleich demobilisierend im eigenen Lager gewirkt habe; vgl. Leif/Kuleßa 2003, S. 3.
16 Vgl. nur exemplarisch Perger 2002, der davon spricht, aus aktueller Sicht wäre dies ein „Wahlwunder".
17 So Spreng in: Spiegel 2003.
18 So Roth 2003, S. 26.
19 Vgl. Spreng 2003; Müller 2003. Müller begründet zudem bis heute tapfer die mangelnde Kritikwürdigkeit der ohne Abstriche erfolgreichen Wahlstrategie mit deren Untermauerung durch die Ergebnisse quantitativer und qualitativer Meinungsforschung (S. 77).
20 Vgl. Leif, Thomas/Kuleßa, Peter, Bundestagswahl 2002 – Analyse eines Zufalls, in: FNSB 16 (2003), H. 1, S. 2 sowie detaillierter: ders., Die Angst der Politiker vor dem Untergang in der Stimmungswelle. Über die Kurzatmigkeit in der Parteien- und Mediendemokratie, in: FR Nr. 60 vom 12. März 2003, S. 7.

„Wahrheitsuntersuchungsausschuss", der alles, aber nicht die eigenen strategischen Fehlentscheidungen zutage fördern wird. Hier liegt die – aus Sicht der *aktuell* Verantwortlichen – nicht unverständliche Wurzel für das eingangs erwähnte kurze Gedächtnis, das sich zwar Akteure, die unter Legitimationszwang stehen, leisten können, nicht aber ihre Parteien, die an langfristigen Erfolgen interessiert sein müssen.

Was in der Wahlkampfstrategie der Union ausgeblendet worden war, war die – von der zurück schauenden Wahlforschung ins Blickfeld geholte – Tatsache, dass sich mit den Veränderungen der thematischen Agenda im Jahre 2002 auch die gesellschaftlichen Teilmehrheiten neu gruppierten bzw. überlagerten. Es ging nicht einfach nur um Rot-Grün gegen Schwarz-Gelb. Joachim Raschke weist zutreffend darauf hin, dass es gesellschaftlich eine kulturelle und eine Gerechtigkeits-Mehrheit gab, die in Richtung Rot-Grün wiesen, während eine ökonomische Mehrheit Schwarz-Gelb favorisierte.[21] Solange also thematisch Wirtschaft und Arbeitslosigkeit vorne auf der Agenda standen, sah es nicht ohne Grund nach einem Wahlsieg für Schwarz-Gelb aus. Mit der Flutkatastrophe wurden jedoch – insbesondere in Ostdeutschland – die Werte Solidarität und Gerechtigkeit emotional mobilisiert. Und die angekündigten *realen* Veränderungen der amerikanischen (Militär-)Strategie gegenüber dem Irak setzten das Thema Frieden auf die Tagesordnung. Die „Zufallsthemen" Flut und Irak hatten deshalb gerade keine *zufälligen* Folgen, weil sie *reale* soziale (Solidarität) und kulturelle (Kriegskritik) Mehrheiten aktivierten.[22]

Diese eminent politischen Ereignisse und Themen lassen sich also nicht auf die Chiffre „Zufall" reduzieren, hätten aber einen Strategiewechsel der Union erzwingen müssen, den es nicht gab. „Solche Ereignisse können wohl kaum in einer Wahlstrategie antizipiert werden, wohl kann man aber darauf angemessen oder weniger angemessen reagieren."[23] Oder anders ausgedrückt „… eine gute Strategie unterscheidet sich von

21 Raschke, Joachim, Zwei Lager, drei Mehrheiten und der regierende Zufall, in: FNSB 16 (2003), H. 1, S. 19.
22 Ebd., S. 20.
23 Hilmer 2003, S. 81.

einer schlechten dadurch, dass sie auch auf das Unvorhergesehene eine Antwort findet."[24] Es ist vielfach beschrieben worden, dass die Union in Sachen „Flut" nicht nur operational im Nachteil war (handelnder Akteur konnte nur die Bundesregierung sein), sondern sich auch noch ungeschickt (Stoibers Kurztrip an den Deich; unklare Finanzierungsvorschläge) verhielt und parteipolitische Spielchen betrieb (Nichteinladung Platzecks zu einer Ministerpräsidenten-Zusammenkunft). In der Irak-Frage führte die Mischung aus „Friedenspartei" (Stoiber wollte den USA sogar Überflugrechte verweigern) und Regierungskritik zu einem fast dramatischen Glaubwürdigkeitsdilemma. Völlig anders, als es die Union geplant hatte, geriet die Wahl nun wirklich zu einer Glaubwürdigkeitsabstimmung über Gerhard Schröder, aber nicht über das Thema Arbeitslosigkeit,[25] sondern zum Thema Frieden.

Wie wenig die Verantwortlichen bis heute verstanden haben, dass ihnen nicht der Zufall oder die bösartige Inszenierung des politischen Gegners einen Strich durch die Rechnung gemacht haben, kann nochmals anhand des Wahlkampfmanagers Spreng illustriert werden. Er beschreibt zwar offen das Dilemma, dass die Union auf dem Höhepunkt des heißen Wahlkampfs keine bellizistische Position habe einnehmen können (verglichen mit der Haltung zum *realen* Krieg im Frühjahr 2003: warum eigentlich nicht?), zugleich habe sie aber auch aus Verantwortung für die deutsch-amerikanischen Beziehungen nicht auf die Position Schröders einschwenken können. Dessen Haltung sieht er aber weiterhin bloßer Wahlkampftaktik geschuldet; die SPD habe sich in ihrer Verzweiflung an die Wahlkämpfe des Jahres 1980 (!) erinnert und entdeckt, dass man schon damals in Anzeigenschaltungen bei Strauß „Krieg" und bei Schmidt „Frieden" angekreuzt habe.[26] Vielleicht dürfte der Verlauf des Frühjahres Herrn Spreng überzeugt haben, dass die Kriegsgefahr realer war, als die Union noch im vergangenen Herbst annahm, und dass die Friedensposition Schröders keineswegs wahltaktisch geheuchelt war.

24 Roth 2003, S. 27.
25 Vgl. Müller 2003, S. 78; Hilmer 2003, S. 82.
26 Spreng 2003.

In der Wahlkampf-Endphase kam hinzu, dass sich in dieser polarisierten Situation die Regierungsparteien zum ersten Mal geschlossen aufstellten, was sich auch deutlich positiv auf das Splittingverhalten bei den Wahlen auswirkte[27], während die FDP die Union mit ihrem untauglichen Versuch der Inszenierung als dritte Kraft „im Regen" stehen ließ. Man kann dies nicht den Wahlkampfmanagern der Union anlasten – aber in einer derartig zugespitzten, polarisierten Situation gerieten diejenigen in Vorteil, die über eine der Lage angemessene „Lager-Strategie" verfügten.

Demoskopische Daten und politische Antworten

Wie aber verhält es sich nun mit der Demoskopie und ihrer Aussagefähigkeit für handelnde Politik? Bereits vor sechs Jahren hatte ich – mit Blick auf die 1994er Erfahrungen – geschrieben: „Es ist höchst bedauerlich, ja unter Aspekten des Forschungs- wie des politischen Interesses sogar unerklärlich, dass derartigen Trends [bei Umfrageergebnisses] nicht ernsthaft über einen längeren Zeitraum hinweg nachgespürt wird. Mit großer Wahrscheinlichkeit würde man über die verschiedenen Legislaturperioden hinweg einen sich strukturell wiederholenden (also einen ähnlichen, keinen identischen!) Kurvenverlauf zeichnen können. Nach einem Wahltermin verschlechtern sich allmählich die Umfragewerte für regierende Parteien, weil (zu) hohe Erwartungen von Wählergruppen enttäuscht, die ersten sogenannten ‚Grausamkeiten' beschlossen werden. Unmut und Unzufriedenheit kommen den Oppositionsparteien zugute."[28] Je näher der Wahltermin rückt, bewirken eine Reihe von Faktoren eine gewisse „Normalisierung" in dieser Kurve.

Die Ironie der Geschichte hat es gewollt, dass ein gerade mal *zweiköpfiges* Expertenteam mit einer gemischten Methode *unter Hinzuziehung historische gewonnener Daten* bereits zwei Monate vor der Wahl 2002 die Sieger auf die Dezimalstelle genau vorausgesagt hatte. Thomas Gschwend und Helmut Norpoth (Uni Mannheim/State University New York) hat-

27 Raschke 2003, S. 15 f.
28 Schöler 1997, S. 683.

421

ten sich auf drei Faktoren konzentriert: den langfristigen Wählerrückhalt der Regierungsparteien, die mittelfristige Abnutzung der jeweiligen Regierung im Amt und die kurzfristige Kanzlerpopularität. Nur bzgl. des letzteren Faktors hatten sie sich der aktuellen Umfragedaten der Meinungsforschungsinstitute bedient.[29]

Diese Präzision ist umso erstaunlicher, als die Bedingungen für die regierende Koalition im Jahr 2002 alles andere als günstig waren. Ich hatte in dem zitierten Aufsatz selbst drei Faktoren genannt, die eine zentrale Bedeutung bekommen, je näher der Wahltermin rückt: die Verteilung von Wohltaten an wichtige Wählergruppen durch die Regierung, wenigstens die *Suggestion* eines „Aufschwung" mit Unterstützung von Wirtschaftsinstituten und Medien, schließlich das Abnehmen der Bedeutung von *Stimmungen* und die Zunahme der langfristigen Parteibindung der jeweiligen Personen und -gruppen.[30] Wie *real schlecht* die Lage für die SPD und die Regierung im Frühjahr/Sommer 2002 war, ergibt sich aus den aktuellen Besonderheiten in Bezug auf diese drei Faktoren. Die chronische Haushaltskrise und der programmatisch aufgewertete Sparkurs des Finanzministers Eichels ließen keinen Spielraum für derartige wahlbeeinflussende „Wohltaten". Zudem hatten zwar alle Wirtschaftsforschungsinstitute für den Herbst 2002 eine Wirtschaftsbelebung prognostiziert, und SPD wie Kanzler hatten ihre Wahlkampfstrategie genau darauf ausgerichtet[31], aber der Aufschwung blieb aus, und die versammelte Kompetenz der Ökonomen wie die Redaktionen der wichtigsten Leitmedien zeigten keinerlei Neigung, der Regierung durch wohlwollende Interpretation auch nur atmosphärisch aus dieser Patsche zu helfen. Und drittens hat – wenn man diesen Umfragezahlen Glauben schenken darf – der Gesichtspunkt langfristiger Parteibindung bei diesen Wahlen nur noch zu 20 Prozent eine Rolle gespielt. Nur letzterer Faktor schlug *nicht* zu Lasten der SPD zu Buche, weil er mit den 50 Prozent, die – so diese Umfrage – ihre Entscheidung

---

29 Vgl. dazu Lianos, Manuel, Wahlen nach Zahlen. Wo steht die Demoskopie? Eine Bestandsaufnahme, in: p&k 2 (2003), H. 7, S. 14.
30 Schöler 1997, ebd.
31 Vgl. Machnig, Matthias, in: Spiegel 2002.

aufgrund der Kanzlerpräferenz getroffen haben, mehr als überkompensiert wurde.[32]

Insgesamt: Kein Wunder also, dass sich SPD und Regierung so schwer taten, aus ihrem Umfrageloch wieder heraus zu kommen. Dies umso mehr, als die erwähnte Ankopplung der eigenen Wahlkampfstrategie an den aus den USA erwarteten „herüberschwappenden" Aufschwung, also das Setzen auf einen unsicheren *externen* Faktor, ein hohes Risiko beinhaltete. Dass es dennoch aus Sicht der Regierungsparteien „gut ging", hat auch mit der Fehlinterpretation der demoskopischen Daten durch den politischen Gegner zu tun. Denn dort wurden warnende Signale übersehen. Weder wurde der Union im breiten Umfang eine deutlich höhere Wirtschaftskompetenz zugestanden (zudem verknüpft mit einer in der Bevölkerung erwünschten Komponente sozialer Gerechtigkeit), noch traute man ihr überhaupt zu, die Probleme in den zentralen Feldern Wirtschaft und Arbeitsmarkt wirklich besser in den Griff zu bekommen. Von einer Wechselstimmung – wie 1998 – konnte schon gar keine Rede sein.[33]

Stimmungen und Stimmen

Liegt es also nur daran, dass die Politiker die Warnungen nicht hören wollen, oder – wie es jüngst fast unisono von den wegen ihrer schlechten Prognosen kräftig gebeutelten Vertretern der Umfrageinstitute zu hören war – diese unfähig sind, die ihnen vorgelegten Zahlen richtig zu interpretieren?[34] Oder daran, was kaum zu bestreiten sein dürfte, dass auch die meisten Journalisten überhaupt nicht wissen, was die Sonntagsfrage eigentlich misst?[35] Mir scheint, dass auch die demoskopische Zunft selber eine Menge dafür tut, dass die von ihr produzierten Zahlen in einem problematischen Sinne überhöht werden (und nicht als Ausdruck von Stimmungen, wie ich es bereits 1997 charakterisiert hatte).

---

32 Vgl. Helle 2003, S. 36.
33 Vgl. Hilmer, Richard, Waren nur Flut und Irak schuld an der Unionsniederlage? Strategien und Praxis in Wahlkampagnen. Fallbeispiel CDU/CSU, in: FNSB 16 (2003), H. 1, S. 81.
34 Vgl. Kahler, Tobias (Chefredakteur), Editorial, in: p&k 2 (2003), H. 7, S. 3 sowie im Detail insbesondere Schöppner 2003, S. 20 und Güllner, Manfred (Institut Forsa), ebd.
35 So Emnid-Chef Klaus-Peter Schöppner, zit. nach Lianos 2003, S. 16.

Es sei nochmals an die eingangs zitierten Statements von Schöppner und Köcher erinnert. Aus der Sicht der stärker unabhängig operierenden (also nicht aufgrund von Parteiaufträgen arbeitenden) Demoskopie und Wahlforschung hat hingegen Dieter Roth für die „Forschungsgruppe Wahlen" mit großer Eindeutigkeit und Klarheit dargelegt, wo die Ursachen für die immer neu erzeugten Missverständnisse liegen.

Zunächst hält er fest, dass repräsentative Umfragen und die Erkenntnisse, die man daraus gewinnen kann, beim Aufbau von Wahlstrategien inzwischen eine sehr wichtige Rolle spielen. Sie sind u.a. Überprüfungsinstrumente der Wirksamkeit von Wahlkampagnen einer Partei. Darüber hinaus aber, und er bezieht dabei durchaus die ja durch das Umfrageinstitut bereits *gewichtete* sogenannte „Sonntagsfrage" mit ein, ist eine derartige Umfrage „keine ausreichende Information für Partei- oder Wahlstrategen. Sie ist nur eine *Stimmungsmessung* [Hervorhebung von mir, U.S.]. Die Größenordnung der Parteistärken, die dabei erhoben wird, ist bestenfalls eine summarische Orientierungshilfe für die Entwicklungsrichtung. Zum einen wegen der Fehlerbereiche von Umfragen, die ja nicht unerheblich sind, und zum anderen, wegen der Unverbindlichkeit, mit der solche Antworten von den Wahlberechtigten weit vor einem Wahltermin abgegeben werden."[36]

Was das bedeutet, kann anhand aktueller Zahlen erläutert werden. Im krassen Widerspruch zu diesen einschränkenden Erkenntnissen heißt es in einer Agenturmeldung vom 17. Juni 2003: „*Wenn jetzt Bundestagswahl wäre* [Hervorhebung von mir, U.S.], würden nach dieser [Forsa-] Umfrage 46 Prozent CDU/CSU wählen. Die SPD bleibt bei 30 Prozent. Die Grünen verbessern sich um einen Prozentpunkt auf 12 Prozent. Die FDP fällt von sieben auf sechs Prozent, einen Prozentpunkt verliert auch die PDS, die jetzt bei 3 Prozent liegt."[37]

Bedeutsam an dieser Meldung sind weniger die Zahlen, ist vielmehr die Wahl der Worte: „Wenn jetzt Bundestagswahl wäre ..." Es wird also der bewusste Eindruck einer realistischen Simulation erweckt, und nur dieser

---

36 Roth 2003, S. 25.
37 Ots-Meldung der Zeitschrift „Stern" Nr. 455182 vom 17. Juni 2003.

Teil der Meldung wird mit den Zahlen seinen Weg in die Tagespresse und die Nachrichten der elektronischen Medien finden. Das gilt jedoch nicht für die Einschränkung am Ende der Agenturmeldung (und schon gar nicht für die, die Dieter Roth bzgl. der „Unverbindlichkeit" der Antworten von ausgewählt Befragten genannt hat): Die statistische Fehlerquote auch dieser Umfrage liegt bei +/- 2,5 Prozentpunkten. Das bedeutet: Ob FDP oder PDS die 5-Prozent-Hürde schaffen (für die Zusammensetzung unseres Parlaments und die Möglichkeiten von Regierungsbildung von erstrangiger Bedeutung), ist bei dieser Fehlerquote nicht zu beantworten. Alleine am riesigen *Stimmungsvorsprung* der Union vor der SPD ändert diese Fehlerquote nichts Substantielles. Wie es aber bei einer *realen* Wahlsituation – und dann wahrscheinlich wieder näher beieinanderliegenden Großparteien – aussähe, dafür ist ein Schwankungskorridor von jeweils 5 Prozent allerdings erheblich und schwächt dementsprechend den Aussagewert. Nicht umsonst kommt ein vorsichtiger Wahlforscher wie Richard Hilmer von Infratest dimap auch angesichts derartiger Zahlen zu dem Ergebnis, dass damit nichts prädisponiert sei, dass sich die Lage bis zur nächsten Bundestagswahl durchaus noch einmal vollständig ändern könne.[38]

Wie weiter?

Die Politik hat allen Anlass, mit den in immer kürzeren Zyklen erhobenen und veröffentlichten Daten vorsichtiger als bislang umzugehen. Es mag zwar aktuellen tagespolitischen Interessen dienlich sein, mit Blick auf Umfragedaten Neuwahlen zu fordern. Mittel- und langfristig schaden sich aber alle Parteien damit, wenn sie auf die medial vorangetriebene hektische wie teilweise hysterische Veranstaltung einer „demoskopischen Demokratie" aufspringen. Politik braucht einen langen Atem, insbesondere wenn größere gesellschaftliche Strukturprobleme zur Lösung anstehen. Wenn derartige Entscheidungen jeweils aktuell im Rahmen einer zunehmenden „Stimmungsdemokratie"[39] getroffen werden sollen, in

---

38 Hilmer, Richard, zit. nach ARD-Mittagsmagazin vom 21. Mai 2003.
39 Vgl. hierzu den lesenswerten Aufsatz Leif, Thomas, Die Angst der Politiker vor dem Untergang in der Stimmungswelle. Über die Kurzatmigkeit in der Parteien- und Mediendemokratie, in: FR vom

der Interessengruppen mit Teilen der Massenmedien die Widerstände hochpushen, dann verliert Politik insgesamt ihre Gestaltungsfähigkeit. Thomas Leif hat es treffend formuliert: Diese Konstellation bietet einen politischen Rahmen als „Boden für eine Kultur der Beliebigkeit, in der die Politik des rasenden Stillstands betrieben wird.“[40]

Medien, Politiker und Demoskopen haben deshalb *gemeinsam* die Aufgabe, an der Verbreitung der Einschätzungsstandards von Umfrageergebnissen zu arbeiten, wie sie aus dem Aufsatz von Dieter Roth zitiert wurden. „Wenn heute Bundestagswahl wäre …“ – eine derartiger Satz hat im Eigeninteresse der Demoskopen und Wahlforscher in einem seriösen Medium nichts mehr zu suchen.

Das interessierte Publikum hat im übrigen einen berechtigten Anspruch, zu erfahren, was im engeren Sinne Demoskopie, also reine Datenermittlung, und was im weiteren Sinne begleitende (und bewertende) Wahlforschung ist. Zu letzterer würde es gehören, dass die langfristigen Trends erforscht und kenntlich gemacht werden. Nur die „Forschungsgruppe Wahlen“ übergibt ihre Daten einer Universität, der Uni Köln, zur weiteren, auch universitären wissenschaftlichen Bearbeitung.[41] Und natürlich wüsste der interessierte Beobachter gerne, was denn die Kriterien der *Gewichtung* sind, mit denen die Institute ihre sogenannten „Rohdaten“ kritisch bearbeiten, bevor sie in veränderter Form das Licht der Welt erblicken. Sie werden noch immer gehütet wie geheime Rezepturen, der Zusammensetzung von Coca-Cola ähnlich. Immer wieder wird eine Aussage von Frau Noelle-Neumann aus dem Jahre 1987 zitiert, wonach zwischen den Allensbach-Rohdaten und den später veröffentlichten Umfragewerten manchmal eine Spanne von zehn bis elf Prozentpunkten liege.[42]

Zur Vermeidung eines naheliegenden Missverständnisses: Demoskopie und Wahlforschung bleiben für eine offene Demokratie unverzichtbar.

---

12. März 2003: „Die Tendenz der Oberflächlichkeit in der Gesellschaft korrespondiert mit der Zufälligkeit der Umfrageforschung.“
40 Ebd.
41 Vgl. Lianos 2003, S. 18.
42 Ebd., S. 16.

Auch wenn sie nur Stimmungen wiederspiegeln, geben Umfragedaten der handelnden Politik unverzichtbare Orientierungspunkte. In früheren Worten: „Demoskopische Forschungsarbeit kann die Entscheidungsgrundlagen für politische Strategien verbessern helfen, sie kann und darf diese nicht ersetzen.“[43] Allerdings täte der Zunft eine Hinwendung zu mehr fundierter Langzeitbeobachtung gut. Meine Befürchtung hingegen ist, dass realistischerweise eher das Gegenteil eintreten wird, weil es den schnelllebigen Trends einer medieninszenierten Stimmungsdemokratie stärker entspricht: der Alarmismus immer neuer, in kurzen Zyklen aufgetischter Umfragedaten, mit denen tagespolitisch Druck auf politisches Handeln erzeugt wird, wird wohl noch zunehmen.

Die Verläufe der Wahlkampagnen 1998 bzw. 2002 haben gezeigt, dass die SPD ihre Lektionen aus den Erfahrungen von Günther Verheugen und Rudolf Scharping 1994 gelernt hatte. Es wäre im Interesse der gesamten Politik wünschenswert, wenn dies irgendwann auch für die Herren Spreng und Stoiber und Frau Merkel für die Erfahrung mit der Niederlage 2002 gälte. Denn auch der Konkurrent SPD profitiert davon, wenn die andere große Volkspartei zu einem realitätstauglichen Verhältnis zur Demoskopie (zurück-?)findet. Denn dann heißt es endlich wieder: „Es gilt Wahlen und nicht Umfragen zu gewinnen.“

---

43 Vgl. Schöler 1997, S. 684.

VII Anhang

Über den Autor

Prof. Dr. Uli Schöler ist Jurist und Politikwissenschaftler. Er lehrt nebenamtlich am Otto-Suhr-Institut der Freien Universität Berlin. Er war in den 90er Jahren u. a. als Sekretär der Historischen und der Grundwertekommission beim Parteivorstand der SPD tätig. Hauptberuflich arbeitet er heute in der Verwaltung des Deutschen Bundestages. Daneben übt er ehrenamtlich die Funktion des Vorstandsvorsitzenden der Bundeskanzler-Willy-Brandt-Stiftung aus. Für seine wissenschaftlichen Arbeiten wurde er u. a. mit dem Hans-Böckler-Preis des DGB und dem Herbert-Wehner-Preis der Friedrich-Ebert-Stiftung ausgezeichnet.

Der Autor ist erreichbar über ulrich.schoeler@bundestag.de.

Textnachweise der Erstveröffentlichungen

II   Grundlagen kritischer Spiegelungen

Aktualität und Zukunft des Marxschen Denkens in: UTOPIEkreativ H. 120, 2000, S. 949 ff.

Karl Marx und Fernand Braudel – ein systematischer Vergleich in: Gerlach, Olaf/ Kalmring, Stefan/Nowak, Andreas (Hrsg.), Mit Marx ins 21. Jahrhundert. Zur Aktualität der Kritik der Politischen Ökonomie, Hamburg 2003, S. 45 ff.

Demokratie und Diktatur des Proletariats bei Karl Marx, Friedrich Engels und Wladimir Iljitsch Lenin in: Eimermacher, Karl/Volpert, Astrid (Hrsg.), Stürmische Aufbrüche und enttäuschte Hoffnungen, Russen und Deutsche in der Zwischenkriegszeit, Bd. 2, Paderborn 2005, S. 89 ff.

III   Das Schisma der Arbeiterbewegung:
       die Folgen der russischen Revolution für die Sozialdemokratie

Die Spaltung der deutschen Arbeiterbewegung in: SPW 9 (1986), H. 32, S. 380 ff.

Sozialdemokratie und russische Revolution in: Faulenbach, Bernd/Stadelmeier, Martin (Hrsg.), Diktatur und Emanzipation. Zur russischen und deutschen Entwicklung 1917–1991, Essen 1993, S. 55 ff.

Die Auslandsdelegation der russischen Sozialdemokratie (Menschewiki) im Berliner Exil in: Eimermacher, Karl/Volpert, Astrid (Hrsg.), Stürmische Aufbrüche und enttäuschte Hoffnungen, Russen und Deutsche in der Zwischenkriegszeit, Bd. 2, Paderborn 2005, S. 273 ff.

Sozialdemokratie und Kommunismus – Streiflichter einer Jahrhundertbilanz in: Klönne, Arno/Spoo, Eckart/Butenschön, Rainer (Hrsg.), Der lange Abschied vom Sozialismus. Eine Jahrhundertbilanz der SPD, Hamburg 1999, S. 61 ff.

Der Sozialismus als Fehlgeburt? Ein Gespräch mit Jürgen Kuczynski in: SPW 13 (1990), H. 53, S. 48 ff.

IV   Verortungen kritischen Denkens

Linkssozialismus – historisch-essayistische Betrachtungen in: SPW 36 (2013), H. 6, S. 62 ff.

100 Jahre Leipziger Volkszeitung in: NG/FH 42 (1995), H. 1, S. 79 ff. (gemeinsam verfasst und publiziert mit Wolfgang Thierse)

60 Jahre Hannoveraner Kreis der Jungsozialisten in: SPW 7 (1984), H. 25, S. 423 ff. (Teil 1); 8 (1985), H. 26, S. 11 ff. (Teil 2)

V   Eigen-sinnige Köpfe

Lenin oder Luxemburg? in: NG/FH 47 (2000), H. 1/2, S. 36 f.

Wie aktuell ist Otto Bauer? in: NG/FH 42 (1995), H. 7, S. 617 ff.

Wolfgang Abendroth – Arbeiterbewegung oder Jugendbewegung? in: Stambolis, Barbara (Hrsg.), Jugendbewegt geprägt. Essays zu autobiographischen Texten von Werner Heisenberg, Robert Jungk und vielen anderen, Göttingen 2013, S. 43 ff.

Ein Vorkämpfer der deutsch-französischen Freundschaft: Rudolf Breitscheid in: NG/FH 51 (2004), H. 12, S. 65 ff.

Verrat oder Versagen der Revolution? Wilhelm Dittmanns Erinnerungen in: NG/FH 43 (1996) H. 8, S. 760 ff.

Der unbekannte Paul Levi? in: UTOPIEkreativ H. 165/166, Juli/August 2004, S. 737 ff.

Totalitarismustheoretische Ansätze bei Alexander Schifrin in: Schmeitzner, Mike (Hrsg.), Totalitarismuskritik von links. Deutsche Diskurse im 20. Jahrhundert, Göttingen 2007, S. 69 ff.

Wer kennt noch Max Seydewitz? in: SPW 10 (1987), H. 35, S. 101 ff.

Eine europäische Sozialistin: Anna Siemsen in: perspektivends 32 (2015), H. 1, S. 153 ff.

Linksintellektuelle in der Nachkriegsperiode in: NG/FH 56 (2009), H. 1/2, S. 104 ff.

Wolfgang Abendroth 1906–1985 in: Jesse, Eckhard/Liebold, Sebastian (Hrsg.), Deutsche Politikwissenschaftler – Werk und Wirkung. Von Abendroth bis Zellentin, Baden-Baden 2014, S. 85 ff.

Susanne Miller: Vom Großbürgertum zur Arbeiterbewegung in: NG/FH 52 (2005), H. 12, S. 74 ff.

Peter von Oertzen: Unerschütterliches Festhalten am „Marxismus" in: NG/FH 52 (2005), H. 6, S. 33 ff.

VI   Herkunft und Zukunft der Sozialdemokratie

Demokratische Massenpartei – „Bürokratischer Zentralismus" – Parlamentarisierung in: Oertzen, Peter von/Möbbeck, Susi (Hrsg.), Vorwärts, rückwärts, seitwärts … Das Lesebuch zur SPD-Organisationsreform, Köln 1991, S. 49 ff.

Politische Antworten auf die Globalisierung – Bedingungen und Chancen für Solidarität im 21. Jahrhundert in: Gewerkschaftliche Monatshefte 55 (2004), H. 5, S. 306 ff.

„Den Kapitalismus zähmen" – Was von der sozialistischen Utopie geblieben ist in: NG/FH 52 (2005), H. 4, S. 39 ff.

Die Herausforderung des Islam – Karikaturen als Medium im Kampf der Kulturen und Religionen in: NG/FH 53 (2006), H. 4, S. 16 ff.

Das Internet – Segen oder Fluch? in: NG/FH 58 (2011), H. 10, S. 33 ff.

Politik und das Elend der Demoskopie in: Jelich, Franz-Josef/Goch, Stefan (Hrsg.), Geschichte als Last und Chance. Festschrift für Bernd Faulenbach, Essen 2003, S. 219 ff.

Personenregister

A

Abendroth, Lisa [Hörmeyer, Lisa] 318

Abendroth, Wolf[gang] 165, 176, 180, 183, 229 ff., 237, 239 ff., 310 ff., 353, 362, 430

Abramowitsch, Raphael [Rafail R.] 97, 135, 137, 142 f., 146, 151, 282 f.

Ackermann, Josef 387

Adler, Friedrich 125 f., 131

Adler, Max 203, 208, 210 f., 226, 260, 307, 311, 316 f., 323

Adler, Viktor 114, 125

Adorno, Theodor 334 f.

Albers, Detlev 175, 184 f., 206, 258

Alpers, Otto 204

Altmann, Rüdiger 327

Altvater, Elmar 184, 371, 392

Arendt, Hannah 286

Ascher, Abraham 134 f., 151 f.

Assheuer, Thomas 402 f.

Auernheimer, Gustav 345

Aufhäuser, Siegfried 303

Augstein, Rudolf 335

Axelrod, Paul [Pawel B.] 135, 137, 142, 147, 152, 219, 282

B

Baberowski, Jörg 283

Bahr, Egon 163

Balibar, Etienne 162

Balzer, Friedrich-Martin 316, 327, 330, 335 ff.

Barth, Karl 238, 317

Bauer, Otto 115, 124 ff., 131, 135 f., 152, 181, 185, 191, 202, 208, 211, 221 ff., 228, 255, 258, 260 f., 267, 282, 317, 362, 430

Bebel, August 82, 88, 218, 344, 362

Becker, Horst 312, 415

Benner, Ernst 233

Benner, Ilse 233

Benneter, Klaus Uwe 183, 214

Berardi, Franco 407

Bernstein, Eduard 18, 80, 88, 100, 120, 154, 178, 188 f., 212, 260, 345

Bethmann-Hollweg, Theobald Theodor Friedrich Alfred von 251

Beyerstedt, Horst Dieter 144, 258

Bieligk, Fritz 352, 362

Bienstock, Georg [Binstok, Grigorij] 140

Biermann, Wolf 173 f.

Bios, Wilhelm 108

Black, Tim 31

Bleek, Wilhelm 335, 337 f.

Bloch, Ernst 335

Bloch, Joseph 307

Block, Hans 189

Blüm, Norbert 18

Bock, Hans Manfred 316, 328 ff., 335 ff.

Böchel, Karl 303

Böhmermann, Jan 30

Böttcher, Paul 192

Bolte, August 196

Bracher, Karl Dietrich 335

Brandel, Kuno 182